Wissenschaftsfreiheit in der Hochschulmedizin

Europäische Hochschulschriften

Publications Universitaires Européennes
European University Studies

Reihe II
Rechtswissenschaft

Série II Series II
Droit
Law

Bd./Vol. 5394

PETER LANG
Frankfurt am Main · Berlin · Bern · Bruxelles · New York · Oxford · Wien

Nicklars Achenbach

Wissenschaftsfreiheit in der Hochschulmedizin

Die Vereinbarkeit der Strukturen der Hochschulmedizin mit den durch Art. 5 Abs. 3 S. 1 GG garantierten Freiheiten der Medizinischen Fakultäten und Hochschullehrer

PETER LANG
Internationaler Verlag der Wissenschaften

Bibliografische Information der Deutschen Nationalbibliothek
Die Deutsche Nationalbibliothek verzeichnet diese Publikation in der Deutschen Nationalbibliografie; detaillierte bibliografische Daten sind im Internet über http://dnb.d-nb.de abrufbar.

Zugl.: Bochum, Univ., Diss., 2012

D 294
ISSN 0531-7312
ISBN 978-3-631-62835-5

www.peterlang.de

Meiner Familie

Vorwort

Diese Arbeit wurde im Sommersemester 2012 an der Juristischen Fakultät der Ruhr-Universität Bochum als Dissertation angenommen. Sie entstand zum größten Teil während meiner Zeit als Wissenschaftlicher Mitarbeiter am Lehrstuhl für Öffentliches Recht von Prof. Dr. Kaltenborn. Rechtsprechung, Literatur und Gesetzesänderungen konnten grundsätzlich bis November 2011 berücksichtigt werden, im Juli 2012 wurde die Arbeit dem aktuellen Stand angepasst.

Meinem Doktorvater Prof. Dr. Kaltenborn danke ich für die schöne und lehrreiche Zeit an seinem Lehrstuhl sowie für die Begleitung der Promotion und die Erstellung des Erstgutachtens. Herrn Prof. Dr. Burgi, der als Erster mein Interesse für die wissenschaftliche Forschung weckte, gilt mein Dank für die rasche Erstellung des Zweitgutachtens. Meinen Kolleginnen und Kollegen am Lehrstuhl Nina Reit, Florian Bottermann, Tim Holzhauer und Lukas Lübben danke ich für die stets angenehme und freundschaftliche Zusammenarbeit. Ebenso danke ich Frau Christa Böckenkamp.

Ein ganz besonderer Dank gilt meiner Freundin Stefanie Knops, die mir während der Anfertigung der Dissertation stets Mut zusprechend und liebevoll zur Seite stand.

Herzlich danke ich meinen Brüdern Marwin, Darian und Jannis Achenbach sowie Tobias Kostka und meinem Freundeskreis, die mich immer wieder in meinem Vorhaben bestärkt haben. Auch Heike und Arnold Knops danke ich für ihre wertvolle Unterstützung.

Ein ganz herzlicher Dank gilt meinen Eltern Marita und Dietmar Achenbach sowie meinen Großeltern Elisabeth und Karl Achenbach, Ruth und Horst Schönborn, die mich auf meinem bisherigen Lebensweg stets auf vielfältige Weise förderten.

Dortmund, August 2012 Nicklars Achenbach

Inhaltsverzeichnis

Abkürzungsverzeichnis

Abs.	Absatz
ÄAppO	Approbationsordnung für Ärzte
AEUV	Vertrag über die Arbeitsweise der Europäischen Union
AG	Aktiengesellschaft
Amtsbl.	Amtsblatt
AöR	Archiv für öffentliches Recht (Zeitschrift)
APuZ	Aus Politik und Zeitgeschichte (Zeitschrift)
Art.	Artikel
AWMF	Arbeitsgemeinschaft der Wissenschaftlichen Medizinischen Fachgesellschaften e.V.
BayHschG	Bayerisches Hochschulgesetz
BayUniKlinG	Gesetz über die Universitätsklinika des Freistaates Bayern
BerlHG	Berliner Hochschulgesetz
BetrVG	Betriebsverfassungsgesetz
BGBl.	Bundesgesetzblatt
BHO	Bundeshaushaltsordnung
BMBF	Bundesministerium für Bildung und Forschung
BT Drucks.	Bundestag Drucksache
BVerfG	Bundesverfassungsgericht
BVerfGE	Bundesverfassungsgerichtsentscheidung, amtliche Sammlung
BVerfGK	Kammerentscheidungen des Bundesverfassungsgerichts
BVerwG	Bundesverwaltungsgericht
BVerwGE	Bundesverwaltungsgerichtsentscheidung, amtliche Sammlung
ca.	circa
CDU	Christliche Demokratische Union
DBB	Beamtenbund und Tarifunion
DFG	Deutsche Forschungsgemeinschaft
DHV	Deutscher Hochschulverband
DÖV	Die Öffentliche Verwaltung (Zeitschrift)
Drcks.	Drucksache(n)
DRG	Diagnosis Related Group
DVBl.	Deutsche Verwaltungsblätter (Zeitschrift)
Ebd.	Ebendort

ESVGH	Entscheidungssammlung des Hessischen Verwaltungsgerichtshofs und des Verwaltungsgerichtshofs Baden-Württemberg
EU	Europäische Union
FAZ	Frankfurter Allgemeine Zeitung
ff.	fortfolgende
FS	Festschrift
F&L	Forschung & Lehre (Zeitschrift)
f&w	führen und wirtschaften im Krankenhaus (Zeitschrift)
GBl.	Gesetzblatt
GesR	Gesundheitsrecht (Zeitschrift)
GewArch	Gewerbearchiv (Zeitschrift)
GG	Grundgesetz
gGmbH	Gemeinnützige Gesellschaft mit beschränkter Haftung
GmbH	Gesellschaft mit beschränkter Haftung
GmbHG	Gesetz betreffend die Gesellschaften mit beschränkter Haftung
GO NW	Gemeindeordnung Nordrhein-Westfalen
GVBl.	Gesetz- und Verordnungsblatt
HBFG	Hochschulbauförderungsgesetz
HessUnivG	Universitätsgesetz Hessen
HG NRW	Hochschulgesetz Nordrhein-Westfalen
HHG	Hessisches Hochschulgesetz
HMG NRW	Hochschulmedizingesetz Nordrhein-Westfalen
HMG LSA	Hochschulmedizingesetz des Landes Sachsen-Anhalt
HochSchG R-P	Hochschulgesetz Rheinland-Pfalz
HRG	Hochschulrahmengesetz
HRK	Hochschulrektorenkonferenz
Hrsg.	Herausgeber
Hs.	Halbsatz
HSG S-H	Hochschulgesetz Schleswig-Holstein
i.d.F.	in der Fassung
JA	Juristische Arbeitsblätter (Zeitschrift)
JURA	Juristische Ausbildung (Zeitschrift)
JuS	Juristische Schulung (Zeitschrift)
JZ	JuristenZeitung (Zeitschrift)
KHG	Gesetz zur wirtschaftlichen Sicherung der Krankenhäuser und zur Regelung ihrer Pflegesätze
KrW/AbfG	Gesetz zur Förderung der Kreislaufwirtschaft und Sicherung der umweltverträglichen Beseitigung von Abfällen

LHG BW	Landeshochschulgesetz Baden-Württemberg
LHG M-V	Gesetz über die Hochschulen des Landes Mecklenburg Vorpommern
LHO	Landeshaushaltsordnung
LKV	Landes- und Kommunalverwaltung (Zeitschrift)
LVO Greifswald	Landesverordnung über die Errichtung des Universitätsklinikums Greifswald der Ernst-Moritz-Arndt-Universität Greifswald als Anstalt des öffentlichen Rechts
LVO Rostock	Landesverordnung über die Errichtung des Universitätsklinikums Rostock als Anstalt des öffentlichen Rechts
MedR	Medizinrecht (Zeitschrift)
MFT	Medizinischer Fakultätentag
MHH	Medizinische Hochschule Hannover
Mio.	Millionen
MitbestG	Mitbestimmungsgesetz
Mrd.	Milliarde
m.w.N.	mit weiteren Nachweisen
NHG	Niedersächsisches Hochschulgesetz
NJW	Neue Juristische Wochenschrift (Zeitschrift)
NVwZ	Neue Zeitschrift für Verwaltungsrecht
PPP	Public-Private-Partnership
Rn.	Randnummer
S.	Satz
S.	Seite
SächsHG	Sächsisches Hochschulgesetz
SGB	Sozialgesetzbuch
ThürHG	Thüringer Hochschulgesetz
TU	Technische Universität
TV-Ä	Tarifvertrag für Ärztinnen und Ärzte an Universitätsklinika
TV-L	Tarifvertrag für den Öffentlichen Dienst der Länder
u.a.	unter anderem
UKE	Universitätsklinikum Hamburg-Eppendorf
UKEG	Gesetz zur Errichtung der Körperschaft „Universitätsklinikum Hamburg-Eppendorf"
UKG BW	Universitätsklinika-Gesetz Baden-Württemberg
UK-Gesetz	Gesetz über die Errichtung des Universitätsklinikums Gießen und Marburg

UKG Sachsen	Gesetz über das Universitätsklinikum Leipzig an der Universität Leipzig und das Universitätsklinikum Carl Gustav Carus Dresden an der Technischen Universität Dresden
UKSG	Gesetz über das Universitätsklinikum des Saarlandes
UK-UmwVO	Verordnung zur Umwandlung des Universitätsklinikums Gießen und Marburg in eine Gesellschaft mit beschränkter Haftung
UKVO NRW	Universitätsklinikumsverordnung Nordrhein-Westfalen
UMG Berlin	Berliner Universitätsmedizingesetz
UMG R-P	Universitätsmedizingesetz Rheinland-Pfalz
UniklinG Hess	Gesetz für die hessischen Universitätsklinika
UniMedG BW	Gesetz zur Reform der Universitätsmedizin und zur Änderung des Landeshochschulgesetzes und weiterer Gesetze
VerwArch	Verwaltungsarchiv (Zeitschrift)
vgl.	vergleiche
VUD	Verband der Universitätsklinika Deutschlands e.V.
VVDStRL	Veröffentlichungen der Vereinigung der deutschen Staatsrechtslehrer
WissR	Wissenschaftsrecht (Zeitschrift)
WR	Wissenschaftsrat
ZRP	Zeitschrift für Rechtspolitik

Einleitung

Die Hochschulmedizin unterfällt sowohl dem Regelungsbereich des Gesundheits- als auch des Hochschulrechts[1]. Beide Rechtsgebiete unterliegen einem steten Reformprozess, durch welchen eine zunehmende Einschränkung der durch Art. 5 Abs. 3 S. 1 GG garantierten Wissenschaftsfreiheit der Medizinischen Fakultäten und Hochschullehrer droht. Diese Arbeit überprüft, ob und inwieweit im Rahmen der derzeitigen Organisationsstrukturen der deutschen Hochschulmedizin die Wahrnehmung einer freien Forschung und Lehre noch möglich ist.

Bislang wurde der Gesamtzustand der deutschen Hochschulmedizin zwar immer wieder mit unterschiedlicher Heftigkeit kritisiert[2]. Es wurde jedoch nicht ersichtlich angenommen, dass das gewachsene System der Hochschulmedizin insgesamt mit den Anforderungen des Art. 5 Abs. 3 S. 1 GG unvereinbar sei.

Die Gewährleistung der Freiheit von Forschung und Lehre im Hochschulfach Medizin unterscheidet sich gegenüber anderen Universitätsfächern vor allem darin, dass neben Universität und Fakultät das Universitätsklinikum als weiterer Akteur hinzutritt. Das Universitätsklinikum hat im Rahmen der universitären Aufgaben die Funktion, den für die medizinische Forschung und Lehre benötigten Patientenkontakt zu vermitteln. Gerade die Einbeziehung des Universitätsklinikums birgt jedoch ein medizinspezifisches Gefahrenpotential für die uneingeschränkte Wahrnehmung der Wissenschaftsfreiheit. Die Aufgaben des Universitätsklinikums können sich nicht allein darin erschöpfen, den universitären Bereich in Forschung und Lehre zu unterstützen. Das Universitätsklinikum erfüllt darüber hinaus die Aufgabe, die Krankenversorgung der Patienten sicherzustellen. Strukturen im Universitätsklinikum, welche für eine funktionsfähige Krankenversorgung notwendig sind, entfalten jedoch zumindest mittelbar Auswir-

---

1 Vgl. für einen umfassenden Überblick über die Hochschulmedizin *Becker*, Das Recht der Hochschulmedizin, 2005, dessen Dissertation einen Überblick über nahezu sämtliche rechtliche Aspekte der Hochschulmedizin gibt, sowie *Sandberger*, Das Recht der Hochschulmedizin, Kapitel VI, in: Hartmer/Detmer (Hrsg.), Hochschulrecht, 2004. Zu betriebswirtschaftlichen Vorgaben für das Organisationssystem der Hochschulmedizin vgl. die Dissertation von *Steffen*, Universitätskrankenhäuser im reformierten Gesundheitswesen, 2001.

2 Vgl. beispielhaft die Kritik der Arbeitsgemeinschaft der Wissenschaftlichen Medizinischen Fachgesellschaften, Offener Brief der Wissenschaftlichen Medizinischen Fachgesellschaften in der Bundesrepublik Deutschland an die verantwortlichen Politiker, 20.09.2007; *Putz,* F&L 2010, S. 236 ff.; *Biersack,* F&L 2008, S. 386 ff.

kungen auf die Wahrnehmung der Wissenschaftsfreiheit. Aufgrund der engen Zusammenarbeit von Universität, Medizinischem Fachbereich und Universitätsklinikum sind derartige Auswirkungen nicht zu verhindern. Je mehr Aufgaben die Universitätsklinika in der Krankenversorgung wahrnehmen, desto umfänglicher sind auch die Auswirkungen auf die Wissenschaftsfreiheit. Der positive Synergieeffekt der gemeinsamen Aufgabenwahrnehmung von Forschung, Lehre und Krankenversorgung im Universitätsklinikum könnte mittlerweile durch eine übermäßige, möglicherweise sogar verfassungswidrige Einschränkung der Wissenschaftsfreiheit nachteilig überwogen werden[3].

Im Rahmen der Prüfung der Verfassungsmäßigkeit der Einschränkungen ist zu berücksichtigen, dass sich die Universitätsklinika zu einem wichtigen Akteur im Rahmen einer flächendeckenden, hochspezialisierten Krankenversorgung entwickelt haben. Im Rahmen der praktischen Konkordanz wird daher ein Ausgleich zwischen den Verfassungsschutzgütern der Forschungs- und Lehrfreiheit sowie der Krankenversorgung herzustellen sein. Zwei maßgebliche Leitgedanken sind dabei zu Grunde zu legen. Beachtlich ist zum Einen, dass der Schutzbereich der Wissenschaftsfreiheit nicht willkürlich eingeschränkt werden darf. Insofern gilt der allgemeine Grundsatz, dass Grundrechte auch und gerade dann ihre Geltungskraft entfalten, wenn die durch sie geschützten Freiheiten „unzeitgemäß" oder „unwirtschaftlich" erscheinen[4]. Zum Anderen durchlebt die Wissenschaftsfreiheit seit Aufnahme in das Grundgesetz einen fortlaufenden Wandel[5]. Aufgrund dieses Wandels könnten die Anforderungen an die Verfassungsmäßigkeit von Einschränkungen der Wissenschaftsfreiheit gerade im Hochschulfach Medizin mittlerweile geringer geworden sein.

Teil 1 der Arbeit geht der Frage nach, ob die Freiheit von Forschung und Lehre im derzeitigen System der Hochschulmedizin hinreichend geschützt wird. Es wird überprüft, auf welche Art die Änderung der Aufgabenwahrnehmung der Universitätsklinika Auswirkungen auf die Gewährleistung der Wissenschaftsfreiheit von Medizinischen Fachbereichen und Hochschullehren entfaltet.

Teil 2 der Arbeit greift eine bereits in Teil 1 enthaltene Teilproblematik heraus. Insbesondere aufgrund der Unterfinanzierung der Krankenversorgung können

---

3 Schon im Jahr 1990 sah *Sandberger*, in: Waller/Rössler/ders. (Hrsg.), Die Universitätsklinika im Spannungsfeld zwischen Gesundheitspolitik und Forschungsauftrag, 1991, S. 111, Diskussionen im Bereich der Hochschulmedizin u.a. von der Frage bestimmt, in welchem Maße die Intensivierung der Krankenversorgung die Aufgaben der Universität in Forschung und Lehre gefährdet. Der Forschung und Lehre müsse entgegen der Überlastung der Universitätsklinika durch die Krankenversorgung Vorrang verschafft werden (S. 117).

4 So etwa *Bauer*, Jahresversammlung Medizinischer Fakultätentag 2009, S. 118.

5 Vgl. dazu umfassend *Schulze-Fielitz*, in: Benda/Maihofer/Vogel (Hrsg.), Handbuch des Verfassungsrechts der Bundesrepublik Deutschland, 2. Aufl. 1995, S. 1346.

die Universitätsklinika in Finanzierungsprobleme geraten. Diese Finanzierungsprobleme lassen verschiedene Formen von Privatisierungen zuweilen als letzte Rettung zur Erhaltung der Universitätsklinika und des hochschulmedizinischen Standorts erscheinen. In Teil 2 wird daher aufgezeigt, ob und inwiefern Privatisierungen im Bereich der Hochschulmedizin eine weitere Einschränkung der Freiheit von Forschung und Lehre befürchten lassen und mit Art. 5 Abs. 3 S. 1 GG vereinbar sind. Im Mittelpunkt der Untersuchung steht die materielle Privatisierung von im Kooperationsmodell organisierten Universitätsklinika. Auch die materielle Privatisierung kompletter, im Integrationsmodell geführter Körperschaften für Universitätsmedizin erscheint zukünftig nicht ausgeschlossen.

Teil 3 fasst abschließend die gewonnenen Erkenntnisse der Arbeit zusammen.

1. Teil: Einschränkung der Freiheit von medizinischer Forschung und Lehre durch das derzeitige Organisationssystem der Hochschulmedizin

A. Problembeschreibung

In Teil 1 der Arbeit wird untersucht, ob die klassisch gewährleistete universitäre Forschungs- und Lehrfreiheit nach Art. 5 Abs. 3 S. 1 GG im Hochschulfach Medizin für Fachbereiche und Hochschullehrer in einem verfassungsrechtlich ausreichenden Maß gewahrt wird. Das derzeitig bestehende Organisationssystem der Hochschulmedizin wird dargestellt und bewertet. Es gilt zu überprüfen, inwiefern die Freiheiten des Art. 5 Abs. 3 S. 1 GG durch einfachgesetzliche Regelungen geschützt werden, in welchem Maße Einschränkungen der Freiheiten bestehen und ob diese Einschränkungen verfassungsrechtlich gerechtfertigt werden können.

Einführend wird in Kapitel B der allgemeine Gewährleistungsgehalt der Wissenschaftsfreiheit des Art. 5 Abs. 3 S. 1 GG mitsamt der Besonderheiten im Hochschulfach Medizin dargestellt.

In Kapitel C wird die derzeitige, tatsächliche Gewährleistung der Freiheit von Forschung und Lehre für die Medizinischen Fachbereiche und Hochschullehrer überprüft. Es wird aufgezeigt, inwiefern durch bereits durchgeführte strukturelle Veränderungen des Organisationssystems der Hochschulmedizin Einschränkungen der Wissenschaftsfreiheit bestehen. Dies geschieht vorwiegend durch eine Darstellung der gesetzlichen Schutzmechanismen zu Gunsten von Forschung und Lehre sowie eine Zusammenstellung der faktischen Probleme in den Medizinischen Fakultäten und Universitätsklinika. Weiterhin werden denkbare alternative Organisationsmodelle der Hochschulmedizin vorgestellt und im Hinblick auf eine verbesserte Gewährleistung der Wissenschaftsfreiheit der Medizinischen Fachbereiche und Hochschullehrer untersucht.

In Kapitel D wird im Rahmen einer rechtlichen Würdigung abschließend erörtert, ob mögliche Einschränkungen der Freiheit von Forschung und Lehre verfassungsrechtlich gerechtfertigt werden können.

Kapitel E gibt letztlich einen kurzen Ausblick auf die zukünftige Bedeutung der Hochschulmedizin für die medizinische Wissenschaft in Deutschland.

B. Gewährleistung der Freiheit von Forschung und Lehre nach Maßstab des Art. 5 Abs. 3 S. 1 GG im Hochschulfach Medizin

I. Gründe für die Einbeziehung der Wissenschaftsfreiheit ins Grundgesetz

Während die Entstehung der Universitäten deutlich weiter zurück reicht, prägten sich heutige Aufgabe, Sinn und Zweck der Wissenschaft vorwiegend durch die geistigen Strömungen der Aufklärung während des 18. Jahrhunderts heraus[6]. Die Wissenschaft wurde als „freie, schöpferische, auf Wahrheitssuche gerichtete Tätigkeit" angesehen, welche den Geist der Zeit, „die Befreiung des rationalen Denkens aus den Fesseln theologischer Dogmatik", widerspiegelte[7]. Die Humboldt'schen Reformen, geprägt durch das Ideal zweckfreier Wissenschaft, welche vom Wissenschaftler in Einsamkeit und Freiheit praktiziert wird, entwickelten dieses Leitbild maßgeblich fort[8].

Sowohl in der Paulskirchenverfassung als auch in der Weimarer Reichsverfassung wurde der hohen Bedeutung der Wissenschaft durch Gewährleistung der Wissenschaftsfreiheit Rechnung getragen[9]. Die Universitäten waren dabei stets der klassische Ort, an welchem Wissenschaft durch Forschung und Lehre praktiziert wurde. Durch Art. 5 Abs. 3 S. 1 GG fand die Wissenschaftsfreiheit im Jahr 1949 daher auch Eingang in das Grundgesetz.

Art. 5 Abs. 3 S. 1 GG normiert: „Wissenschaft, Forschung und Lehre sind frei". Konkretisierungen dieser kurz gefassten, interpretationsbedürftigen Norm erfolgten durch die Bundes- und Landesgesetzgebung sowie durch die Rechtsprechung. Als rechtlicher Maßstab sind insbesondere die Vorgaben des soge-

---

6 Vgl. zur älteren Geschichte des Grundrechts der Wissenschaftsfreiheit in Deutschland etwa *Oppermann,* in: Isensee/Kirchhof (Hrsg.), Handbuch des Staatsrecht Band VI, 1989, § 145, Rn. 1 ff.; *Zwirner*, AöR 98 (1973), S. 313 ff. Zur entwicklungsgeschichtlichen Betrachtung des Verhältnisses der Hochschule zum Staat vgl. *Kahl*, Hochschule und Staat, 2004; *Krausnick,* Staat und Hochschule im Gewährleistungsstaat, 2012, S. 6 ff.

7 Zitiert nach *Limbach*, Vortrag auf der Jahresversammlung der Hochschulrektorenkonferenz am 3./4.05.2001, m.w.N. *Oppermann,* in: Isensee/Kirchhof (Hrsg.), Handbuch des Staatsrecht Band VI, 1989, § 145, Rn. 2, stellt fest, dass in der Zeit der Aufklärung das wissenschaftliche, rationale, voraussetzungslos der Wahrheitssuche verpflichtete Denken von den Bindungen theologischer Dogmatik befreit wurde.

8 *Limbach*, Vortrag auf der Jahresversammlung der Hochschulrektorenkonferenz am 3./4.05.2001; vgl. auch den Wortlaut des Hochschul-Urteils, BVerfGE 35, 79 (109).

9 In der Paulskirchenverfassung wurde im Jahre 1849 durch § 152 erstmals die Wissenschaft als Freiheitsgarantie erfasst: „Die Wissenschaft und ihre Lehre ist frei". Art. 142 Weimarer Reichsverfassung lautete: „Die Kunst, Wissenschaft und ihre Lehre sind frei".

nannten Hochschul-Urteils des Bundesverfassungsgerichts heranzuziehen[10]. Aus diesem weitreichenden Urteil in Bezug auf Definition, Umfang und Folgen der in Art. 5 Abs. 3 S. 1 GG normierten Wissenschaftsfreiheit lassen sich zwingende Vorgaben für das einfache Recht ableiten. Das Hochschul-Urteil hebt insgesamt die hohe Bedeutung der Wissenschaftsfreiheit hervor. Das Bundesverfassungsgericht stellt fest, dass der Verfassungsgeber durch Art. 5 Abs. 3 S. 1 GG eine „nach Wortlaut und Sinngehalt objektive, das Verhältnis von Wissenschaft, Forschung und Lehre zum Staat regelnde wertentscheidende Norm aufgestellt hat“[11]. Dem entspricht die allgemein verbreitete Ansicht, der Wissenschaftsfreiheit wohne eine beträchtliche verfassungsnormative Ambivalenz inne[12].

II. Institutionelle Garantie und Selbstverwaltungsgarantie der Hochschulen

Art. 5 Abs. 3 S. 1 GG wird zum Teil als „Grundrecht der deutschen Universitäten“ angesehen[13]. Aus Art. 5 Abs. 3 S. 1 GG wird oftmals eine institutionelle Garantie der Hochschulen hergeleitet, die neben die abwehrrechtliche Funktion der Wissenschaftsfreiheit tritt[14]. Obwohl die Hochschule nicht wörtlich in Art. 5 Abs. 3 S. 1 GG genannt ist, wird der Norm auch die Gewährleistung von Hochschulautonomie und Selbstverwaltung der Hochschulen entnommen[15]. In den

---

10 Urteil des BVerfG vom 29.05.1973, BVerfGE 35, 79. Vgl. zur hohen Bedeutung des Hochschul-Urteils beispielhaft *Schlink,* DÖV 1973, S. 541 ff; *Oppermann,* JZ 1973, S. 433 ff.

11 BVerfGE 35, 79 (112).

12 So beispielhaft *Bethge,* in: Sachs, GG-Kommentar, 6. Aufl. 2011, Art. 5, Rn. 200. Zu Grund und Grenzen der Wissenschaftsfreiheit vgl. *Schulte,* VVDStRL 65 (2006), S. 110 ff. sowie *Ruffert,* VVDStRL 65 (2006), S. 146 ff.

13 Vgl. *Smend,* VVDStRL 4 (1928), S. 44 (57). Das Bundesverfassungsgericht zitierte im Hochschul-Urteil die Formulierung „Grundrecht der Universität“, ließ eine konkrete Entscheidung, ob es sich bei Art. 5 Abs. 3 S. 1 GG um ein solches handele, jedoch offen.

14 *Oppermann,* in: Isensee/Kirchhof (Hrsg.), Handbuch des Staatsrecht Band VI, 1989, § 145, Rn. 18; *Bethge,* in: Sachs (Hrsg.), GG-Kommentar, 6. Aufl. 2011, Art. 5, Rn. 201 m.w.N. ; vgl. auch differenzierend *Schmidt-Assmann,* in FS Thieme, 1993, S. 697 (709 ff.). Ablehnend hingegen *Mager,* in: Isensee/Kirchhof (Hrsg.), Handbuch des Staatsrechts Band VII, 3. Aufl. 2009, § 166, Rn. 23; *Trute,* Die Forschung zwischen grundrechtlicher Freiheit und staatlicher Institutionalisierung, 1994, S. 275; *Erichsen,* Zulässigkeit, Grenzen und Folgen der Hochschulprivatisierung, 2000, S. 86, m.w.N., vgl. auch noch Teil 2 C. V. Allgemein zu den Einrichtungsgarantien des Grundgesetzes als Grundlage subjektiver Rechte, vgl. *de Wall,* Der Staat 38 (1999), S. 377 ff.

15 Vgl. *Oppermann,* in: Isensee/Kirchhof (Hrsg.), Handbuch des Staatsrecht Band VI, 1989, § 145, Rn. 18, 52 und 54, der feststellt, dass das Grundgesetz durch Art. 5 Abs. 3 GG in Verbindung mit Art. 19 Abs. 3 GG die Hochschulautonomie garantiere. Die akademische Selbstverwaltung

Landesverfassungen der einzelnen Bundesländer finden sich ausdrückliche Garantien der Selbstverwaltung der Hochschulen, welche die durch Art. 5 Abs. 3 S. 1 GG verbürgte Garantie aufgreifen und ergänzen[16]. Die Landesverfassungen enthalten konkrete Vorgaben zur Hochschulorganisation, so dass die landesverfassungsrechtlichen Selbstverwaltungsgarantien noch über die Mindestgarantien des Art. 5 Abs. 3 S. 1 GG hinausgehen können[17]. Die Selbstverwaltungsgarantie wird nicht als Selbstzweck angesehen, sondern soll die bestmögliche Verwirklichung der Freiheit von Forschung und Lehre fördern und dem Grundrechtsschutz durch Organisation dienen[18]. Bezogen auf das Hochschulfach Medizin unterstehen zumindest die Universitätsklinika, die für die Medizinischen Fachbereiche

---

sei unmittelbare Konsequenz aus der Hochschulautonomie und letztlich der Wissenschaftsfreiheit. Auch *Günther,* in: Heusch/Schönenbroicher (Hrsg.), Die Landesverfassung Nordrhein-Westfalen, 2010, Art. 16, Rn. 7, verweist darauf, dass die herrschende Meinung eine inhaltliche Übereinstimmung der durch Art. 5 Abs. 3 GG und in den Landesverfassungen garantierten Selbstverwaltung attestiert. *Gärditz,* Hochschulorganisation und verwaltungsrechtliche Systembildung, 2009, S. 381, nimmt hingegen an, dass die akademische Selbstverwaltungsgarantie nur insoweit Bestandteil der Wissenschaftsfreiheit sei, als dies zur Ausfüllung des allgemeinen grundrechtlichen Status der Hochschulen notwendig ist. *Krausnick,* Staat und Hochschule im Gewährleistungsstatt, 2012, S. 112 ff. (118), gelangt zu dem Ergebnis, dass Art. 5 Abs. 3 S. 1 GG weder eine institutionelle Einrichtungsgarantie der Universitäten noch eine Garantie der akademischen Selbstverwaltung enthalte. Zum Selbstverwaltungsrecht der Hochschulen vgl. auch *Geis,* WissR Bd. 37 (2004), S. 2 ff.

16 Vgl. etwa Art. 138 Abs. 2 S. 1 Bayerische Verfassung; Art. 16 Abs. 1 Verfassung für das Land NRW; Art. 60 Abs. 1 S. 2 Verfassung des Landes Hessen; Art. 31 Abs. 2 Verfassung des Landes Sachsen-Anhalt. Bis zum Jahr 2006 war das Recht der Selbstverwaltung auch in § 58 des Hochschulrahmengesetzes normiert, welches dann außer Kraft trat.

17 *Gärditz,* Hochschulorganisation und verwaltungsrechtliche Systembildung, 2009, S. 384, 385. Das akademische Selbstverwaltungsrecht schütze auch die Existenz der Hochschule in einer bestimmten Organisationsform (S. 387). *Günther,* in: Heusch/Schönenbroicher (Hrsg.), Die Landesverfassung Nordrhein-Westfalen, 2010, Art. 16, Rn. 9, verweist darauf, dass die Selbstverwaltungsgarantie in der Landesverfassung Nordrhein-Westfalens ihren Ursprung im Recht der Universitäten und somit einen organisatorisch-funktionellen Ansatz habe. Es müsse zumindest für möglich angesehen werden, dass die Selbstverwaltungsgarantie in der Landesverfassung weitergehende Rechte als Art. 5 Abs. 3 S. 1 GG gewährleiste. Ausführlich zum Selbstverwaltungsrecht in den Landesverfassungen *Krausnick,* Staat und Hochschule im Gewährleistungsstatt, 2012, S. 154 ff., der annimmt, dass die Selbstverwaltung in den Landesverfassungen, je nachdem ob man Art. 5 Abs. 3 S. 1 GG eine institutionelle Garantie der Hochschulen zuspreche oder nicht, eine parallele oder komplementäre Garantie neben der Wissenschaftsfreiheit darstelle (S. 168).

18 *Geis,* WissR Bd. 37 (2004), S. 2 (16), m.w.N. *Schulte,* VVDStRL 65 (2006), S. 110 (113), stellt fest, dass das Recht auf Selbstverwaltung nicht bedeute, der Staat habe zwangsläufig auf Dauer das klassische Strukturmodell der deutschen Universität zu stellen. Jedoch sei der Wissenschaft im erforderlichen Umfang Teilhabe an öffentlichen Mitteln und an der Organisation des Wissenschaftsbetriebes zu gewähren.

Aufgaben in Forschung und Lehre erfüllen, nicht mehr der Selbstverwaltungsgarantie der Universitäten, da die dort gleichfalls praktizierte Krankenversorgung keine wissenschaftliche Aufgabe darstellt[19]. Durch die organisationsrechtliche Verzahnung von Universitätsklinika und Medizinischen Fachbereichen droht eine Verletzung der Selbstverwaltungsgarantie der Universitäten, die durch organisationsrechtliche Vorgaben verhindert werden muss[20].

III. Persönlicher Schutzbereich der Wissenschaftsfreiheit

Der persönliche Schutzbereich der Wissenschaftsfreiheit als klassisches Abwehrrecht ist im Einzelfall individuell und korporativ zu bestimmen, in erster Linie sind die Hochschullehrer als „geborene Rechtssubjekte der Wissenschaftsfreiheit" zu nennen[21]. In den persönlichen Schutzbereich fallen daher auch die medizinischen Hochschullehrer und das wissenschaftliche Personal, soweit diese originär im universitären Bereich tätig sind.

Die Universitäten und ihre Fachbereiche, inklusive der Medizinischen Fachbereiche, fallen ebenfalls in den Schutzbereich des Art. 5 Abs. 3 S. 1 GG[22]. Die grundrechtstypische Gefährdungslage, welche auf juristische Personen mittels Art. 19 Abs. 3 GG angewandt wird[23], betrifft gerade auch die Universitäten und ihre organisatorischen Einheiten[24]. Dem steht nicht entgegen, dass juristischen Personen des öffentlichen Rechts generell kein Grundrechtsschutz zukommt[25].

---

19 Vgl. auch *Gärditz,* Hochschulorganisation und verwaltungsrechtliche Systembildung, 2009, S. 588.

20 Vgl. noch ausführlich unter C. *Gärditz,* Hochschulorganisation und verwaltungsrechtliche Systembildung, 2009, S. 588 m.w. N., stellt fest, dass die Medizinischen Fachbereiche in einen organisationsrechtlichen Sonderstatus gedrängt werden.

21 *Bethge,* in: Sachs, GG-Kommentar, 6. Aufl. 2011, Art. 5, Rn. 207, mit Verweis auf u.a. BVerfGE 35, 79 (127).

22 So die überwiegende Meinung, vgl. dazu ausführlich *Gärditz,* Hochschulorganisation und verwaltungsrechtliche Systembildung, 2009, S. 371 ff. *Burgi/Gräf,* DVBl. 2010, 1125 (1227) m.w.N., stellen fest, dass Universitäten nicht nur grundrechtsverpflichtet gegenüber den einzelnen Wissenschaftlern, sondern im Außenverhältnis gegenüber dem Staat auch grundrechtsberechtigt sind. Dadurch wird der Grundrechtsschutz der einzelnen Wissenschaftler gestärkt.

23 Art. 19 Abs. 3 GG ist dann nicht anwendbar, wenn der Grundrechtsschutz an Eigenschaften, Äußerungsformen oder Beziehungen anknüpft, welche nur natürlichen Personen wesenseigen sind, vgl. BVerfGE 95, 220 (242).

24 *Bethge,* in: Sachs (Hrsg.), GG-Kommentar, 6. Aufl. 2011, Art. 5, Rn. 211.

25 Vgl. dementsprechend BVerfGE 15, 256 (262), „In der Regel können zwar weder der Staat noch seine Einrichtungen Grundrechte als subjektiv öffentliche Rechte in Anspruch nehmen (…). Dieser Grundsatz gilt jedoch dann nicht, wenn Einrichtungen des Staates Grundrechte in

Die Universitäten nehmen keine wesensmäßig staatlichen Aufgaben im Sinne einer klassischen Verwaltung wahr. Zwar stehen auch den Universitäten gewisse Hoheitsfunktionen zu, jedoch liegen ihr Kern und Wesen gerade in der Sicherstellung und Ausübung einer freien Wissenschaft.

Auch weitere öffentliche Wissenschafts-, Forschungs- und Forschungsförderungseinrichtungen können sich auf die Wissenschaftsfreiheit berufen. Gleiches gilt für privat tätig werdende Wissenschaftler und juristische Personen des Privatrechts, wie Privathochschulen und Wissenschafts- bzw. Forschungseinrichtungen[26].

Nicht mehr unter den Schutz der Wissenschaftsfreiheit fällt hingegen das Universitätsklinikum, da es eigene Aufgaben nur noch in der Krankenversorgung wahrnimmt. Zwar unterstützt das Universitätsklinikum die universitäre Seite in der Wissenschaft und wird in einigen Bundesländern gemeinsam mit dem Medizinischen Fachbereich als organisatorische Einheit geführt, die Aufgabenbereiche von Universitätsklinikum und universitärer Seite sind jedoch überwiegend trennbar[27].

IV. Sachlicher Schutzbereich der Wissenschaftsfreiheit

1. Definition von Wissenschaft, Forschung und Lehre

Der sachliche Schutzbereich der Wissenschaftsfreiheit, mithin der materielle Inhalt der „Wissenschaft“, wurde im Hochschul-Urteil vom Bundesverfassungsgericht konkretisiert. Art. 5 Abs. 3 S. 1 GG schützt demnach nicht nur eine bestimmte Auffassung oder Wissenschaftstheorie, sondern „jede wissenschaftliche Tätigkeit“[28]. Vom sachlichen Schutzbereich umfasst ist damit „alles, was nach Inhalt und Form als ernsthafter planmäßiger Versuch zur Ermittlung der Wahrheit“ angesehen werden kann[29]. Dies folgt unmittelbar aus der „prinzipiellen Un-

---

einem Bereich verteidigen, in dem sie vom Staat unabhängig sind. Das ist insbesondere bei den deutschen Universitäten der Fall“. Vgl. auch BVerfGE 21, 362 (373, 374.); 31, 314 (322).

26 Vgl. etwa *Schulze-Fielitz,* in: Benda/Maihofer/Vogel (Hrsg.), Handbuch des Verfassungsrechts der Bundesrepublik Deutschland, 2. Aufl. 1995, S. 1342; Maßgebliches Kriterium ist, ob die entsprechende Einrichtung nach Organisation und Ressourcen auf einen Wissenschaftsbetrieb ausgerichtet ist, so *Jarass,* in: Jarass/Pieroth, GG-Kommentar, 12. Aufl. 2012, Art. 5, Rn. 125.

27 So auch *Becker,* Das Recht der Hochschulmedizin, 2005, S. 105. Vgl. zur genauen Aufgabenwahrnehmung des Universitätsklinikums noch ausführlich unter C. I. 2.

28 BVerfGE 35, 79 (113).

29 Ebd. Zum Begriff der Wissenschaft vgl. ausführlich *Trute,* Die Forschung zwischen grundrechtlicher Freiheit und staatlicher Institutionalisierung, 1994, S. 54 ff.; *Oppermann,* in: Isensee/

abgeschlossenheit“ jeder wissenschaftlichen Erkenntnis[30]. Insbesondere die Eigengesetzlichkeit der Wissenschaft ist durch Art. 5 Abs. 3 S. 1 GG geschützt[31].

Die Forschungsfreiheit als Unterfall der Wissenschaftsfreiheit wurde vom Bundesverfassungsgericht als „geistige Tätigkeit mit dem Ziel, in methodischer, systematischer und nachprüfbarer Weise neue Erkenntnisse zu gewinnen“, definiert[32]. Sie beinhaltet „insbesondere die Fragestellung und die Grundsätze der Methodik sowie die Bewertung des Forschungsergebnisses und seine Verbreitung“[33]. Die Forschung bewirkt aufgrund ständig neuer Fragestellungen den Fortschritt der Wissenschaft[34].

Die Lehrfreiheit hat einen engen Bezug zur Forschungsfreiheit, da durch die Lehre die in der Forschung gewonnenen Erkenntnisse übermittelt werden[35]. Die Lehrfreiheit umfasst vor allem den Inhalt der Lehre, den methodischen Ansatz sowie das Recht auf Äußerung von wissenschaftlichen Lehrmeinungen[36]. Gerade das in der Lehre stattfindende „wissenschaftliche Gespräch“ wirkt sich wiederum fördernd auf die Forschung aus[37].

Bezüglich des Verhältnisses der von Art. 5 Abs. 3 S. 1 GG geschützten Freiheiten zueinander ist festzustellen, dass neben Forschungs- und Lehrfreiheit für die Wissenschaftsfreiheit im engeren Sinne nur noch ein begrenzter Raum besteht[38]. Der Begriff „Wissenschaft“ im Sinne des Art. 5 Abs. 3 S. 1 GG stellt lediglich die Gesamtheit der bis heute gewonnenen Erkenntnisse dar und bildet den Bezugspunkt für Forschung und Lehre[39]. Demgegenüber sind Forschungs- und Lehrfreiheit mittelbar über den Oberbegriff der Wissenschaftsfreiheit verbunden[40].

Kirchhof (Hrsg.), Handbuch des Staatsrecht Band VI, 1989, § 145, Rn. 10 ff.; *Mager*, in: Isensee/Kirchhof (Hrsg.), Handbuch des Staatsrechts Band VII, 3. Aufl. 2009, § 166, Rn. 7 ff.

30 Ebd.

31 Vgl. nur *Krausnick,* Staat und Hochschule im Gewährleistungsstatt, 2012, S. 92 ff. (94).

32 Insofern übernimmt das BVerfG eine vom Bundesbericht Forschung III (BT Drucks. V/4335 S. 4) aufgestellte Definition, BVerfGE 35, 79 (113).

33 Ebd.

34 Ebd.

35 BVerfGE 35, 79 (113). Vgl. zur Lehrfreiheit zuletzt umfassend die Dissertation von *Kaufhold,* Die Lehrfreiheit – ein verlorenes Grundrecht?, 2006, sowie darauf Bezug nehmend *Gärditz,* WissR Bd. 40 (2007), S. 67 ff.

36 Dahingehend greift das BVerfG die Legaldefinition in § 3 des Entwurfes eines Hochschulrahmengesetzes auf (i.d.F. vom 15.06.1972, BT Drucks. VI/3506), BVerfGE 35, 79 (113, 114).

37 BVerfGE 35, 79 (113).

38 Vgl. *Kaufhold,* Die Lehrfreiheit – ein verlorenes Grundrecht?, 2006, S. 299.

39 So zutreffend *Kaufhold,* Die Lehrfreiheit – ein verlorenes Grundrecht?, 2006, S. 299.

40 Ebd.

2. Wissenschaftsfreiheit der Hochschullehrer

a. Wissenschaftsfreiheit als klassisches Abwehrrecht

Die Wissenschaftsfreiheit beinhaltet als Freiheitsrecht für alle im Wissenschaftsbereich tätigen Personen einen individuellen grundrechtlichen Abwehranspruch gegen jede staatliche Einflussnahme auf die freie wissenschaftliche Betätigung[41]. Insoweit stellt Art. 5 Abs. 3 S. 1 GG ein klassisch-liberal negatorisches Abwehrrecht (status negativus) gegenüber staatlichen Eingriffen dar[42]. Während sich der Abwehranspruch vormals allein gegen den Staat richtete, besteht er durch Verankerung in den Hochschulgesetzen der Länder nunmehr auch zusätzlich gegenüber den Hochschulen und ihren Organen[43]. Für die Hochschullehrer gelten die Grundsätze der Unversetzbarkeit, Weisungsfreiheit und Vorgesetztenfreiheit[44].

b. Teilhabe- und Mitwirkungsrechte als Folge der objektiv-rechtlichen Funktion der Wissenschaftsfreiheit

Das Hochschul-Urteil beinhaltet auch konkrete organisatorische Teilhaberechte (status positivus) und Mitwirkungsrechte (status activus) der Hochschullehrer am universitären Leben, insbesondere bezüglich der nötigen materiellen Ausstattung für den Wissenschaftsbetrieb. Diese Rechte werden aus der objektiv-rechtlichen Dimension der Wissenschaftsfreiheit hergeleitet, welche neben die abwehrrechtliche Funktion tritt[45]. Die objektiv-rechtliche Funktion der Wissenschaftsfreiheit verpflichtet den Staat dazu, durch geeignete Organisationsformen den mit öf-

---

41 So grundlegend das BVerfG im Jahre 1963, Beschluss vom 16.01.1962, BVerfGE 15, 256 (263/264), aufgegriffen in BVerfGE 35, 79 (112). Zur Wissenschaftsfreiheit in ihrer Funktion als Abwehrrecht vgl. *Mager*, in: Isensee/Kirchhof (Hrsg.), Handbuch des Staatsrechts Band VII, 3. Aufl. 2009, § 166, Rn. 21 ff.; *Krausnick,* Staat und Hochschule im Gewährleistungsstatt, 2012, S. 89 ff.

42 *Schulze-Fielitz,* in: Benda/Maihofer/Vogel (Hrsg.), Handbuch des Verfassungsrechts der Bundesrepublik Deutschland, 2. Aufl. 1995, S. 1342.

43 Vgl. etwa § 4 Abs. 1 HG NRW, „Das Land und die Hochschulen gewährleisten…“, Art. 3 BayHschG, „Staat und Hochschule haben sicherzustellen…“. *Bauer*, Jahresversammlung Medizinischer Fakultätentag 2009, S. 118, verweist darauf, dass in erster Linie der einzelne Wissenschaftler primärer Träger des Grundrechtes sei, nicht etwa die Hochschule oder die Fakultät.

44 *Bethge,* in: Sachs, GG-Kommentar, 6. Aufl. 2011, Art. 5, Rn. 207, m.w.N.

45 Die objektiv-rechtliche Garantie tritt neben die abwehrrechtliche Funktion der Wissenschaftsfreiheit ohne diese zu verdrängen, vgl. *Burgi/Gräf,* DVBl. 2010, S. 1125 (1128). Sie „effektuiert“ das Individualgrundrecht auf Wissenschaftsfreiheit, vgl. *Schulte,* VVDStRL 65 (2006), S. 110 (122) m.w.N. *Gärditz,* Hochschulorganisation und verwaltungsrechtliche Systembildung, 2009, S. 330, stellt fest, dass der Zweck objektiv-rechtlicher Grundrechtsgehalte immer in der subjektiven Grundrechtsgewährleistung selbst liegen muss.

fentlichen Mitteln betriebenen Wissenschaftsbetrieb so auszugestalten, dass die freie wissenschaftliche Betätigung grundsätzlich unangetastet bleibt. Auch der einzelne Wissenschaftler hat einen grundrechtlichen Anspruch auf den Erlass derartiger Organisationsformen[46]. Die Teilhabe der Wissenschaftler an der Organisation der Hochschule dient dem Schutz vor wissenschaftsinadäquaten Entscheidungen[47].

Das Bundesverfassungsgericht erkennt, dass Art. 5 Abs. 3 S. 1 GG nicht nur eine Bedeutung als Freiheitsrecht des einzelnen Wissenschaftlers zukommt[48]. Der für alle Bereiche des Rechts geltende verfassungsgerichtliche Grundsatz der Verkörperung einer objektiven Wertordnung durch die Grundrechte, der „eine prinzipielle Verstärkung der Geltungskraft der Grundrechte" zum Ausdruck bringt, wirkt sich auch und gerade auf die Reichweite des Art. 5 Abs. 3 S. 1 GG aus[49]. Art. 5 Abs. 3 S. 1 GG nimmt in diesem Zusammenhang eine Schlüsselfunktion ein, da eine freie Wissenschaft nicht nur die Selbstverwirklichung des einzelnen Wissenschaftlers schützen soll, sondern ihr darüber hinaus eine bedeutende Relevanz für die „gesamtgesellschaftliche Entwicklung" zukommt[50]. Art. 5 Abs. 3 S. 1 GG normiert insofern staatliche Schutzpflichten und Handlungsgebote, die über den Schutzbereich anderer Freiheitsgrundrechte hinausgehen[51]. Diese Wertentscheidung impliziert das Einstehen des sich als „Kulturstaat verstehenden Staates" für die Idee einer freien Wissenschaft[52]. Der Staat ist zur Mitwirkung bei der Verwirklichung dieser Wertentscheidung gar soweit verpflichtet, dass er sein Handeln „positiv danach auszurichten" hat[53]. So hat der Staat die Pflege der Wissenschaft und die Vermittlung an die nachfolgenden Generationen durch Bereitstellung personeller, finanzieller und organisatorischer Mittel zu ermöglichen und zu fördern[54]. Er muss funktionsfähige Institutionen für einen freien Wissenschaftsbetrieb zur Verfügung stellen[55]. Das Bundesverfassungsgericht begründet dies damit, dass ohne eine entsprechende Organisation und finanzielle Mittel, über die im Wesentlichen nur der Staat verfügt, in weiten Bereichen der Wissenschaft keine unabhängige Forschung und Lehre mehr be-

---

46 Vgl. *Krausnick,* Staat und Hochschule im Gewährleistungsstatt, 2012, S. 103.

47 Ebd.

48 BVerfGE 35, 79 (114).

49 Insofern überträgt das BVerfG im Hochschul-Urteil, BVerfGE 35, 79 (114), die Erkenntnisse aus dem sog. „Lüth-Urteil", vom 15.01.1958, BVerfGE 7, 198 (205), auch auf die Wissenschaftsfreiheit.

50 BVerfGE 35, 79 (114).

51 Ebd.

52 Ebd.

53 Ebd.

54 BVerfGE 35, 79 (115).

55 Ebd.

trieben werden könne[56]. Der Staat besitzt hinsichtlich des Wissenschaftsbetriebes ein faktisches Monopol, so dass eine Ausübung der Grundrechte aus Art. 5 Abs. 3 S. 1 GG notwendig eine Teilhabe an staatlichen Leistungen bedingt[57]. Die Beteiligung am öffentlichen Leistungsangebot wird dem Bundesverfassungsgericht zufolge zunehmend zur Grundvoraussetzung für die Verwirklichung der Wissenschaftsfreiheit des Einzelnen[58].

Der einzelne Grundrechtsträger der Wissenschaftsfreiheit hat somit nicht nur ein Abwehrrecht gegen staatliche Eingriffe, sondern auch ein Recht auf staatliche Maßnahmen organisatorischer Art, welche „zum Schutz seines grundrechtlich gesicherten Freiheitraumes unerlässlich sind“[59]. Durch dieses Teilhaberecht wird ihm eine freie wissenschaftliche Betätigung überhaupt erst möglich[60]. Falls der Wissenschaftler keine Möglichkeit zur Teilhabe an den Wissenschaftseinrichtungen des Staates hat, ist die „wertentscheidende Grundsatznorm ihrer Schutzwirkung weitgehend beraubt“[61]. Der einzelne Grundrechtsträger der Wissenschaftsfreiheit kann demnach gegen die öffentliche Gewalt auch die Beachtung der wertentscheidenden Grundsatznorm durchsetzen, wodurch sein Individualgrundrecht inhaltlich noch einmal ausgeweitet und in seiner Wirkung gestärkt wird[62].

Die in Art. 5 Abs. 3 S. 1 GG getroffene Wertentscheidung verstärkt zudem die Geltungskraft des individuellen Freiheitsrechtes in Bezug auf Mitwirkungsrechte. Den Hochschullehrern ist im Rahmen des Modells der „Gruppenuniversität“ in den Kollegialorganen der Universität in Angelegenheiten der Lehre ein maßgebender sowie in Fragen der Forschung sowie bei der Berufung von Hochschullehrern ein ausschlaggebender Einfluss zu garantieren[63]. Das Mitwirkungsrecht ist somit eine notwendige Folge des Teilhaberechtes am wissenschaftlichen Betrieb der Hochschule.

---

56 Dies insbesondere im Bereich der Naturwissenschaften, vgl. BVerfGE 35, 79 (115).

57 Ebd.

58 BVerfGE 35, 79 (115, 116), durch die Teilhaberechte wird nach Ansicht des BVerfG wiederum auch dem Interesse des Gemeinwesens an einem funktionierenden Wissenschaftsbetrieb gedient.

59 BVerfGE 35, 79 (116). *Burgi/Gräf,* DVBl. 2010, S. 1125 (1128), stellen fest, dass aus der objektiven Wertentscheidung des Staates zur Gewährleistung der Wissenschaftsfreiheit Handlungspflichten und –maßstäbe für den Staat entstehen, aus denen dem Individuum subjektive Ansprüche auf Teilhabe erwachsen.

60 BVerfGE 35, 79 (116).

61 Ebd.

62 Ebd.

63 So *Antoni*, in Hömig (Hrsg.), Grundgesetz, 9. Aufl. 2010, Rn. 34, der wiederum auf das Hochschul-Urteil verweist.

Im Jahr 2004 schränkte das Bundesverfassungsgericht die Anforderungen, welche die Wissenschaftsfreiheit an die Hochschulorganisation stellt, teilweise ein. Bei der verfassungsrechtlichen Prüfung der Vereinbarkeit von Organisationsnormen mit Art. 5 Ans. 3 S. 1 GG sei darauf abzustellen, ob die Norm die freie wissenschaftliche Betätigung strukturell gefährde[64]. Zur Klärung der Frage ob eine Regelung gefährdende Strukturen schaffe, sei das hochschulorganisatorische Gesamtgebilde zu betrachten[65]. Der Gesetzgeber dürfe die Art und Weise der Beteiligung der Grundrechtsträger frei gestalten, solange die Strukturen die freie Lehre und Forschung hinreichend gewährleisteten[66].

In einer neueren Entscheidung des Bundesverfassungsgerichtes zum Hamburgischen Hochschulgesetz vom 20.07.2010 wurden die organisatorischen Teilhaberechte der Hochschullehrer hingegen wieder etwas gestärkt[67]. Das Bundesverfassungsrecht stellte fest, dass die Wissenschaftsfreiheit eine Absicherung in Form organisatorischer Regelungen dahingehend verlange, dass die Träger der Wissenschaftsfreiheit durch ihre Vertreter in den Hochschulorganen einerseits Gefährdungen der Wissenschaftsfreiheit abwehren sowie andererseits ihre fachliche Kompetenz zur Verwirklichung der Wissenschaftsfreiheit in der Universität einbringen können[68]. Die Wissenschaftler müssen die Möglichkeit erhalten, sich durch ihre Vertreter in den Hochschulorganen gegen Verletzungen der Wissenschaftsfreiheit wehren zu können[69]. Es muss ein hinreichendes Niveau der Partizipation der Wissenschaftler gewährleistet sein[70]. Eine Verfassungsverletzung kann insbesondere dann vorliegen, wenn das Leitungsorgan substantielle Entscheidungsbefugnisse im wissenschaftlichen Bereich inne hat, während dem mit Wissenschaftlern besetzten Gremium keine maßgeblichen Mitwirkungs- und Kontrollrechte verbleiben[71].

---

64 Vgl. Beschluss des BVerfG zum Brandenburgischen Hochschulgesetz vom 26.10.2004, BVerfGE 111, 333 (355).

65 BVerfGE 111, 333 (355).

66 BVerfGE 111, 333 (356). Als Beteiligungsformen kämen etwa eine direkte oder repräsentative Beteiligung an Entscheidungen, eine unmittelbare oder mittelbare Einflussnahme, Entscheidungs-, Veto-, Mitwirkungs-, oder Anhörungsrechte, Aufsichts-, Informations-, oder Kontrollrechte in Betracht.

67 Vgl. BVerfG, 1 BvR 748/06 vom 20.07.2010. Zur Bedeutung der Entscheidung ausführlich *Krausnick,* Staat und Hochschule im Gewährleistungsstatt, 2012, S. 102 ff. (106 ff.).

68 Ebd.

69 Ebd.

70 Ebd.

71 Ebd.

3. Wissenschaftsfreiheit der Fachbereiche

Der abwehrrechtliche Gewährleistungsgehalt der Wissenschaftsfreiheit der Medizinischen Fachbereiche ist von der individualgrundrechtlichen Wissenschaftsfreiheit der medizinischen Hochschullehrer abzugrenzen. Die Medizinischen Fachbereiche sind verpflichtet, sowohl die Qualitätssicherung von Forschung und Lehre als auch die Wahrnehmung der Grundrechte der Hochschullehrer zu gewährleisten. Sie haben als Teil der Universität den institutionellen Auftrag, ihren Mitgliedern eine freie Forschung und Lehre zu ermöglichen[72]. Aufgabe der Fachbereiche ist es, diese Interessen gegenüber der Krankenversorgung und anderer Beeinträchtigungen zu vertreten und zu schützen[73]. Wird den Medizinischen Fachbereichen die Erfüllung dieser Aufgabe erschwert, kann dies einen Eingriff in Art. 5 Abs. 3 S. 1 GG darstellen.

V. Eingriff in die Wissenschaftsfreiheit

Nach dem vorherrschenden modernen Eingriffsbegriff liegt ein Grundrechtseingriff durch jedes staatliche Handeln vor, welches ein grundrechtlich geschütztes Verhalten erschwert oder unmöglich macht bzw. ein Rechtsgut beeinträchtigt[74]. Von dem modernen Eingriffsbegriff werden auch faktische und mittelbare bzw. faktisch-mittelbare Grundrechtseingriffe umfasst[75]. Nach dem klassischen Eingriffsbegriff liegt ein Eingriff hingegen nur dann vor, wenn es sich um eine staatliche, durch Rechtsakt erfolgte, finale Grundrechtsbeeinträchtigung handelt, welche im Wege von Zwang und Befehl durchgesetzt werden kann[76].

72 Vgl. insofern die Aufgabenbeschreibung der Hochschulen in den Hochschulgesetzen der Länder. Beispielhaft besagt § 4 Abs. 1 S. 1 HG NRW: „Das Land und die Hochschulen stellen sicher, dass die Mitglieder der Hochschule bei der Erfüllung ihrer Aufgaben die durch Art. 5 Abs. 3 S. 1 GG und durch dieses Gesetz verbürgten Rechte in Forschung und Lehre wahrnehmen können".

73 Vgl. auch *Hormuth,* F&L 2008, S. 740.

74 *Voßkuhle/Kaiser*, JuS 2009, S. 313, vgl. auch *Sachs*, in: ders. (Hrsg.), GG-Kommentar, 6. Aufl. 2011, vor Art. 1, Rn. 83.

75 Ebd. Beim mittelbaren Grundrechtseingriff liegt eine staatliche Maßnahme vor, deren belastende Wirkung sich nicht beim Adressaten der Maßnahme, sondern bei einem Dritten entfaltet. Ein faktischer Eingriff liegt vor, falls der Eingriff keine Rechtsförmigkeit besitzt. Auch mittelbar-faktische Grundrechtseingriffe sind denkbar.

76 Ebd.; *Ipsen,* Grundrechte, 13. Aufl. 2010, Rn. 143, nennt Finalität, Unmittelbarkeit, Rechtsförmigkeit und Zwang der staatlichen Maßnahme als Voraussetzungen des klassischen Grundrechtseingriffs.

Falls mehrere geringfügige Grundrechtseingriffe gleichzeitig gegeben sind, welche jeweils für sich gerechtfertigt wären, kann ein kumulativer bzw. additiver Grundrechtseingriff vorliegen. Dies ist der Fall, wenn die Grundrechtseingriffe zusammen eine bündelnde übermäßige Belastung des Grundrechtsträgers darstellen[77]. Das Vorliegen eines kumulativen Grundrechtseingriffs ist bei der Überprüfung der Einzelmaßnahme im Rahmen der Verhältnismäßigkeit zu berücksichtigen[78]. Der Staat hat den verfassungsrechtlichen Auftrag, kumulative Belastungen angemessen abzumildern[79].

In der Hochschulmedizin müssen die Medizinischen Fachbereiche und Hochschullehrer Eingriffe in die Wissenschaftsfreiheit durch unterschiedliche, noch näher zu konkretisierende Maßnahmen hinnehmen. Beteiligt an diesen Eingriffen können sowohl die Legislative (Erlass belastender Gesetzesregelungen), die öffentlich-rechtlichen Universitätsklinika als Teil der Exekutive (etwa belastende Einzelmaßnahmen gegenüber den Hochschullehrern) sowie die Judikative (kein Einschreiten gegen belastende Gesetzesregelungen) sein. Durch die Organisationsstrukturen der Hochschulmedizin mitsamt ihrer faktischen und mittelbaren Wirkungen könnte ein unverhältnismäßiger additiver Grundrechtseingriff in die Wissenschaftsfreiheit vorliegen.

Eine immer weiter zunehmende Einschränkung der Freiheit von Forschung und Lehre im Hochschulfach Medizin droht insbesondere durch die Einbeziehung der universitären Zusatzaufgabe „Krankenversorgung"[80]. Damit die medizinischen Wissenschaftler ihre Aufgaben in Forschung und Lehre wahrnehmen

---

77 *Voßkuhle/Kaiser*, JuS 2009, S. 314. Auch das BVerfG erkannte die Möglichkeit additiver Grundrechtseingriffe in verschiedenen Fällen an, vgl. BVerfGE 21, 378, 388; 112, 304 (319 f.). Ausführlich *Lücke,* DVBl. 2001, S. 1469 ff., der feststellt, dass es in bestimmten Fällen ungenügend sein kann, nur punktuelle Beeinträchtigungen als Grundrechtseingriff zu verstehen. Es sei notwendig, mehrere punktuelle Grundrechtseingriffe zusammenzufassen und zu einem mehrteiligen Gesamteingriff zu addieren. Nach *Kirchhof,* NJW 2006, S. 732 ff., ist ein kumulativer Grundrechtseingriff dann denkbar, wenn die Gesamtbelastung des Grundrechtsträgers unzumutbar ist.

78 Dies ergibt sich aus BVerfG, Urteil vom 12.04.2005, NJW 2005, S. 1338. *Lücke,* DVBl. 2001, S. 1477, sieht im Gebot der Verhältnismäßigkeit auch das Verbot einer übermäßigen Gesamtbelastung des Bürgers; auch *Voßkuhle/Kaiser*, JuS 2009, S. 314, stellen fest, dass die Überprüfung der Gesamtbelastung durch das „Eingriffsbündel" im Rahmen der Angemessenheit erfolgen sollte.

79 So *Kirchhof,* NJW 2006, S. 735.

80 Dies zeigt sich beispielhaft durch die Formulierung *Kanngießers*, in: Schmidt-Bleibtreu (Hrsg.), GG-Kommentar, 11. Aufl. 2008, S. 263, der ausführt, die universitäre Krankenversorgung müsse zuvorderst der bestmöglichen Patientenbehandlung dienen, so dass Struktur und Organisation der Krankenversorgung nicht vollumfänglich den Anforderungen der Wissenschaftsfreiheit unterliegen.

können, sind sie auf die Arbeit mit Patienten angewiesen[81]. Der Patientenkontakt wird den Wissenschaftlern durch das Universitätsklinikum vermittelt. Anders als in anderen Fächern haben die medizinischen Hochschullehrer und das wissenschaftliche Personal daher nicht nur Aufgaben in Forschung und Lehre zu erfüllen, sondern sind überdies hinaus auch als Mediziner im Universitätsklinikum in der Krankenversorgung tätig[82].

Einschränkungen der Wissenschaftsfreiheit können sich vor allem daraus ergeben, dass Entscheidungen des Universitätsklinikums im Rahmen der Krankenversorgung Einfluss auf die Ausgabenausführung des Fachbereichs entfalten. Auch die Wissenschaftsfreiheit der einzelnen Hochschullehrer unterliegt im Rahmen der Aufgabenwahrnehmung im Universitätsklinikum der Gefahr, eingeschränkt zu werden[83].

Im Rahmen der Prüfung einer kumulativen Grundrechtseinwirkung geht es nicht allein um die Feststellung, welcher Eingriff letztlich der entscheidende zur Annahme der Überbelastung des Grundrechtsträgers ist[84]. Eine solche Prüfung wäre im Falle der Hochschulmedizin auch kaum durchführbar. Entscheidend ist vielmehr, dass der Staat insgesamt seiner Verpflichtung zum Schutz der Freiheit nachkommt[85].

VI. Schranken der Wissenschaftsfreiheit

Die Wissenschaftsfreiheit ist grundsätzlich vorbehaltlos gewährleistet[86], so dass der Grundrechtsträger im Rahmen seiner wissenschaftlichen Tätigkeiten vor „jeder Ingerenz öffentlicher Gewalt“ geschützt werden muss[87]. Es besteht ein Abwehrrecht gegen „jede staatliche Einwirkung auf den Prozess der Gewinnung

81 Vgl. *Debatin/Rehr,* Bundesgesundheitsblatt 2009, S. 891 (892).

82 *Pabst,* F&L 2001, S. 309, merkt insofern zutreffend an, dass die Medizinischen Hochschullehrer nicht nur für einen Beruf ausbilden, sondern in diesem auch tätig sind.

83 Vgl. *Becker,* Das Recht der Hochschulmedizin, 2005, S. 112.

84 So *Morlok,* Grundrechte, 2. Aufl. 2010, Rn. 519, der feststellt, dass es nicht darum gehe, zu überprüfen, welcher Eingriff genau „das Fass zum Überlaufen bringt“.

85 *Morlok,* Grundrechte, 2. Aufl. 2010, Rn. 519.

86 Die in Art. 5 Abs. 3 S. 2 GG enthaltene Klausel, wonach die Lehrfreiheit nicht von der Treue zur Verfassung entbindet, hat lediglich eine deklaratorische Bedeutung für diejenigen Wissenschaftler, die bereits über ihren Beamtenstatus ohnehin zur Verfassungstreue verpflichtet sind, vgl. *Mager*, in: Isensee/Kirchhof (Hrsg.), Handbuch des Staatsrechts Band VII, 3. Aufl. 2009, § 166, Rn. 29.

87 BVerfGE 35, 79 (112). Etwa *Oppermann,* in: Isensee/Kirchhof (Hrsg.), Handbuch des Staatsrecht Band VI, 1989, § 145, Rn. 27, konstatiert, dass weder die Vorbehalte des Art. 5 Abs. 2 GG noch die Schrankentrias des Art. 2 Abs. 1 GG unmittelbar gelten.

und Vermittlung wissenschaftlicher Erkenntnisse“[88]. Das Bundesverfassungsgericht fordert, dass das Grundrecht der freien wissenschaftlichen Betätigung im staatlichen Wissenschaftsbetrieb soweit unangetastet bleibt, wie es „unter Berücksichtigung der anderen legitimen Aufgaben der Wissenschaftseinrichtungen und der Grundrechte der verschiedenen Beteiligten möglich ist“[89]. Lediglich dort, wo die wissenschaftliche Betätigung nach außen wirkt und einen Sozialkontakt auslöst, kommen die kollidierenden Grundrechte Dritter sowie der Schutz anderer mit Verfassungsrang ausgestatteter Rechtsgüter als ungeschriebene Grundrechtsschranken in Betracht[90]. Bei einer im Einzelfall durchzuführenden konkreten Abwägung zwischen den Interessen der Wissenschaftsfreiheit und dem kollidierenden Verfassungsgut ist die Herstellung praktischer Konkordanz das Ziel[91]. Gerade die Menschenwürde sowie das menschliche Leben sind dabei gegenüber allen anderen Freiheitsrechten einer Abwägung nicht zugänglich, mithin auch nicht gegenüber der Wissenschaftsfreiheit[92]. Einzig solche Forschung, die ausschließlich im „persönlichen Bereich des Forschers“ stattfindet und die Rechte Dritter nicht tangiert, muss gänzlich uneingeschränkt bleiben[93].

In der Universitätsmedizin stellt insbesondere das verfassungsrechtliche Schutzgut der Krankenversorgung eine Schranke der Wissenschaftsfreiheit dar. Aufgrund der engen Verflechtung von Forschung, Lehre und Krankenversorgung sind Berührungspunkte der Aufgabenbereiche unvermeidbar.

Auch die Rechtsprechung hatte bereits über das gegenseitige Verhältnis von Forschung, Lehre und Krankenversorgung in der Hochschulmedizin zu entscheiden. Sie entwickelte inhaltliche Vorgaben für mögliche Organisationsmodelle der Hochschulmedizin. Diese Vorgaben sollen ein verfassungsgemäßes Zusammenspiel der hochschulmedizinischen Aufgabenbereiche garantieren.

Es sei vorweggenommen, dass die Rechtsprechung durch ihre Vorgaben zur Entstehung des heutigen Organisationssystems in der Hochschulmedizin beigetragen hat. Sie hätte die Ausweitung der Krankenversorgung in den Universitätsklinika durch klare Verbote an die Landes-Gesetzgeber verhindern können.

---

88 BVerfGE 35, 79 (113).

89 BVerfGE 35, 79 (115).

90 *Bethge,* in: Sachs (Hrsg.), GG-Kommentar, 6. Aufl. 2011, Art. 5, Rn. 223. Für einen Überblick über die verfassungsimmanenten Schranken siehe *Mager*, in: Isensee/Kirchhof (Hrsg.), Handbuch des Staatsrechts Band VII, 3. Aufl. 2009, § 166, Rn. 30 ff. So kommen u.a. die Wissenschaftsfreiheit anderer Wissenschaftler, Rechtsgüter Dritter, das Patentrecht, der Umwelt- und Tierschutz und die Menschenwürde als Schranken in Betracht.

91 *Sodan,* GG, Art. 5, Rn. 49. Zum Prinzip der praktischen Konkordanz noch näher unter D. III.

92 *Bethge,* in: Sachs (Hrsg.), GG-Kommentar, 6. Aufl. 2011, Art. 5, Rn. 231; *Starck*, in: Starck (Hrsg.), GG-Kommentar, 2005, Rn. 418.

93 *Starck*, in: Starck (Hrsg.), GG-Kommentar, 2005, Rn. 415.

Erstmals mit dem Verhältnis von Forschungs- und Lehrfreiheit zur Krankenversorgung setzte sich der Staatsgerichtshof Baden-Württemberg im Jahr 1973 auseinander[94]. Der Staatsgerichtshof umschreibt die Problematik, die sich durch die Einbeziehung der Krankenversorgung als Aufgabe der Universität ergibt. Die Übertragung der Zusatzaufgabe Krankenversorgung auf die Universität sei grundsätzlich zulässig[95]. Für die Erfüllung von Aufgaben der Krankenversorgung könne dabei jedoch nicht derselbe Maßstab gelten, nach welchem die Hochschule in Forschung und Lehre strukturiert ist[96]. Die Universität sei in diesem Bereich über ihren eigentlichen Zweck hinaus Trägerin einer gesellschaftlichen Aufgabe, welche der staatlichen Kontrolle unterliegen müsse[97]. Der Staatsgerichtshof Baden-Württemberg betont ausdrücklich, dass die Krankenversorgung nicht der Selbstverwaltungsgarantie der Hochschulen unterliege[98]. Verfassungsrechtliche Bedenken gegen eine Fachaufsicht über die universitäre Krankenversorgung oder andere übertragene Aufgaben des öffentlichen Gesundheitswesens bestünden daher grundsätzlich nicht[99]. Insbesondere die Universitätsklinika als Einrichtungen der Krankenversorgung bildeten eine bedeutsame Grundlage für die medizinische Forschung und Lehre[100]. Die sächliche und personelle Ausstattung der Universitätsklinika, die in der klinischen Praxis erworbenen und erprobten Verfahren sowie die in den Universitätsklinika gewonnenen Erkenntnisse kämen der Forschung und Lehre zu Gute[101]. Der medizinische Forscher gewinne seine Methoden und Erkenntnisse gerade zu einem wesentlichen Teil aus der Krankenbehandlung in der Klinik[102]. Die Strukturierung der Krankenversorgung könne weitgehend unter Effizienzgesichtspunkten erfolgen[103]. Es sei jedoch immer zu berücksichtigen, dass die Freiheit medizinischer Forschung und Lehre nur dann in ihrem Wesenskern unangetastet bleibe, falls „eine der beiden teilwei-

94 Urteil vom 24.11.1973, ESVGH 24, S. 12 ff.; vgl. zu diesem Urteil die kritische Anmerkung von *Kübler,* DÖV 1974, S. 624 ff., welcher in seiner Urteilsanmerkung zu dem Ergebnis gelangt, dass die im Rechtsstreit angegriffene Regelung durch den StGH hätte für verfassungswidrig erklärt werden müssen, da insbesondere der Kernbereich des universitären Selbstverwaltungsrechts durch eine Nichtbindung des Klinikumsvorstandes in Angelegenheiten der Krankenversorgung verletzt sei. Vgl. zum Urteil auch *Zeller,* DÖV 1974, S. 626 ff.; mit zeitlichem Abstand *Schröder*, MedR 1986, S. 59 (60 f.).

95 ESVGH 24, S. 16.

96 Ebd.

97 Ebd.

98 Ebd.

99 Ebd.

100 ESVGH 24, S. 16, 17.

101 Ebd.

102 ESVGH 24, S. 17.

103 Ebd.

se untrennbar verbundenen Aufgabengebiete Rechnung tragende Organisation des medizinischen Gesamtbereichs der Universität" bestehe[104]. Dazu seien geeignete Koordinations- und Kooperationsmöglichkeiten beider Funktionsbereiche sowie eine sachgerechte organisatorische Verzahnung erforderlich[105]. Nur so sei eine sachgerechte, rationelle und zugleich verfassungsgemäße Ausgestaltung der Beziehungen zwischen beiden Aufgabenbereichen möglich[106].

Ausgleichende Regelungen zwischen Krankenversorgung sowie Forschung und Lehre, welche die Wissenschaftsfreiheit zwar tangieren, jedoch nicht in ihren Wesenskern eingreifen, trügen der Tatsache Rechnung, dass rein abzugrenzende Kompetenzbereiche nicht geschaffen werden könnten[107]. Eine solche Abgrenzung verhindere notwendige klare Entscheidungsbefugnisse und führe zu untragbaren Schwerfälligkeiten in den Geschehensabläufen[108]. Falls der Gesetzgeber beide Aufgabenbereiche in angemessener Art erfüllt, überschreite er seine Regelungsbefugnis gegenüber der Wissenschaftsfreiheit nicht[109]. Bis zu einer bestimmten Grenze habe der Gesetzgeber bei Überlagerung der beiden Aufgabengebiete einen Gestaltungsfreiraum[110]. Bei der Untersuchung, ob einzelne Regelungen gegen Art. 5 Abs. 3 S. 1 GG (oder die Selbstverwaltungsgarantie der Hochschulen) verstoßen, sei zudem auch immer der Gesamtkontext der Regelungen zu beachten[111].

Im Jahr 1981 traf das Bundesverfassungsgericht erstmals einen Beschluss über das Verhältnis von Forschung und Lehre zur Krankenversorgung im universitären Bereich[112]. Generell betonte das Bundesverfassungsgericht erneut den Grundsatz, dass im universitären Wissenschaftsbereich Weisungskompetenzen zwischen Professoren im Hinblick auf Art. 5 Abs. 3 S. 1 GG nicht zulässig sei-

104 Ebd.

105 Ebd.

106 Ebd.

107 ESVGH 24, S. 22.

108 Ebd.

109 ESVGH 24, S. 24.

110 Ebd.

111 Ebd.

112 BVerfG, Beschluss vom 08.04.1981, BVerfGE 57, 70, vgl. auch NJW 1981, 1995; in diesem Beschluss wurden die Verfassungsbeschwerden von fünf hessischen Professoren zurückgewiesen, die durch § 36 des HessUniVG vom 06.06.1978 (GVBl. I S. 348) ihre Rechte aus Art. 5 Abs. 3 S. 1 GG verletzt sahen. § 36 HessUnivG regelte u.a., dass ein als Abteilungsleiter eingesetzter Professor anderen Professoren Weisungen im Bereich der Krankenversorgung erteilen kann. Die Beschwerdeführer sahen hierin einen Verstoß gegen das Kollegialitätsprinzip, welches im universitären Bereich gelten müsse. Das Bundesverfassungsgericht gelangte hingegen zu dem Ergebnis, dass die gesetzgeberische Lösung sämtliche betroffene verfassungsrechtliche Rechtsgüter in ausreichendem Maße schütze (106).

en[113]. Insofern dürfe kein unmittelbarer Eingriff in die Freiheit auf wissenschaftliche Eigeninitiative sowie Wahl und Durchführung von Forschungsvorhaben vorliegen[114]. Anderes gelte jedoch, wenn nicht allein eine Angelegenheit der Wissenschaftsverwaltung, sondern die Organisation der an die Universität übertragenen Krankenversorgung betroffen sei[115]. Die Übernahme der Krankenversorgung sei zwar durch medizinische Forschung und Lehre bedingt, gehe jedoch in einem beträchtlichen Maße über den rein wissenschaftlichen Bereich hinaus[116]. Das Bundesverfassungsgericht schloss sich dem Urteil des Staatsgerichtshofes Baden-Württemberg dahingehend an, dass die Universität in diesem Kontext nicht nur ein Raum für die Forschung und Lehre sei[117]. Die Universität sei im Bereich der Krankenversorgung zugleich auch Trägerin einer gesellschaftlichen Aufgabe, die einer staatlichen Kontrolle unterliege[118].

Die Übertragung der Krankenversorgung auf die Universität als zusätzliche staatliche Aufgabe habe auch für die Hochschullehrer Folgewirkungen[119]. Soweit die Hochschullehrer in den Universitätsklinika Kranke behandelten, seien sie nicht in erster Linie akademische Forscher und Lehrer, sondern nähmen die Zusatzaufgabe der Krankenversorgung wahr[120]. Der Hochschullehrer habe im Rahmen der Krankenversorgung nicht die Stellung eines rein wissenschaftlich tätigen Forschers und Lehrers inne, sondern die eines in die Krankenhausorganisation eingegliederten Mediziners[121]. Falls „sachlich einleuchtende Gründe der Krankenversorgung“ dafür sprechen, sei es dem Gesetzgeber nicht verfassungsrechtlich verboten, den Hochschullehrer in eine hierarchisch organisierte Verwaltungsstruktur einzuordnen[122]. Unter Zitierung des Wissenschaftsrates führte das Bundesverfassungsgericht weiterhin aus, dass die Krankenversorgung im Gegensatz zum Wissenschaftsbetrieb im Interesse der Patientenbehandlung eine Organisation benötige, die straffer sei, die Verantwortlichkeiten deutlich abgrenze und raschere Entscheidungen ermögliche[123].

Das Bundesverfassungsgericht stellte jedoch auch fest, dass die Tatsache der Überschneidung der Aufgaben von Forschung, Lehre und Krankenversorgung

---

113 BVerfGE, 57, 70 (94, 95).
114 Ebd.
115 BVerfGE, 57, 70 (95).
116 Ebd.
117 BVerfGE, 57, 70 (95, 96).
118 Ebd.
119 BVerfGE, 57, 70 (96).
120 Ebd.
121 BVerfGE, 57, 70 (97).
122 Ebd.
123 Ebd.

nicht verkannt werden dürfe[124]. In der Praxis ließe sich keine klare Trennung zwischen der wissenschaftlichen Tätigkeit des Hochschullehrers und seiner Arbeit in der Krankenversorgung durchführen[125]. Gerade aufgrund des engen Zusammenhangs mit der medizinischen Wissenschaft sei die Krankenversorgung der Universität als Zusatzaufgabe zugewiesen worden[126]. Sowohl in diagnostischer als auch in therapeutischer Hinsicht bildeten die in der Krankenversorgung gewonnenen Erkenntnisse eine solch bedeutsame Grundlage für die medizinische Forschung und Lehre, dass eine akademische Lehre ohne praktische Demonstrationen am Patienten kaum durchführbar sei[127]. Durch die praktische Vermischung der Aufgabenbereiche des Hochschullehrers läge somit eine Verflechtung der Bereiche vor[128]. Diese Verflechtung müsse bei der rechtlichen Organisation der Hochschulmedizin beachtet werden[129]. Insgesamt dürfe die Wissenschaftsfreiheit des Hochschullehrers auch bei seiner Tätigkeit in der Krankenversorgung nicht „gänzlich ausgeklammert" werden[130]. Die Wissenschaftsfreiheit müsse immer soweit beachtet werden, wie Forschung und Lehre in die Zusatzaufgabe der Krankenversorgung übergreifen[131].

Dem Gesetzgeber gab das Bundesverfassungsgericht auf, bei der Organisation der Universitätsklinika sowohl das Grundrecht der Hochschullehrer auf Wissenschaftsfreiheit als auch eine bestmögliche Krankenversorgung der Patienten zu gewährleisten und zwischen den gegensätzlichen Grundrechtspositionen einen Ausgleich zu finden[132]. Auch beim Schutz des Patienten handele es sich um „verfassungsrechtlich relevante Rechtsgüter von großer Bedeutung"[133]. Durch die Krankenbehandlung müsse sichergestellt werden, dass die nach Art. 2 Abs. 2 S. 1 GG geschützte körperliche Unversehrtheit nicht beeinträchtigt wird[134]. Die Krankenversorgung sei demnach, auch unter Berücksichtigung des Sozialstaatsprinzips (Art. 20 Abs. 1 GG), „ein überragend wichtiges Gemeinschaftsgut"[135].

Bezüglich der Frage, wie ein solcher Ausgleich zwischen den Interessen von Forschung und Lehre sowie der Krankenversorgung konkret zu erfolgen hat, be-

---

124 BVerfGE, 57, 70 (98).
125 Ebd.
126 Ebd.
127 Ebd.
128 Ebd.
129 Ebd.
130 BVerfGE, 57, 70 (99).
131 Ebd.
132 Ebd.
133 Ebd.
134 Ebd.
135 Ebd.

zog sich das Bundesverfassungsgericht auf die Rechtsprechung des Staatsgerichtshofs Baden-Württemberg[136].

Forschungsvorhaben und Lehrveranstaltungen der Hochschullehrer könnten auch durch die Organisation des Krankenversorgungsbetriebes beeinflusst werden; es komme etwa darauf an, welche Patienten ihnen zugewiesen würden und welche Arbeitsbedingungen sie vorfänden[137]. Bei der Ausgestaltung von Weisungsbefugnissen sei der Gesetzgeber daher in einem besonderen Maße gehalten, für einen angemessenen Ausgleich zu sorgen[138].

Im Jahr 2002 hielt das Bundesverfassungsgericht an seiner Rechtsprechung fest und verwies darauf, dass das Verhältnis von universitärer Krankenversorgung und Wissenschaftsfreiheit bereits entschieden sei[139]. Bei der Beurteilung einzelner Regelungen über das Universitätsklinikum sei immer zu beachten, dass die Regelungen in ihrer Gesamtheit die Wissenschaftsfreiheit durch geeignete Kooperations- und Koordinationsmöglichkeiten mit dem Funktionsbereich der Krankenversorgung hinreichend berücksichtigen müssen[140].

Das Bundesverfassungsgericht bestätigte 2007 seine Rechtsprechung aus dem Jahre 1981 erneut und wies unter Zitierung der ursprünglichen Entscheidung darauf hin, dass das Grundrecht auf Wissenschaftsfreiheit – vorliegend allein das des Hochschullehrers – auch bei Tätigkeiten in der Krankenversorgung „nicht unberücksichtigt" bleiben dürfe[141]. Dem ist laut Bundesverfassungsgericht auch Rechnung zu tragen, wenn eine organisatorische Trennung zwischen Universität und Universitätsklinikum erfolgt ist[142].

Die Rechtsprechung des Bundesverfassungsgerichts kann dahingehend interpretiert werden, dass verfahrensrechtliche Vorgaben zum Schutz des Interessenausgleichs zwischen einer effizienten Krankenversorgung und der Freiheit von

---

136 Ebd. Auch das Bundesverfassungsgericht forderte geeignete Koordinations- und Kooperationsmöglichkeiten sowie eine sachgerechte organisatorische Verzahnung.

137 BVerfGE, 57, 70 (102).

138 Ebd.

139 BVerfG, Beschluss vom 11.11.2002, NVwZ 2003, S. 600, DVBl. 2003, S. 323; in diesem Beschluss stellte das BVerfG fest, dass die fehlende Vertretung von Hochschullehrern in den Gremien der nordrhein-westfälischen Universitätsklinika nicht gegen die Wissenschaftsfreiheit bzw. die Selbstverwaltungsgarantie der Hochschulen verstoße; vgl. auch die kritischen Anmerkungen von *Sachs,* NWVBl. 2003, S. 137 ff., welcher bemängelt, dass die Voraussetzungen der organisatorischen Sicherung der Wissenschaftsfreiheit nicht konkret benannt wurden und u.a. darauf hofft, dass bei der Fortentwicklung des Hochschulorganisationsrechtes die organisationsrechtliche Grundrechtssicherung mehr beachtet wird, als im Sonderfall der Universitätsklinika (S. 139).

140 BVerfG, Beschluss vom 11.11.2002, NVwZ 2003, S. 600 (601).

141 BVerfGK 12, 440, vom 27.11.2007.

142 Ebd.

Forschung und Lehre ausreichen und keine umfassende gesetzliche Normierung erforderlich ist[143]. Die Forderungen der Rechtsprechung beinhalten, dass die durch den Gesetzgeber getroffenen Vorkehrungen „in der Summe ein Niveau erreichen müssen, das der Wissenschaftsfreiheit Genüge tut“[144]. Der Wissenschaftsrat fasst die Rechtsprechung zum Verhältnis von Forschung, Lehre und Krankenversorgung zueinander und zum Schutz der Freiheit von Forschung und Lehre so zusammen, dass es bei jeder Organisationsreform in der Universitätsmedizin einer Abwägung der verfassungsrechtlich geschützten Güter bedarf[145]. Gerade die durch Art. 5 Abs. 3 S. 1 GG garantierte Wissenschaftsfreiheit müsse in dieser Abwägung maßgeblich beachtet werden[146]. Es sei zu überprüfen, ob und inwieweit die durch Belange der Krankenversorgung von Effizienzprinzipien bestimmte Struktur der Organisation der Universitätsklinika zurücktreten muss, wenn Forschung und Lehre in diese hinübergreifen[147].

Die Frage, ob die Wissenschaftsfreiheit der Medizinischen Fachbereiche und Hochschullehrer sowie die Krankenversorgung derzeit in einen verfassungsgemäßen Ausgleich gebracht werden, wird ausführlich unter D. erörtert. Zunächst soll jedoch unter C. das Ausmaß der Einschränkung der Freiheit von Forschung und Lehre herausgearbeitet werden.

C. Einschränkungen der Freiheit von Forschung und Lehre im derzeitigen Organisationssystem der Hochschulmedizin durch die Zusatzaufgabe „Krankenversorgung“

I. Das Universitätsklinikum als medizinspezifischer zusätzlicher Akteur des Hochschulwesens

1. Das Universitätsklinikum als Akteur der heutigen Hochschulmedizin

Das Universitätsklinikum ist neben Universität und Medizinischem Fachbereich der dritte bedeutende Akteur der Hochschulmedizin[148]. Die Strukturen des Zu-

143 So *Leonhard,* DÖV 2006, S. 1038.

144 So *Becker,* Das Recht der Hochschulmedizin, 2005, S. 223.

145 Wissenschaftsrat, Allgemeine Empfehlungen zur Hochschulmedizin, 2007, S. 44.

146 Ebd.

147 Ebd.

148 Darüber hinaus kommen in der Hochschulmedizin weitere Medizinische Einrichtungen hinzu, die zum Teil auch Untereinheiten der Universitätsklinika sind, etwa Kliniken und Polikliniken, Medizinische Institute, Abteilungen und Zentren. Außerdem bestehen verschiedene Dienstleistungseinrichtungen, welche den Krankenhausbetrieb der Universitätsklinika sicherstellen.

sammenspiels der drei Akteure sind langfristig gewachsen, unterliegen jedoch im Detail einem dynamischen Veränderungsprozess[149].

Unter den Sammelbegriff „Hochschulmedizin" wird die an den Medizinischen Fakultäten und im Universitätsklinikum gelehrte, gelernte, weiterentwickelte und angewandte Medizin subsumiert[150]. Sämtliche die Hochschulmedizin betreffende Rechtsvorschriften bilden gemeinsam das Recht der Hochschulmedizin[151]. Der Begriff „Hochschulmedizin", der mittlerweile eine allgemeine Anwendung findet, trägt der in der universitären Medizin bestehenden besonderen Verbindung von Hochschul- und Gesundheits-bzw. Krankenhausrecht Rechnung und zeigt die Sonderstellung der Medizin gegenüber anderen universitären Fachgebieten auf[152]. Das Universitätsklinikum liegt im Grenzbereich der Rechtsgebiete, so dass spezielle gesetzliche Regelungen erforderlich sind. In Deutschland sind Wissenschaft und Forschung an sich nur einer verhältnismäßig geringen Verrechtlichung sowohl seitens des Gesetzgebers als auch der Rechtsprechung unterlegen und die Ausgestaltung der wissenschaftlichen Forschungsinhalte ist den Regierungen, Verwaltungen und Forschenden überlassen[153]. Dieser Grundsatz gilt jedoch nicht für die Hochschulmedizin. Das Zusammentreffen von Hochschulrecht und Gesundheitsrecht macht umfängliche Regelungen erforderlich. Der Wissenschaftsrat führt insofern aus, dass an der Schnittstelle zwischen Wissenschafts- und Gesundheitssystem ein Verbund entstanden ist, welcher Strukturen benötigt, die sich von denen anderer Wissenschaftseinrichtungen grundlegend unterscheiden[154]. So ist der Haushalt der Universitätsmedizin oftmals höher als der aller anderen Fächer der jeweiligen Hochschule zusammen[155]. Noch in

---

Vgl. zu diesen weiteren Akteuren der Hochschulmedizin, *Becker*, Das Recht der Hochschulmedizin, S. 25 ff.

149 Vgl. zu diesem Veränderungsprozess noch genauer unter C. III. 1.

150 *Becker,* Das Recht der Hochschulmedizin, 2005, S. 5.

151 Ebd., S. 35.

152 Ebd., S. 6. *Gärditz,* Hochschulorganisation und verwaltungsrechtliche Systembildung, 2009, S. 597, erachtet das „Recht der Hochschulmedizin" als hochschulrechtliches Binnenreferenzgebiet für die Integration nichtakademischer staatlicher Auftragsangelegenheiten in die Hochschulstrukturen.

153 *Von Brünneck,* JA 1989, S. 165 (168).

154 Wissenschaftsrat, Allgemeine Empfehlungen zur Hochschulmedizin, 2007, S. 33; *Steffen,* Universitätskrankenhäuser im reformierten Gesundheitswesen, 2001, S. 6, sieht die Universitätsklinika dementsprechend als „Zwitterwesen" an.

155 Wissenschaftsrat, Empfehlungen zu forschungs- und lehrförderlichen Strukturen in der Hochschulmedizin 2004, S. 7. Vgl. dazu die Zahlen des Statistischen Bundesamtes, Bildung und Kultur – Finanzen der Hochschulen 2008, S. 13, die Ausgaben der Universitäten beliefen sich im Jahr 2008 auf 32,017 Mrd. Euro. Auf die Medizinischen Einrichtungen bzw. Gesundheitswissenschaften entfielen davon 17,02 Mrd. Euro, während die weiteren universitären Bereiche zusammen auf 14,996 Mrd. Euro kamen.

der nahen Vergangenheit wurde vertreten, dass sich das Recht der Hochschulmedizin vorwiegend aus hochschulrechtlichen Regelungen der Länder zusammensetzt[156], welche durch krankenhausrechtliche Vorschriften ergänzt werden[157]. Aufgrund zunehmender Reformen im Gesundheitsrecht, welche einen prägenden Einfluss auf die Hochschulmedizin entwickeln, erscheint diese Gewichtung jedoch zunehmend als überholt[158]. Die Hochschulmedizin steht gegenüber anderen universitären Fachbereichen auch und gerade wegen wechselnder rechtlicher und finanzieller Änderungen im Rahmen der Krankenversorgung unter einem deutlich höheren Anpassungsdruck[159]. Nicht nur im Bereich der Hochschule, sondern auch gerade in der Krankenversorgung nehmen die Universitätsklinika eine herausragende Sonderstellung ein. Im Jahr 2009 gab es bundesweit 2084 Krankenhäuser, die 17,8 Mio. vollstationäre Patienten behandelten[160]. Bei 503.341 Betten entfielen ganze 43.388 Betten auf die 34 Universitätsklinika[161]. Von 143.967 hauptamtlichen Krankenhausärzten waren 27.632 in den Universitätsklinika tätig[162].

Für den Medizinischen Fachbereich bestehen im Vergleich mit anderen universitären Fachbereichen kaum Besonderheiten[163]. Oftmals ist dieser nach wie

156 Die Zuständigkeit für das Hochschulwesen und die Hochschulmedizin ist durch das Grundgesetz generell den Ländern übertragen. Insofern gilt der Grundsatz der generellen Gesetzgebungskompetenz der Länder nach Art. 70 GG. Dem Bund steht nach Art. 74 Abs. 1 Nr. 33 GG lediglich die konkurrierende Gesetzgebungskompetenz bezüglich der Hochschulzulassung und der Hochschulabschlüsse zu, für welche nach Art. 72 Abs. 3 Nr. 6 GG eine Abweichungskompetenz der Länder besteht. 1969 wurde eine Rahmengesetzgebungskompetenz des Bundes eingeführt, welche jedoch, wie auch die Mitwirkung an den Gemeinschaftsaufgaben inklusive des Hochschulbaus, durch die Föderalismusreform im Jahr 2006 wieder aufgehoben wurde. Anstatt der Gemeinschaftsaufgaben wurde die Regelung des Art. 91 b GG eingeführt, welcher ermöglicht, dass Bund und Länder unter Zustimmung aller Länder bei Vorhaben der Wissenschaft und Forschung an den Hochschulen unter bestimmten Umständen zur Förderung von Forschungsbauten (einschließlich Großgeräten) zusammen wirken.

157 Zu dieser Gewichtung kommt noch *Becker,* Das Recht der Hochschulmedizin, S. 35; *Strehl,* Jahresversammlung Medizinischer Fakultätentag 2004, Wirtschaftliche Verflechtungen, S. 2, nimmt eine Dreiteilung der Politikfelder vor, welche auf die Hochschulmedizin einwirken, und benennt neben der Gesundheits- und Wissenschaftspolitik die Wirtschafts- und Finanzpolitik als dritte eigenständige Kategorie.

158 Vgl. noch ausführlich unter C. III.

159 Dies konstatieren der Verband der Universitätsklinika Deutschlands und der Medizinische Fakultätentag, Gemeinsame Stellungnahme zum Gesetzentwurf der Landesregierung für ein viertes Gesetz zur Änderung des Hessischen Hochschulgesetzes, 17.07.2007.

160 Statistisches Bundesamt, Gesundheit – Grunddaten der Krankenhäuser 2009, S. 8, 9.

161 Ebd., S. 14.

162 Ebd., S. 36.

163 Vgl. zu Aufgaben und Aufbau des Fachbereiches umfassend *Becker,* Das Recht der Hochschulmedizin, 2005, S. 15 bis 20 sowie 195 ff.; die Aufgaben des Medizinischen Fachbereiches

vor vollumfänglich in die Universität integriert[164]. Für das Universitätsklinikum besteht im Hochschulwesen hingegen kein vergleichbares rechtliches Pendant.

2. Der allgemeine Aufgabenkatalog des Universitätsklinikums

Das Universitätsklinikum hat hochschulrechtlich die Aufgabe, den Medizinischen Fachbereich in Forschung und Lehre zu unterstützen. Als Krankenhaus der Maximalversorgung besitzt es zudem eine wichtige Funktion im Rahmen der Gesundheitsversorgung[165]. Es besteht eine Aufgabentrias in Forschung, Lehre und Krankenversorgung[166].

a. Die Aufgaben des Universitätsklinikums in Forschung und Lehre

Die Universitätsklinika haben in Forschung und Lehre heute lediglich noch die Funktion, die Universitäten und die Medizinischen Fachbereiche mitsamt ihrer Mitarbeiter bei deren Aufgabenwahrnehmung zu „unterstützen" und diesen zu „dienen"[167]. Der universitäre Bereich entscheidet dabei, ob ein wissenschaftli-

---

unterscheiden sich inhaltlich nicht wesentlich von denen anderer universitärer Fakultäten, sie sind vor allem auf Forschung und Lehre ausgerichtet. Aktuelle Entwicklungen und Problematiken im Hochschulrecht treffen alle universitären Fachbereiche grundsätzlich im selben Maße, so dass für die Medizinischen Fachbereiche ohne die Beteiligung des Universitätsklinikums bei der Aufgabenwahrnehmung kaum Besonderheiten bestehen würden.

164 Dies gilt für den Fall, dass der hochschulmedizinische Standort im Kooperationsmodell organisiert ist. Besonderheiten bestehen im Integrationsmodell. Vgl. zu den Organisationsmodellen der Hochschulmedizin noch unter C. II. 1.

165 Vgl. zur Stellung des Universitätsklinikums als Krankenhaus der Maximalversorgung § 2 Abs. 1 KHG (Gesetz zur wirtschaftlichen Sicherung der Krankenhäuser und zur Regelung der Krankenhauspflegesätze vom 10.4.1991, BGBl. I S. 886, zuletzt geändert durch Art. 1 des Gesetz vom 17.03.2009, BGBl. I S. 534).

166 Daneben können den Universitätsklinika noch weitere Aufgaben auf dem Gebiet des öffentlichen Gesundheitsrechts übertragen werden. Regelmäßig dienen sie beispielsweise auch der Fortbildung des ärztlichen und sonstigen Personals, vgl. etwa § 31 a HMG NRW.

167 So in einigen Universitätsklinikagesetzen der Bundesländer, vgl. § 2 Abs. 1 S. 1 UKVO NRW vom 20.12.2007 (GVBl. S. 744); Art. 2 Abs. 1 S. 1 BayUniKlinG vom 23.05.2006 (GVBl. S. 285). Auf die einzelnen Universitätsklinikagesetze wird noch eingegangen unter C. II. 2. b. Die dienende und unterstützende Funktion der Universitätsklinika ist bei allen hochschulmedizinischen Standorten ausdrücklich festgeschrieben, welche das Kooperationsmodell praktizieren. Im Integrationsmodell, im Rahmen dessen Universitätsklinikum und Medizinischer Fachbereich zu einer einheitlichen „Universitätsmedizin" zusammengeschlossen sind, stellt sich die Aufgabenwahrnehmung in entsprechender Weise dar, vgl. noch unter C. II. 1.

ches Projekt durchgeführt werden soll, während das Universitätsklinikum die klinischen Voraussetzungen des Projekts sicherstellen muss[168].

Heutzutage wird die medizinische Forschung generell in grundlagenorientierte, krankheitsorientierte und patientenorientierte Forschung unterteilt[169]. Gerade die patientenorientierte Forschung wird dabei im Wesentlichen in den Universitätsklinika praktiziert[170]. Durch die patientenorientierte Forschung wird die Verbindung zwischen Grundlagenforschung und klinischer Medizin hergestellt[171]. Insgesamt haben sich die Universitätsklinika nach Darstellung des Wissenschaftsrats bundesweit als „wichtigste Säule der Gesundheitsforschung" etabliert[172]. Allerdings wird im Schrifttum zuweilen auch bemängelt, dass in Deutschland im biomedizinischen Grundlagenbereich eine hervorragende Forschung stattfinden würde, während gerade die im Schnittbereich von Medizinischer Fakultät und Universitätsklinikum bewirkte patientenorientierte Forschung nicht zufriedenstellend sei[173]. Speziell die Durchführung klinischer Studien sei verbesserungsfähig[174].

Das Universitätsfach Medizin weist in der Lehre einen breiten Fächerinhalt auf[175]. Leitbild des Studienganges Medizin ist der praktizierende Arzt, der sich u.a. ein selbständiges und eigenverantwortliches Handeln aneignen soll[176]. Die Universitätsklinika stellen im Verbund mit Lehrkrankenhäusern und Lehrpraxen die einzigen Ausbildungsstätten für Mediziner dar[177]. Derzeit kommt es immer

---

168 Der Kanzlerarbeitskreis Hochschulmedizin, Leistungsaustausch zwischen Universität/Medizinischer Fakultät und Universitätsklinikum, 2011, S. 19, erläutert die Unterstützungs- und dienenden Pflichten des Universitätsklinikums zutreffend dahingehend, dass Universität und Medizinischer Fachbereich über das wissenschaftliche „Wollen" entscheiden, während das Universitätsklinikum über das krankenhauswirtschaftliche „Können" Auskunft gibt.

169 Nähere Erläuterungen gibt u.a. der Wissenschaftsrat, Empfehlungen zu forschungs- und lehrförderlichen Strukturen in der Universitätsmedizin 2004, S. 9; verwiesen sei auch aktuell auf *Beisiegel*, Bundesgesundheitsblatt 2009, S. 850 ff.

170 Wissenschaftsrat, Empfehlungen zu forschungs- und lehrförderlichen Strukturen in der Universitätsmedizin 2004, S. 9.

171 Wissenschaftsrat, Stellungnahme zu Leistungsfähigkeit, Ressourcen und Größe universitätsmedizinischer Einrichtungen 2005, S. 7.

172 Ebd.

173 *Siewert/Niethammer*, Der Chirurg 2003, S. 1, die jedoch positive Zeichen zur Änderung dieses Zustandes ausmachen.

174 Ebd.

175 Der Fächerinhalt wird zusammengefasst von *Becker*, Das Recht der Hochschulmedizin, 2005, S. 6.

176 Wissenschaftsrat, Empfehlungen zu forschungs- und lehrförderlichen Strukturen in der Universitätsmedizin 2004, S. 18.

177 Wissenschaftsrat, Stellungnahme zu Leistungsfähigkeit, Ressourcen und Größe universitätsmedizinischer Einrichtungen 2005, S. 7.

wieder zu Kontroversen bezüglich der Organisation des Medizinstudiums und der Ärzteausbildung[178].

b. Die Aufgaben des Universitätsklinikums in der Krankenversorgung

Die Universitätsklinika stellen Krankenhäuser im Sinne der Definition des § 2 Nr. 1 KHG dar. Bei den Universitätsklinika handelt es sich um Einrichtungen, in welchen u.a. durch ärztliche und pflegerische Hilfeleistungen Krankheiten, Leiden oder Körperschäden festgestellt, geheilt oder gelindert und in denen die zu Versorgenden untergebracht und verpflegt werden. Die Universitätsklinika verfolgen dabei ausschließlich und unmittelbar gemeinnützige Zwecke im Sinne der Abgabenordnung und grenzen sich so von erwerbswirtschaftlichen Krankenhäusern ab[179].

Die 34 deutschen Universitätsklinika sind große Wirtschaftsunternehmen und nehmen als Kliniken der Maximalversorgung an der Krankenversorgung teil. Aufgrund der einzigartigen Stellung der Universitätsklinika in der deutschen Krankenhauslandschaft wird für diese teilweise auch der Begriff der „Supramaximalversorgung" verwendet[180].

II. Schutzmechanismen zur Gewährleistung der medizinischen Freiheit von Forschung und Lehre in den Organisationsmodellen der Hochschulmedizin

Die Ausgestaltung des Organisationsrahmens der Hochschulmedizin steht nicht im freien Belieben des Gesetzgebers. Die Organisationsmodelle der Hochschulmedizin und die in ihnen enthaltenen Mechanismen zum Schutz von Forschung und Lehre müssen sich an den Vorgaben des Art. 5 Abs. 3 S. 1 GG und der dazu getroffenen Rechtsprechung messen lassen[181].

Die Organisationsmodelle haben zum Ziel, die soeben unter C. I. 2 beschriebenen Aufgaben in Forschung, Lehre und Krankenversorgung bestmöglich zu gewährleisten.

178 Verwiesen sei beispielhaft auf *Gross/Pelz*, Bundesgesundheitsblatt 2009, S. 831 ff.; *Neuser*, Bundesgesundheitsblatt 2009, S. 841 ff.; *Harendza/Guse*, Bundesgesundheitsblatt 2009, S. 929 ff. Kompakt zu den Inhalten des Medizinstudiums anhand der Beispiele Marburg, Greifswald und Hannover, *Klose/Heidecke/Meinhardt/Haller*, F&L 2010, S. 244 f.

179 Vgl. etwa § 2 Abs. 2 UKVO NRW, § 1 Abs. 3 UKG BW, § 1 Abs. 2 UniKlinG Hess.

180 Vgl. etwa *Quaas/Zuck*, Medizinrecht 2005, § 78 Rn. 5.

181 Vgl. zu den Organisationsvorgaben durch die Rechtsprechung schon unter B. VI.

1. Allgemeiner Überblick über die in Deutschland bestehenden Organisationsmodelle der Hochschulmedizin

Gerade in jüngster Zeit verabschiedeten mehrere Bundesländer neue Universitätsklinikagesetze bzw. Neuregelungen zur Hochschulmedizin[182]. Als Organisationsmodelle der Hochschulmedizin haben sich das Kooperations- und das Integrationsmodell etabliert[183]. Neuerdings entstehen auch modifizierte Varianten dieser Modelle mit systematischen Überschneidungen[184]. Grundsätzlich besitzt der Gesetzgeber im Hochschulwesen hinsichtlich der Eignung der Organisationsform des Wissenschaftsbetriebes eine Einschätzungsprärogative sowie einen Prognosespielraum[185]. Dieser Grundsatz gilt auch für die Organisationsformen in der Hochschulmedizin. Die Organisationsmodelle in der Hochschulmedizin stehen vor der besonderen Schwierigkeit, einerseits der Wissenschaftsfreiheit und der Selbstverwaltungsgarantie der Hochschullehrer und Universitäten Geltung verschaffen zu müssen, und andererseits die universitätsfremde Aufgabe der Krankenversorgung bestmöglich zu erfüllen.

a. Das Kooperationsmodell

Im Rahmen des Kooperationsmodells sind die Universitätsklinika von der Universität und vom Medizinischen Fachbereich abgetrennt und verselbständigt worden. Sie besitzen eine eigene Rechtspersönlichkeit und arbeiten durch vielfältige, umfassende Kooperationsvereinbarungen eng mit Universität und Medizinischem Fachbereich zusammen. Die Aufgaben in Forschung und Lehre auf der einen und in der Krankenversorgung auf der anderen Seite werden getrennt

182 Siehe beispielsweise nur die jüngsten Reformen in Mecklenburg-Vorpommern, Gesetz zur Änderung des LHG M-V vom 16.12.2010 (GVBl. S. 730); Rheinland-Pfalz, Universitätsmedizingesetz (UMG R-P), vom 10.09.2008, (GVBl. S. 205); Nordrhein-Westfalen, UKVO vom 20.12.2007 (GVBl. S. 744); Sachsen-Anhalt, Hochschulmedizingesetz des Landes Sachsen-Anhalt vom 12.08.2005 (GVBl. S. 508); Berlin, UMG Berlin vom 5.12.2005 (GVBl. S. 739).

183 Die Begrifflichkeiten wurden durch die Kultusministerkonferenz im Jahre 1995 eingeführt. Nähere Statistiken zu den Modellen in den einzelnen Ländern bietet der Wissenschaftsrat, Allgemeine Empfehlungen zur Hochschulmedizin, 2007. Eine ausführliche Beschreibung der Organisationsmodelle findet sich etwa bei *Quaas/Zuck*, Medizinrecht, 1. Auflage 2005, § 83.

184 Wissenschaftsrat, Allgemeine Empfehlungen zur Hochschulmedizin, 2007, S. 34; vgl. insofern auch das UMG R-P, nach welchem die Mainzer Universitätsmedizin im Integrationsmodell betrieben wird, jedoch zusätzlich umfängliche Kooperationsvereinbarungen mit der Universität trifft. Insofern wird von einer „doppelten Integration" gesprochen. Zum einen ist der Fachbereich in das Universitätsklinikum integriert und bildet gemeinsam mit diesem die „Universitätsmedizin". Zum anderen ist die Universitätsmedizin wiederum in die Universität integriert.

185 BVerfGE 111, 333 (356). Die freie wissenschaftliche Betätigung und Aufgabenerfüllung dürfen jedoch nicht strukturell gefährdet sein.

voneinander vom Fachbereich bzw. dem Universitätsklinikum wahrgenommen[186]. Das Universitätsklinikum unterstützt die universitäre Seite bei der Aufgabenwahrnehmung in Forschung und Lehre. Die im Kooperationsmodell organisierten hochschulmedizinischen Standorte haben größtenteils die Rechtsform der selbständigen Anstalt des öffentlichen Rechts inne, wobei Ausnahmen bei einzelnen Universitätsklinika bestehen.

Im Kooperationsmodell besitzt das Universitätsklinikum mit Vorstand und Aufsichtsrat eigene Führungsorgane, losgelöst von den Organen des Medizinischen Fachbereichs und der Universität[187]. Generell stellt der Vorstand das Leitungsorgan und der Aufsichtsrat das Kontrollorgan des Universitätsklinikums dar[188]. In einigen Bundesländern kommt zu Vorstand und Aufsichtsrat eine Klinikumskonferenz hinzu, welche den Vorstand berät[189]. Lediglich die in privater Rechtsform der GmbH geführten Universitätsklinika in Mannheim sowie Gießen-Marburg haben spezifische Führungsorgane[190].

Zwar bestehen in den einzelnen Bundesländern Unterschiede bezüglich Bezeichnung, Besetzung sowie des Umfangs der zugeteilten Rechte und Aufgaben der Organe, jedoch überwiegen die Gemeinsamkeiten. Der Vorstand setzt sich aus drei bis fünf Mitgliedern zusammen. Diese Zahl soll eine effektive Aufgabenwahrnehmung gewährleisten. Mitglieder sind der Ärztliche Direktor, der Kaufmännische Direktor (Verwaltungsdirektor), ein Fachbereichsmitglied der Medizinischen Fakultät (zumeist der Dekan) sowie (teilweise) der Pflegedirektor.

Der Aufsichtsrat ist mit Vertretern der Länder, der Universität, der Klinikumsangestellten sowie externen Sachverständigen besetzt.

Die meisten Bundesländer führen ihre Hochschulmedizin derzeit noch im Rahmen des Kooperationsmodells, so Baden-Württemberg[191], Bayern[192], Nord-

186 Wissenschaftsrat, Allgemeine Empfehlungen zur Hochschulmedizin, 2007, S. 45.

187 Eine Übersicht über die Organe sämtlicher Universitätsklinika, einschließlich der im Integrationsmodell organisierten Universitätsmedizin, bietet der Wissenschaftsrat, Allgemeine Empfehlungen zur Universitätsmedizin, S. 49 f., 55 f.

188 Vgl. *Becker*, Das Recht der Hochschulmedizin, 2005, S. 192.

189 Vgl. etwa § 6 UKVO NRW sowie Art. 11 BayUniKlinG.

190 In Mannheim gibt es eine Gesellschafterversammlung, einen Aufsichtsrat, einen Geschäftsführer sowie einen beratenden Klinikumsvorstand. Im Fall des materiell privatisierten Universitätsklinikums Gießen-Marburg treten zu Gesellschafterversammlung und Aufsichtsrat eine Geschäftsleitung sowie eine Ständige Kommission für Forschung und Lehre hinzu.

191 § 1 Abs. 1 S. 1 des Gesetzes über die Universitätsklinika Freiburg, Heidelberg, Tübingen und Ulm (Universitätsklinika-Gesetz – UKG BW) vom 15.09.2005, GBl. S. 625.

192 Art. 1 Abs. 1 S. 1 BayUniKlinG.

rhein-Westfalen[193], Saarland[194], Sachsen[195], Sachsen-Anhalt[196], Schleswig-Holstein[197] und Hessen[198].

Individuelle Variationen des Kooperationsmodells bestehen im bayerischen Regensburg, wo das Universitätsklinikum als Anstalt des öffentlichen Rechts nicht nur mit der Medizinischen Fakultät, sondern auch mit zwei weiteren naturwissenschaftlichen Fakultäten zusammenarbeitet. Durch bilaterale Kooperationsvereinbarungen mit außenstehenden Krankenhausträgern werden in der Umgebung liegende Krankenhäuser in Forschung und Lehre einbezogen[199].

Ähnliche vertragliche Ausgestaltungen bestehen im nordrhein-westfälischen Bochum[200]. Dem Fachbereich Medizin der Ruhr-Universität Bochum ist kein eigenes Universitätsklinikum zugeordnet. Der Fachbereich arbeitet zur Erfüllung seiner Aufgaben in Forschung und Lehre mit neun regionalen, qualifizierten Krankenhäusern zusammen, welche zum Klinikum der Ruhr-Universität zusammengefasst sind. Die Zusammenarbeit wird durch einen einheitlichen Kooperationsvertrag geregelt.

Ein weiterer Sonderfall besteht im Falle der Privatuniversität Witten/Herdecke, welche als gGmbH organisiert ist[201]. Der Medizinische Fachbereich sichert sich wiederum im Rahmen des Kooperationsmodells die Hilfe außenstehender Krankenhäuser in unterschiedlicher Trägerschaft zu. Anders als in Bo-

---

193 In Nordrhein-Westfalen sind die Universitätsklinika als rechtsfähige Anstalten des öffentlichen Rechts organisiert, § 1 UKVO NRW. Die UKVO wurde auf Rechtsbasis des § 31 a Abs. 2 HG NRW vom 31.10.2006 (GVBl. S. 474, zuletzt geändert durch Gesetz vom 08.10.2009, GVBl. S. 516), als § 3 des HMG NRW erlassen.

194 § 1 Abs. 1 S. 1 Gesetz über das Universitätsklinikum des Saarlandes (UKSG) vom 26.11.2003 (Amtsbl. 1540), zuletzt geändert durch Gesetz vom 06.09.2006 (Amtsbl. S. 1694).

195 § 1 Abs. 1 Gesetz über das Universitätsklinikum Leipzig an der Universität Leipzig und das Universitätsklinikum Carl Gustav Carus Dresden an der Technischen Universität Dresden (UKG Sachsen) vom 06.05.1999.

196 § 7 Abs. 1 S. 1 Hochschulmedizingesetz Sachsen-Anhalt (HMG LSA) vom 12.08.2005 (GVBl. S. 508).

197 Auch das Universitätsklinikum Schleswig-Holstein hat den Status einer rechtsfähigen Anstalt des öffentlichen Rechts inne, vgl. § 118 Gesetz über die Hochschulen im Lande Schleswig-Holstein und das Universitätsklinikum Schleswig-Holstein (HSG S-H) vom 04.05.2000 (GVBl. S. 416), zuletzt geändert durch Gesetz vom 28.02.2007 (GVBl. S. 184). Interessant ist dabei die Regelung des § 119 Abs. 3 S. 3 HSG S-H, wonach auf gemeinsamen Vorschlag des Klinikums und der Hochschule das Ministerium durch Verordnung bestimmen kann, dass eine Einrichtung der Hochschule oder des Klinikums auf den jeweils anderen Träger übergeht.

198 § 1 Abs. 1 Gesetz für die hessischen Universitätsklinika (UniklinG Hess) vom 26.06.2000.

199 Vgl. hierzu Wissenschaftsrat, Allgemeine Empfehlungen zur Universitätsmedizin, 2007, S. 41.

200 Vgl. § 31 Abs. 4 HG NRW.

201 Beim Modell der Privatuniversität Witten/Herdecke handelt es sich im Übrigen nicht um eine formelle oder materielle Privatisierung, vgl. etwa *Becker*, Das Recht der Hochschulmedizin, 2005, S. 142.

chum gibt es dabei jedoch eine individuelle und keine einheitliche Kooperationsvereinbarung[202].

Im Rahmen des Mannheimer Modells arbeitet erstmals eine Medizinische Fakultät mit einem Klinikum in privater Rechtsform zusammen[203]. Dies geschieht auf vertraglicher Basis mit der privaten Klinikum Mannheim gGmbH, welche in Trägerschaft der Stadt Mannheim steht.

Aktuell entsteht ein neuer universitätsmedizinischer Standort in Oldenburg. In Kooperation mit der niederländischen Rijksuniversiteit Groningen ist das Modell der „European Medical School Oldenburg-Groningen" erschaffen worden[204]. Die Universität Oldenburg gründet dabei einen neuen Medizinischen Fachbereich. Das als gGmbH geführte Universitätsklinikum soll aus drei vormaligen Oldenburger Lehrkrankenhäusern der Universitätsmedizin Göttingen gebildet werden[205].

Auch das materiell privatisierte Universitätsklinikum Gießen-Marburg ist als gGmbH, welche zu 95 % in Trägerschaft der privaten Rhön Klinikum AG steht, nach wie vor im Kooperationsmodell organisiert[206].

b. Das Integrationsmodell

Im Integrationsmodell sind Universitätsklinikum und Medizinischer Fachbereich zu einer gemeinsamen Rechtsperson, der „Universitätsmedizin", zusammengefasst und werden als Körperschaft des öffentlichen Rechts geführt. Fachbereich und Klinikum sind zur gemeinsamen Leitung der Universitätsmedizin berufen und besitzen einen gemeinsamen Gesamtvorstand. Der Gesamtvorstand trägt die Verantwortung für sämtliche Belange aller Aufgabenbereiche. Derart erfolgt eine organisatorische Verflechtung der Aufgabenbereiche Forschung, Lehre und

---

202 Vgl. näher zu den Regelungen in Witten/Herdecke, Wissenschaftsrat, Allgemeine Empfehlungen zur Universitätsmedizin 2007, S. 42.

203 Vgl. Wissenschaftsrat, Allgemeine Empfehlungen zur Universitätsmedizin 2007, S. 39.

204 Vgl. dazu die umfassende Stellungnahme des Wissenschaftsrat, Stellungnahme zur Gründung einer Universitätsmedizin an der Carl von Ossietzky Universität Oldenburg nach dem Konzept einer „European Medical School Oldenburg-Groningen, 2010. Dieses Modell ist laut Wissenschaftsrat jedoch nicht verallgemeinerbar und könne lediglich im standortspezifischen Kontext verstanden werden (S. 8).

205 Wissenschaftsrat, Stellungnahme zur Gründung einer Universitätsmedizin an der Universität Oldenburg, 2010, S. 7, 13, 55 ff. Der Wissenschaftsrat hinterfragt jedoch die Eignung der Rechtsform einer GmbH für den Standort. Es sei zudem zu überprüfen, ob nicht das „Regensburger Modell" den individuellen Gegebenheiten des Standortes besser entspreche (S. 100 ff.).

206 Vgl. zur Gesetzeslage bezüglich des Universitätsklinikums Gießen-Marburg noch ausführlich unter Teil 2 C. IV. 2. b.

Krankenversorgung[207]. Der Vorstand besteht regelmäßig aus dem leitenden Ärztlichen Direktor, dem Kaufmännischen Direktor und dem wissenschaftlichen Vorstand/Dekan, die allesamt hauptamtlich tätig sind[208].

Die ursprünglichen Organe der Medizinischen Fakultät behalten ihre Funktionen im Rahmen der Universitätsmedizin weitgehend bei. Mindestens enthält die jeweilige Universitätsmedizin einen Vorstand, Aufsichtsrat und Fakultätsrat[209]. In Bezug auf die genaue Umsetzung des Integrationsmodells, Körperschaftsorgane und Abstimmungsprozesse bestehen in den einzelnen Bundesländern zum Teil erhebliche Unterschiede[210].

Die Anzahl im Integrationsmodell organisierter universitätsmedizinischer Standorte reicht mittlerweile nahezu an die Anzahl der verwirklichten Kooperationsmodelle heran. Wenn man den aktuellen Trend der Gesetzgebung verfolgt, ist eine deutliche Tendenz in Richtung des Integrationsmodells auszumachen. Dies macht etwa der gerade durchgeführte Wechsel zum Integrationsmodell in Mecklenburg-Vorpommern deutlich[211]. In Baden-Württemberg wurde eine Über-

---

207 Wissenschaftsrat, Allgemeine Empfehlungen zur Universitätsmedizin, 2007, S. 52.

208 *Siewert/Merk,* Bundesgesundheitsblatt 2009, S. 807 (808), gehen davon aus, dass es aufgrund der Zeitintensivität der Aufgaben unstreitig sei, dass die zentralen Leitungspositionen nur hauptamtlich ausgeführt werden können.

209 Berlin hat im Rahmen des Integrationsmodells mit Medizinsenat, Fakultätsrat, Aufsichtsrat, Vorstand, Fakultätsleitung und Klinikumsleitung die meisten Organe eingeführt. In Hamburg gibt es ein Kuratorium, den Medizinischen Fakultätsrat, Dekan und Vorstand, in Thüringen Verwaltungsrat, Klinikumsvorstand und Fachbereichsrat. In Göttingen besteht ein Stiftungsausschuss, Vorstand der Universitätsmedizin und Fakultätsrat, in Hannover ein Hochschulrat, Senat und das Präsidium, welches den Vorstand der medizinischen Hochschule bildet.

210 Vgl. näher Wissenschaftsrat, Allgemeine Empfehlungen zur Hochschulmedizin, 2007, S. 53. Siehe auch noch sogleich zu den unterschiedlichen Regelungen in den einzelnen Bundesländern unter C. II. 2. c.

211 In Mecklenburg-Vorpommern ist bis zum 31.12.2010 von der Möglichkeit des vormaligen § 104 Gesetz über die Hochschulen des Landes Mecklenburg-Vorpommern (LHG M-V) vom 5.07.2002 (GVBl. S. 398) Gebrauch gemacht worden. Dieser beinhaltete die Umbildung der Universitätsklinika durch Rechtsverordnung in Anstalten des öffentlichen Rechts mit eigener Rechtspersönlichkeit. Durch Landesverordnung erhielten die Universitätsklinika Greifswald und Rostock diese Rechtsform und wurden im Kooperationsmodell geführt, vgl. Landesverordnung über die Errichtung des Universitätsklinikums Greifswald der Ernst-Moritz-Arndt-Universität Greifswald als Anstalt des öffentlichen Rechts (LVO Greifswald) vom 24.09.2002 (GVBl. S. 681) sowie Landesverordnung über die Errichtung des Universitätsklinikums Rostock als Anstalt des öffentlichen Rechts (LVO Rostock) vom 22.11.2005 (GVBl. S. 562). Während die LVO Greifswald bereits zum 31.12.2010 auslief und stattdessen nun die neu entstandene „Universitätsmedizin Greifswald" seit 01.01.2011 im Integrationsmodell geführt wird, vgl. Gesetz zur Errichtung der Teilkörperschaft Universitätsmedizin Greifswald, erlassen als Art. 3 des Vierten Gesetzes zur Änderung des Landeshochschulgesetztes und Gesetze zur Errichtung der Teilkörperschaften Universitätsmedizin Greifswald und Universitätsmedizin Rostock vom 16.12.2010 (Viertes Gesetz zur Änderung des LHG, GVBl. S. 730), lief die LVO Rostock erst

führung der (meisten) hochschulmedizinischen Standorte ins Integrationsmodell bis zum 01.01.2013 beschlossen[212]. Der geplante Wechsel in das Integrationsmodell wurde aufgrund der folgenden Landtagswahl jedoch nicht vollzogen, da der neu zusammengesetzte Landtag eine Rückabwicklung des Gesetzes beschloss[213]. Das Land Mecklenburg-Vorpommern hat im Falle der Universitätsmedizin Greifswald zum 01.01.2011 den Übergang zum Integrationsmodell durchgeführt, der Standort Rostock folgte zum 01.01.2012. Zuvor wurde schon die neu entstandene Mainzer Universitätsmedizin in das Integrationsmodell überführt[214]. In den Stadtstaaten Berlin und Hamburg ist die Universitätsmedizin der Universität als Gliedkörperschaft angeschlossen[215]. Der Begriff der Gliedkörperschaft soll die besondere Verbindung von Universität und Universitätsklinikum ausdrücken[216]. Auch in Thüringen stellt das Universitätsklinikum Jena eine rechtsfähige Teilkörperschaft der dortigen Friedrich-Schiller-Universität dar[217].

Einen ganz eigenen Weg bezüglich der Rechtsform der Universitätsklinika ist das Land Niedersachsen gegangen, welches in Göttingen und Hannover ebenfalls im Integrationsmodell geführte hochschulmedizinische Standorte besitzt. Die Universität Göttingen ist als rechtsfähige Stiftung des öffentlichen Rechts

---

zum 31.12.2011 aus und die Überführung des Standortes Rostock ins Integrationsmodell erfolgte zum 01.01.2012 (vgl. Gesetz zur Errichtung der Teilkörperschaft Universitätsmedizin Rostock, erlassen als Art. 3a des Vierten Gesetzes zur Änderung des LHG vom 16.12.2010, GVBl. S. 730).

212 Vgl. UniMedG BW vom 03.02.2011, Drcks. 14/7564.

213 Vgl. Gesetz zur Rückabwicklung des Universitätsmedizingesetzes (UniMed-RüG) vom 09.11.2011, Drcks. 15/631.

214 Durch das neue Universitätsmedizingesetz wurden der Fachbereich Medizin sowie das bisherige Klinikum zur rechtsfähigen Körperschaft des öffentlichen Rechts, „Universitätsmedizin der Johannes Gutenberg-Universität Mainz" zusammengelegt und neu organisiert, vgl. § 1 Abs. 1 Landesgesetz über die Errichtung der Universitätsmedizin der Johannes Gutenberg-Universität Mainz (UMG R-P) vom 10.09.2008 (GVBl. S. 205). Zudem ist die Landesregierung nach § 25 UMG R-P berechtigt, die Universitätsmedizin in eine GmbH umzuwandeln und in einem weiteren Schritt sogar zu verkaufen.

215 Vgl. § 1 Abs. 1 S. 1 des Berliner Universitätsmedizingesetzes (UMG Berlin) vom 05.12.2005 (GVBl. S. 735). Die öffentlich-rechtliche Körperschaft „Charité – Universitätsmedizin Berlin (Charité)" ist eine Gliedkörperschaft der Freien Universität Berlin und der Humboldt-Universität. Die Charité setzt sich aus der Medizinischen Fakultät und dem Universitätsklinikum zusammen. Zum Universitätsklinikum Hamburg-Eppendorf (UKE) siehe § 1 Abs. 1 Gesetz zur Errichtung der Körperschaft „Universitätsklinikum Hamburg-Eppendorf" (UKEG) vom 12.09.2001. Das Universitätsklinikum besteht aus der Medizinischen Fakultät der Universität Hamburg sowie aus dem früheren Universitätskrankenhaus Hamburg-Eppendorf, dem eigentlichen Klinikum, vgl. § 1 Abs. 3 S. 1 UKEG.

216 Der Begriff der „Gliedkörperschaft" wird zuweilen jedoch kritisiert, vgl. etwa *Heintzen*, LKV 2005, S. 438 ff., der darin eine „dilatorische politische Kompromissformel" sieht.

217 § 91 Abs. 1 S. 1 Thüringer Hochschulgesetz (ThürHG) vom 21.12.2006 (GVBl. 601).

organisiert und auch die Universitätsmedizin ist Inhaber eines eigenen Stiftungsvermögens[218]. Das Stiftungsvermögen der Universitätsmedizin ist als Teilvermögen von dem der Universität getrennt.

Die Medizinische Hochschule Hannover besitzt die Rechtsform einer unselbständigen Anstalt[219]. Im Modell der Medizinischen Hochschule ist nicht nur das Universitätsklinikum, sondern gemeinsam mit diesem auch der Medizinische Fachbereich aus dem Hochschulverband ausgegliedert. Dabei bleibt keine Verbindung mehr zur Stammuniversität erhalten. Das Modell der Medizinischen Hochschule geht insofern weit über das Integrationsmodell hinaus. Bei der Zahl der Stiftungsprofessuren gehört die Medizinische Hochschule Hannover zu den bundesweit führenden Fakultäten[220]. Bezüglich der Landesmittel für Forschung und Lehre entfallen in Hannover 1 Mio. Euro auf 15,7 Studenten[221]. Es gibt Stimmen, die im Erfolg der Medizinischen Hochschule Hannover den Beweis dafür sehen, dass die Hochschulmedizin auch ohne die Universität und andere universitäre Fachbereiche bestehen kann[222].

2. In den Organisationsmodellen enthaltene Schutzmechanismen zugunsten der Freiheit von Forschung und Lehre

a. Allgemeiner Überblick über die Schutzmechanismen

Zum Schutz der universitären Freiheit von Forschung und Lehre enthalten die Landesgesetze zur Universitätsmedizin unterschiedliche Mechanismen. Die

218 Vgl. §§ 63 a ff. Niedersächsisches Hochschulgesetz (NHG) vom 26.02.2007, (GVBl. S. 69).

219 Zur Medizinischen Hochschule Hannover siehe die Regelungen in §§ 63 a ff. NHG. Vgl. zum Konzept der Medizinischen Hochschule Hannover auch den Vortrag von *Tecklenburg,* Vorstand Krankenversorgung der MHH, Jahresversammlung Medizinischer Fakultätentag 2007, Führungsstrukturen im Dreieck: Klinikum – Fakultät – Universität.

220 *Lohölter/Saß/Jagow,* Bundesgesundheitsblatt 2009, 802 (804).

221 Ebd. im Vergleich dazu fallen in Münster 1 Mio. Euro auf 17,2 Studenten, an der TU München auf 19,7 Studenten, in Leipzig auf 53,4 Studenten und in Frankfurt auf 43,7 Studenten.

222 *Siewert/Merk,* Bundesgesundheitsblatt 2009, S. 807. Der Verband der Universitätsklinika Deutschlands, der generell mehr Autonomie des Fachbereichs und des Klinikums gegenüber der zentralen Hochschulebene verlangt, setzt seine Forderung hingegen explizit nicht mit der Forderung nach einer Medizinischen Hochschule gleich. Die geforderte Dezentralisierung von Kompetenzen bedeute nicht die Kappung aller Verbindungen zur Universität, Verband der Universitätsklinika Deutschlands, Stellungnahme zum Landesgesetz über die Errichtung der Universitätsmedizin der Johannes Gutenberg-Universität Mainz, Mai 2008. Auch im Schrifttum wird die Konzeption der Medizinischen Hochschule aus vergleichbaren Gründen weitgehend abgelehnt. So erachtet *Heintzen,* DÖV 1997, 530 (532), es als Nachteil, dass die Hochschule einer ihrer klassischen Fakultäten „beraubt" und die Vernetzung mit den Wissenschaften anderer Fachbereiche aufgelöst werde.

Schutzmechanismen in den jeweiligen Organisationsmodellen ähneln sich oftmals, jedoch bedient sich insgesamt jedes einzelne Land unterschiedlicher „Maßnahmenbündel“.

aa. Gesetzliche Normierung der Belange von Forschung und Lehre

Alle Bundesländer haben klare gesetzliche Zielvorgaben zum Schutz und zur Förderung von Forschung und Lehre getroffen, welche in den Hochschulgesetzen sowie den Hochschulmedizingesetzen enthalten sind[223].

In allen Gesetztestexten wird die Verpflichtung der Universitätsklinika zum Schutz der Rechte aus Art. 5 Abs. 3 S. 1 GG normiert. Die gesetzliche Normierung der Gewährung der Freiheit von Forschung und Lehre hat für sich lediglich eine allgemeine Warnfunktion. Ohne weitere konkrete Sicherungsmechanismen bliebe diese Schutzfunktion jedoch wirkungslos.

Im Rahmen der Aufgabendefinition der Universitätsklinika werden die Aufgaben des Universitätsklinikums im Bereich der Forschung und Lehre zumeist vor den Aufgaben in der Krankenversorgung genannt[224]. Im Kooperationsmodell wird der unterstützende bzw. dienende Charakter der Universitätsklinika in Forschung und Lehre gegenüber dem Medizinischen Fachbereich bzw. der Universität betont. Im Integrationsmodell sollen Forschung und Lehre in den Körperschaften für Universitätsmedizin als gleichberechtigte Aufgabe neben der Krankenversorgung praktiziert werden. Unterschiede bestehen dabei im Wortlaut der Gesetzestexte[225]. Ein klassischer Streitpunkt ist bei den Gesetzesregelungen zu den im Kooperationsmodell geführten hochschulmedizinischen Standorten die Formulierung der „dienenden Funktion“ des Universitätklinikums gegenüber der universitären Seite[226]. In Bayern dienen die Universitätsklinika den Medizini-

223 Solange die Universitätsklinika als unselbständige Anstalten der Universität angehörten, waren sämtliche Regelungen zur Hochschulmedizin in den Landes-Hochschulgesetzen anzufinden. Mit Verselbständigung der Universitätsklinika erließen fast alle Länder auch eigene Hochschulmedizingesetze. Bestimmte Regelungen, welche ausschließlich interne Angelegenheiten des Medizinischen Fachbereichs betreffen, sind heute noch in den Hochschulgesetzen enthalten.

224 In Sachsen werden hingegen zunächst die Aufgaben in der Krankenversorgung normiert, erst im Anschluss die in Forschung und Lehre; vgl. § 2 UKG Sachsen.

225 Vgl. dazu noch sogleich die genauen Formulierungen in den Landesregelungen unter C. II. 2. b. und c.

226 Vgl. dazu beispielhaft das Gesetzgebungsverfahren in Nordrhein-Westfalen im Jahr 2007, im Rahmen dessen Diskussionen über die Formulierung des § 2 Abs. 1 S. 1 UKVO entstanden. Nach § 2 Abs. 1 S. 1 UKVO „dienen“ die Universitätsklinika den Medizinischen Fachbereichen bei der Aufgabenerfüllung in Forschung und Lehre. Aufgrund der Gesetzesbegründung zu § 31 a Hochschulgesetz NRW sowie zu § 2 der UKVO wurde teilweise angenommen, dass die Krankenversorgung in einem hierarchischen Unterordnungsverhältnis zugunsten der Forschung und

schen Fachbereichen in besonderer Weise bei der Erfüllung der Aufgaben in Forschung und Lehre; lediglich „daran ausgerichtet“ nehmen sie Aufgaben in der Krankenversorgung wahr[227]. In Sachsen-Anhalt haben die Universitätsklinika Aufgaben in der Krankenversorgung „im für Forschung und Lehre gebotenen Umfang“ zu erfüllen[228]. Im Hochschulgesetz Schleswig-Holstein findet sich die Formulierung „die den Zwecken von Forschung und Lehre dienende Krankenversorgung“[229]. Das durch die Gesetzestexte unterstellte Zuordnungsverhältnis entspricht zwar kaum mehr der tatsächlichen Aufgabenwahrnehmung und -gewichtung der Universitätsklinika[230]. Für die Gewährleistung der Freiheit von Forschung und Lehre ist eine solche Aufgabenformulierung dennoch wünschenswert, da der eigentliche Einbeziehungsgrund der Universitätsklinika in die Hochschulmedizin in Erinnerung bleibt[231].

bb. Einfluss des Medizinischen Fachbereichs auf Entscheidungen des Universitätsklinikums

Durch unterschiedliche Sicherungsmechanismen soll den Medizinischen Fachbereichen ein ausreichender Einfluss auf das Universitätsklinikum gewährt werden. Sowohl im Kooperationsmodell als auch im Integrationsmodell ist der Einfluss des Medizinischen Fachbereichs bzw. der Universität auf Entscheidungen der Universitätsklinika in der Krankenversorgung sicherzustellen, soweit Auswirkungen der Entscheidungen auf Forschung und Lehre bestehen. Der Einfluss des Medizinischen Fachbereichs auf Entscheidungen des Universitätsklinikums kann als effektivster Sicherungsmechanismus für die Freiheit von Forschung und Lehre angesehen werden.

Lehre stünde, vgl. etwa den Vortrag von *Henke* in der 2. Lesung, Plenarprotokoll 14/78 vom 07.12.2007, S. 9171. Eine solche Subordination war jedoch auch nach dem Willen der Koalitionsparteien CDU und FDP nicht gewollt, die das Gesetz letztendlich beschlossen. So stellte der FDP-Abgeordneten *Lindner* in der 3. Lesung zum Hochschulmedizingesetz NRW, Plenarprotokoll 14/79, S. 9257, fest, dass der Prozess der Interpretation nicht wieder in Gang gesetzt werden solle und die Formulierung keine Auswirkungen auf die Arbeit der Universitätsklinika habe.

227 Vgl. Art. 2 Abs. 1 S. 1 BayUniKlinG.

228 § 8 Abs. 2 S. 1 HMG LSA.

229 § 119 HSG S-H.

230 Vgl. zum derzeitigen Rangverhältnis der Aufgabenbereiche abschließend unter C. IV.

231 Der Wissenschaftsrat, Allgemeine Empfehlungen zur Hochschulmedizin, 2007, S. 60, nimmt hingegen an, dass ein Grundverständnis vom Primat der Forschung und Lehre in den einzelnen Universitätsklinikagesetzen der Länder zu erkennen sei, wobei es „graduelle, aber nichts desto trotz bemerkenswerte Nuancen“ in den genauen Formulierungen gäbe.

Ein Einfluss des Medizinischen Fachbereichs wird zunächst einmal durch die gesetzliche Forderung einer umfassenden Zusammenarbeit zwischen Medizinischem Fachbereich und Universitätsklinikum gewährleistet. Im Kooperationsmodell wird gesetzlich eine „enge“ und oftmals auch „vertrauensvolle“ Zusammenarbeit gefordert[232]. Diese Begrifflichkeiten können freilich, je nach hochschulmedizinischem Standort und Besetzung der Führungspositionen, einer individuell unterschiedlichen Interpretation unterliegen.

Über die allgemeine Forderung im Gesetzeswortlaut hinaus wird der Einfluss des Medizinischen Fachbereichs auch im Vertragswerk zwischen Medizinischem Fachbereich und Universitätsklinikum abgesichert. So werden in Ländern, welche sich für das Kooperationsmodell entschieden haben, Kooperationsvereinbarungen geschlossen[233]. Gerade in diesen Kooperationsvereinbarungen muss der Fachbereich durch die Erzielung geeigneter Regelungen dafür sorgen, dass eine Beeinträchtigung der Freiheit von Forschung und Lehre durch das Universitätsklinikum verhindert wird.

Ein weiterer wesentlicher Schutzfaktor für die Freiheit von Forschung und Lehre ist die gesetzliche Festlegung von Beteiligungsrechten des Medizinischen Fachbereichs im Rahmen der Aufgabenwahrnehmung des Universitätsklinikums. Bei Entscheidungen des Klinikumsvorstandes bringt zumeist der Dekan die Fachbereichsinteressen ein[234]. Dem Dekan kommt eine entscheidende Funktion zum Schutz der Freiheit von Forschung und Lehre zu, da er eine Doppelfunktion erfüllt und über seine Aufgaben im Fachbereich hinaus auch Vorstandsmitglied im Universitätsklinikum ist[235]. In der Person des Dekans werden die Interessen des Fachbereichs in Forschung und Lehre, aber auch die des Gesamterfolgs des hochschulmedizinischen Standortes und des Universitätsklinikums vereint. In dieser doppelten Aufgabenwahrnehmung wird teilweise die Gefahr gesehen, dass

---

232 Vgl. etwa Art. 12 S. 1 BayUniKlinG.

233 Diese Kooperationsvereinbarungen sind gesetzlich gefordert, zumeist werden auch grobe Vorgaben für den Inhalt der Vereinbarungen gemacht, vgl. § 7 Abs. 2 UKG BW; Art. 12 Abs. 1 S. 2 BayUniKlinG. Zur rechtlichen Einordnung der Kooperationsvereinbarungen vgl. umfassend am Beispiel der nordrhein-westfälischen Regelungen (in der Form vor Erlass des neuen HMG NRW vom 20.12.2007), *Pallme-König,* WissR-Beiheft 17 Bd. 39 (2006), S. 63 ff., der die Kooperationsvereinbarungen als Verwaltungsverträge mit koordinations- und subordinationsrechtlichen Bestandteilen einordnet; Gegenstand der Kooperationsvereinbarungen können nur Regelungen sein, über welche die Vertragspartner verfügen können (S. 104, 105).

234 Zu den unterschiedlichen Aufgabenbereichen der Vorstandsmitglieder vgl. umfassend *Debatin/Rehr,* Bundesgesundheitsblatt 2009, S. 891 ff.

235 Lediglich in Sachsen, Schleswig-Holstein sowie in Mannheim stellt der Dekan kein Vorstandsmitglied des Universitätsklinikums dar. Ebenso gelten Besonderheiten im Fall des privatisierten Universitätsklinikums Gießen-Marburg, wo der Dekan zwar Vorstandsmitglied ist, jedoch kein Stimmrecht besitzt; vgl. dazu noch ausführlich Teil 2 C. IV. 2. b. cc (2.).

unauflösbare Interessenkonflikte für den Dekan auftreten können. Dieser fungiert zwar weiterhin als Vertreter des Fachbereichs, muss gleichzeitig jedoch auch „fremden Interessen" dienen[236]. Insgesamt ist das Selbstverständnis des Dekans von besonderer Bedeutung. Einerseits kann er sich als Vertreter des Fachbereichs verstehen, andererseits die Interessen des gesamten hochschulmedizinischen Standorts in den Vordergrund stellen[237]. Bei einem gesamtverantwortlichen Amtsverständnis des Dekans muss hinterfragt werden, ob die Interessen von Forschung und Lehre weiterhin ausreichend berücksichtigt sind. Der Dekan wird geneigt sein, Kompromisse zu Gunsten des Gesamtinteresses der Hochschulmedizin einzugehen, welche negative Auswirkungen auf Forschung und Lehre entfalten können. Ein solches Amtsverständnis des Dekans kann insbesondere in solchen Bundesländern zu einer Gefährdung der Freiheit von Forschung und Lehre führen, in welchen der Dekan bei Vorstandsentscheidungen nicht an Vorgaben der Fakultätsleitung gebunden ist[238]. Insofern wäre es für die konsequente „Verteidigung" der Forschungs- und Lehrfreiheit förderlich, wenn sich der Dekan zumindest in der Hauptsache als Interessenvertreter des Fachbereichs verstünde. Insbesondere vor dem Hintergrund Entscheidung des Bundesverfassungsgerichtes zum Hamburgischen Hochschulgesetz ist ein solches Verständnis und eine Bindung an die Vorgaben der Fakultätsleitung und des Fakultätsrates erforderlich. Das Bundesverfassungsgericht stellte fest, dass solche Kompetenzen des Dekanats in Bezug auf die Wissenschaftsfreiheit der Hochschullehrer unbedenklich seien, bei denen das Dekanat in weitem Umfang rechtliche Vorgaben und Beschlüsse von Kollegialorganen vollziehe[239]. Dem Dekanat dürften hingegen keine weitreichenden Steuerungsmöglichkeiten zugewiesen werden, welche „nicht hinreichend durch Mitwirkungs-, Einfluss-, Informations-, und Kontrollrechte des Fakultätsrats als kollegialem Vertretungsorgan der Grundrechtsträger kompensiert werden"[240].

Je nach Abstimmungsprinzip innerhalb des Vorstandes des Universitätsklinikums bzw. der Universitätsmedizin sind die Rechte des Dekans und des Fachbe-

236 *Frank,* DÖV 2008, S. 442; vgl. auch die Begründung des Gesetzentwurfs zum neuen Universitätsmedizingesetz in Rheinland-Pfalz vom 13.08.2008, Drcks. 15/1913.

237 So etwa *Debatin/Rehr,* Bundesgesundheitsblatt 2009, S. 891 (896, 897), die es als positiv werten, dass die zweite „auf Gesamtverantwortung fußende Amtsführung", mittlerweile in den meisten Vorständen Einzug gefunden habe.

238 Vgl. § 12 Abs. 4 S. 2 UMG Berlin. Auch *Debatin/Rehr,* Bundesgesundheitsblatt 2009, S. 891 (896), fordern, dass der Dekan nicht an Beschlüsse des Fakultätsrates in Form eines „imperativen Mandats" gebunden sein dürfe.

239 BVerfG, Beschluss vom 20.07.2010, 1 BvR 748/06.

240 Ebd.

reichs unterschiedlich ausgeprägt. Zu unterscheiden ist bei Abstimmungen zwischen dem Einstimmigkeits- und dem Mehrheitsprinzip[241].

Das Einstimmigkeitsprinzip ist nicht weit verbreitet und wird lediglich in wenigen Bundesländern praktiziert[242]. Vorstandsentscheidungen müssen im Konsens getroffen werden, so dass jedes Vorstandsmitglied, auch der Dekan, ein faktisches Vetorecht geltend machen kann[243]. Falls eine Entscheidung nicht einstimmig erfolgt, muss anschließend innerhalb des Vorstandes eine Lösung gefunden werden, da der Vorstand ansonsten seine Handlungsfähigkeit zu verlieren droht[244]. Ein Verlust der Handlungsfähigkeit steht insbesondere zu befürchten, da die betroffenen Bundesländer von der Einführung eines gesetzlich geregelten Schlichtungsverfahren abgesehen haben. Dennoch verbreitet sich zunehmend die Ansicht, dass eine Entscheidung im Gesamtkonsens aller Vorstandsmitglieder eine gute Alternative zu klassischen Vorstandsabstimmungen sei[245]. Die in einigen Bundesländern vorgesehene Überstimmung durch das vorsitzende Vorstandsmitglied bei Stimmengleichheit habe den großen Nachteil, dass Uneinigkeit im Vorstand dokumentiert und häufig betriebsintern öffentlich würde[246]. Dies könne zu Verärgerungen und Demotivationen einzelner Vorstandsmitglieder und den durch sie vertretenen Gruppen führen[247].

In den meisten Bundesländern findet in unterschiedlichen Variationen das Mehrheitsprinzip Anwendung[248]. Generell genügt bei Entscheidungen innerhalb des Klinikumsvorstandes eine einfache Mehrheit. Damit Forschung und Lehre ausreichend berücksichtigt werden, bestehen im Rahmen des Mehrheitsprinzips teilweise spezielle Widerspruchsrechte des Dekans, falls dieser bei Vorstandsentscheidungen überstimmt wird[249]. Dies ist jedoch nur in verhältnismäßig weni-

---

241 Eine umfassende Darstellung bietet der Wissenschaftsrat, Allgemeine Empfehlungen zur Hochschulmedizin, 2007, S. 64 ff.

242 Es findet lediglich in Niedersachsen, Thüringen und Rheinland-Pfalz im Rahmen des Integrationsmodells Anwendung.

243 Wissenschaftsrat, Allgemeine Empfehlungen zur Hochschulmedizin, 2007, S. 65.

244 Ebd.; in Thüringen ist ein solches analoges Schlichtungsverfahren jedoch in der Satzung des Klinikums vorgesehen. In Niedersachsen genügt im Rahmen einer zweiten Beschlussfassung innerhalb des Vorstandes eine einfache Mehrheit; von einer solchen Überstimmung eines Vorstandsmitgliedes wurde – nach Auskunft des Landes an den Wissenschaftsrat im Jahr 2007 – jedoch noch kein Gebrauch gemacht.

245 Vgl. *Debatin/Rehr,* Bundesgesundheitsblatt 2009, S. 891 (897), welche in diesem Zusammenhang auf den § 14 Abs. 3 des neuen UMG R-P verweisen und für die Funktionsfähigkeit des Konsensprinzips wiederum ein auf Gesamtverantwortung ausgerichtetes Amtsverständnis aller Vorstandsmitglieder des Universitätsklinikums zu Grunde legen.

246 Ebd.

247 Ebd.

248 Vgl. etwa § 12 Abs. 4 S. 1 UMG Berlin.

249 Vgl. näher Wissenschaftsrat, Allgemeine Empfehlungen zur Hochschulmedizin, 2007, S. 65.

gen Bundesländern der Fall[250]. Aus Sicht der Freiheit von Forschung und Lehre ist es begrüßenswert, dass in den entsprechenden Ländern die Anforderungen an ein Widerspruchsrecht zumeist nicht sonderlich hoch sind. Es genügt oftmals eine „Beeinträchtigung" der Belange von Forschung und Lehre[251]. Der Wissenschaftsrat stellt fest, dass der Dekan bei der Nutzung seines Widerspruchrechtes abwägen muss, ob er Vorstandsentscheidungen außenwirksam anficht, oder Entscheidungen ermöglicht, welche die Belange von Forschung und Lehre einschränken[252].

Zum Schutz der Freiheit von Forschung und Lehre ist die alleinige Beteiligung des Dekans in den Vorstandsentscheidungen nicht immer ausreichend. Daher bestehen Regelungen, welche zusätzlich die Beteiligung des Fachbereichs und der Universität in Form von Benehmens- bzw. Einvernehmensregelungen erforderlich machen[253]. Dies ist zumindest bei strukturellen Fragen der Fall. Solche Einvernehmensregelungen stellen ein wirksames Instrument der Mitbestimmung dar und sind in den meisten Bundesländern umgesetzt worden[254]. Der Vorstand des Klinikums bzw. der Universitätsmedizin muss bei Entscheidungen, welche Einfluss auf Forschung und Lehre haben, das Einvernehmen mit dem gesamten Medizinischen Fachbereich erzielen. Bei der Findung des Einvernehmens ist der Dekan Vermittler zwischen Klinikumsvorstand und Fachbereich[255]. Sowohl der Fachbereich insgesamt als auch jeder einzelne Wissenschaftler selbst erhält durch das Einvernehmenserfordernis größere Einwirkungsmöglichkeiten.

Da der gesamte Fachbereich mit in die Entscheidung einbezogen wird, ist der Forschung und Lehre durch Einvernehmensregelungen generell mehr gedient als durch Widerspruchsrechte nur des Dekans. Einvernehmensregelungen haben gegenüber Widerspruchsregelungen den Vorteil, dass der Vorstand des Klinikums ohne die Zustimmung des Fachbereichs nicht entscheidungsfähig ist[256]. Der Wissenschaftsrat konstatiert zwar, dass die Wahrnehmung der Belange in Forschung und Lehre in der Realität überwiegend nicht allein durch den Dekan erfolge[257]. In

250 Etwa in Rheinland-Pfalz und Schleswig-Holstein. Sonderformen liegen in Berlin und Sachsen-Anhalt vor; vgl. dazu noch die Regelungen in den jeweiligen Bundesländern unter C. II. 2. b. und c.

251 Wissenschaftsrat, Allgemeine Empfehlungen zur Hochschulmedizin, 2007, S. 66.

252 Ebd.

253 Ebd.

254 Vgl. etwa § 10 Abs. 2 UniKlinG Hessen; § 8 Abs. 3 S. 1 UKSG; § 7 S. 2 UKG Sachsen. Derartige Einvernehmenserfordernisse erscheinen zum Schutz von Forschung und Lehre als notwendige Ergänzung zur Beteiligung des Dekans in der Vorstandsarbeit des Universitätsklinikums. Vgl. näher Wissenschaftsrat, Allgemeine Empfehlungen zur Hochschulmedizin, 2007, S. 66.

255 Ebd.

256 Wissenschaftsrat, Allgemeine Empfehlungen zur Hochschulmedizin, 2007, S. 66/67.

257 Ebd., S. 66.

Frage gestellt werden muss, warum dem Dekan überhaupt eine solche gesetzliche Möglichkeit eingeräumt wird. Die Hürden, bei denen das Einvernehmen hergestellt werden muss, sind jedoch höher als beim Widerspruchsrecht des Dekans. Für die Einholung des Einvernehmens des Fachbereichs müssen zumeist größere Einwirkungen auf die Belange von Forschung und Lehre vorliegen[258]. Für die Freiheit von Forschung und Lehre wäre es förderlich, wenn diese Hürden heruntergesetzt würden. Der schnellere Betriebsablauf im Rahmen der Krankenversorgung würde durch Herabsetzung der Hürden hingegen gehemmt.

Einige Bundesländer haben sich für eine Kombination aus Widerspruchsrechten des Dekans und Einvernehmensregelungen des Fachbereichs entschieden[259].

cc. Überwachung des Klinikumsvorstandes durch den Aufsichtsrat

Der Aufsichtsrat des Universitätsklinikums stellt im Innenverhältnis das Überwachungsorgan gegenüber dem Klinikumsvorstand dar. Er hat insbesondere zu überwachen, dass die Universitätsklinika die ihnen übertragenen Aufgaben zur Gewährleistung der Forschung und Lehre erfüllen[260]. Für die Durchsetzung seiner Überwachungsfunktion ist er mit umfänglichen Rechten ausgestattet[261]. Aus Sicht von Forschung und Lehre wäre der Aufsichtsrat idealtypisch in der Höchstzahl mit Vertretern der universitären Seite zu besetzen. Gerade Vertreter des Medizinischen Fachbereichs sollten im Aufsichtsrat ausreichend repräsentiert sein. Tatsächlich dominiert zumeist der Anteil der weiteren staatlichen Vertreter[262]. Dem Aufsichtsrat kommt gerade im Kooperationsmodell über die Aufsichtsfunktion hinaus auch eine wichtige Beratungsrolle zu, so dass er insgesamt über die nötigen zeitlichen Kapazitäten und Sachkenntnisse verfügen muss. Dies ruft immer wieder Forderungen nach einer vermehrten Besetzung des Aufsichtsrates mit externen Sachverständigen hervor[263]. In den Gesetzgebungsverfahren ist die konkrete Besetzung des Aufsichtsrates dementsprechend immer wieder umstritten[264].

---

258 Ebd.

259 Etwa Berlin und Sachsen-Anhalt.

260 Vgl. § 8 Abs. 1 S. 1 Bay UniKlinG.

261 Vgl. dazu noch den genauen Inhalt der einzelnen Landesregelungen unter C. II. 2. b. und c.

262 Zur genauen Zusammensetzung der Aufsichtsräte vgl. noch sogleich die Regelungen in den einzelnen Bundesländern unter C. II. 2 b. und c.

263 *Siewert/Merk*, Bundesgesundheitsblatt 2009, S. 807 (809), die darauf verweisen, dass gerade den externen Aufsichtsratsmitgliedern eine entscheidende Rolle zukäme.

264 Beispielhaft war die Zusammensetzung des Aufsichtsrates in Rheinland-Pfalz viel diskutiert. Die Opposition rechnete vor, dass, wenn man den Kanzler der Universität mitzähle, sieben von

dd. Konfliktlösungsverfahren

Falls im Rahmen von Vorstandsentscheidungen der Universitätsklinik oder Universitätsmedizin der Dekan ein Widerspruchsrecht geltend macht oder der Medizinische Fachbereich sein Einvernehmen verweigert, ist ein gesondertes Schlichtungsverfahren erforderlich[265]. In den Bundesländern sind insofern unterschiedliche Konfliktlösungsverfahren festgeschrieben worden. Baden-Württemberg verzichtet bislang hingegen ganz auf ein Konfliktlösungsverfahren[266].

Zumeist stellt der Aufsichtsrat das entscheidende Instrument zur Streitbeilegung dar[267]. Dementsprechend wird der Aufsichtsrat zuweilen als „Anwalt des

---

zwölf Mitgliedern in Ministeriumabhängigkeit benannt würden. Dieses „Primat der Politik" würde der wirtschaftlichen und fachlichen Entwicklung jedoch nicht gut tun, so der FDP-Abgeordnete *Schmitz* in der 1. Lesung zum später beschlossenen UMG R-P am 27.02.2008, Landtags-Drucks. 15/1913. Eine Mehrheit des Landes im Aufsichtsrat wäre insbesondere auch deshalb nicht gerechtfertigt, weil das Land insgesamt gesehen nur 10 % der Mittel bereitstelle, die für das Universitätsklinikum erforderlich seien; vgl. die Aussagen des Abgeordneten *Schreiners* (CDU) in der 2. Lesung des Gesetzes vom 27.08.2008, Landtags-Drcks. 15. Wahlperiode 49. Sitzung, S. 2994 ff. *Schreiner* forderte auch die Verkleinerung des Aufsichtsrates, da in einem kleineren Aufsichtsrat jeder die Verantwortung spüre. Hingegen wiesen Ministerin *Ahnen* in der 1. Lesung sowie der SPD-Abgeordnete *Krell* in der 2. Lesung darauf hin, dass, wenn man sich für die gegenwärtige öffentlich-rechtliche Organisationsform entscheide, es auch eine öffentlich verantwortete Mehrheit im Aufsichtsrat geben müsse. Nach Auffassung der Abgeordneten *Schleicher-Rothmund,* in der 2. Lesung des Gesetzes, übernähme das Land zudem die Gewährträgerhaftung für die Universitätsmedizin. Auch in Nordrhein-Westfalen war die Zusammensetzung des Aufsichtsrates umstritten. So wurde die neue Zusammensetzung des Aufsichtsrates mit vermehrt externen Persönlichkeiten kritisiert, vgl. die Rede der Grünen-Abgeordneten *Seidel* vom 7.12.2007 in der 2. Lesung zum HMG NRW, Plenarprotokoll 14/78, S. 9161. Während man sich durch die zuvor bestehenden Gesetzesregelungen ein „angemessen weites Stück" aus der staatlichen Regulierung zurückgezogen habe, so werde die staatliche Verantwortung durch die neuen Regelungen praktisch vollständig aufgegeben. Der Wegfall der staatlichen Verantwortung durch die Stärkung Externer lasse „nichts Gutes" erwarten.

265 Wissenschaftsrat, Allgemeine Empfehlungen zur Hochschulmedizin, 2007, S. 66.

266 Näher dazu, ebd., S. 68. *Becker,* Das Recht der Hochschulmedizin, 2005, S. 243, m.w.N, nennt als Argument für ein fehlendes Schlichtungsverfahren, dass die Schlichtungsgremien – mit Ausnahme der Vertreter des Fachbereichs und des Universitätsklinikums – mit unbeteiligten Externen besetzt seien. Ohne ein Schlichtungsverfahren werde der Druck auf eine Einigung zwangsläufig derart groß, dass letztlich eine Einigung auch erfolgen werde. Lediglich falls eine dauerhafte Einschränkung des Betriebsablaufs drohe, sei eine Zustimmungsverweigerung u.U. durch Maßnahmen der Rechtsaufsicht zu ersetzen. *Becker* selbst begrüßt letztlich jedoch die Möglichkeit der Nutzung eines Schlichtungsverfahrens. U.a. könne in bestimmten Situationen tatsächlich keine Einigung erzielt werden. Auch könne sich durch ein Schlichtungsverfahren der Einigungsdruck auf die Parteien erhöhen, da die Entscheidung bei einer ausbleibenden Einigung extern getroffen wird.

267 Vgl. etwa Art. 13 Abs. 5 BayUniKlinG; § 2 Abs. 3 S. 4 UKVO NRW; § 14 Abs. 3 S. 4 UMG R-P.

Klinikums“ bezeichnet[268]. Soweit der Aufsichtsrat als Konfliktlösungsinstrument eingesetzt wird, ist er dazu befähigt, abschließende Entscheidungen zu tätigen. Dieses Recht ist jedoch in den einzelnen Ländern verschiedenartig ausgeprägt[269].

Die zentrale Rolle des Aufsichtsrats im Schlichtungsverfahren wird von Teilen der Literatur als nicht unproblematisch erachtet, da der Aufsichtsrat ein Organ des Universitätsklinikums darstellt[270]. Begrüßenswert ist daher ein externes Schlichtungsverfahren ohne Mitwirkung des Aufsichtsrats als zentralem Konfliktlösungsinstrument. Ein derartiges Schlichtungsverfahren findet sich etwa in Sachsen[271]. In Hessen entscheidet im Konfliktfall das für die Wissenschaft zuständige Ministerium[272].

ee. Staatsaufsicht

Über die dargestellten Einwirkungsmöglichkeiten des Fachbereichs auf Entscheidungsprozesse des Universitätsklinikum hinaus besteht in vielen Bundesländern eine staatliche Rechtsaufsicht über die Hochschulmedizin. Die Wissenschaftsministerien der Länder verfügen gegenüber den Universitätsklinika über unterschiedliche, Auskunfts- und Vorlagerechte[273].

b. Konkrete Schutzmechanismen im Kooperationsmodell

aa. Baden-Württemberg

In Baden-Württemberg regelt § 4 UKG die Aufgabenwahrnehmung durch das Klinikum. § 4 Abs. 1 S. 1 UKG normiert die Verpflichtung des Universitätsklinikums zur Erfüllung der Aufgaben in der Krankenversorgung. § 4 Abs. 1 S. 2 UKG legt fest, dass das Klinikum in „enger Zusammenarbeit“ mit der Universi-

268 *Siewert/Merk*, Bundesgesundheitsblatt 2009, S. 807 (809, 810).

269 Vgl. dazu im Einzelnen noch sogleich unter C. II. 2. b und c.

270 *Sandberger,* in: Hartmer/Detmer (Hrsg.), Hochschulrecht, 2004, Kapitel VI, Rn. 169, bemängelt, dass eine Schlichtungsfunktion durch den Aufsichtsrat des Universitätsklinikums eine Machtverschiebung zwischen Universitätsklinikum und Fachbereich zu Gunsten des Klinikums darstellen würde; *Becker,* Das Recht der Hochschulmedizin, 2005, S. 242, sieht die Wahl des Aufsichtsrates zum entscheidenden Schlichtungsgremium als „ungutes Vorzeichen“ an; unabhängig von der Besetzung des Aufsichtsrates ändere dies nichts daran, dass dieser immer ein Organ des Klinikums sei, dessen Interessen er daher auch letztlich vertrete. *Becker* präferiert ein eigenes Schlichtungsgremium mit einer geringeren Anzahl an Mitgliedern. Die geringe Mitgliederzahl fördere eine bessere Einigungsmöglichkeit.

271 Siehe § 7 S. 4 UKG Sachsen; vgl. noch genauer sogleich unter C. II. 2. b. gg.

272 Vgl. § 10 Abs. 2 S. 2 UniKlinG Hess.

273 Vgl. noch C. II. 2 b. und c. in den Regelungen zu den einzelnen Bundesländern.

tät die Verbindung der Krankenversorgung mit Forschung und Lehre gewährleistet[274]. § 4 Abs. 1 S. 3 UKG präzisiert S. 2 mit dem Zusatz, das Universitätsklinikum habe die der Universität eingeräumte Freiheit in Forschung und Lehre zu wahren und sicherzustellen, dass die Mitglieder der Universität die durch Art. 5 Abs. 3 S. 1 GG gewährten Grundrechte wahrnehmen können.

In Vorstandsentscheidungen des Universitätsklinikums werden die Belange von Forschung und Lehre mittels der Person des Dekans der Medizinischen Fakultät eingebracht[275]. Die genaue Beschlussfassung des Vorstandes ist gesetzlich nicht normiert worden. Vorteilhafter für Forschung und Lehre wäre insofern eine gesetzliche detaillierte Regelung der Beschlussfassung mitsamt Widerspruchsrechten des Dekans, falls dieser bei Entscheidungen, von denen Forschung und Lehre betroffen sind, überstimmt wird. Die Beratung und Überwachung des Vorstandes erfolgt nach § 9 Abs. 1 S. 1 UKG BW durch den Aufsichtsrat[276], welcher auch den Vorstand bestellt. Für die Bestellung des Vorstands durch den Aufsichtsrat ist neuerdings die Zustimmung des Wissenschaftsministeriums erforderlich[277]. Die Überwachung und Beratung durch den Aufsichtsrat betrifft insbesondere die Erfüllung der in § 4 Abs. 1 S. 2 und 3 UKG BW normierten Pflichten bezüglich der engen Zusammenarbeit mit der Universität und der Einhaltung der Freiheit von Forschung und Lehre.

In Baden-Württemberg hat das Universitätsklinikum jegliche Entscheidungen, die sich auf Forschung und Lehre auswirken, im Benehmen mit dem Medizinischen Fachbereich zu treffen[278]. Da der Dekan bei Vorstandsentscheidungen des Universitätsklinikums, welche Forschung und Lehre betreffen, keine Sonderrechte inne hat, erscheint eine solche Benehmensregelung als unerlässlich. Ein tiefer gehendes Einvernehmen der Universität ist zumindest bei der Struktur- und

274 Das Erfordernis der engen Zusammenarbeit wird auch noch einmal in § 7 Abs. 1 S. 1 UKG BW festgesetzt.

275 Vorstandsmitglieder sind nach § 10 Abs. 2 S. 1 UKG BW der Leitende Ärztliche Direktor als Vorstandsvorsitzender, der Stellvertretende Ärztliche Direktor, der Kaufmännische Direktor, der Dekan und der Pflegedirektor (wobei der Stellvertretende Ärztliche Direktor und der Pflegedirektor durch die Satzung der jeweiligen Universitätsklinika ausgeschlossen werden können, vgl. § 10 Abs. 2 S. 2 UKG BW).

276 Im Aufsichtsrat vertreten sind nach § 9 Abs. 3 UKG BW jeweils ein Mitglied des Wissenschaftsministeriums (Aufsichtsratsvorsitzender) und des Finanz- und Wirtschaftsministeriums, welche die Interessen des Landes zu berücksichtigen haben, der Vorstandsvorsitzende sowie ein vom Aufsichtsrat der Universität benannter Professor der Universität, zwei bis vier externe Sachverständige und ein gewählter Vertreter des Personals des Universitätsklinikums.

277 Die Zustimmung des Wissenschaftsministeriums wurde eingeführt durch Gesetz vom 15.06.2010 (GBl. S. 422).

278 § 7 Abs. 1 S. 1 UKG BW.

Entwicklungsplanung des Universitätsklinikums einzuholen[279]. Das Einvernehmen des Medizinischen Fachbereichs ist erforderlich bei Veränderungen der Abteilungsstrukturen, Personalentscheidungen bezüglich der Abteilungsleitungen sowie allgemeinen Organisationsänderungen des Klinikums[280]. Der Medizinische Fachbereich kann sein Einvernehmen verweigern, falls erhebliche Nachteile für seine Aufgaben zu befürchten sind[281]. Ein in Konfliktfällen greifendes gesetzliches Schlichtungsverfahren ist nicht installiert worden[282].

Weitere Regelungen der Zusammenarbeit zwischen Universitätsklinikum und Universität sind in der Kooperationsvereinbarung zu treffen[283]. Desweiteren werden die Rechtsverhältnisse der baden-württembergischen Universitätsklinika nach § 13 UKG BW durch eine Satzung geregelt.

In Baden-Württemberg besteht eine Rechtsaufsicht des Wissenschaftsministeriums über die Universitätsklinika. Das Wissenschaftsministerium hat das Recht, anlassunabhängig Auskünfte zu verlangen und sich Unterlagen vorlegen zu lassen[284].

Eine unvorteilhafte Regelung für die Freiheit von Forschung und Lehre besteht in § 7 Abs. 1 S. 4 UKG. Wenn für Entscheidungen des Wissenschaftsministeriums oder der Universität das Einvernehmens des Universitätsklinikums notwendig ist, kann dieses nach § 7 Abs. 1 S. 4 UKG verweigert werden, falls erhebliche Nachteile für die Aufgaben des Universitätsklinikums zu befürchten sind. Insofern erlangt das Universitätsklinikum unter Umständen Entscheidungskompetenzen auch im Bereich der Forschung und Lehre.

bb. Bayern

Die Aufgaben der Universitätsklinika in Bayern bestehen darin, der jeweils zugeordneten Universität „in besonderer Weise“ zur Erfüllung der Aufgaben in Forschung und Lehre sowie dem wissenschaftlich-medizinischen Fortschritt zu dienen[285]. Lediglich „daran ausgerichtet“ nimmt das Universitätsklinikum Auf-

---

279 § 7 Abs. 1 S. 2 UKG BW.

280 Vgl. § 7 Abs. 1 S. 3 UKG BW.

281 Dies ist nicht im UKG BW normiert, sondern in § 27 LHG BW, der insofern die Verweigerung des Einvernehmens in § 7 UKG BW konkretisiert.

282 Vgl. zu den Vor- und Nachteilen eines gesetzlichen Schlichtungsverfahrens schon oben unter C. II. 2. a. dd.

283 § 7 Abs. 2 UKG BW.

284 Siehe § 3 UKG BW.

285 Art. 2 Abs. 1 S. 1 BayUniKlinG. Vgl. umfassend zur Bayerischen Hochschulmedizin, Wissenschaftsrat, Standortübergreifende Stellungnahme zur Weiterentwicklung der Universitätsmedizin in Bayern, 2006.

gaben in der Krankenversorgung wahr[286]. Die im Klinikum tätigen Mitarbeiter der Universität müssen ihre durch Art. 5 Abs. 3 GG verbürgten Grundrechte wahrnehmen können[287]. Auch das Bayerische Hochschulgesetz fordert in Art. 34 Abs. 1 S. 1 eine enge und vertrauensvolle Zusammenarbeit zwischen Medizinischer Fakultät und Universitätsklinikum, Gleiches ist auch in Art. 12 S. 1 BayUniKlinG festgehalten.

In Bayern leitet der Vorstand das Universitätsklinikum. Der Vorstand ist für alle Angelegenheiten zuständig, welche nicht den weiteren Organen – dem Aufsichtsrat oder der beratenden Klinikumskonferenz – übertragen sind[288]. Der Dekan vertritt dabei die Positionen der Medizinischen Fakultät und ist neben dem Ärztlichen Direktor (Vorsitz), Kaufmännischen Direktor und Pflegedirektor eines der vier Vorstandsmitglieder[289].

Entscheidungen des Klinikumsvorstandes, welche Auswirkungen auf die Belange von Forschung und Lehre haben, werden nach Art. 13 Abs. 4 BayUniKlinG im Einvernehmen mit der Medizinischen Fakultät getroffen. Eine solche Einvernehmensregelung ist aus Sicht der Forschung und Lehre begrüßenswert. Falls das Einvernehmen nicht zustande kommt, entscheidet nach Art. 12 Abs. 5 BayUniKlinG der Aufsichtsrat[290]. Dieser hat wiederum die entscheidende Überwachungsfunktion bezüglich des Klinikumsvorstandes inne und trägt „insbesondere dafür Sorge, dass das Klinikum, die ihm zur Gewährleistung von Forschung und Lehre obliegenden Aufgaben erfüllt“[291]. Der Aufsichtsrat kann umfassende Einsichts-, Informations- und Überprüfungsrechte nutzen[292].

Auch die Entscheidungen des Klinkumsvorstandes über die Errichtung, Änderung und Aufhebung von Kliniken, klinischen und sonstigen Einrichtungen un-

286 Art. 2 Abs. Abs. 1 S. 1 BayUniKlinG; der Wortlaut legt insofern den Schluss nahe, dass primäre Aufgabe der Universitätsklinika die Unterstützung der Universität in Forschung und Lehre sei und die Krankenversorgung somit eher eine nachgeordnete Rolle spielt.

287 Art. 2 Abs. 1 S. 4 BayUniKlinG.

288 Siehe Art. 10 Abs. 1 S. 1 und 2 BayUniKlinG. Hierbei sind die umfassenden Entscheidungsbefugnisse des Aufsichtsrates hervorzuheben, der nach Art. 8 BayUniKlinG, etwa über die Struktur- und Entwicklungsplanung des Klinikums entscheidet. Zusammensetzung und Aufgaben der Klinikumskonferenz sind in Art. 11 BayUniKlinG festgesetzt.

289 Art. 9 Abs. 1 BayUniKlinG.

290 Dem Aufsichtsrat gehören nach Art. 7 BayUniKlinG der Staatsminister für Wissenschaft, Forschung und Kunst als Vorsitzender (bzw. ein von ihm benannter Stellvertreter) sowie ein weiterer Vertreter dieses Ministeriums, je ein Vertreter der Staatsministerien für Finanzen sowie für Arbeit und Sozialordnung, Familie und Frauen, der Vorsitzende der Hochschulleitung der Universität, ein Professor der Medizin, und letztlich als externe Mitglieder eine in Wirtschaftsangelegenheiten erfahrene Persönlichkeit sowie ein Leiter einer klinischen Einrichtung, welche sich unmittelbar mit Krankenversorgung befasst, an.

291 Art. 8 Abs. 1 S. 1, Hs. 2 BayUniKlinG.

292 Art. 8 Abs. 1 S. 2 BayUniKlinG.

terliegen dem Einvernehmen von Hochschulleitung und Medizinischer Fakultät sowie der Zustimmung des Aufsichtsrates[293]. Die Leitung dieser Einrichtungen wird im Einvernehmen mit der Medizinischen Fakultät bestellt und abberufen[294].

Weitere Einzelheiten der Zusammenarbeit zwischen Universität/Medizinischer Fakultät und Universitätsklinikum werden nach Art. 12 S. 2 BayUniKlinG in einer Vereinbarung getroffen, welche der Zustimmung des Aufsichtsrates bedarf. Die Universitätsklinika stehen zudem unter der Rechtsaufsicht des Staatsministeriums[295].

Bedenklich für Forschung und Lehre erscheint, dass Entscheidungen der Medizinischen Fakultät, die sich auf die Aufgaben des Universitätsklinikums auswirken, im Benehmen bzw. sogar Einvernehmen mit dem Klinikum getroffen werden müssen[296]. Nach Art. 13 Abs. 1 BayUniKlinG hat der Dekan etwa bei der Entscheidung, welcher Anteil des staatlichen Zuschusses für Forschung und Lehre und welcher Anteil für sonstige Trägeraufgaben verwendet wird, das Einvernehmen des Klinikumsvorstandes herzustellen.

cc. Hessen

Die Regelungen zum hessischen privatisierten Universitätsklinikum Gießen-Marburg werden noch ausführlich im Zweiten Teil der Arbeit untersucht[297], so dass vorliegend auf die Regelungen zum weiteren hessischen Standort in Frankfurt am Main eingegangen wird.

Das Universitätsklinikum unterstützt den Fachbereich Medizin in Forschung und Lehre[298], wobei die Wahrnehmung dieser Aufgabe in enger Zusammenarbeit erfolgt[299]. Das Universitätsklinikum wahrt weiterhin die der Fakultät eingeräumte Freiheit in Forschung und Lehre und stellt sicher, dass die Mitglieder der Universität ihre durch Art. 5 Abs. 3 S. 1 GG gewährten Grundrechte wahrnehmen können[300].

293 Art. 10 Abs. 2 S. 1 BayUniKlinG.

294 Ebd.

295 Art. 4 BayUniKlinG.

296 Art. 34 Abs. 1 S. 2 BayHSchG.

297 Vgl. dort insbesondere den Gliederungspunkt Teil 2 C. IV. 2. b.

298 § 5 Abs. 1 S. 1 UniKlinG Hess.

299 § 5 Abs. 1 S. 2 UniKlinG Hess; die Parallelregelung, die eine enge Zusammenarbeit für den Medizinischen Fachbereich mit dem Universitätsklinikum normiert, findet sich in § 57 des Hessischen Hochschulgesetzes.

300 § 5 Abs. 1 S. 3 UniKlinG Hess.

Der Klinikumsvorstand[301] ist nach § 8 Abs. 1 S. 1 UniKlinG Hess zuständig für alle Angelegenheiten, die nicht dem Aufsichtsrat übertragen sind. Davon umfasst ist nach § 8 Abs. 2 Nr. 5 UniKlinG Hess auch die Abstimmung der Belange von Forschung und Lehre mit der Krankenversorgung. Die Abstimmung erfolgt nach Maßgabe der aufgrund § 15 UniKlinG Hess getroffenen Kooperationsvereinbarung[302]. Genauer wird in § 15 Abs. 1 UniKlinG Hess die notwendig enge Zusammenarbeit zwischen Medizinischem Fachbereich und Universitätsklinikum betont. Weiterhin wird normiert, dass die Einzelheiten der Zusammenarbeit in einer Vereinbarung zwischen Klinikumsvorstand, Dekanat und Präsidium geregelt werden. In der Kooperationsvereinbarung sollen Regelungen über die Erfüllung der Aufgaben in Forschung, Lehre und Krankenversorgung getroffen werden.

Der Klinikumsvorstand wird gemäß § 10 Abs. 1 S. 1 UniKlinG Hess durch den Aufsichtsrat beraten und überwacht[303]. Der Aufsichtsrat trägt dafür Sorge, dass die in § 5 Abs. 1 UniKlinG Hess beinhalteten Aufgaben und Verpflichtungen des Universitätsklinikums erfüllt werden[304]. Er verfügt über weitreichende Kompetenzen. So ist er zuständig für alle Angelegenheiten, welche über die laufende Geschäftsführung hinausgehen[305].

Während in anderen Bundesländern Entscheidungen der Klinikumsvorstände das Einvernehmen des Medizinischen Fachbereichs erfordern, besteht in Hessen ein solches Einvernehmenserfordernis des Dekanats bezüglich bestimmter Entscheidungen des Aufsichtsrates. Das Einvernehmen des Dekanats gemäß § 10 Abs. 2 S. 1 UniKlinG Hess ist einzuholen, wenn Entscheidungen des Aufsichtsrates Forschung und Lehre betreffen. Sollte eine Einigung nicht zustande kommen, entscheidet auf Antrag das Ministerium für Wissenschaft und Kunst[306]. Das Universitätsklinikum steht zudem unter der Rechtsaufsicht des Ministeriums[307].

---

301 Der Vorstand besteht nach § 7 Abs. 1 UniKlinG Hess aus dem Ärztlichen Direktor als Vorsitzendem, dem kaufmännischen Direktor als Stellvertretendem Vorsitzenden, dem Dekan und dem Pflegedirektor. Besonderheiten gelten nach § 7 Abs. 2 UniKlinG Hess für das privatisierte Universitätsklinikum Gießen-Marburg.

302 Und zwar unbeschadet von Entscheidungen, die Organe der Universität und des Medizinischen Fachbereichs im Rahmen ihrer Zuständigkeit getroffen haben.

303 Der Aufsichtsrat setzt sich nach § 9 Abs. 1 UniKlinG Hess aus zwei Vertretern des Ministeriums für Wissenschaft und Kunst, einem Vertreter des Ministeriums für Finanzen, dem Universitätspräsidenten, dem Vorsitzenden des Personalrats des Universitätsklinikums sowie zwei Persönlichkeiten aus der Wirtschaft oder Wissenschaft zusammen. Der Vorsitzende wird nach § 9 Abs. 3 UniKlinG Hess aus dem Kreis der Mitglieder gewählt.

304 § 10 Abs. 1 S. 2 UniKlinG Hess.

305 Vgl. den umfassenden Aufgabenkatalog des Aufsichtsrates in § 10 Abs. 1 S. 3 UniKlinG Hess.

306 § 10 Abs. 2 S. 2 UniKlinG Hess.

307 § 3 UniKlinG Hess.

dd. Mecklenburg-Vorpommern

Der Standort Rostock organisierte seine Hochschulmedizin bis zum 31.12.2011 im Kooperationsmodell, am 01.01.2012 wurde er ins Integrationsmodell überführt[308].

In Rostock ergaben sich die Verpflichtungen von Medizinischer Fakultät und Universitätsklinikum bis zum 31.12.2011 aus der alten Fassung des LHG im Zusammenspiel mit der LVO Rostock[309]. So erfüllte die Fakultät ihre Aufgaben in Forschung und Lehre im Klinikum[310]. Dem Klinikum hingegen unterfiel die Krankenversorgung[311]. Bei der Erfüllung ihrer Aufgaben unterstützten sich Klinikum und Fakultät[312]. In der LVO über die Errichtung der Universitätsklinik Rostock waren die Aufgaben der Universitätsklinik in § 2 festgehalten. Das Universitätsklinikum diente der Medizinischen Fakultät in enger Zusammenarbeit bei der Erfüllung ihrer Aufgaben in Forschung und Lehre und stellte die Wahrnehmung der durch Art. 5 Abs. 3 S. 1 GG verbürgten Rechte der Mitglieder der Universität sicher[313]. Das Universitätsklinikum hatte darüber hinaus die Verbindung zwischen Krankenversorgung, Forschung, Lehre und Studium herzustellen und die dafür erforderlichen Voraussetzungen zu schaffen[314].

Im Klinikumsvorstand wurden die Interessen der Medizinischen Fakultät vom Leiter der Medizinischen Fakultät vertreten[315]. Der Klinikumsvorstand entschied in Angelegenheiten, die Auswirkungen auf Forschung und Lehre hatten, im Be-

308 Vgl. Art. 7 Abs. 2 des Gesetzes zur Änderung des LHG M-V vom 16.12.2010 (GVBl. S. 730). Da bei Einreichung dieser Dissertation noch die alte Gesetzeslage galt, soll auch diese dargestellt werden. Zu den aktuellen Landesregelungen in Mecklenburg-Vorpommern vgl. noch unter C. II. 2. c. dd.

309 Nach Art. 2, § 1 des Vierten Gesetzes zur Änderung des LHG M-V vom 16.12.2010 (GVBl. S. 730), galten die alten Vorschriften der §§ 102 bis 104 LHG-M-V bis zur Überführung des Standorts Rostock ins Integrationsmodell weiterhin fort. Davon betroffen war insbesondere die nach § 104 LHG-M-V alter Fassung erlassene LVO Rostock. Die fortdauernde Geltung der §§ 96 bis 101 LHG M-V alte Fassung für den Standort Rostock ergab sich daraus, dass diese Gegenstand der Errichtungsverordnung des Universitätsklinikums Rostock darstellten; so die Begründung im Gesetzentwurf der Landesregierung zum Vierten Gesetz zur Änderung des LHG vom 16.06.2010, Drcks. 5/3564, S. 97.

310 § 96 Abs. 2 S. 1 LHG M-V alter Fassung.

311 § 96 Abs. 2 S. 2 LHG M-V alter Fassung.

312 § 96 Abs. 3 S. 1 LHG M-V alter Fassung.

313 Vgl. § 2 Abs. 1 S. 1 sowie § 2 Abs. 2 S. 2 LVO Rostock.

314 § 2 Abs. 1 S. 3 LVO Rostock.

315 Welcher nach § 98 Abs. 1 LHG M-V alter Fassung neben Ärztlichen Direktor, Stellvertretenden Ärztlichen Direktor, Verwaltungsdirektor und Pflegedienstdirektor zu den fünf Vorstandsmitgliedern zählt; nach § 5 Abs. 3 der LVO Rostock können der Stellvertretende Ärztlicher Direktor sowie der Pflegedienstdirektor aus dem Vorstand ausgeschlossen werden.

nehmen mit dem Fakultätsrat[316]. Der Klinikumsvorstand hatte dem Fakultätsrat regelmäßig Bericht zu erstatten[317]. Über das LHG alter Fassung hinausgehende Rechte wurden der Medizinischen Fakultät durch die LVO zugeteilt. Soweit bei Entscheidungen des Universitätsklinikums der Bereich von Forschung und Lehre betroffen war, war das Einvernehmen der Fakultät erforderlich[318]. Falls kein Einvernehmen erzielt werden konnte, entschied nach Beantragung durch den Vorstand der Aufsichtsrat[319]. Der in Rostock mit weitreichenden Rechten ausgestattete Aufsichtsrat[320] trug insbesondere dafür Sorge, dass das Universitätsklinikum seine Verpflichtungen gegenüber der Medizinischen Fakultät und dessen Angehörigen erfüllte[321].

Erwähnenswert ist die Regelung des § 96 Abs. 3 S. 2 LHG M-V alter Fassung, nach welcher Beschlüsse des Fakultätsrates für den Klinikumsvorstand generell verbindlich waren. Diese Regelung wurde in den beiden folgenden Sätzen jedoch eingeschränkt. So konnte der Klinikumsvorstand bei Beeinträchtigung der Aufgaben des Klinikums Einspruch einlegen. Über den Einspruch entschied dann die Hochschulleitung.

Nach § 12 LVO Rostock war ein Kooperationsvertrag zu schließen, in welchem Universität und Universitätsklinik im Einvernehmen mit der Medizinischen Fakultät Einzelheiten der Zusammenarbeit regelten. Desweiteren hatte die Hochschulleitung im Einvernehmen mit dem Klinikumsvorstand eine Klinikumsordnung als Satzung zu erlassen, welche Details über die Organisation, Zuständigkeiten und das Verfahren im Klinikum enthielt[322].

Die Universitätsklinik Rostock stand unter der Rechtsaufsicht des Ministeriums für Bildung, Wissenschaft und Kultur[323].

---

316 § 98 Abs. 2 S. 1 LHG M-V alter Fassung.

317 § 98 Abs. 2 S. 2 LHG M-V alter Fassung.

318 Unbeschadet der Gesamtverantwortung der Universität, siehe § 2 Abs. 2 S. 3 LVO Rostock.

319 § 2 Abs. 2 S. 4 LVO Rostock. Der Aufsichtsrat setzt sich nach § 4 Abs. 3 S. 1 LVO aus einem Vertreter des Ministeriums für Wissenschaft, Bildung und Kultur, einem Vertreter des Finanzministeriums, einem Vertreter des Sozialministeriums (beratende Stimme), dem Hochschulleiter der Universität, dem Kanzler der Universität, zwei Sachverständigen, insbesondere aus der Wirtschaft und der medizinischen Wissenschaft, dem Vorsitzenden des Personalrats des Universitätsklinikums sowie dem Gleichstellungsbeauftragten des Universitätsklinikums (beratende Stimme) zusammen.

320 Der Aufsichtsrat ist u.a. für die Festlegung der Betriebsziele und die Überwachung des Klinikumsvorstandes zuständig.

321 Vgl. § 4 Abs. 1 S. 2 LVO Rostock; der Aufsichtsrat wird allerdings lediglich in der LVO und nicht im Landeshochschulgesetz alter Fassung aufgeführt.

322 § 97 Abs. 4 LHG M-V alter Fassung.

323 Vgl. § 13 LVO Rostock.

Nach § 14 Abs. 1 S. 2 LVO Rostock erforderten Entscheidungen der Medizinischen Fakultät in Angelegenheiten von Forschung, Lehre und Studium das Einvernehmens des Universitätsklinikums, soweit die Krankenversorgung und das öffentliche Gesundheitswesen betroffen waren. Dieses Einvernehmenserfordernis durfte nur in sachlich begründeten Fällen verweigert werden[324]. Falls das Einvernehmen verweigert wurde, entschied auf Antrag des Fachbereichsleiters wiederum der Aufsichtsrat[325].

ee. Nordrhein-Westfalen

Die nordrhein-westfälischen Universitätsklinika dienen dem Fachbereich Medizin bei der Erfüllung seiner Aufgaben in Forschung und Lehre[326]. Weiterhin gewährleisten sie die Verbindung zwischen Krankenversorgung, Forschung und Lehre[327].Sie haben sicherzustellen, dass die Mitglieder der Universität ihre durch Art. 5 Abs. 3 S. 1 GG verbürgten Rechte wahrnehmen können[328]. Das Universitätsklinikum arbeitet eng mit der Universität zusammen, insbesondere aufgrund der im Rahmen des § 15 UKVO NRW getroffenen Kooperationsvereinbarung. In der Kooperationsvereinbarung sind u.a. Vereinbarungen über das Erreichen der Ziele nach § 2 UKVO NRW zu treffen, somit auch über die Gewährleistung der Freiheit von Forschung und Lehre.

Im Vorstand des Universitätsklinikums werden die Interessen des Medizinischen Fachbereichs durch den Dekan vertreten, welcher eines der Vorstandsmitglieder darstellt[329]. Auch in Nordrhein-Westfalen hat der Aufsichtsrat[330] des Uni-

---

324 § 14 Abs. 1 S. 3 LVO Rostock.

325 § 14 Abs. 1 S. 4 LVO Rostock.

326 Vgl. § 31 a Abs. 1 S. 1 HG NRW sowie § 2 Abs. 1 S. 1 UKVO NRW. Zu den Gesetzesregelungen in Nordrhein-Westfalen auch *Wahlers,* MedR 2008, S. 249.

327 § 31 a Abs. 1 S. 1 HG NRW; § 2 Abs. 1 S. 3 UKVO NRW.

328 § 31 a Abs. 1 S. 5 HG NRW, vgl. auch § 2 Abs. 3 UKVO NRW.

329 § 31 a Abs. 5 HG NRW, desweiteren besteht die Möglichkeit durch die Satzung auch den Stellvertretenden Ärztlichen Direktor als weiteres stimmberechtigtes Vorstandsmitglied einzusetzen.

330 Nach § 31 a Abs. 4 HG NRW ist dieser zusammengesetzt aus elf stimmberechtigten Mitgliedern, je einem Vertreter der Ministerien für Innovation, Wissenschaft und Forschung sowie Finanzen, dem Präsident und Vizepräsident des Bereichs der Wirtschafts- und Personalverwaltung der Universität, jeweils zwei externen Sachverständigen aus dem Bereich der Wirtschaft und der medizinischen Wissenschaft, einem Professor aus dem Fachbereich Medizin, der zugleich Leiter einer klinischen oder medizinisch-theoretischen Einrichtung ist sowie jeweils einem Vertreter des wissenschaftlichen Personals sowie des Personals des Universitätsklinikums. Die Rechte des Aufsichtsrates werden in § 4 der UKVO NRW umfassend konkretisiert.

versitätsklinikums eine Beratungs- und Überwachungsfunktion gegenüber dem Vorstand inne[331].

Nach § 2 Abs. 3 S. 3 und 4 UKVO NRW erfolgen Entscheidungen des Universitätsklinikums, soweit der Bereich von Forschung und Lehre betroffen ist, im Einvernehmen mit dem Fachbereich Medizin[332]. Falls kein Einvernehmen erzielt werden kann, entscheidet auf Antrag des Dekans der Aufsichtsrat.

Die Universitätsklinika stehen nach § 16 UKVO NRW unter der Rechtsaufsicht des Ministeriums für Innovation, Wissenschaft und Forschung. Das Ministerium kann jederzeit Auskünfte, Informationen sowie die Vorlage von Unterlagen und Berichten verlangen kann.

ff. Saarland

Das Universitätsklinikum Homburg dient nach § 5 Abs. 1 S. 1 und 2 UKSG der Medizinischen Fakultät der Universität des Saarlandes bei dessen Aufgabenerfüllung in Forschung und Lehre. Es wahrt dabei die der Universität eingeräumte Freiheit in Forschung und Lehre und stellt sicher, dass die Universitätsmitglieder ihre durch Art. 5 Abs. 3 S. 1 GG verbürgten Rechte wahrnehmen können[333]. In enger Zusammenarbeit mit Universität und Medizinischer Fakultät gewährleistet das Universitätsklinikum die Verbindung zwischen Krankenversorgung, Forschung und Lehre[334].

Das Universitätsklinikum wird im Saarland vom Vorstand geleitet. Der Vorstand ist nach § 8 Abs. 1 UKSG für alle Angelegenheiten zuständig, welche nicht auf den Aufsichtsrat übertragen sind. Nach § 8 Nr. 5 UKSG ist er insbesondere für die Abstimmung der Belange der Krankenversorgung mit den Belangen von Forschung und Lehre verantwortlich. Maßstab hierfür ist die durch § 15 UKSG vorgesehene Vereinbarung zwischen Klinikumsvorstand, Fakultäts- und Universitätsleitung. Die Interessen des Medizinischen Fachbereichs werden bei Vorstandsentscheidungen durch den Dekan vertreten. Der Dekan zählt nach § 7 Abs. 1 UKSG neben dem Ärztlichen-, Kaufmännischen- und Pflegedirektor zu den vier Vorstandsmitgliedern. Falls Maßnahmen und Beschlüsse des Vorstands die Belange von Forschung und Lehre betreffen, ist nach § 8 Abs. 3 S. 1 UKSG die Zustimmung des Dekanats einzuholen.

---

331 Vgl. den allgemein formulierten § 31 a Abs. 3 HG NRW, die Rechte des Aufsichtsrates sind in Abs. 2 S. 2 der UKVO NRW normiert worden.

332 Unbeschadet der Gesamtverantwortung der Universität.

333 § 5 Abs. 1 S. 3 UKSG.

334 § 5 Abs. 2 S. 2 UKSG.

Der Aufsichtsrat ist auch im Saarland mit wichtigen Rechten ausgestattet[335]. Nach § 10 Abs. 1 UKSG ist er für die Beratung und Überwachung des Vorstandes zuständig sowie für sämtliche Angelegenheiten des Universitätsklinikums, welche über die laufende Geschäftsführung hinausgehen. Der Aufsichtsrat hat für die Erfüllung der Aufgaben des Universitätsklinikums nach § 5 Abs. 1 UKSG Sorge zu tragen, mithin dafür, dass das Universitätsklinikum der Medizinischen Fakultät bei ihrer Aufgabenerfüllung in Forschung und Lehre dient sowie die Wissenschaftsfreiheit gewährleistet.

Im Saarland ist durch § 10 Abs. 3 S. 1 UKSG ein weiterer Sicherungsmechanismus für die Belange und die Freiheit von Forschung und Lehre etabliert worden. Demnach bedürfen Entscheidungen des Aufsichtsrates, welche Forschung und Lehre betreffen, des Einvernehmens durch das Universitätspräsidium. § 10 Abs. 3 S. 2 UKSG sieht eine Entscheidung des Ministeriums für Bildung, Kultur und Wissenschaft vor, falls eine Einigung zwischen Aufsichtsrat und Universitätspräsidium nicht zustande kommt. Diese Vorschrift verlagert die Entscheidungsmacht faktisch wieder in Richtung des Aufsichtsrates, da der Minister bzw. sein Vertreter auch gleichzeitig das Amt des Vorsitzenden des Aufsichtsrates bekleidet. Ein Einvernehmen des Medizinischen Fachbereiches wäre vorzugswürdig, da eine negative Beeinträchtigung des Medizinischen Fachbereichs und seiner Wissenschaftler effektiver verhindert werden könnte. Das Universitätspräsidium agiert insofern aus einer größeren Distanz als der Medizinische Fachbereich.

Die Rechtsverhältnisse des Universitätsklinikums werden im Rahmen der Maßgaben des UKSG nach § 21 UKSG in einer Satzung geregelt. Nach § 3 UKSG steht das Universitätsklinikum unter der Rechtsaufsicht des Ministeriums für Bildung, Kultur und Wissenschaft.

gg. Sachsen

Die sächsischen Universitätsklinika gewährleisten in enger Zusammenarbeit mit der Universität und der Medizinischen Fakultät die Verbindung der Krankenver-

335 Nach § 9 UKSG setzt sich der Aufsichtsrat zusammen aus dem Minister für Bildung, Kultur und Wissenschaft oder seinem Vertreter als Vorsitzendem, einem weiteren Vertreter dieses Ministeriums, einem Vertreter des Ministeriums für Finanzen, einem Vertreter des Ministeriums für Justiz, Gesundheit und Soziales, einem weiteren Vertreter der Landesregierung, dem Universitätspräsidenten oder einem Vertreter, einem externen Sachverständigen aus der Wirtschaft sowie zwei Sachverständigen aus der medizinischen Wissenschaft und einem Vertreter der Beschäftigten. Nach § 10 Abs. 2 UKSG haben die zehn Mitglieder des Aufsichtsrates bei Abstimmungen jeweils eine Stimme; bei Stimmengleichheit entscheidet die Stimme des Vorsitzenden.

sorgung mit Forschung und Lehre[336]. Die Universitätsklinika haben die der Universität in Forschung und Lehre gewährte Freiheit zu wahren und stellen sicher, dass die Mitglieder der Universität ihre durch Art. 5 Abs. 3 S. 1 GG verbürgten Grundrechte wahrnehmen können[337]. § 7 S. 1 UKG Sachsen betont die enge Zusammenarbeit und die Beteiligung an wesentlichen Entscheidungen zwischen Universität, Universitätsklinikum und Medizinischer Fakultät.

Die Universitätsklinika werden von einem Vorstand geleitet[338]. Der Vorstand besteht aus einem medizinischen und einem kaufmännischen Vorstandsmitglied. Der Dekan kann nach § 10 Abs. 6 UKG Sachsen nur mit beratender Stimme an den Vorstandssitzungen teilnehmen. Durch die lediglich beratende Funktion des Dekans wird unnötig auf einen Schutzmechanismus für die Freiheit und die Belange von Forschung und Lehre verzichtet.

Der Aufsichtsrat legt nach § 9 Abs. 1 S. 1 UKG Sachsen die betrieblichen Ziele des Universitätsklinikums fest und entscheidet in allen grundsätzlichen Angelegenheiten. Er hat dafür Sorge zu tragen, dass das Universitätsklinikum seine Aufgaben in Forschung und Lehre erfüllt[339]. Weiterhin berät und überwacht der Aufsichtsrat den Vorstand[340].

Eine besondere Rolle als Kontrollorgan über das Universitätsklinikum in Bezug auf die Sicherung von Forschung und Lehre kommt dem Dekanatskollegium zu. Nach § 7 S. 2 UKG Sachsen bedürfen solche Entscheidungen der Zustimmung des Dekanatskollegiums, welche Forschung und Lehre unmittelbar betreffen. Die Zustimmung ist insbesondere zu den Strukturplänen des Universitätsklinikums erforderlich. Die Einführung derartiger Kontrollrechte durch die Fachbereichsseite ist notwendig; nicht zuletzt aufgrund der geringen Rechte des Dekans im Rahmen von Vorstandsentscheidungen.

Für den Fall, dass eine Einigung zwischen Medizinischer Fakultät und Universitätsklinikum nicht zustande kommt, besteht in Sachsen ein spezielles Schlichtungsverfahren. Entscheidungsträger ist nach § 7 S. 4 UKG Sachsen die Gemeinsame Konferenz, in welcher der Vorstand des Universitätsklinikums und das Dekanat jeweils eine Stimme besitzen[341]. Falls in der Gemeinsamen Konfe-

---

336 § 2 Abs. 1 S. 3 Gesetz über das Universitätsklinikum Leipzig an der Universität Leipzig und das Universitätsklinikum Carl Gustav Carus Dresden an der Technischen Universität Dresden (UKG Sachsen) vom 06.05.1999.

337 § 2 Abs. 1 S. 4 UKG Sachsen.

338 § 10 Abs. 1 UKG Sachsen.

339 § 9 Abs. 1 S. 2 UKG Sachsen.

340 § 9 Abs. 1 S. 3 UKG Sachsen.

341 Das Dekanat wird in der Gemeinsamen Konferenz vertreten durch Dekan und Prodekan, der Vorstand des Universitätsklinikums durch seine gesetzlichen Mitglieder. Weiterhin steht dem Kanzler der Universität ein Teilnahmerecht zu. Den Vorsitz der Gemeinsamen Konferenz hat eine sachkundige Persönlichkeit inne.

renz Angelegenheiten von grundsätzlicher Bedeutung umstritten sind, besteht für den Vorsitzenden nach § 7 S. 8 UKG Sachsen die Möglichkeit, den Staatsminister für Bildung und Kunst entscheiden zu lassen.

Die Universitätsklinika stehen nach § 3 Abs. 2 UKG Sachsen unter der Rechtsaufsicht des Staatsministeriums für Wissenschaft und Kunst.

hh. Sachsen-Anhalt

Nach § 1 Abs. 2 S. 2 HMG LSA unterstützen Medizinischer Fachbereich und Universitätsklinikum sich bei der Wahrnehmung ihrer Aufgaben gegenseitig. Die Universitätsklinika dienen den Universitäten nach § 8 Abs. 1 S. 1 HMG LSA bei der Erfüllung der Aufgaben in Forschung und Lehre. Sie müssen sicherstellen, dass die Mitglieder der Universität ihre durch Art. 5 Abs. 3 S. 1 GG verbürgten Grundrechte wahrnehmen können[342]. Die Universitätsklinika nehmen Aufgaben in der Krankenversorgung im für Forschung und Lehre gebotenen Umfang wahr[343]. Im Bereich von Forschung und Lehre wird zusätzlich eine enge Zusammenarbeit der Universitätsklinika mit den Medizinischen Fachbereichen normiert[344].

Der Klinikumsvorstand ist nach § 16 S. 1 HMG LSA für alle Angelegenheiten zuständig, welche nicht dem Aufsichtsrat übertragen sind. Die Interessen von Forschung und Lehre werden im Vorstand durch den Dekan vertreten. Dieser zählt nach § 15 Abs. 1 HMG LSA neben dem Vorsitzenden Ärztlichen Direktor, Kaufmännischen Direktor und Direktor des Pflegedienstes zu den stimmberechtigten Vorstandmitgliedern.

Durch § 15 Abs. 4 HMG LSA ist ein spezifisches Verfahren bei Vorstandsentscheidungen mit Auswirkungen auf Forschung und Lehre geschaffen worden. Entstehen derartige Auswirkungen, ist zunächst das Einvernehmen des Fakultätsvorstandes zu erzielen. Falls der Fakultätsvorstand durch eine Vorstandsentscheidung die Belange von Forschung und Lehre als beeinträchtigt erachtet, ist er berechtigt, einen Einspruch mit aufschiebender Wirkung einzulegen. Sollte der Klinikumsvorstand dem Einspruch keine Abhilfe verschaffen, kann der Dekan auf Antrag des Fakultätsvorstandes einen Schlichter einsetzen oder das für die Hochschulen zuständige Ministerium anrufen. Falls auch dann kein Einvernehmen erzielt werden kann, entscheidet nach vorheriger Anhörung das für die Hochschulen zuständige Ministerium. Für die Belange von Forschung und Lehre

---

342 § 8 Abs. 1 S. 2 Hochschulmedizingesetz des Landes Sachsen-Anhalt (HMG LSA) vom 12.08.2005 (GVBl. LSA S. 508).

343 § 8 Abs. 2 S. 1 HMG LSA, vgl. zu dieser Formulierung schon oben unter C. II. 2. a. aa.

344 § 8 Abs. 5 S. 2 HMG LSA.

stellt ein solches klar geregeltes, mehrstufiges Schlichtungsverfahren einen wirksamen Schutzmechanismus dar.

Das Schlichtungsverfahren greift nach § 15 Abs. 4 S. 1 HMG LSA auch dann, wenn sich der Klinikumsvorstand durch Beschlüsse der Fakultät in Belangen der Krankenversorgung beeinträchtigt sieht. Dies kann u.a. dann der Fall sein, wenn bei wichtigen Entscheidungen der Medizinischen Fakultät das Einvernehmen des Universitätsklinikums herzustellen ist[345]. Das Verfahren ist weiterhin anzuwenden, wenn bei anderen Entscheidungen, welche sich auf die Aufgaben des Universitätsklinikums auswirken, das erforderliche Benehmen nicht erzielt werden kann[346].

Auch in Sachsen-Anhalt trägt der Aufsichtsrat nach § 11 Abs. 1 S. 2 HMG LSA dafür Sorge, dass das Universitätsklinikum die durch § 8 Abs. 1 HMG LSA normierten Verpflichtungen im Bereich von Forschung und Lehre erfüllt[347]. Sofern bei seinen Entscheidungen die Belange von Forschung und Lehre betroffen sind, hat der Aufsichtsrat das Einvernehmen mit dem Fakultätsvorstand herzustellen[348].

Näheres zur Ausgestaltung der Rechtsverhältnisse des Universitätsklinikums ist in einer Ordnung nach § 19 HMG LSA geregelt. Nach § 7 Abs. 6 HMG LSA stehen die Universitätsklinika unter der Rechtsaufsicht des für die Hochschulen zuständigen Ministeriums.

ii. Schleswig-Holstein

In Schleswig-Holstein obliegt dem Universitätsklinikum nach § 119 HSG S-H die den Zwecken von Forschung und Lehre dienende Krankenversorgung. In enger Zusammenarbeit mit den Universitäten in Kiel und Lübeck[349] muss das Universitätsklinikum die für Forschung und Lehre notwendigen Voraussetzungen

345 Nach § 24 Abs. 1 S. 2 HMG LSA bei Errichtung und Einrichtung neuer Kliniken sowie bei Besetzung der Chefarztpositionen.

346 § 24 Abs. 1 S. 3 HMG LSA.

347 Dafür stehen dem Aufsichtsrat nach § 11 Abs. 1 S. 3 HMG LSA umfassende Informations-, Einsichts- und Prüfungsrechte hinsichtlich Unterlagen und Vorgängen des Universitätsklinikums zu.

348 § 11 Abs. 3 HMG LSA.

349 In Schleswig-Holstein bestanden durch die Landesregierung zuletzt konkrete Überlegungen zur Schließung des Studienganges Medizin an der Universität Lübeck. Ab dem Wintersemester 2011/12 sollten keine Immatrikulationen mehr möglich sein, vgl. dazu kritisch *Simon,* F&L 2010, S. 492 f. sowie die Resolution des Medizinischen Fakultätentags zum Erhalt des Medizinstudiums in Lübeck vom 04.06.2010. Erst nach wochenlangen Protesten beschloss man, den universitätsmedizinischen Standort zu erhalten.

am jeweiligen Standort schaffen[350]. Das Universitätsklinikum hat die der Universität eingeräumte Freiheit der Forschung und Lehre zu wahren sowie die Möglichkeit der Ausübung des Grundrechts aus Art. 5 Abs. 3 S. 1 GG durch die Universitätsmitglieder sicherzustellen[351].

Das Universitätsklinikum wird durch den Vorstand geleitet. Der Vorstand entscheidet in allen Angelegenheiten, welche keinem anderen Entscheidungsträger, insbesondere dem Aufsichtsrat, zugeordnet sind[352]. Der Vorstand des Universitätsklinikums besteht nach § 122 Abs. 1 HSG S-H aus dem Vorstand für Krankenversorgung als Vorsitzendem, dem kaufmännischen Vorstand, dem Vorstand für Krankenpflege und einem Vorstand für Forschung und Lehre.

Dem Vorstand für Forschung und Lehre steht das Recht zu, eine Unterrichtung des Aufsichtsrates in solchen Fällen zu verlangen, in denen Forschung und Lehre im Klinikum betroffen sind[353]. Der Aufsichtsrat[354] leitet daraufhin ein Einigungsverfahren ein. Im Einigungsverfahren soll ein Ausgleich zwischen Forschung und Lehre sowie den Erfordernissen einer bestmöglichen Krankenversorgung herbeigeführt und auf ein Einvernehmen hingewirkt werden[355]. Sollte kein Einvernehmen erzielt werden können, ist der Aufsichtsrat ermächtigt, eigene Beschlüsse zu treffen[356]. Desweiteren hat der Aufsichtsrat nach § 123 Abs. 3 S. 1 HSG S-H die generelle Aufgabe, bei Meinungsverschiedenheiten zwischen Klinikumsvorstand und Medizinischer Fakultät eine Verständigung herbeizuführen. Das genaue Verfahren soll in einer nach § 128 HSG S-H zu treffenden Vereinbarung zwischen Universität und Universitätsklinikum geregelt werden.

Der Vorstand des Universitätsklinikums muss bei Entscheidungen das Benehmen der Hochschule erzielen. Das Benehmen ist erforderlich, falls die strukturelle und organisatorische Weiterentwicklung des Klinikums betroffen ist, dadurch die Voraussetzungen für Forschung und Lehre im Universitätsklinikum

---

350 § 119 Abs. 2 S. 1 HSG S-H.

351 § 119 Abs. 2 S. 2 HSG S-H.

352 § 121 Abs. 1 HSG S-H.

353 § 122 Abs. 5 S. 3 HSG S-H.

354 Nach § 124 Abs. 1 HSG S-H bestehend aus dem Vorsitzenden Minister bzw. Staatssekretär, dem Staatssekretär des Finanzministeriums, dem Staatssekretär für Soziales, Gesundheit, Familie, Jugend und Senioren, jeweils einem Mitglied des Rektorats der Universitäten Kiel und Lübeck, jeweils einem Vertreter des wissenschaftlichen sowie des nichtwissenschaftlichen Personals, einem externen Sachverständigen aus der medizinischen Wissenschaft, welcher Direktor einer auswärtigen Universitätsklinik sein soll, sowie einem Sachverständigen aus dem Wirtschaftsleben.

355 Vgl. § 123 Abs. 3 S. 3 HSG S-H.

356 Zumindest solche, welche den Aufgabenbereich Krankenversorgung betreffen oder als Landesaufgaben wahrgenommen werden; so der an dieser Stelle unergiebige Gesetzeswortlaut.

verändert werden und die Entwicklungsplanung der Universität für den Fachbereich Medizin beeinflusst wird[357].

c. Konkrete Schutzmechanismen im Integrationsmodell

aa. Baden-Württemberg

In Baden-Württemberg wurde im Jahr 2011 ein neues Universitätsmedizingesetz beschlossen, welches jedoch bereits vor Umsetzung der darin enthaltenen Regelungen durch ein Rückabwicklungsgesetz wieder aufgehoben wurde[358].

Das Gesetz sah vor, dass die jeweils einander zugeordneten Universitäten und Universitätsklinika nach § 77 LHG BW durch öffentlich-rechtlichen Vertrag bis zum 01.01.2013 zusammengeführt werden[359]. So sollten im Integrationsmodell geführte „Körperschaften für Universitätsmedizin" (KUM) entstehen. Die Körperschaften sollten als staatliche Einrichtungen gleichzeitig Gliedkörperschaften der Universitäten darstellen.

§ 78 Abs. 1 S. 1 LHG BW sah vor, dass die Universitätsmedizin als einheitliche hoheitliche Aufgabe sowohl Aufgaben in der medizinischen Forschung, der Lehre als auch in der Krankenversorgung erfüllt. Nach § 78 Abs. 1 S. 2 LHG BW gewährleisteten Universität und KUM die Verbindung von Forschung, Lehre und Krankenversorgung. Soweit die Universitätsmedizin Aufgaben in Forschung und Lehre wahrnahm, war sie nach § 78 Abs. 2 S. 1 LHG BW Fakultät im Sinne des § 22 LHG BW.

Als Organe der Universitätsmedizin waren der Vorstand, Fakultätsrat und der Aufsichtsrat vorgesehen. Nach § 86 Abs. 1 S. 1 LHG BW leitete der Vorstand die Universitätsmedizin[360]. Eine genaue Beschreibung der Vorstandsaufgaben fand sich in § 86 Abs. 2 LHG BW. Der Vorstand war zuständig für Organisation und Ablauf des Klinikumbetriebes sowie für alle Angelegenheiten der Universitätsmedizin, welche nicht einem anderen Organ übertragen waren. Dem Vorstand gehörten nach § 86 Abs. 1 S. 2 LHG BW generell hauptamtliche Mitglieder an, der Dekan als Wissenschaftlicher Vorstand, für den Bereich Krankenversorgung der Ärztliche Vorstand (Leitender Ärztlicher Direktor), der Kaufmänni-

---

357 § 121 Abs. 2 HSG S-H.

358 Vgl. UniMedG BW vom 03.02.2011, Drcks. 14/7564 sowie UniMed-RüG vom 09.11.2011, Drcks. 15/631.

359 Nach § 98 LHG BW sollte die geplante Überführung in das Integrationsmodell nicht für die Medizinische Fakultät Mannheim der Universität Heidelberg und das Universitätsklinikum Mannheim gelten.

360 Das umfängliche Verfahren zur Wahl der Vorstandsmitglieder ist in § 87 Abs. 1 und 2 LHG BW geregelt.

sche Vorstand (kaufmännischer Direktor) sowie der Vorstand für Patientenmanagement (Pflegedirektor). Zusätzlich war nach § 86 Abs. 1 S. 3 LHG BW ein nebenamtliches Vorstandsmitglied vorgesehen, welches auch die Aufgaben des Studiendekans erfüllte. Desweiteren konnte durch Beschluss nach § 86 Abs. 1 S. 2 LHG BW in wechselseitigem Einvernehmen von Fakultätsrat und Aufsichtsrat ein weiteres Vorstandsmitglied, dessen Aufgabenbereich genau festzulegen war, bestellt werden. Der Vorsitz des Vorstandes war mit Zustimmung des Wissenschaftsministeriums durch den Aufsichtsrat auf den Wissenschaftlichen oder den Ärztlichen Vorstand zu übertragen[361]. Bei Stimmengleichheit im Vorstand sollte in Fragen von Forschung und Lehre die Stimme des Wissenschaftlichen Vorstands den Ausschlag geben, in Fragen der Krankenversorgung die des Ärztlichen Vorstands[362]. Die Außenvertretung der Universitätsmedizin erfolgte gemäß § 79 Abs. 1 LHG BW durch den Vorstandsvorsitzenden; soweit es um Angelegenheiten von Forschung und Lehre ging, sollte die Außenvertretung gemeinsam mit dem Vorstandsvorsitzenden der Universität wahrgenommen werden.

Der Aufsichtsrat konnte nach § 87 Abs. 6 S. 1 LHG jedes Vorstandsmitglied abwählen, wobei die Abwahl des Einvernehmens des Wissenschaftsministeriums sowie beim Wissenschaftlichen Vorstand auch des Einvernehmens des Fakultätsrates bedurfte[363]. Zudem konnte auch das Wissenschaftsministerium nach § 87 Abs. 6 S. 3 LHG BW die Bestellung zum Vorstandsmitglied oder zum Vorstandsvorsitzenden bei „grober Pflichtverletzung, bei Unfähigkeit zur ordnungsgemäßen Amtsführung, oder bei schwerwiegender Störung des Vertrauens in die Person des Vorstandsmitglieds“, widerrufen[364]. Im Falle des Wissenschaftlichen

361 Vgl. § 86 Abs. 1 S. 4 LHG BW.

362 Vgl. § 86 Abs. 1 S. 6 LHG BW. *Sandberger,* Hochschulmedizin in B-W. Mehr Staat und mehr Rektor?, 14.01.2011, S. 14, kritisiert, dass der Vorstand nicht davor geschützt sei, in Fragen von Forschung und Lehre überstimmt zu werden. Dadurch, dass Zielkonflikten, die im Rahmen der Vorstandsarbeit auftreten können, im Wege einer „Balance der Funktionsträger von Klinikum und Fakultät“ durch die Besetzung des Vorstands begegnet werden soll, würden unternehmerische Entscheidungen im Rahmen der Krankenversorgung erschwert. Weiterhin könne auch kein angemessener Schutz der Belange von Forschung und Lehre gewährleistet sein.

363 *Geis,* Entsprechen die Zusammensetzung des KUM-Fakultätsrates und die Aufsichtsgremien den hochschul- und verfassungsrechtlichen Anforderungen?, 14.01.2011, S. 3, nimmt u.a. deshalb einen Verfassungsverstoß gegen Art. 5 Abs. 3 S. 1 GG an, da sich ein unmittelbares Abwahlrecht des Fakultätsrates lediglich nach § 86 Abs. 6 S. 2 LHG BW auf das nebenamtliche Vorstandsmitglied bezieht und daher keine ausreichende Möglichkeit zur Einflussnahme vorläge.

364 Grund für diese Regelung war laut Ministerium für Wissenschaft, Forschung und Kunst Baden-Württemberg, Das neue Universitätsmedizingesetz (UniMedG) Baden-Württemberg – Fakten und Hintergründe, Januar 2011, S. 2, dass der Wissenschaftsminister „seiner Verantwortung für

Vorstands bedurfte die Abberufung wiederum des Einvernehmens durch den Fakultätsrat.

Die Aufgaben und Rechte des Fakultätsrates fanden sich in § 88 LHG BW. Der Fakultätsrat war nach § 88 Abs. 1 S. 1 LHG BW das zuständige Organ für alle grundsätzlichen Fragen von Forschung und Lehre.

Die Zuständigkeiten und Rechte des Aufsichtsrates waren weitgehend in § 89 Abs. 1 und 2 LHG BW geregelt. U.a. trug der Aufsichtsrat nach § 89 Abs. 1 S. 1 LHG BW die Verantwortung für die Entwicklung der Universitätsmedizin. Zudem überwachte und beriet er nach § 89 Abs. 1 S. 3 LHG BW den Vorstand. Die Zusammensetzung des Aufsichtsrates war in § 89 Abs. 3 LHG BW festgelegt[365].

In der baden-württembergischen Hochschulmedizin sollten weitere Gremien etabliert werden. So bildeten nach § 91 LHG BW die Körperschaften für Universitätsmedizin und die Universitätsklinika den Verbund „Universitätsmedizin Baden-Württemberg", mit dem zentralen Gremium der Landeskonferenz der Universitätsmedizin. Die Landeskonferenz sollte der Abstimmung, der Koordination und dem Meinungsaustausch der Verbundsangehörigen dienen.

Außerdem sah § 93 LHG BW eine neu einzurichtende Gewährträgerversammlung unter Vorsitz des Wissenschaftsministers vor, bestehend aus zwölf vom Landtag und vier von der Landesregierung bestimmten Mitgliedern. Die Gewährträgerversammlung sollte nach § 93 Abs. 2 LHG BW auf Vorschlag des Wissenschaftsministeriums eine mittelfristige, jährlich fortzuschreibende strategische Gesamtplanung für die Universitätsmedizin Baden-Württemberg beschließen[366]. Zudem bedurften eine Reihe von Geschäften und Maßnahmen der jeweiligen Universitätsmedizin der Zustimmung der Gewährträgerversammlung[367].

---

die Funktionsfähigkeit der Hochschulmedizin" auch dadurch gerecht werden können muss, „dass das Führungspersonal nötigenfalls während der Amtszeit" ausgetauscht werden könne.

365 Vorsitzender des Aufsichtsrats ist der Wissenschaftsminister, hinzu kommt ein weiterer Vertreter des Wissenschaftsministeriums, ein Vertreter des Finanzministerium, der Vorstandsvorsitzende der Universität (als stellvertretender Vorsitzender des Aufsichtsrates), ein Aufsichtsratsmitglied der Universität, vier Vertreter aus Wissenschaft und Wirtschaft, ein Vertreter anderer Fakultäten sowie ein Vertreter des Personals. Bei Stimmengleichheit im Aufsichtsrat entscheidet die Stimme des Vorsitzenden.

366 *Turner,* Was kann Baden-Württemberg von Berlin lernen?, 14.01.2011, stellt fest, dass die „strategische Planung" im Hochschulbereich noch sehr unbestimmt, auslegungsbedürftig und auslegungsfähig sei. Diese Unschärfe würde „Tür und Tor für jede thematische Befassung" der Gewährträgerversammlung öffnen.

367 Vgl. den Katalog in § 93 Abs. 2 S. 2 LHG BW, so u.a. die Übernahme von Bürgschaften und Garantien in Bezug auf fremde Verbindlichkeiten, die Gründung von und die Beteiligung an Unternehmen, Erwerb, Veräußerung und Belastung von Grundstücken, die Aufnahme von Krediten und die Gewährung von Darlehen sowie die Beleihungsvereinbarung nach § 96 LHG BW

Die neuen Regelungen zur baden-württembergischen Hochschulmedizin stießen schon vor ihrem Erlass auf erhebliche Kritik. Nicht die Einführung des Integrationsmodells an sich, sondern vielmehr die vermeidliche Rückgewinnung der staatlichen Kontrolle über die Universitätsklinika wurde bemängelt[368]. Durch die erhöhte staatliche Einflussnahme und die schwer voneinander abzugrenzenden Verantwortlichkeiten innerhalb der Universitätsmedizin wurde eine deutliche Verschlechterung der Leistungsfähigkeit der baden-württembergischen Hochschulmedizin erwartet[369]. Insbesondere die Einführung der Gewährträgerversammlung zusätzlich zu den Aufsichtsräten wurde angegriffen[370]. Durch die Einführung der Gewährträgerversammlung liege ein Verstoß gegen den Grundsatz der Gewaltenteilung vor, da doppelte Aufsichtsgremien mit Vertretern von Legislative und Exekutive die Grenzen von Gesetzgebungskompetenz und Ver-

---

(zur möglichen Beleihungskonstellationen in der baden-württembergischen Universitätsmedizin vgl. noch Teil 2 C. III.).

368 *Bitter-Suermann,* Die Perspektiven der Medizinischen Fakultät: Zentral, dezentral oder eine klare Zuständigkeitsverteilung, 14.01.2011, S. 2, stellt fest, dass folgerichtige Weiterentwicklung der insgesamt erfolgreichen baden-württembergischen Hochschulmedizin die Integration zwischen Klinikum und Fakultät sei, jedoch Freiheitsgrade und staatliche Deregulation für beide Partner ausgebaut werden müssten. Der Fakultät müsse dabei die Freiheit des Klinikums zukommen, nicht hingegen dem Klinikum die bisherige „Unfreiheit" der Fakultät aufgezwungen werden. Die neuen baden-württembergischen Regelungen verfolgten das Ziel, die staatliche Kontrolle über die Universitätsklinika wiederzuerlangen.

369 Vgl. Verband der Universitätsklinika Deutschlands, Pressemitteilung vom 17.01.2011. Der Verband der Universitätsklinika Deutschlands, Pressemitteilung vom 20.01.2011, nimmt unter Zitierung *Strehls* an, dass das Universitätsmedizingesetz die Anforderungen der modernen Hochschulmedizin nicht erfülle, sondern durch komplizierte Regelungen und einem „Zuviel an Staat" deren Zukunft gefährde. Für die Wettbewerbsfähigkeit der Universitätsklinika seien schlankere Strukturen mit klaren Verantwortlichkeiten nötig. Vgl. auch die Kritik von *Krausch,* Einige Gedanken zu den geplanten rechtlichen Rahmenbedingungen universitärer Medizin im neuen LHG Baden-Württemberg, 14.01.2011, S. 5, 6 sowie *Seeger,* Anhörung vor dem Landtag BW, 18.01.2011, S. 8.

370 *Sandberger,* Hochschulmedizin in B-W. Mehr Staat und mehr Rektor?, 14.01.2011, S. 17, erachtet die bisherige Möglichkeit des Landeseinflusses durch den Aufsichtsrat für hinreichend. Weitere Entscheidungsgremien widersprächen dem Ziel, die wirtschaftliche Eigenständigkeit der Universitätsklinika im Wettbewerb mit privaten Anbietern zu stärken. Entscheidungsprozesse würden durch die Vielzahl an Gremien schwerfälliger. *Geis,* Entsprechen die Zusammensetzung des KUM-Fakultätsrates und die Aufsichtsgremien den hochschul- und verfassungsrechtlichen Anforderungen?, 14.01.2011, S. 4, bemängelt das Zusammentreffen von zwei unterschiedlichen Aufsichtskonzepten. Während durch die Etablierung von Aufsichtsräten in der Universitätsmedizin eine Deregulierung, Ökonomisierung und die Einführung von Governance-Strukturen erfolge, werde durch die Gewährträgerversammlung ein Modell der staatlichen Prädominanz wieder eingeführt.

waltungsarbeit verwischten und zu Intransparenz führten[371]. Zudem sei die Freiheit von Forschung und Lehre durch die angedachten Organisationsstrukturen nicht gewahrt[372]. Die starke Kritik führte letztlich nach einem Regierungswechsel zur Rückabwicklung des Gesetzes[373].

bb. Berlin

Die Charité Universitätsmedizin Berlin besteht aus der Medizinischen Fakultät Charité sowie dem Universitätsklinikum Charité[374]. Das Universitätsklinikum dient der Medizinischen Fakultät bei der Erfüllung der Aufgaben in Forschung und Lehre und nimmt Aufgaben in der Krankenversorgung wahr[375]. Darüber hinaus muss es die Wahrnehmung der durch Art. 5 Abs. 3 S. 1 GG verbürgten Grundrechte sicher stellen[376].

Neben Aufsichtsrat (§ 10 UMG Berlin) und Vorstand (§ 12 Berlin) treten in der Universitätsmedizin Berlin der Medizinsenat (§ 6 UMG Berlin), der Fakultätsrat (§ 8 UMG Berlin), die Fakultätsleitung (§ 14 UMG Berlin) und die Klinikumsleitung (§ 16 UMG Berlin) als weitere Organe hinzu. Der Vorstand der Charité-Universitätsmedizin ist verantwortlich für die Verwirklichung der Unternehmensziele in Krankenversorgung, Forschung und Lehre[377]. Bei Vorstandsentscheidungen werden die Interessen von Forschung und Lehre durch den Dekan eingebracht, der nach § 12 Abs. 1 UMG Berlin neben Vorstandsvorsitzendem und Direktor des Klinikums eines der drei Vorstandsmitglieder darstellt. Nach § 12 Abs. 4 UMG Berlin entscheidet der Vorstand mehrheitlich, wobei der Dekan nicht an Festlegungen der Fakultätsleitung gebunden ist[378].

---

371 *Geis,* Entsprechen die Zusammensetzung des KUM-Fakultätsrates und die Aufsichtsgremien den hochschul- und verfassungsrechtlichen Anforderungen?, 14.01.2011, S. 6.

372 Verband der Universitätsklinika Deutschlands, Pressemitteilung vom 25.01.2011. *Sandberger,* Hochschulmedizin in B-W. Mehr Staat und mehr Rektor?, 14.01.2011, S. 18, bemängelt, dass die Aufgaben der Gewährträgerversammlung nicht hinreichend auf Aufgaben im Rahmen der Krankenversorgung beschränkt seien, wie es verfassungsrechtlich gefordert sei.

373 Das Ministerium für Wissenschaft, Forschung und Kunst Baden-Württemberg, Das neue Universitätsmedizingesetz (UniMedG) Baden-Württemberg – Fakten und Hintergründe, Januar 2011, S. 2, nahm hingegen eine ausreichende Gewährleistung der nötigen Handlungsspielräume der Universitätsmedizin an. Es bestehe keine Einmischung von außen. Weder das Ministerium noch die Gewährträgerversammlung oder der Hochschulrektor würden sich in das operative Geschäft mitsamt der Detailplanung der Universitätsmedizin einmischen.

374 § 2 Abs. 1 S. 1 UMG Berlin.

375 § 2 Abs. 1 S. 4 UMG Berlin.

376 § 2 Abs. 1 S. 5 UMG Berlin.

377 § 13 Abs. 1 S. 1 UMG Berlin.

378 Die fehlende Bindung des Dekans kann Gefahren für Forschung und Lehre beinhalten, vgl. schon oben unter C. II. 2. a. bb.

Der Dekan kann den Aufsichtsrat anrufen, falls er die Belange von Forschung und Lehre durch Entscheidungen im Universitätsklinikum, Klinikumsleitung oder Vorstandsabstimmungen als beeinträchtigt erachtet[379]. Zudem hat der Vorstand der Charité Entscheidungen nach § 13 Abs. 6 UMG Berlin im Einvernehmen mit dem Fakultätsrat zu treffen, falls sich diese strukturell auf Forschung und Lehre auswirken. Gemäß § 13 Abs. 10 S. 1 UMG Berlin ist der Dekan verantwortlich für die Entwicklung von Forschung und Lehre sowie deren Integration in die Gesamtentwicklung der Charité.

Nach § 11 Abs. 1 S. 2 UMG Berlin kontrolliert der Aufsichtsrat den Vorstand in Bezug auf den Auftrag des Universitätsklinikums zur Gewährleistung der Aufgabenwahrnehmung der Medizinischen Fakultät in Forschung und Lehre. Der Aufsichtsrat verfügt dabei nach § 11 Abs. 1 S. 3 über Auskunfts-, Einsichts- und Besichtigungsrechte. Dem Aufsichtsrat gehören nach § 10 Abs. 1 UMG Berlin zehn stimmberechtigte Mitglieder an. Das für Hochschulen (Vorsitzender) und das für Finanzen zuständige Mitglied des Berliner Senats sind dabei die einzigen direkten staatlichen Vertreter. Hinzu kommen fünf externe Sachverständige, welche zwar vom Senat berufen werden, jedoch nicht weisungsgebunden sind, sowie drei weitere Mitglieder, welche von den hauptberuflich Beschäftigten gewählt werden.

Durch Zielvereinbarungen und Qualitätssicherungsmaßnahmen und durch die Verankerung in der Satzung sollen die Belange von Forschung und Lehre weiterhin gestärkt werden[380].

Trotz der vordergründig geringen Mitgliederzahl an staatlichen Vertretern im Aufsichtsrat wird aktuell ein zu großer staatlicher Einfluss in der Berliner Universitätsmedizin beklagt[381]. In Berlin besteht als weiteres Universitätsorgan ein Kuratorium, welches für Missstände in der Universitätsmedizin verantwortlich gemacht wird[382].

---

379 § 15 Abs. 4 UMG Berlin.

380 Vgl. §§ 21, 22 UMG Berlin.

381 Verband der Universitätsklinika Deutschlands, Pressemitteilung vom 21.01.2011. Der Verband der Universitätsklinika Deutschlands mahnt eine seit Jahren anhaltende wirtschaftliche Misere der Charité an, welche die unmittelbare Folgewirkung einer unsachgerechten Politik des Berliner Senats darstelle. Die Führungskompetenz der Universitätsmedizin müsse einem unabhängigen Vorstand und Aufsichtsrat zustehen, nicht hingegen der Landesregierung oder Ministerien. Ein großer Einfluss der Landesregierung werde jedoch u.a. durch den Vorsitz im Aufsichtsrat ausgeübt.

382 Vgl. zu dessen Zusammensetzung und Aufgaben §§ 64, 65 BerlHG. *Turner,* Was kann Baden-Württemberg von Berlin lernen?, 14.01.2011, S. 2, 3, beschreibt das Kuratorium als „einzigartigen Versuch", in einem Hochschulorgan ein Zusammenwirken von Hochschulvertretern, Staatsvertretern und Parlamentariern sowie Vertretern gesellschaftlicher Gruppen zu erreichen. Dies führte nach *Turner* in der Vergangenheit u.a. zu einer Politisierung der Entscheidungen

cc. Hamburg

Das Universitätsklinikum Hamburg-Eppendorf (UKE) soll Krankenversorgungs- und sonstige Krankenhausleistungen im Sinne der Bestimmungen über die gesetzliche Krankenversicherung erbringen sowie der Medizinischen Fakultät bei der Erfüllung ihrer Aufgaben dienen[383]. Aufgabenschwerpunkte der Medizinischen Fakultät sind Lehre, Studium und Forschung[384].

§ 5 UKEG beinhaltet die Verpflichtung des UKE, die ihm übertragenen wissenschaftlichen Aufgaben in Übereinstimmung mit den durch Art. 5 Abs. 3 S. 1 GG verbürgten Freiheiten zu erfüllen und den Fachbereichsmitgliedern die Wahrnehmung ihrer Rechte zu ermöglichen.

Die Interessen von Forschung und Lehre fließen bei Vorstandsentscheidungen durch den Dekan ein, welcher nach § 10 UKEG neben Ärztlichem Direktor, Kaufmännischem Direktor und dem Direktor für Patienten- und Pflegemanagement zu den vier Vorstandsmitgliedern zählt. Der Vorstand entscheidet nach § 12 Abs. 1 S. 1 UKEG in Angelegenheiten von besonderer betrieblicher oder finanzieller Tragweite durch Mehrheitsbeschluss, bei Stimmengleichheit ist nach § 12 Abs. 2 UKEG die Stimme des dem Vorstand vorsitzenden Ärztlichen Direktors ausschlaggebend[385].

Entscheidungen des Vorstands werden nach § 11 Abs. 3 S. 1 UKEG im Benehmen mit dem Dekanat der Medizinischen Fakultät getroffen, falls sich diese auf Forschung und Lehre auswirken. Ein über das Benehmen hinausgehendes Einvernehmen mit dem Dekanat ist bei Entscheidungen über den Struktur- und Entwicklungsplan des UKE einzuholen[386]. Das Einvernehmen des Fakultätsrates ist bei Entscheidungen über die Errichtung, Änderung und Aufhebung von Leistungsbereichen notwendig[387].

Eine Konfliktfallregelung ist in § 22 UKEG festgehalten. Danach entscheidet ein Schlichtungsausschuss u.a. dann, wenn eine Leistungsvereinbarung von Klinikum und Fakultät nicht zustande kommt sowie bei Streitigkeiten über die Ge-

---

von Rektoraten und Ministerium im Kuratorium sowie dazu, dass die Öffentlichkeit an den Beratungen teilhaben konnte. Zudem seien im Kuratorium „ungeniert" Spezialinteressen vertreten worden.

383 § 2 Abs. 1 S. 3 UKEG.

384 § 2 Abs. 1 S. 2 UKEG

385 Nach Auskunft des Dekans der medizinischen Fakultät Hamburg *Koch-Gromus*, Jahresversammlung Medizinischer Fakultätentag 2009, Das Hamburger Modell der Gliedkörperschaft, S. 112, wurden seit Oktober 2003 sämtliche Vorstandsentscheidungen im Konsens getroffen.

386 § 11 Abs. 3 S. 2, Hs. 1 UKEG.

387 § 11 Abs. 3 S. 2, Hs. 2 UKEG.

währleistung von Forschung und Lehre nach § 5 UKE[388]. Der Schlichtungsausschuss setzt sich nach § 22 Abs. 2 S. 1 UKEG aus vier Mitgliedern zusammen. Einem Vertreter der Aufsichtsbehörde als Vorsitzendem, dem Präsidenten der Universität Hamburg, dem Ärztlichen Direktor sowie dem Dekan. Bei Stimmengleichheit entscheidet die Stimme des Ausschussvorsitzenden[389]. Solange der Schlichtungsausschuss noch nicht entschieden hat, gilt die letzte zwischen Fakultät und Klinikum vereinbarte Regelung fort[390]. Nähere Einzelheiten bezüglich des Schlichtungsausschusses werden in der Satzung geregelt[391].

In Hamburg berät und überwacht das mit umfänglichen Rechten ausgestattete Kuratorium den Vorstand und dessen Geschäftsführung[392]. Das Kuratorium setzt sich nach § 7 Abs. 1 UKE aus zwölf Mitgliedern zusammen[393]. Es kontrolliert u.a. die Zusammenarbeit mit der Medizinischen Fakultät und den in § 5 UKEG festgelegten Auftrag zur Gewährleistung von Forschung und Lehre. Gegenüber dem Vorstand des Klinikums besitzt es Auskunfts-, Einsichts- und Besichtigungsrechte.

Die Rechts- und Organaufsicht wird nach § 3 Abs. 5 UKEG von der für das Hochschulwesen zuständigen Aufsichtsbehörde wahrgenommen, diese kann u.a. Einsicht in den Betrieb und die Unterlagen des Rechnungswesens des UKE nehmen.

Vorgaben an die Inhalte der Satzung des UKE sind in § 16 UKEG enthalten. Nach § 16 Abs. 3 S. 1 UKEG bleibt das Satzungsrecht der Universität und der Medizinischen Fakultät in Angelegenheiten von Forschung und Lehre unberührt.

dd. Mecklenburg-Vorpommern

In Mecklenburg Vorpommern stellt die neu geschaffene Universitätsmedizin Greifswald seit dem 01.01.2011 nach § 96 Abs. 1 LHG M-V eine rechtsfähige

---

388 Siehe § 22 Abs. 1 S. 1 UKEG. Laut Information des Dekans der Medizinischen Fakultät Hamburg *Koch-Gromus*, Jahresversammlung Medizinischer Fakultätentag 2009, Das Hamburger Modell der Gliedkörperschaft, S. 112, wurde der Schlichtungsausschuss in den Jahren 2003 bis 2009 lediglich drei Mal angerufen.

389 § 22 Abs. 2 S. 2 UKEG.

390 § 22 Abs. 1 S. 2 UKEG.

391 Auf diese verweist § 22 Abs. 3 UKEG.

392 Vgl. insofern § 8 UKEG.

393 Einem Vertreter der Aufsichtsbehörde als Vorsitzendem sowie einem Vertreter der für die Finanzen zuständigen Behörde, einem vom Fakultätsrat gewählten Mitglied, welches nicht dem Vorstand angehört, vier durch den Senat berufenen externen Sachverständigen sowie vier weiteren Mitgliedern, die von den Mitarbeitern des UKE gewählt werden.

Teilkörperschaft der Universität dar. Gleiches gilt entsprechend für den universitätsmedizinischen Standort Rostock seit dem 01.01.2012[394].

Die Universitätsmedizin erfüllt im Rahmen der Universität nach § 97 Abs. 1 LHG M-V die Aufgaben des Medizinischen Fachbereichs in Forschung und Lehre. Die Universitätsmedizin dient nach § 97 Abs. 2, S. 1, Hs. 1 LHG MV der Pflege und Entwicklung der Wissenschaft, u.a. durch Forschung, Lehre und Studium[395]. Durch § 97 Abs. 2 S. 1, Hs. 2 LHG M-V ist der Universitätsmedizin desweiteren die Aufgabenwahrnehmung in der Krankenversorgung zugeordnet. Nach § 97 Abs. 2 S. 3 LHG M-V hat die Universitätsmedizin sicherzustellen, dass das bei ihr tätige wissenschaftliche Personal seine Aufgaben im Rahmen der durch Art. 5 Abs. 3 S. 1 GG gewährleisteten Freiheit erfüllen kann. Die Satzung der Universitätsmedizin kann nach § 104 Abs. 1 S. 1 Nr. 1 LHG M-V näheres zur Aufgabenwahrnehmung regeln.

Organe der Universitätsmedizin sind der Fachbereichsrat, die Fachbereichsleitung, der Aufsichtsrat sowie der Vorstand. Der Aufsichtsrat[396] beschließt nach § 101 Abs. 1 S. 1 LHG M-V die betrieblichen Ziele der Universitätsmedizin und trägt nach S. 2 dafür Sorge, dass die Universitätsmedizin ihre Aufgaben in Forschung, Lehre und Krankenversorgung erfüllt. Der Aufsichtsrat besitzt umfassende Informations-, Einsichts- und Prüfungsrechte gegenüber der Universitätsmedizin[397]. Die Universitätsmedizin wird vom – regelmäßig hauptberuflichen –

394 Vgl. Gesetz zur Errichtung der Teilkörperschaft Universitätsmedizin Greifswald, erlassen als Art. 3 des Vierten Gesetzes zur Änderung des LHG vom 16.12.2010 (GVBl. S. 730), sowie Gesetz zur Errichtung der Teilkörperschaft Universitätsmedizin Rostock, erlassen als Art. 3 a des Vierten Gesetzes zur Änderung des LHG vom 16.12.2010, (GVBl. S. 730). Der unterschiedliche Zeitpunkt der Überführung der beiden Standorte in das Integrationsmodell ergibt sich aus Art. 7 Abs. 1 und 2 des Vierten Gesetzes zur Änderung des LHG.

395 Zu den genauen Regelungsinhalten des LHG zur Universitätsmedizin vgl. auch die Erläuterungen zu den einzelnen Paragraphen des LHG im Gesetzentwurf der Landesregierung vom 16.06.2010, Drcks. 5/3564, S. 76 ff.

396 Nach § 101 Abs. 3 LHG M-V setzt sich der Aufsichtsrat zusammen aus jeweils einem Vertreter des Ministeriums für Bildung, Wissenschaft und Kultur (als Vorsitzender, der bei Stimmengleichheit entscheidet), des Finanzministeriums sowie des Ministeriums für Soziales und Gesundheit, dem Hochschulleiter, einem hauptamtlich tätigen Mitglied der Universität, zwei Sachverständigen aus dem Bereich der medizinischen Wissenschaft und der Wirtschaft (vorgeschlagen vom Hochschulleiter und bestellt vom Ministerium für Wissenschaft, Bildung und Kultur), dem Vorsitzenden des Gesamtpersonalrates der Universitätsmedizin sowie der Gleichstellungsbeauftragten der Universitätsmedizin; in der Satzung können weitere nicht stimmberechtigte Mitglieder vorgesehen werden.

397 § 101 Abs. 1 S. 3 LHG M-V. In § 101 Abs. 1 S. 5, Hs. 2, sind die weiteren Rechte des Aufsichtsrates festgehalten.

Vorstand geleitet[398]. Der Vorstand setzt sich nach § 102 Abs. 2 LHG M-V aus dem Wissenschaftlichen Vorstand, dem Ärztlichen Vorstand, dem Kaufmännischen Vorstand, dem Pflegevorstand sowie einem Mitglied der Hochschulleitung mit beratender Stimme zusammen. Losgelöst von der internen Kompetenzverteilung sind je zwei stimmberechtigte Vorstandsmitglieder dazu berechtigt, die Universitätsmedizin nach außen zu vertreten[399]. Die Kompetenzen des Wissenschaftlichen Vorstands sind in § 102 Abs. 5 LHG M-V festgehalten. Dieser ist für solche Angelegenheiten in Forschung und Lehre zuständig, welche nicht in den Kompetenzbereich von Fachbereichsleitung und Fachbereichsrat fallen[400]. Der Wissenschaftliche Vorstand vollzieht die Entscheidungen von Fachbereichsleitung und Fachbereichsrat indem er auf die Herbeiführung entsprechender Vorstandsbeschlüsse hinwirkt[401]. Falls ein solcher Beschluss nicht zustande kommt, kann er den Aufsichtsrat anrufen[402]. Nach § 104 LHG M-V unterliegt die Universitätsmedizin der Rechtsaufsicht des Landes.

ee. Niedersachsen

Die Medizinische Hochschule Hannover steht nach § 63 b S. 1 NHG unter der Leitung eines Vorstandes, welcher gleichzeitig auch die Funktion des Präsidiums übernommen hat. Die Universitätsmedizin Göttingen wird von einem Vorstand geleitet, der gleichzeitig auch ein Organ der Stiftung Universität Göttingen und der Hochschule darstellt[403]. In Göttingen besteht der Vorstand nach § 63 b S. 4 NHG aus drei Mitgliedern, einem Vorstandssprecher, der für das Ressort Forschung und Lehre zuständig ist[404], einem für das Ressort Krankenversorgung zuständigen Vorstandsmitglied sowie einem Vorstandsmitglied mit der Zuständigkeit Wirtschaftsführung und Administration[405]. Einzigartig ist hierbei, dass im

398 § 102 Abs. 1 S. 1 LHG M-V; die genauen Aufgaben des Vorstandes finden sich in § 102 Abs. 2 LHG M-V.

399 § 102 Abs. 1 S. 2 LHG M-V.

400 § 102 Abs. 5 S. 1 LHG M-V. Insbesondere kann er nach S. 2 zur Sicherstellung des Lehrbetriebes Weisungen erteilen. Ihm unterliegt zudem nach S. 3 die Budgetverantwortung hinsichtlich der Verteilung der für Forschung und Lehre zur Verfügung stehenden Stellen und Mittel.

401 Vgl. § 102 Abs. 5 S. 4 LHG M-V.

402 Vgl. § 102 Abs. 5 S. 5 LHG M-V.

403 § 63 b S. 2 NHG. Einen umfassenden Überblick über die Regelungen in Göttingen gibt der Dekan und Vorstand für Forschung und Lehre des Bereichs Humanmedizin der Universität Göttingen, *Frömmel*, Jahresversammlung Medizinischer Fakultätentag 2007, Das Stiftungsmodell (Göttingen).

404 Gemäß § 63 e Abs. 1 S. 5 NHG ist dieser zugleich Dekan der Medizinischen Fakultät.

405 Bei der Medizinischen Hochschule Hannover ist der Vorstandssprecher zugleich Präsident, die anderen Vorstandsmitglieder sind Vizepräsidenten.

Unterschied zu anderen Bundesländern der Dekan als Vorstandssprecher fungiert[406].

Der Vorstand hat nach § 63 e Abs. 1 S. 1 NHG die Zuständigkeit für sämtliche Angelegenheiten der humanmedizinischen Einrichtungen, soweit nicht das Gesetz etwas anderes bestimmt. Den genauen Aufgabenkatalog enthält § 63 e Abs. 2 NHG. Insbesondere muss nach Nr. 1 das Einvernehmen des Vorstandes zum Beschluss des Fakultätsrates[407] über die Grundzüge der Entwicklungsplanung und den Gleichstellungsplan sowie nach Nr. 2 zur Beschlussfassung über die Entwicklungsplanung erteilt werden. Nach Nr. 3 ist der Vorstand zuständig für die Errichtung, Änderung, Zusammenlegung oder Aufhebung von Organisationseinheiten sowie für die Festlegung ihrer Aufgaben und Organisationsstrukturen. Bei der Aufgabenwahrnehmung des Vorstands nach Nr. 3 ist das Benehmen des Fakultätsrates bzw., falls die Krankenversorgung betroffen ist, das Benehmen der Klinikkonferenz einzuholen[408].

Bestimmte Aufgaben sind den einzelnen Vorstandsmitgliedern direkt zugewiesen. So besitzt der Vorstandssprecher für das Ressort Forschung und Lehre in diesem Bereich nach § 63 e Abs. 5 NHG weitreichende eigene Kompetenzen[409]. Vielfach ist das Benehmen des Fakultätsrates notwendig.

Die Vorstandsbeschlüsse werden gemäß § 63 f S. 1 NHG generell einstimmig gefasst. Für den Fall, dass ein solcher einstimmiger Beschluss nicht zustande kommt, reicht nach S. 2 in einer erneuten Abstimmung die einfache Mehrheit aus. Falls es sich beim Vorstandsbeschluss um eine abschließende Entscheidung über Berufungsvorschläge des Fakultätsrates handelt[410], kann der Beschluss nicht entgegen der Stimme des für Forschung und Lehre zuständigen Vorstandsmitglieds (des Dekans) getroffen werden.

Nach § 63 h Abs. 1 S. 1 NHG haben sich das Präsidium der Universität und der Vorstand der Universitätsmedizin Göttingen regelmäßig über alle wesentlichen Angelegenheiten ihrer Geschäftsbereiche zu informieren. Falls Angelegenheiten von wesentlicher Bedeutung Auswirkungen auf den Bereich des jeweils

---

406 Vgl. zur Frage, ob die generelle Besetzung der Position des Vorstandsvorsitzenden einer Universitätsmedizin oder eines Universitätsklinikums vorteilhaft für die Belange von Forschung und Lehre ist, noch unter C. VI.

407 Im Fall der Medizinischen Hochschule Hannover bedarf es des Einvernehmens des Senats.

408 Gleiches gilt auch für die Beschlussfassung über den Wirtschaftsplan.

409 So die Organisation und Weiterentwicklung von Forschung und Lehre, die Aufteilung der für Forschung und Lehre bestimmten Ressourcen und die Evaluation von Forschung und Lehre.

410 Diese Zuständigkeit des Vorstands ergibt sich aus § 63 e Abs. 2 Nr. 3 NHG.

anderen haben, bedürfen diese des gegenseitigen Einvernehmens[411]. Falls keine Einigung zustande kommt, entscheidet der Stiftungsrat[412].

Desweiteren tritt im Göttinger Modell der Fakultätsrat des Fachbereichs Medizin in Angelegenheiten der Universitätsmedizin an die Stelle des Senats, wobei der Senat weiterhin zu Berufungsvorschlägen und zu Selbstverwaltungsangelegenheiten von grundsätzlicher Bedeutung Stellung nimmt[413]. Es bestehen Rechenschafts- und Informationspflichten des Vorstands gegenüber Senat und Fakultätsrat[414].

§ 63 h Abs. 3 NHG trifft Regelungen bezüglich der Zuständigkeiten in Berufungsverfahren, § 63 h Abs. 4 NHG beinhaltet die allgemeine Verpflichtung des Vorstandes, den Stiftungsausschuss Universitätsmedizin in wichtigen Angelegenheiten zu unterrichten.

ff. Rheinland-Pfalz

In Rheinland-Pfalz übernimmt die Universitätsmedizin gemeinsam mit dem Fachbereich Medizin dessen Aufgaben in Forschung und Lehre von der Universität[415]. Bei Wahrnehmung der Aufgaben in Forschung und Lehre gilt die Universitätsmedizin als Fachbereich der Universität[416]. Die in der Krankenversorgung wahrzunehmenden Aufgaben müssen sich an den Erfordernissen der Aufgabenerfüllung in Forschung und Lehre sowie am Versorgungsauftrag der Universitätsmedizin und am Ziel einer universitären Spitzenmedizin orientieren[417]. An den § 2 Abs. 1 UMG R-P ist ein genauer Katalog an Zielsetzungen angehängt, sowohl bezüglich Forschung, Lehre und Krankenversorgung als auch in betriebswirtschaftlicher Hinsicht. § 2 Abs. 2 S. 1 UMG R-P legt fest, dass die Universitätsmedizin ihre Aufgaben in Forschung und Lehre als Selbstverwaltungsangelegenheit erfüllt. Sie hat gemäß § 2 Abs. 2 S. 3 UMG R-P sicherzustellen, dass das wissenschaftliche Personal seine Aufgaben im Rahmen der durch Art. 5 Abs. 3 S. 1 GG verbürgten Freiheit ausüben kann. Nach § 3 Abs. 1 UMG R-P besteht bei der Aufgabenerfüllung eine enge Zusammenarbeit mit der

---

411 Nach § 63 h Abs. 1 S. 2 NHG gilt dies, wenn der gemeinsame Einsatz von Personal oder Sachmitteln, die gemeinsame Infrastruktur oder den jeweils anderen Bereich wesentlich berührende Änderungen des eigenen Lehr- oder Forschungsprofils betroffen sind.

412 Siehe § 63 h Abs. 1 S. 3 NHG.

413 Vgl. § 63 h Abs. 2 S. 1 und 2 NHG.

414 Bezüglich der Verarbeitung personenbezogener Daten und des Abschlusses einer Zielvereinbarung, § 63 h Abs. 2 S. 3 NHG.

415 § 2 Abs. 1 S. 1 UMG R-P.

416 § 2 Abs. 1 S. 2 UMG R-P.

417 § 2 Abs. 1 S. 3 UMG R-P.

Universität, deren Entscheidungs- und Mitwirkungskompetenzen[418] gewahrt bleiben.

§ 4 UMG R-P Abs. 1 fordert die Bereithaltung der für Forschung und Lehre erforderlichen Fächerstrukturen sowie deren Anpassung an die Strukturentwicklung. Durch Abs. 2 wird generell festgelegt, dass das Universitätsklinikum in Forschung und Lehre bestimmte Aufgaben des Hochschulgesetzes wahrnimmt[419]. Abs. 4 trägt der Universitätsmedizin die Sicherung des Lehrangebotes auf. Abs. 6 beinhaltet die Zuständigkeit der Universitätsmedizin für die universitäre Krankenversorgung.

Der Vorstand der Universitätsmedizin besteht aus den drei stimmberechtigten Medizinischen, Wissenschaftlichen und Kaufmännischen Vorständen sowie dem Pflegevorstand als beratendem Mitglied[420]. Der Vorstand leitet die Geschäfte und entscheidet in allen Angelegenheiten, welche nicht einem anderen Organ zugewiesen sind[421]. Die Geschäfte werden in gemeinsamer Verantwortung geführt. Dementsprechend ist bei Angelegenheiten von besonderer bzw. übergreifender Bedeutung eine Beschlussfassung des Vorstandes notwendig[422]. Unbeschadet der Gesamtverantwortung des Vorstandes hat jedes Vorstandsmitglied einen bestimmten Bereich als Aufgabengebiet zugewiesen[423]. Der Wissenschaftliche Vorstand ist für die Forschung und Lehre verantwortlich und führt in diesem Bereich die Geschäfte, soweit keine Fachbereichszuständigkeit besteht[424]. Insbesondere muss er das Lehrangebot sicherstellen und dementsprechend die Organisation des Lehrbetriebes gewährleisten.

Beschlüsse des Vorstandes sind einstimmig zu treffen. Falls keine Einstimmigkeit erzielt wird, kann jedes stimmberechtigte Vorstandsmitglied die Herbeiführung einer endgültigen Entscheidung durch den Aufsichtsrat verlangen[425]. Bei einer Anrufung des Aufsichtsrates wird der Vollzug des Beschlusses bis zu vierzehn Tage ausgesetzt[426].

Neben Vorstand und Aufsichtsrat der Universitätsmedizin tritt in Rheinland-Pfalz der Fachbereichsrat als Selbstverwaltungsorgan der Universitätsmedizin hinzu[427]. Den Vorsitz führt der wissenschaftliche Vorstand. Auch die anderen

418 Im Sinne des § 71 Abs. 2 S. 1 HochSchG R-P.
419 Konkret die Aufgaben des § 86 Abs. 1 S. 1 und 2 sowie des Abs. 2 Nr. 1 bis 11 HochSchG R-P.
420 § 12 Abs. 1 UMG R-P.
421 § 13 Abs. 1 und 2 UMG R-P.
422 § 14 Abs. 3 S. 1und 2 UMG R-P.
423 § 13 Abs. 5 UMG R-P.
424 § 13 Abs. 5 Nr. 2 UMG R-P.
425 § 14 Abs. 3 S. 4 UMG R-P.
426 § 14 Abs. 3 S. 5 UMG R-P.
427 Vgl. § 7 Abs. 1 UMG R-P.

Vorstandsmitglieder sind berechtigt, an den Fachbereichssitzungen teilzunehmen, oder können gar dazu verpflichtet werden[428]. Der Fachbereichsrat berät und entscheidet in Angelegenheiten von Forschung und Lehre, falls den Angelegenheiten eine grundlegende Bedeutung zukommt[429]. Auf Vorschlag des Aufsichtsrates wählt der Fachbereichsrat den wissenschaftlichen Vorstand[430]. Der Fachbereichsrat wirkt an der Strukturentwicklung der Universitätsmedizin mit[431].

Der Aufsichtsrat[432] entscheidet in allen grundsätzlichen Angelegenheiten, in welchen nicht der Fachbereichsrat zuständig ist[433]. Er berät und überwacht den Vorstand und kann die Geschäftsunterlagen der Universitätsmedizin einsehen und überprüfen[434]. Bei seinen Entscheidungen hat er sowohl die Belange von Forschung und Lehre als auch solche der Krankenversorgung zu berücksichtigen[435].

Die Rechtsaufsicht über die Universitätsmedizin wird gemäß § 5 UMG R-P durch das für das Hochschulwesen zuständige Ministerium ausgeführt.

Das rheinland-pfälzische Universitätsmedizingesetz ist bedeutend detaillierter als andere Universitätsmedizingesetze. Es beinhaltet spezifische Verfahrensregelungen und nennt konkrete Ziele, es greift neueste Entwicklungen in der Universitätsmedizin auf. Vom Verband der Universitätsklinika Deutschlands wird es daher als Vorbild für mögliche Reformen der Hochschulmedizin in anderen Bundesländern angesehen[436].

---

428 § 7 Abs. 3 S. 1 und 2 UMG R-P.

429 § 8 Abs. 1 S. 1 UMG R-P, soweit im UMG R-P nichts anderes bestimmt ist.

430 Vgl. § 8 Abs. 2 Nr. 1 UMG R-P.

431 Vgl. § 8 Abs. 2 Nr. 2 UMG R-P.

432 Nach § 9 Abs. 1 UMG R-P zusammengesetzt aus zwei Personen, welche von dem für das Hochschulwesen zuständigen Ministerium benannt worden sind und von denen eine den Vorsitz führt, zwei von der Landesregierung benannten Personen, Präsident und Kanzler der Universität, zwei sachverständigen Persönlichkeiten aus dem Wirtschaftsleben, zwei sachverständigen Persönlichkeiten aus der wissenschaftlichen Medizin sowie zwei Vertretern des Personals der Universitätsmedizin.

433 § 10 Abs. 1 UMG R-P.

434 § 10 Abs. 2 S. 2 und 3 UMG R-P.

435 § 10 Abs. 2 S. 1 UMG R-P.

436 Der Verband der Universitätsklinika Deutschlands sieht die Ausgestaltung der Universitätsmedizin Rheinland-Pfalz als Referenzmodell für die zukünftige Organisation der Hochschulmedizin in Deutschland an, vgl. Verband der Universitätsklinika Deutschlands, Stellungnahme zum Landesgesetz über die Errichtung der Universitätsmedizin der Johannes Gutenberg-Universität Mainz, Mai 2008.

gg. Thüringen

Das Universitätsklinikum ist nach § 91 Abs. 2 S. 1 ThürHG verantwortlich für die „Pflege der Wissenschaft in Forschung und Lehre einschließlich der Ausbildung von Studierenden“. Die Aufgabenwahrnehmung in der Krankenversorgung hat sich daran auszurichten.

Organe des Universitätsklinikums sind der Fachbereichsrat, Klinikumsvorstand und Verwaltungsrat[437]. Der Klinikumsvorstand besteht nach § 97 Abs. 2 ThürHG aus dem Medizinischen Vorstand, Kaufmännischen Vorstand und dem Dekan des Fachbereichsrates als Wissenschaftlichen Vorstand[438]. Der Vorstand leitet das Universitätsklinikum und hat die Geschäftsführung inne[439]. Er ist für alle Angelegenheiten zuständig, welche nicht gesetzlich einem der anderen Organe zugewiesen wurden[440]. Falls ein wichtiger Grund vorliegt, können die Mitglieder des Klinikumsvorstandes jederzeit durch den Verwaltungsrat abberufen werden[441]. Der Vorstand wird in einem hohen Maße vom Verwaltungsrat kontrolliert[442]. Die Beschlüsse innerhalb des Klinikumsvorstandes werden gemäß § 98 Abs. 9 S. 1 ThürHG einstimmig gefasst. Ein Schlichtungsverfahren in Konfliktfällen soll gemäß S. 2 in der Grundsatzung des Universitätsklinikums festgehalten werden. Ein gesetzlich geregeltes Schlichtungsverfahren besteht nicht[443].

Der Fachbereichsrat besitzt die Kompetenz, in solchen Angelegenheiten von Forschung und Lehre zu entscheiden, denen eine grundsätzliche Bedeutung zukommt[444]. U.a. muss er sein Einvernehmen zu den Vorschlägen des Klinikums-

---

437 § 95 ThürHG.

438 Hinzu kommt mit beratender Stimme der Pflegedirektor.

439 § 97 Abs. 1 S. 1 ThürHG.

440 § 97 Abs. 1 S. 2 ThürHG.

441 § 97 Abs. 3 S. 9 ThürHG. Der thüringische Verwaltungsrat ist das Pendant zu den Aufsichtsräten der anderen Bundesländer.

442 Vgl. § 97 Abs. 8 ThürHG.

443 Das Fehlen eines gesetzlich normierten Schlichtungsverfahrens bedauert der damalige Dekan der Medizinischen Fakultät *Sauer*, Jahresversammlung Medizinischer Fakultätentag 2007, Universitätsklinikum als Teilkörperschaft der Universität Jena, S. 4. Zunächst habe man das Einstimmigkeitsprinzip präferiert, die Praxis habe jedoch Probleme aufgezeigt, so dass man den Gesetzgeber gebeten habe, einen Schlichtungsausschuss einzuführen. Dies sei nicht geschehen, so dass ein Schlichtungsverfahren nun lediglich in § 14 der Grundsatzung des Universitätsklinikums geregelt sei. Der Schlichtungsausschuss hat eine Vermittlungsfunktion bei Konflikten innerhalb des Klinikumsvorstandes oder zwischen Klinikumsvorstand und Fachbereichsrat und kann von letzteren beiden Gremien sowie den einzelnen Vorstandsmitgliedern angerufen werden.

444 § 96 Abs. 1 S. 1 ThürHG.

vorstandes für die Grundsatzung sowie für die Struktur- und Entwicklungsplanung und deren Fortschreibung erteilen[445].

Der mit umfänglichen Rechten ausgestattete Verwaltungsrat[446] bestimmt die Richtlinien der Geschäftstätigkeit des Universitätsklinikums und überwacht die Vorstandstätigkeiten[447]. Er hat dafür Sorge zu tragen, dass der Vorstand seine Aufgaben sowohl in Forschung und Lehre als auch in der Krankenversorgung erfüllt[448]. Der Verwaltungsrat verfügt insofern über umfassende Informations-, Einsichts- und Prüfungsrechte[449]. Er entscheidet zudem in grundsätzlichen Angelegenheiten von Forschung und Lehre, soweit nicht der Fachbereichsrat zuständig ist[450].

Das Land als Gewährträger muss nach § 99 ThürHG bestimmte Beschlüsse des Verwaltungsrates genehmigen, etwa die Aufnahme neuer oder die Aufgabe vorhandener Geschäftszweige sowie den Erwerb und die Gründung von Unternehmen. Das Universitätsklinikum untersteht nach § 91 Abs. 4 ThürHG der Rechtsaufsicht des Landes.

III. Die Einschränkung der Freiheit von medizinischer Forschung und Lehre durch die universitätsklinische Krankenversorgung in der Praxis

Die Befürchtung, die hochschulmedizinische Aufgabe der Krankenversorgung stelle eine Gefahr für die Freiheit der universitären medizinischen Forschung und Lehre dar, ist nicht neu, jedoch aktueller denn je[451]. Eine übermäßige Auswei-

---

445 § 96 Abs. 1 S. 2 Nr. 4 ThürHG.

446 Nach § 98 Abs. 3 ThürHG besteht der Verwaltungsrat aus dem für das Hochschulwesen zuständigen Minister (oder einem dauerhaft benannten Vertreter) als Vorsitzendem, dem für Finanzen zuständigen Minister (oder einem dauerhaften Vertreter), dem Leiter der Universität Jena (oder einem dauerhaften Vertreter), einem Hochschullehrer, einer Persönlichkeit aus der Medizin, einer Persönlichkeit aus dem Klinikmanagement, Wirtschaft oder Dienstleistungsbereich sowie einem gewählten Vertreter des Universitätsklinikumspersonals.

447 § 98 Abs. 1 S. 1 ThürHG.

448 § 98 Abs. 1 S. 2 ThürHG.

449 § 98 Abs. 1 S. 3. ThürHG.

450 § 98 Abs. 2 S. 1 ThürHG. Der Abs. 2 enthält zudem weitere umfassende Rechte des Verwaltungsrates.

451 Etwa *Erhardt,* in: Waller/Rössler/Sandberger (Hrsg.), Die Universitätsklinika im Spannungsfeld zwischen Gesundheitspolitik und Forschungsauftrag, 1991, S. 51 (56), machte bereits früh darauf aufmerksam, dass die Dominanz der Krankenversorgung gegenüber Forschung und Lehre begrenzt werden müsse. Auch *Waller,* Aufgaben und Voraussetzungen medizinischer Forschung, in: ders./Rössler/Sandberger (Hrsg.), 1991, S. 37, warf die Frage auf, inwieweit die

tung der Krankenversorgung könnte bereits, mitsamt aller unmittelbaren und mittelbaren Folgewirkungen, zu einem übermäßigen kumulativen Grundrechtseingriff in den Schutzbereich des Art. 5 Abs. 3 S. 1 GG geführt haben.

1. Historische Veränderung der Aufgabenwahrnehmung des Universitätsklinikums

a. Ursprüngliche Aufgaben der Hochschulmedizin

Die ältere Geschichte der universitären Medizin begann mit der Entstehung der frühmittelalterlichen Universitäten, wobei die Medizinische Fakultät neben der Theologischen und Juristischen zum Kern der deutschen Universität gehörte[452]. Im 17. und 18. Jahrhundert wurde in der universitären Medizin die Notwendigkeit des Praxisbezuges durch den Umgang mit Patienten erkannt. Erste meist kirchliche oder stiftungsträgerschaftliche Hospitäler wurden mit in die universitären Aufgaben von Forschung und Lehre einbezogen[453]. Zunehmend übernahmen oder errichteten die Universitäten eigene Klinika, welche eine notwendige (Hilfs-)Einrichtung für Forschung und Lehre wurden[454]. Die Medizin wurde nicht mehr allein theoretisch an der Universität vermittelt, sondern wandelte sich von einer Text- zu einer Experimentalwissenschaft[455]. Ende des 18. Jahrhunderts nutzten bereits alle Medizinischen Fakultäten dieser neuen Unterrichtungs-

---

Universitätsklinika – vor dem Hintergrund der Entwicklung zu Krankenhäusern der Maximalversorgung – noch in der Lage seien, ihren Hochschulaufgaben gerecht zu werden.

452 *Möller,* in: Huster/Kaltenborn (Hrsg.), Handbuch des Krankenhausrechts, 2010, § 16 d Rn. 1. Ein umfassender Überblick über die geschichtliche Entwicklung der Hochschulmedizin findet sich bei *Becker,* Das Recht der Hochschulmedizin, S. 71. ff.; *von Engelhardt,* in: Waller/Rössler/Sandberger (Hrsg.), Die Universitätsklinika im Spannungsfeld zwischen Gesundheitspolitik und Forschungsauftrag, 1991, S. 1 ff.; vgl. auch *Sandberger,* in: Hartmer/Detmer (Hrsg.), Hochschulrecht, 2004, Kapitel VI; *ders.,* in: Flämig u.a. (Hrsg.), Handbuch des Wissenschaftsrechts, 2. Aufl. 1996, S. 931 ff.; *Steffen,* Universitätskrankenhäuser im reformierten Gesundheitswesen, 2001, S. 12 ff.

453 *Möller,* in: Huster/Kaltenborn (Hrsg.), Handbuch des Krankenhausrechts, 2010, § 16 d Rn. 2.

454 Ebd.; *von Engelhardt,* in: Waller/Rössler/Sandberger (Hrsg.), Die Universitätsklinika im Spannungsfeld zwischen Gesundheitspolitik und Forschungsauftrag, 1991, S. 3, stellt insgesamt fest, dass die Universitätsklinika aus dem Hospital des Mittelalters und dem Krankenhaus der Neuzeit entstanden.

455 *Möller,* in: Huster/Kaltenborn (Hrsg.), Handbuch des Krankenhausrechts, 2010, § 16 d Rn. 2; *Sandberger,* in: Flämig u.a. (Hrsg.), Handbuch des Wissenschaftsrechts, 2. Aufl. 1996, S. 931, der dementsprechend festhält, dass die scholastische Lehre und die Textinterpretation durch den praktischen Unterricht ersetzt wurden.

form[456]. Im 19. Jahrhundert legte letztlich die Humboldt'sche Universitätsreform den Grundstein für die heutigen Strukturen der Hochschulmedizin[457].

b. Entwicklung der Aufgabenwahrnehmung in den 60er bis 90er Jahren

In den 1960er und 1970er Jahren wurde im Zuge der Gründung neuer Universitäten auch mit der vermehrten Errichtung eigener Universitätsklinika begonnen[458]. Die Universitätsklinika vereinheitlichten bzw. ersetzten die Zusammenarbeit der Universität mit verschiedenen Kliniken und Einrichtungen der Krankenversorgung[459]. Die Universität betrieb somit in Eigenregie einen Medizinischen Fachbereich und ein Universitätsklinikum zum Zwecke der medizinischen Forschung und Lehre. Einbeziehungszweck der Klinika in den universitären Bereich war es, der Medizinischen Fakultät und ihren Wissenschaftlern durch die Arbeit am Patienten die Aufgabenwahrnehmung in Forschung und Lehre zu ermöglichen[460]. Die Gewährleistung der Krankenversorgung für die im Universitätsklinikum befindlichen Patienten war keinesfalls bezweckt, sondern stellte vielmehr eine zwangsläufige Folge dar.

Die in den Universitätsklinika erbrachte Krankenversorgung erwies sich als qualitativ hochwertig. Aufgrund der für Forschung und Lehre zur Verfügung

---

456 *Sandberger,* in: Flämig u.a. (Hrsg.), Handbuch des Wissenschaftsrechts, 2. Aufl. 1996, S. 931; vgl. auch *von Engelhardt,* in: Waller/Rössler/Sandberger (Hrsg.), Die Universitätsklinika im Spannungsfeld zwischen Gesundheitspolitik und Forschungsauftrag, 1991, S. 6.

457 *Sandberger,* in: Hartmer/Detmer (Hrsg.), Hochschulrecht, 2004, Kapitel VI, Rn. 6; zur Entwicklung der Universitätsklinika im 19. Jahrhundert auch umfassend *von Engelhardt,* in: Waller/Rössler/Sandberger (Hrsg.), Die Universitätsklinika im Spannungsfeld zwischen Gesundheitspolitik und Forschungsauftrag, 1991, S. 8 ff.

458 Vgl. etwa Wissenschaftsrat, Empfehlungen zu Public Private Partnerships (PPP) und Privatisierungen in der universitätsmedizinischen Krankenversorgung, 2006, S. 32.

459 Wissenschaftsrat, Empfehlungen zu Public Private Partnerships (PPP) und Privatisierungen in der universitätsmedizinischen Krankenversorgung, 2006, S. 32.

460 *Kochsiek,* in: Waller/Rössler/Sandberger (Hrsg.), Die Universitätsklinika im Spannungsfeld zwischen Gesundheitspolitik und Forschungsauftrag, 1991, S. 25, gab noch vor 20 Jahren mit seiner Feststellung, die Universitätsklinika seien entsprechend dem Auftrag der Universität in erster Linie Einrichtungen der Forschung und Lehre, wohl das größtenteils vorherrschende Meinungsbild wieder; *Waller,* Aufgaben und Voraussetzungen medizinischer Forschung, in: ders./Rössler/Sandberger (Hrsg.), 1991, S. 37, kam bereits damals zu einer anderen Aufgabengewichtung, stellte jedoch zumindest fest, dass für die Universitätsklinika Forschung und Lehre neben der Krankenversorgung ein „mindestens gleichrangiger Auftrag" sei; *Erhardt,* in: Waller/Rössler/Sandberger (Hrsg.), Die Universitätsklinika im Spannungsfeld zwischen Gesundheitspolitik und Forschungsauftrag, 1991, S. 51 (55), erkannte kritisch, dass die Krankenversorgung nicht nur bei den Aufgaben der Universitätsklinika, sondern gar im Rahmen der Aufgaben der Medizinischen Fakultäten eindeutig vorne rangiere; es folge die Forschung, während die Lehre das Nachsehen habe.

stehenden Mittel war die Ausstattung der Universitätsklinika häufig bedeutend besser als die Ausstattung anderer Krankenhäuser. Zudem waren die besten Mediziner oftmals in den Universitätsklinika tätig. Als Konsequenz weitete sich die Aufgabenwahrnehmung der Universitätsklinika in der Krankenversorgung aus und die Universitätsklinika vergrößerten sich. Der Staatsgerichtshof Baden-Württemberg stellte im Jahr 1973 fest, dass die Universitäten die Krankenversorgung ursprünglich zwar regelmäßig nur in dem Umfang betrieben hätten, der für die medizinische Forschung und Lehre notwendig war, sich die Verhältnisse in den Universitätsklinika durch eine sehr starke Ausdehnung der Krankenversorgung jedoch wesentlich verändert hätten[461]. Im Jahre 1981 erkannte und „billigte" auch das Bundesverfassungsgericht die Ausweitung der Krankenversorgung[462]. Das Bundesverfassungsgericht bejahte die Zulässigkeit der Übertragung der Zusatzaufgabe der Krankenversorgung auf die Universität und entwickelte sehr offen gehaltene Strukturvorgaben für die Organisation der Hochschulmedizin[463]. Auf diese Weise prägte die Rechtsprechung die Entwicklung der Aufgabenwahrnehmung der Hochschulmedizin entscheidend mit.

Zum Zeitpunkt der Entscheidung des Bundesverfassungsgerichts hatte die Abspaltung der Universitätsklinika von den Medizinischen Fachbereichen aufgrund von Empfehlungen des Wissenschaftsrates aus dem Jahre 1976 bereits eingesetzt[464]. Die meisten Universitätsklinika wurden nach und nach in unselbständige Anstalten der Universität umgewandelt[465]. Diese Umwandlung bezweckte eine noch bessere und effizientere Gewährleistung der Krankenversorgung[466]. Durch die Abspaltung der Universitätsklinika von den Medizinischen Fachbereichen wurde die Aufgabe der Krankenversorgung in den Universitätsklinika zunehmend in den Mittelpunkt gerückt.

c. Entwicklung der Aufgabenwahrnehmung seit dem Ende der 90er Jahre

Besonders relevant für die Organisation der Hochschulmedizin wurde die vierte HRG Novelle im Jahre 1998[467]. Diese beinhaltete den Wegfall des bundesweit

461 Vgl. bereits unter B. VI., ESVGH 24, S. 16.

462 BVerfGE, 57, 70, vgl. bereits unter B. VI.

463 BVerfGE, 57, 70, (95 ff.).

464 Wissenschaftsrat, Empfehlungen zu Aufgaben, Organisation und Ausbau der medizinischen Ausbildungsstätten, 1976.

465 Vgl. hierzu *Sandberger,* in: Hartmer/Detmer (Hrsg.), Hochschulrecht, 2004, Kapitel VI, Rn. 10.

466 *Sandberger,* in: Hartmer/Detmer (Hrsg.), Hochschulrecht, 2004, Kapitel VI, Rn. 10.

467 Viertes Gesetz zur Änderung des HRG vom 20.08.1998 (BGBl. I S. 2190). Die universitäre Krankenversorgung war vormals bundesrechtlich im Aufgabenkatalog des § 2 HRG enthalten und unterlag somit den Bestimmungen der §§ 58 HRG, durch die 4. HRG-Novelle ist diese jedoch dem Landesrecht überlassen worden.

geltenden § 66 Abs. 4 HRG. § 66 Abs. 4 HRG hatte zuvor festgelegt, dass die Universitätsklinika zentrale Einrichtungen der Universität oder Fakultät unter Verantwortung von Fakultäts- und Hochschulleitung darstellen und als unselbständige Anstalt an die Universität angebunden sind[468]. Die Entwicklung der Universitätsklinika hin zu Großkrankenhäusern hatte die Streichung dieser Vorschrift als unumgänglich erscheinen lassen, um eine wirtschaftlich größere Effizienz der teilweise defizitären Krankenversorgung zu erreichen[469]. Seit Wegfall der Vorschrift bestehen für die einzelnen Bundesländer auf Bundesebene keinerlei maßgebende organisationsrechtliche Rahmenvorgaben für die Struktur der Hochschulmedizin. Die Universitätsklinika wurden daraufhin aus dem Universitätsverbund ausgegliedert und als selbständige Anstalten in der Trägerschaft des Landes unternehmerisch geführt[470]. In nachträglicher Betrachtung leitete gerade der Wegfall des § 66 Abs. 4 HRG – in Verbindung mit der vorherigen Abspaltung der Universitätsklinika von der Universität – die Veränderung der Aufgabenwahrnehmung der Hochschulmedizin ein. Seinerzeit wurde im rechtswis-

---

468 Vgl. auch *Sandberger*, WissR-Beiheft 17 Bd. 39 (2006), S. 1 (22).

469 Vgl. seinerzeit *Heintzen,* DÖV 1997, S. 530 (531), der darauf verweist, dass sich die Krankenversorgungsfunktion aus der engen Bindung an die Zwecke von Forschung und Lehre gelöst habe. Allein die Größe der Universitätsklinika erfordere eine professionelle Leitung und effektive Organisation. Die Universitätsklinika weiterhin als Betriebseinheiten der Fakultäten zu qualifizieren, entspreche nicht mehr der Realität; vgl. zu den Hintergründen der damaligen Organisationsreform auch *Trute/Wahl,* WissR Bd. 32 (1999), S. 38 ff.; *Gürkan,* in: Leucorea (Hrsg.), Neugestaltung von Struktur und Finanzierung der Hochschulmedizin in Sachsen-Anhalt, 1996, S. 23; *Bitter-Suermann,* Die Perspektiven der Medizinischen Fakultät: Zentral, dezentral oder eine klare Zuständigkeitsverteilung, 14.01.2011, S. 1, sieht in der anschließenden Verselbständigung der Universitätsklinika die durch Universitäten und Wissenschaftsministerien gezogene „Reißleine" für drohende finanzielle Defizite der Universitätsklinika. „Böse Zungen" behaupteten, so *Bitter-Suermann,* die Universitätsklinika seien fallen gelassen worden wie „eine heiße Kartoffel". Bis zu Beginn der 1990er Jahre seien die Medizinischen Fachbereiche mitsamt Universitätsklinikum fest in die Universität integriert gewesen, durch Reformen im Gesundheitswesen sei jedoch auch der „Speckmantel" der Universitätsklinika „abgeschmolzen". *Steffen,* Universitätskrankenhäuser im reformierten Gesundheitswesen, 2001, S. 253, sieht die Länder als maßgeblich verantwortlich für die Kapazitätssteigerung der Krankenversorgung. Die vormals bestehende 50 %-Beteiligung des Bundes bei Investitionen im Hochschulbau hätten die Länder dazu genutzt, große Teile des Bettenbedarfs durch die Universitätsklinika abzudecken. Die Krankenversorgung hätte sich zu Ungunsten von Forschung und Lehre ausweiten können.

470 Fraglich ist, ob diese Ausgliederung und die folgende Gestaltung der Universitätsklinika als selbständige Anstalten des öffentlichen Rechts den Vorgaben des Staatsgerichtshofes BW entsprach, vgl. Urteil vom 24.11.1973, ESVGH 24, S. 12 ff., siehe bereits B. VI. Der Staatsgerichtshof hatte festgestellt, dass die Universitätsklinika in Form der unselbständigen Anstalten des öffentlichen Rechts und Betriebseinheit der Universitäten nicht in verfassungsrechtlich unzulässiger Weise aus der Universität ausgegliedert seien, sondern Bestandteil der Universität blieben. Anderes könnte jedoch für die Organisationsform der selbständigen Anstalt des öffentlichen Rechts gelten.

senschaftlichen Schrifttum bereits die Befürchtung geäußert, dass die Universitätsmedizin ein Eigenleben entfalten könne, was letztlich auf die völlige Abtrennung von der Universität hinauslaufe[471]. Auch die Arbeitsgemeinschaft der Wissenschaftlichen Medizinischen Fachgesellschaften sah 1995 durch die zuvor angestellten Überlegungen der Arbeitsgruppe Hochschulmedizin und der Kultusministerkonferenz zur Trennung der Aufgabenbereiche Forschung, Lehre und Krankenversorgung die Gefahr, dass die zwangsläufige Folge eine Qualitätsverschlechterung in allen drei Aufgabenbereichen sei[472]. Der Wissenschaftsrat hingegen erklärte die Abspaltung der Universitätsklinika mit Veränderungen im Gesundheitswesen und befürwortete, dass durch die Abspaltung eine Trennung der operativen Geschäftsführung und Trägerfunktion bewirkt wurde, welche neue Entscheidungsstrukturen schaffte[473].

Weitgehend parallel mit der rechtlichen Verselbständigung ging auch der Wegfall der Fachaufsicht über die Universitätsklinika in Bezug auf die Aufgabenwahrnehmung in Forschung und Lehre einher[474]. Mit dem Wegfall der Fachaufsicht ist ein staatlicher Kontrollverlust verbunden. Da die Länder im Aufsichtsrat der Universitätsklinika zahlenmäßig jedoch zumeist einen erhöhten

---

471 So *Leuze,* MedR 1996, 493 (497), welcher zudem eine derartige Lösung der bestehenden Finanzierungsprobleme in Zweifel zog und weiterhin darauf aufmerksam machte, dass jede selbständige Rechtsform die „Gefahr des Abdriftens in eine Medizinische Hochschule" herauf beschwöre; *Balders,* WissR Bd. 31 (1998), S. 91 (118), welcher darauf verweist, dass den Universitätsklinika auch im Rahmen des Universitätsverbundes die benötigte Selbständigkeit zugesichert werden könne; *Grifka,* F&L 1996, 202 (204) fordert, dass für die enge Verflechtung von Forschung, Lehre und Krankenversorgung keine vollständige Ausgliederung der Universitätsklinika erfolgen dürfe und eine solche die Entwicklung der Universitätsklinika hin zu Versorgungskrankenhäusern und der Medizinischen Fachbereiche zu Medical Schools bedinge; auch an anderer Stelle betont *Grifka,* in: Leucorea (Hrsg.), Neugestaltung von Struktur und Finanzierung der Hochschulmedizin in Sachsen-Anhalt, 1996, S. 147 (149), dass eine vollständige Ausgliederung des Universitätsklinikums aus der Medizinischen Fakultät die Möglichkeit der Medizinischen Fakultät zur Wissensvermittlung stark einschränke. Die notwendige innige Verflechtung von Forschung, Lehre und Krankenversorgung sei insofern nicht mehr gegeben.

472 Vgl. Arbeitsgemeinschaft der Wissenschaftlichen Medizinischen Fachgesellschaften, Stellungnahme zur Neugestaltung von Struktur und Finanzierung der Hochschulmedizin vom 06.05.1995.

473 Wissenschaftsrat, Stellungnahme zur geplanten Privatisierung des Universitätsklinikums Gießen und Marburg, 2005, S. 24.

474 Zur Verfassungsmäßigkeit des Wegfalls der Fachaufsicht *Heintzen,* DÖV 1997, S. 530 (535). Allgemein zum Institut der Fachaufsicht vgl. *Groß,* DVBl. 2002, S. 793 ff.; zur staatlichen Aufsicht über die Hochschulen siehe *Lorenz*, JZ 1981, S. 113 ff. sowie *Hailbronner,* JZ 1985, S. 864 ff., welcher sowohl die damals noch mögliche Fachaufsicht als auch die Rechtsaufsicht über die Hochschulen darstellt.

Einfluss haben, lebt so die an sich weggefallene Fachaufsicht über die im Kooperationsmodell organisierten Universitätsklinika zu Teilen wieder auf[475].

Die rechtliche Verselbständigung der Universitätsklinika führte indes dazu, dass diese keine Rechtseinheit mehr mit Universität und Fachbereich bildeten. Der Wegfall des ungeschriebenen Grundsatzes des „gemeinschaftlichen Zusammenwirkens aller Hochschulorgane" musste durch entsprechende Sicherungsmechanismen ersetzt werden[476]. Die Universitätsklinika wurden seit dem Ende der 90er Jahre aus dem Universitätsbereich ausgegliedert und arbeiten lediglich noch in Form des Kooperationsmodells mit Medizinischem Fachbereich und Universität zusammen[477]. Die Ausgliederung der Universitätsklinika und der Krankenversorgung aus dem Universitätsverbund führte dazu, dass der Aufgabenschwerpunkt der Universitätsklinika auf die Krankenversorgung gelegt wurde. Die mit der Ausgliederung erhoffte Verbesserung der Finanzierungsprobleme der Universitätsklinika gelang zu Lasten der gemeinsamen Aufgabenwahrnehmung von universitärer Seite und Universitätsklinikum[478].

Neuerdings wird vermehrt die Integration von Medizinischem Fachbereich und Universitätsklinikum zur gemeinsamen Körperschaft für Universitätsmedizin im Integrationsmodell angestrebt[479]. Während vormals Universität und Medizinische Fakultät das Universitätsklinikum „in sich" integrierten, um ihre Aufgaben in Forschung und Lehre zu erfüllen, fehlt nun allerdings die Universität als fester Partner. Die zwischenzeitliche Spezialisierung der Universitätsklinika als Großkrankenhäuser – mit eigenen Aufgaben nur noch in der Krankenversorgung – hat dazu geführt, dass die jetzige Integration von Fachbereich und Klinikum unter anderen Vorzeichen steht. Vorrangiges Ziel der Universitätsmedizin kann (bestenfalls) nur die gleichzeitige Aufgabenwahrnehmung in Krankenversorgung, Forschung und Lehre sein. Der einstige Einbeziehungsgrund der Klinika in

475 So *Becker*, Das Recht der Hochschulmedizin, 2005, S. 192. Vgl. zur Zusammensetzung der Aufsichtsräte in den einzelnen Bundesländern bereits oben unter C. II. 2. b. und c.

476 Vgl. *Becker*, Das Recht der Hochschulmedizin, 2005, S. 224.

477 Vgl. zum Kooperationsmodell schon oben unter C. II. 1. a. sowie C. II. 2. b. Zur Bewertung der Schutzmechanismen des Kooperationsmodells bezüglich der Freiheit von Forschung und Lehre noch ausführlich unter C. V.

478 *Bitter-Suermann*, Jahresversammlung Medizinischer Fakultätentag 2010, Eröffnung des Ordentlichen Medizinischen Fakultätentages, S. 9, stellt fest, dass die Universitätsklinika als „drohender Defizitbringer outgesourct" wurden. Die eingetretene wirtschaftliche Verbesserung der Universitätsklinika sei beabsichtigt gewesen; durch ein dementsprechend steigendes Selbstbewusstsein der Universitätsklinika sei jedoch eine größere Distanz zur Universität und Fakultät entstanden. Eine Rückkehr zum vorherigen Status könne durch die zwischenzeitlich eingetretenen Veränderungen nicht gelingen.

479 Vgl. zum Integrationsmodell schon unter C. II. 2. Zur Bewertung der Schutzmechanismen des Integrationsmodells bezüglich der Freiheit von Forschung und Lehre noch unter C. V.

die Aufgaben der Universität, die Gewährleistung der Wissenschaftsfreiheit und die Erfüllung der universitären Aufgaben in Forschung und Lehre, tritt zunehmend in den Hintergrund.

2. Aktuelle Problemfelder in der Aufgabenwahrnehmung

a. Überblick über die Problemfelder

Vor allem Änderungen im Gesundheitsrecht machen derzeit ständige Anpassungen in der Hochschulmedizin erforderlich[480]. Die Universitätsklinika unterliegen weiterhin einem fortlaufenden Findungsprozess sowohl bezüglich möglicher Organisationsmodelle und Strukturen als auch bezüglich der Aufgabenausrichtung und Finanzierung[481]. Die Veränderungen im Bereich der Hochschulmedizin stellen nur bedingt eine Folge des medizinisch-technischen Fortschritts der medizinischen Wissenschaft dar, sondern vielmehr eine Konsequenz des politischen und gesellschaftlichen Wandels[482].

Falls an einem hochschulmedizinischen Standort Reformen durchgeführt werden, die sich anschließend wirtschaftlich bewähren, sollte an anderen Standorten durch die Etablierung entsprechender Regelungen reagiert werden. Ein exemplarisches Beispiel, welches aufzeigt, wie der dynamische Wandel in der Hochschulmedizin abläuft, ist aktuell in Hessen zu beobachten. Der Verband der Universitätsklinika Deutschlands sowie der Medizinische Fakultätentag befürworten in einer gemeinsamen Stellungnahme die Freiräume, welche die Hochschulmedizin Gießen-Marburg durch den Gesetzgeber erhalten hat[483]. Anlässlich eines neuen Gesetzesvorhabens stellen sie nunmehr fest, dass die Hochschulmedizin Frankfurt rechtlich höhere Anforderungen zu erfüllen habe, so dass keine Chan-

---

480 Auch *Putz,* F&L 2010, S. 236, nimmt an, dass der dynamische Wandel im Gesundheitssystem wirtschaftliche und administrative Konsequenzen bewirke, welche für wissenschaftliche Herausforderungen und Lehrverpflichtungen „nicht unbedingt förderlich" seien. Der wirtschaftliche Druck auf die Universitätsklinikumsvorstände steige in einer Weise, welche die universitären Aufgaben bedrohe.

481 Die Gründe für den ständigen Wechsel der Rahmenbedingungen in der Hochschulmedizin fasst auch noch einmal prägnant *Adler,* Probleme und Perspektiven der Hochschulmedizin, 2001, S. 1, zusammen. *Adler* stellt fest, dass Leistung und Erfolge der Hochschulmedizin Anerkennung genießen. Durch Wissenschafts- und Gesundheitspolitik würden jedoch Vorgaben gemacht, welche dazu führen, dass Probleme der Struktur und Finanzierung der Hochschulmedizin erkannt werden und (stetig) Verbesserungsmaßnahmen getroffen werden müssen.

482 So zutreffend *Hengel/Koch,* Bundesgesundheitsblatt 2009, S. 887.

483 Verband der Universitätsklinika Deutschlands/Medizinischer Fakultätentag, Gemeinsame Stellungnahme zum Gesetzentwurf der Landesregierung für ein viertes Gesetz zur Änderung des Hessischen Hochschulgesetzes, 17.07.2007.

cengleichheit im Wettbewerb bestehe[484]. Ein nächster Schritt wird es daher wohl kurz- oder mittelfristig sein, auch die Strukturen der Hochschulmedizin Frankfurt entsprechend anzupassen.

Bei Reformen der Hochschulmedizingesetze werden die Aufgaben in der Krankenversorgung weiterhin ausgeweitet, indem diese (mindestens) gleichrangig wie solche der Forschung und Lehre berücksichtigt werden. Zielvorgaben für die Universitätsmedizin sind eine exzellente Forschung und Lehre sowie eine wirtschaftliche Krankenversorgung[485]. Bei der Verfolgung dieser Ziele ist ein deutlich zunehmender Wettbewerbscharakter festzustellen. In Zeiten eines immer mehr wettbewerblich ausgerichteten Krankenhaus- und Forschungswesens gilt es, die Hochschulmedizin weiterhin konkurrenz- und handlungsfähig zu halten[486]. Der Wettbewerb zwischen den Krankenhäusern im Rahmen der Krankenversorgung entstand dabei nicht zuletzt durch Einführung des DRG-Fallpauschalensystems[487]. Durch eine vergleichbare Preisgestaltung von Krankenhäusern wurde ein qualitätsbezogener Wettbewerb erreicht[488]. Auch im Bereich der For-

---

484 Ebd.

485 Vgl. etwa die Zielsetzung für die rheinland-pfälzische Universitätsmedizin in § 2 Abs. 1 UMG R-P. Dort wird u.a. in Nr. 1 die Förderung der wissenschaftlichen Exzellenz und der internationalen Wettbewerbsfähigkeit in Forschung und Lehre genannt. Unter Nr. 5 werden die Sicherung der Krankenversorgung auf höchstem medizinischen Niveau sowie unter Nr. 6 die betriebswirtschaftliche Effizienz als Ziel vorgegeben; vgl. auch § 2 Abs. 7 des UMG Berlin: „Alle Maßnahmen der Charité sollen die wissenschaftliche und medizinische Exzellenz sowie die wirtschaftliche Krankenversorgung und den effektiven Einsatz der Mittel für Forschung und Lehre gewährleisten und fördern".

486 Verband der Universitätsklinika Deutschlands/Medizinischer Fakultätentag, Gemeinsame Stellungnahme zum Gesetzentwurf der Landesregierung für ein viertes Gesetz zur Änderung des Hessischen Hochschulgesetzes, 17.07.2007; *Debatin/Rehr*, Bundesgesundheitsblatt 2009, S. 891, nutzen insofern die Formulierung „dem Wettbewerb stellen oder sterben", der nicht nur für Krankenhäuser im Allgemeinen sondern auch für die Universitätsklinika im Speziellen gelte. Auch etwa das Land Mecklenburg-Vorpommern beabsichtigt durch seine neuen Regelungen zur Hochschulmedizin die Wettbewerbsfähigkeit der Universitätsklinika im Rahmen der Konkurrenzsituation zu anderen Universitätsklinika und regionalen Krankenhäusern zu stärken, vgl. Gesetzentwurf der Landesregierung vom 16.06.2010, Drcks. 5/3564, S. 2.

487 Gesetz zur Einführung des diagnoseorientierten Fallpauschalensystems für Krankenhäuser vom 23.04.2002, BGBl. S. 1412. Zweck der DRG ist die Klassifizierung von Behandlungsfällen in Krankenhäusern nach medizinischen und ökonomischen Aspekten, so *Rübsamen,* Verfassungsrechtliche Aspekte des Fallpauschalensystems im Krankenhauswesen (DRG-Vergütungssystem), 2008, S. 53. Zu den Auswirkungen der DRG auf die Finanzierung der Universitätsklinika vgl. noch unter C. III. 2. b.

488 *Debatin/Rehr,* Bundesgesundheitsblatt 2009, S. 891, die darauf hinweisen, dass der Wettbewerbscharakter in Metropolregionen naturgemäß ausgeprägter sei als in ländlichen Gebieten. Die Etablierung des DRG-Systems führte darüber hinaus zu einer außergewöhnlichen finanziellen Belastung der Universitätsklinika. Auf die Finanzierungsprobleme der Universitätsklini-

schung steigt der wettbewerbliche Druck auf die hochschulmedizinischen Standorte[489]. Dies geschieht etwa durch die Exzellenzinitiative des Bundes und der Länder sowie projektbezogene Ausschreibungen von Forschungsgemeinschaften[490].

Trotz der bereits durchgeführten Änderungen in den Organisationsstrukturen der Hochschulmedizin wird weiterhin eine noch größere Handlungsfähigkeit und –freiheit der Körperschaften für Universitätsmedizin und Universitätsklinika als notwendig erachtet[491]. Damit verbunden ist die Forderung nach einer weitgehenden staatlichen Deregulierung in der Hochschulmedizin[492]. Es wird angenom-

---

ka und die Auswirkungen des DRG-Fallpauschalensystems wird noch sogleich eingegangen unter C. III. 2. b.

489 *Debatin/Rehr,* Bundesgesundheitsblatt 2009, S. 891.

490 Vgl. zu den Hintergründen der Exzellenzinitiative beispielhaft *Meyer,* F&L 2010, S. 566 ff. sowie *Fleckenstein,* Bundesgesundheitsblatt 2009, S. 940 ff. Allgemein zum aufkommenden Wettbewerbsgedanken im Hochschulwesen *Hendler,* VVDStRL 65 (2006), 238 (244 ff.).

491 Die unterschiedlichen Beteiligteninteressen bei Reformen in der Hochschulmedizin werden zusammengefasst von *Sandberger,* Hochschulmedizin in B-W. Mehr Staat und mehr Rektor?, 14.01.2011, S. 9; so forderten die Amtsträger der Hochschulmedizin mehr Autonomie sowohl gegenüber Staat und Universität, die Universität mehr Einfluss auf die Medizin sowie der Staat einen seiner Gewährträgerhaftung entsprechenden Einfluss auf die Hochschulmedizin.

492 Die Forderung nach staatlicher Deregulierung konnte auch bereits im Jahr 1998 als mitursächlich für die Abspaltung der Universitätsklinika von den Universitäten angesehen werden, so stellt etwa *Gürkan,* Zur gegenwärtigen Situation der Hochschulmedizin, in: Leucorea (Hrsg.), Neugestaltung von Struktur und Finanzierung der Hochschulmedizin in Sachsen-Anhalt, 1996, S. 23 (24), beispielhaft fest, dass die Handlungsmöglichkeiten der Universitätsklinika durch ein Bürokratiesystem, welches eine Überregulierung, Übersteuerung sowie übermäßige Eingriffe des Staates in operative Geschäfte der Universitätsklinika bedinge, in einem hohen Maße eingeengt seien; vorsichtiger damals noch *Grifka,* in: Leucorea (Hrsg.), Neugestaltung von Struktur und Finanzierung der Hochschulmedizin in Sachsen-Anhalt, 1996, S. 147 (150), mit der Forderung, dass die Verwirklichung von Deregulierung und Entstaatlichung nicht zum Wegfall staatlicher Verantwortung führen dürfe. Auch an anderer Stelle äußert *Grifka,* F&L 1996, S. 202, dass Strukturänderungen der Hochschulmedizin „mit aller Vorsicht" durchzuführen seien und nicht zur Aufgabe der staatlichen Verantwortung in diesem Rechtsgebiet führen dürften. Die Hochschulmedizin müsse vielmehr eine staatliche Aufgabe bleiben; *Bitter-Suermann,* Die Perspektiven der Medizinischen Fakultät: Zentral, dezentral oder eine klare Zuständigkeitsverteilung, 14.01.2011, S. 3, merkt aus heutiger Sicht gar an, dass starre fiskalische Haushaltsregeln, unflexible Stellenbewirtschaftung, kameralistische Haushaltsführung sowie „unendlich lange Dienstwege" bei Finanzentscheidungen (mit den Beteiligten Fakultät, Universität, Wissenschafts- und Finanzministerium) zu einer „baldigen Insolvenz" der Universitätsklinika führen würden; *Krausch,* Einige Gedanken zu den geplanten rechtlichen Rahmenbedingungen universitärer Medizin im neuen LHG Baden-Württemberg, 14.01.2011, S. 3, sieht für eine wettbewerbsfähige Universität die Notwendigkeit klarer Verantwortlichkeiten sowie schlanker, starker und flexibler Führungsstrukturen; *Autenrieth,* Anmerkungen zum Gesetzentwurf. Kummer mit der KUM, 18.01.2011, S. 10, stellt fest, dass eine erfolgreiche universitäre Spitzenmedizin maximale Freiheit und maximale Verantwortung benötige. Darin enthalten seien die Bündelung

men, dass nur eine größtmögliche Eigenständigkeit der Hochschulmedizin mit ausgeprägten Entscheidungsbefugnissen den langfristigen Erfolg der Hochschulmedizin sicherstellen könne. Dementsprechend werden nach modernen Managementprinzipien arbeitende, hauptamtliche Vorstände etabliert[493]. Die gesetzlichen Regelungen zur baden-württembergischen Universitätsmedizin normierten entgegen diesem Trend eine Rückkehr zu einer verstärkten staatlichen Überwachung der Hochschulmedizin[494]. Der große Widerstand gegen die Gesetzesreform und die anschließende Rückabwicklung des Gesetzes zeigen, wie stark sich die heutigen Strukturen der Hochschulmedizin gesellschaftlich etabliert haben[495].

Zukünftig könnten vor allem Privatisierungen der Universitätsklinika Veränderungen in der Hochschulmedizin bewirken. Privatisierungen „drohen" gerade deshalb, weil die Krankenversorgung vor Finanzierungsproblemen stand und steht[496]. Im Fall des hessischen Universitätsklinikums Gießen-Marburg wurde bereits die erste materielle Privatisierung einer Universitätsklinik durchgeführt. Aktuell stellte das Bundesverfassungsgericht erstmals ausdrücklich fest, dass die Privatisierung von Universitätsklinika generell möglich sei[497].

b. Spezialproblem: Unterfinanzierung der Hochschulmedizin

Ein erhebliches Problemfeld der Hochschulmedizin stellt die unzureichende Finanzierung der Universitätsklinika dar[498]. Fehlende Finanzmittel verhindern die

von Aufgaben, Kompetenz und Verantwortung, konsequente Deregulierung und modernes Management, institutionale Vernetzungsoptionen sowie das Wettbewerbsprinzip.

493 Vgl. *Koch/Hengel*, Bundesgesundheitsblatt 2009, S. 799. Auch der Verband der Universitätsklinika Deutschlands und der Medizinische Fakultätentag, Gemeinsame Stellungnahme zum Gesetzentwurf der Landesregierung für ein viertes Gesetz zur Änderung des Hessischen Hochschulgesetzes, 17.07.2007, nehmen an, dass die Hochschulmedizin mehr als andere Wissenschaftsbereiche gefordert sei, sich Strukturen und Managementinstrumenten zu bedienen, welche den ständigen Veränderungen Rechnung trügen. Geboten seien etwa Organisationsstrukturen, welche unternehmerisches Handeln und modernes Management im Aufgabenverbund von Forschung, Lehre und Krankenversorgung förderten, anstatt zu behindern.

494 Vgl. oben unter C. II. 2. c. aa.

495 Vgl. zum großen Widerstand gegen das neue Universitätsmedizingesetz in Baden-Württemberg bereits ausführlich oben unter C. II. 2. c. aa.

496 Zu den Finanzierungsproblemen der Universitätsklinika sogleich im Anschluss unter C. III. 2. b.

497 Vgl. BVerfG vom 25.01.2011, BvR 1741/09, Rn. 80. Die rechtliche Problematik der Privatisierungen soll ausführlich erst in Teil 2 der Arbeit thematisiert werden.

498 Zu Ursachen und Gründen der Unterfinanzierung der Hochschulmedizin vgl. etwa *Amann/Heyder/Strehl*, Bundesgesundheitsblatt 2009, S. 811 ff.; *Breitbach,* F&L 2008, S. 746 ff.

Durchführung von Forschungsprojekten, eine Ausweitung des Lehrangebots und eine qualitativ noch bessere Krankenversorgung[499].

Durch die Föderalismusreform[500] ist die Kofinanzierung des Bundes in der Forschungs- und Bildungsinvestition weggefallen, so dass der Hochschulbau seit 2006 keine gemeinsame Aufgabe mehr von Bund und Ländern darstellt[501]. Es wird befürchtet, dass die Länderhaushalte Finanzmittel langfristig nicht auf dem gleichem Niveau zur Verfügung werden stellen können, welches durch die Bundesbeteiligung gehalten werden konnte[502]. In den Jahren 2006 bis 2008 wurden die Landeszuführungsbeträge bislang konstant beibehalten und sogar leicht erhöht[503]. Die bisherige Grundfinanzierung der Universitäten geht dabei zunehmend in eine Schwerpunkt- und Projektfinanzierung über[504].

Der variable, leistungsbezogene Teil der Landeszuführungsbeträge soll sich in den nächsten Jahren erhöhen[505], etwa durch die Einrichtung von Auszeichnungssystemen[506]. Die leistungsorientierte Mittelvergabe, durch welche wettbewerblicher Anreiz und Budgettransparenz entstehen soll, hat sich nach Angaben des Wissenschaftsrats schon jetzt flächendeckend etabliert[507].

---

499 Vgl. *Adler,* Probleme und Perspektiven der Hochschulmedizin, 2001, S. 8, 9, der in Bezug auf die Krankenversorgung anmerkt, dass nicht alles, was medizinisch sinnvoll und wünschenswert ist, finanzierbar sei. Vor dem Hintergrund einer „Explosion des Machbaren in Diagnostik und Therapie" müsse die Begrenztheit der im Gesundheitssystem zur Verfügung stehenden Finanzmittel bedacht werden. Aufgrund der Begrenztheit der Finanzmittel müssten Verzichtsentscheidungen getroffen werden.

500 BT Drucks. 16/813, BGBl. I Nr. 41 vom 31.08.2006, S. 2034 ff.

501 Der Verband der Universitätsklinika Deutschlands, Pressemitteilung (Siewert) vom 02.07.2009, spricht insofern von einer „fragwürdigen Föderalismusreform"; vgl. zu den Neuregelungen der Föderalismusreform *Westerburg,* WissR Bd. 39 (2006), S. 338 ff.; *Hansalek,* NVwZ 2006, S. 668 ff.

502 Verband der Universitätsklinika Deutschlands, Pressemitteilung (Siewert) vom 02.07.2009.

503 Vgl. Landkarte Hochschulmedizin, Landeszuführungsbetrag, Stand 08.02.2011. Demnach wurden im Jahr 2008 im Bundesschnitt jedem hochschulmedizinischem Standort 85,13 Mio. Euro vom jeweiligen Land zugeführt. In den Jahren 2006 und 2007 waren es 82,61 Mio. Euro bzw. 83,51 Mio. Euro.

504 So *Hendler,* VVDStRL 65 (2006), S. 254. Die Tendenz zur steuerungswirksamen Schwerpunkt- und Projektfinanzierung entspreche dem Ökonomisierungsprozess im Hochschulwesen. Zur zukünftigen Finanzierung der Universitäten vgl. auch *Mager*, VVDStRL 65 (2006), S. 274 (284 ff.).

505 Der Wissenschaftsrat nennt hierbei bis zu 40 % der Mittel als Ziel, Wissenschaftsrat, Allgemeine Empfehlungen zur Universitätsmedizin, 2007, S. 18; vgl. auch *Brähler/Strauß,* Bundesgesundheitsblatt 2009, S. 910 ff., die ebenfalls feststellen, dass die Landeszuschüsse zukünftig leistungsbezogener und varia-bler als zuvor vergeben werden.

506 So der Wissenschaftsrat, Allgemeine Empfehlungen zur Universitätsmedizin, 2007, S. 18.

507 Wissenschaftsrat, Allgemeine Empfehlungen zur Universitätsmedizin, 2007, S. 18. Eine Darstellung der möglichen Bemessungsparameter der leistungsorientierten Mittelvergabe findet

Die Universitäten werden durch den Staat dazu angehalten, ihre Finanzierung zunehmend selbst zu sichern, weshalb sie sich neue Einnahmequellen erschließen müssen[508].

Ein Teil der Gelder für die Forschung wird insbesondere von Forschungseinrichtungen im Rahmen von Drittmittelprojekten eingeworben[509]. Die Drittmittel werden auf unterschiedlichster Ebene generiert, wichtigste Geldgeber sind die DFG, die Wirtschaft und der Bund[510]. Nicht jedes beantragte Drittmittelprojekt kann dabei auch finanziert werden[511]. Insgesamt wird die Forschungsförderung als eine „im wachsenden Maße unverzichtbare Finanzierungsquelle" angesehen[512].

---

sich auch bei *Pfeilschifter/Lohölter,* F&L 2005, S. 598 f. Auf die Gefahr von ungerechtfertigten Nachteilen bei der leistungsorientierten Mittelvergabe verweist *Kem,* F&L 2008, S. 750 ff. Eine leistungsorientierte Mittelvergabe wurde an Medizinischen Fachbereichen auch schon im Bereich der Lehre verwirklicht, zur internen leistungsorientierten Mittelvergabe vgl. insofern *Putz,* F&L 2010, S. 236. Die Landkarte Hochschulmedizin, Kriterien der Leistungsorientierten Mittelvergabe (LOM-Lehre) vom 20.10.2009, stellt die prozentuale Gewichtung der Vergabekriterien „Prüfungsergebnisse", „Bewertung durch Studierende", „Lehraufwand" und „Sonstiges" an sämtlichen hochschulmedizinischen Standorten dar. Wichtigste Vergabeparameter sind der Lehraufwand und die Bewertung durch die Studierenden. Etwa in Duisburg-Essen, Köln, Gießen, Heidelberg, Mannheim und Hannover erfolgt die Mittelverteilung zu 100 % nach dem Lehraufwand, in Münster und Erlangen-Nürnberg hingegen vollumfänglich nach der Bewertung der Studierenden.

508 So *Gärditz,* Hochschulorganisation und verwaltungsrechtliche Systembildung, 2009, S. 30, der als neue Einnahmequellen der Universitäten die Drittmittelfinanzierung von Forschungsprojekten, die Ausrichtung auf kommerziell verwertbare Erfindungen aber auch die Studiengebühren nennt. Vgl. auch *Hendler,* VVDStRL 65 (2006), S. 254 ff.

509 Im Jahr 2008 warben die hochschulmedizinischen Standorte im Schnitt ca. 34,5 Mio. Euro Drittmittel ein, vgl. dazu die Zahlen der Landkarte Hochschulmedizin, Auswertungsbogen Kategorie: Forschung, Drittmittel, Stand 08.02.2011. In den Jahren 2007 und 2006 fielen die Drittmitteleinnahmen mit 30,95 Mio. Euro bzw. 28,05 Mio. Euro noch deutlich niedriger aus. Der Landkarte Hochschulmedizin sind die Drittmittelstatistiken sämtlicher hochschulmedizinischer Standorte zu entnehmen.

510 Vgl. für das Jahr 2008 wiederum die Zahlen der Landkarte Hochschulmedizin, Auswertungsbogen Kategorie: Forschung, Drittmittel, Stand 08.02.2011. Jeder hochschulmedizinischen Standorte erhielt im Durchschnitt 9,44 Mio. Euro von der DFG, 8,55 Mio Euro aus der Wirtschaft, 5,95 Mio. Euro vom Bund, 3,82 Mio. Euro von Stiftungen, 2,52 Mio. Euro von der EU, 1,13 Mio. Euro vom Land sowie 3,62 Mio. Euro aus sonstigen Geldern.

511 Von den bei der DFG beantragten Drittmittelprojekten müssen derzeit aufgrund der Beschränktheit der Finanzmittel drei Viertel abgelehnt werden, siehe *Aldenhoff,* F&L 2008, S. 170 (172); zur Gefahr der leicht möglichen Überschreitung der Grenzen der Vorteilsannahme und Bestechlichkeit durch verbeamtete Hochschullehrer bei Drittmittelprojekten mit der Industrie, vgl. *Göben,* F&L 1999, S. 22 ff.

512 So *Adler/von dem Knesebeck,* Bundesgesundheitsblatt 2009, S. 917.

Auswirkungen derzeitiger Wirtschaftskrisen werden auch für die Universitätsklinika befürchtet. Der Verband der Universitätsklinika Deutschlands sieht die Gefahr, dass mittelfristig mit einem deutlichen Abbau der Mittel für die öffentliche Hand und somit auch für die Universitätsklinika zu rechnen wäre[513].

Die Finanzierung der Krankenversorgung erfolgt im Rahmen des bundesrechtlichen Gesundheitswesens durch das System der gesetzlichen Krankenversicherung und ist im Sozialgesetzbuch V sowie im Krankenhausfinanzierungsgesetz geregelt[514]. Entsprechend diesem Finanzierungsgrundsatz sehen auch die Universitätsklinikagesetze der Bundesländer vor, dass die Universitätsklinika ihre Kosten für die Krankenversorgung generell durch die für ihre Leistungen vereinbarten Entgelte abdecken[515]. Forschung und Lehre dürfen hingegen gerade nicht durch das Finanzierungssystem der Krankenversorgung bezuschusst werden[516]. Sie sind durch die Bundesländer als Träger der Universitäten und Universitätsklinika zu finanzieren. In diesem Zusammenhang findet sich in vielen Universitätsmedizingesetzen die Formulierung, dass die Universitätsklinika solche Kosten vom Land ersetzt bekommen, die ihnen durch die Unterstützung der Medizinischen Fakultät in Forschung und Lehre entstehen[517]. Für den Neubau von Hochschulkliniken stehen den Bundesländern immer noch jährliche Beträge aus dem Bundeshaushalt zur Verfügung[518].

Bis zum Jahr 1993 war es gängige Praxis, dass die Universitätsklinika ihre Kosten durch die Entgelte in der Krankenversorgung zu decken versuchten und Verluste in der Jahresbilanz durch Landeszuführungsbeträge für Forschung und Lehre ausgeglichen wurden[519]. Eine umfängliche Ermittlung der Kosten von Forschung und Lehre war nicht möglich[520]. Seit 1993 mussten die Krankenhäuser

---

513 Der Verband der Universitätsklinika Deutschlands, Pressemitteilung (Siewert) vom 02.07.2009, befürchtet insofern gar ein Szenario, nach welchem in Deutschland Einbrüche zu erwarten seien, wie sie seit dem 2. Weltkrieg nicht mehr vorgekommen seien. Derartiges hat sich bislang jedoch nicht bestätigt.

514 Eine umfassende Darstellung der Krankenhausfinanzierung unter Einbeziehung des neuen Krankenhausfinanzierungsreformgesetzes vom 18.12.2008, BGBl. 2009, S. 534, findet sich bei *Degener-Hencke,* in: Huster/Kaltenborn (Hrsg.), Handbuch des Krankenhausrechts, 2010, § 5.

515 Vgl. etwa § 6 Abs. 1UKG BW; Art. 3 Abs. 2 S. 1 BayUniKlinG; § 16 Abs. 1 UniKlinG Hess; § 3 Abs. 2 S. 2 UKEG.

516 Dies verbietet § 17 Abs. 3 Nr. 2 des Krankenhausfinanzierungsgesetzes ausdrücklich.

517 Vgl. etwa § 3 Abs. 2 S. 3 UKEG; § 3 Abs. 2 UMG Berlin.

518 Dazu näher Art. 143c Abs. 1 GG, welcher Vorgaben für den Zeitraum von 2007 bis 2019 trifft.

519 Bis zum Inkrafttreten des Gesundheitsstrukturgesetzes vom 21.12.1992 (BGBl. I S. 2266) verlangten die Krankenhäuser ihre Ausgaben für die Krankenversorgung im Rahmen des Selbstkostendeckungsprinzips direkt vom Patienten, so dass der konkrete Einzelfall im Detail abgerechnet werden konnte. Zu den Regelungen des Gesundheitsstrukturgesetz vgl. *Genzel,* MedR 1994, S. 83 ff.

520 Wissenschaftsrat, Allgemeine Empfehlungen zur Hochschulmedizin, 2007, S. 76.

mit den Krankenkassen über das Budget für die Krankenversorgung verhandeln; dies gilt auch für die Universitätsklinika[521]. Als Konsequenz wurde damit begonnen, die anfallenden Kosten den Aufgabengebieten Wissenschaft und Krankenversorgung zuzuordnen, um eine Quersubventionierung zu vermeiden[522].

Heute werden die Kosten der Krankenversorgung von denen der Forschung und Lehre getrennt und die Aufgabenbereiche müssen jeweils für sich aus eigenen Mitteln finanziert werden[523]. Mit am deutlichsten ist diese Trennung in Rheinland-Pfalz geschehen. Dort findet sich im Universitätsmedizingesetz die Formulierung, dass zwischen den Teilbudgets „Krankenversorgung" sowie „Forschung und Lehre" kein Verlustausgleich durch mögliche Überschüsse des anderen Budgets erfolgen darf[524].

Eine völlige Verhinderung der Vermischungen der Budgets ist indes nicht zu erreichen. Dies liegt nicht nur an einem zu nachlässigen Umgang der jeweiligen Kliniken, sondern auch daran, dass die Grenzen zwischen Krankenversorgung sowie Forschung und Lehre oftmals fließend sind[525]. In der Praxis lässt sich nicht immer eindeutig die Unterscheidung durchführen, ob der behandelnde Mediziner dem Patienten am Krankenbett als Forscher, Lehrer oder Arzt begegnet[526].

---

521 Die Arbeitsgemeinschaft Hochschulmedizin, Resolution vom 19.04.2004, sieht das Gesundheitsstrukturgesetz 1993 als Ausgangspunkt der Fehlentwicklung, der Universitätsmedizin ihren gebührenden Sonderstatus im Krankenhauswesen vorzuenthalten. Heute würden Universitätsklinika – trotz des Auftrags in Forschung und Lehre und den damit verbundenen Besonderheiten – zunehmend rechtlich und wirtschaftlich mit anderen Krankenhäusern gleich behandelt.

522 Die Quersubventionierung wurde dabei sowohl von Seiten der Forschung und Lehre als auch von Seiten der Krankenversorgung angemahnt, so *Pabst,* F&L 2001, S. 309 (312). Die Krankenkassen kritisierten, dass durch zu hohe Pflegesätze die Forschung mitfinanziert würde, während die Wissenschaftsministerien eine Zweckentfremdung der Landeszuschüsse für Forschung und Lehre zu Gunsten der Krankenversorgung bemängelten; dasselbe Phänomen erkannte zuvor bereits *Grifka,* F&L 1996, S. 202.

523 Eine solche Trennungsrechnung empfiehlt auch der Wissenschaftsrat, Allgemeine Empfehlungen zur Universitätsmedizin, 2007, S. 83. Die Landkarte Hochschulmedizin, Art der Kostenrechnung von Forschung und Lehre bzw. Krankenversorgung (Trennungsrechnung), Stand 08.02.2011, bietet genauen Aufschluss darüber, wie die Trennungsrechnung an jedem einzelnen universitätsmedizinischen Standort praktiziert wird.

524 Vgl. § 18 Abs. 2 UMG R-P.

525 Vgl. *Becker,* Das Recht der Hochschulmedizin, 2005, S. 40, der feststellt, dass die Grenze zwischen Krankenversorgung und Forschung das Humanexperiment und der Heilversuch darstellt; nach überwiegender Meinung sei eine subjektive Abgrenzung entscheidend. Eine solche subjektive Abgrenzung erscheint jedoch oftmals kaum nachprüfbar.

526 Als weitere Beispiele, in denen die Unterscheidung schwierig ist, nennt der Wissenschaftsrat, Allgemeine Empfehlungen zur Hochschulmedizin, 2007, S. 77, neben der Lehre am Krankenbett die Patientenversorgung im Rahmen klinischer Forschungen sowie die Kosten für Strom und Gebäudereinigung. In diesen „Grauzonen" würde die Universitätsmedizin ständig unter dem Verdacht der Quersubventionierung stehen.

Eine Quersubventionierung der Krankenversorgung aus Forschungsmitteln wird trotz der formalen Trennungsrechnung teilweise noch angemahnt. Es wird kritisiert, dass der wissenschaftliche, medizinische Fortschritt der Krankenversorgung nur eingeschränkt zu Gute komme, da neue Methoden unter Umständen nicht von der Gesetzlichen Krankenversicherung übernommen werden[527]. Die einzige Möglichkeit, die neuen Methoden dennoch anwenden zu können, bestehe darin, die universitäre Krankenversorgung aus den universitären Forschungsbudgets zu finanzieren[528].

In der Krankenhausfinanzierung stellt sich derzeit das Auseinanderfallen der Kosten und Einnahmen als Hauptproblem dar[529]. Gerade Finanzierungsprobleme der Universitätsklinika in der Krankenversorgung gefährden aufgrund der engen Verflechtung letztlich auch die Belange von Forschung und Lehre[530]. Es ist festzustellen, dass die Freiräume der medizinischen Forschung an den Fachbereichen immer auch vom wirtschaftlichen Erfolg des Universitätsklinikums abhängig sind[531]. Allein die Tatsache, dass aufgrund der oftmals defizitären Krankenversorgung über die Schließung oder Nichtschließung von Universitätsklinika diskutiert wird, wirkt sich hemmend auf den wissenschaftlichen Betrieb aus[532].

Grundproblem ist, dass Krankenhäuser in Zeiten finanzieller Engpässe auf Effizienz und Wirtschaftlichkeit verpflichtet sind. Beispielhaft besagt § 82 Abs. 1 S. 1 LHG BW[533], dass sich Wirtschaftsführung und Rechnungswesen des Universitätsklinikums nach kaufmännischen Grundsätzen richten müssen und die

527 Vgl. hierzu die ausführliche Argumentation von *Bleyl,* MedR 2004, S. 415 ff., der seine Ausführungen im Jahr 2004 zu den durch das GKV-Modernisierungsgesetz geschaffenen Neuregelungen als „vorauseilende Kritik“ deklarierte. Der im SGB V vorgesehene Bundes- und Bewertungsausschuss der Ärzte und Krankenkassen würde die Entscheidung zur Finanzierung bestimmter Untersuchungsmethoden aus GKV-Mitteln verhindern.

528 *Bleyl,* MedR 2004, S. 415.

529 So der Verband der Universitätsklinika Deutschlands, Pressemitteilung (Siewert) vom 02.07.2009, der von einer „Scherenproblematik“ ausgeht.

530 *Schölmerich,* F&L 2010, S. 24 (25), formuliert, die Zukunftsfähigkeit der Hochschulmedizin hänge wesentlich davon ab, die Finanzierung der Krankenversorgung derart auszugestalten, dass genügend Raum für Forschung und Lehre verbleibe.

531 So *Fleckenberg,* Bundesgesundheitsblatt 2009, 940 (944), der diesen Zusammenhang unabhängig von einer Trennungsrechnung zwischen den Aufgabengebieten Krankenversorgung sowie Forschung und Lehre annimmt.

532 So der Wissenschaftsrat, Stellungnahme zu Leistungsfähigkeit, Ressourcen und Größe universitätsmedizinischer Einrichtungen 2005, S. 6.

533 § 82 Abs. 1 S. 1 LHG BW gilt zukünftig für die im Integrationsmodell organisierten Körperschaften für Universitätsmedizin des Landes Baden-Württemberg, eine Umwandlung vom Kooperations- zum Integrationsmodell muss bis zum 01.01.2013 erfolgen. Bis dahin besteht in § 5 des UKG Baden-Württemberg eine entsprechende Parallelregelung für das Kooperationsmodell.

Grundsätze der Wirtschaftlichkeit und Sparsamkeit zu beachten sind[534]. Effizienz und Wirtschaftlichkeit in der Krankenversorgung erfordern jedoch Maßnahmen, welche der Freiheit von Forschung und Lehre zumindest mittelbar abträglich sind. So warnt der Wissenschaftsrat davor, sich bei Überlegungen zur Effizienz der Universitätsklinika einseitig von Wirtschaftlichkeitsaspekten leiten zu lassen[535]. Dies liefe dem Auftrag der Universitätsmedizin zuwider und hätte eine nachhaltige Schädigung der gesamten deutschen Hochschulmedizin zur Folge[536].

Die Einführung des DRG-Fallpauschalensystems[537] unterlag verfassungsrechtlichen Bedenken[538]. Die durch das DRG-Fallpauschalensystem entstandenen Finanzstrukturen führten dazu, dass die Universitätsklinika stärker als andere Krankenhäuser belastet wurden[539]. Die Behandlung eines Patienten in einer Universitätsklinik ist durch die Vernetzung zwischen Krankenversorgung, Forschung und Lehre teurer als in anderen Krankenhäusern, so dass die allgemeinen Fallpauschalen nicht ausreichend erscheinen. In den Allgemeinkrankenhäusern betragen die Kosten pro Behandlungsfall im Schnitt 3368 Euro, speziell in den Universitätsklinika hingegen 5064 Euro[540]. Dies liegt daran, dass für eine hochwertige Forschung in den Universitätsklinika kostspielige Strukturen notwendig sind, etwa durch die Anschaffung von speziellen Geräten. Für die Lehre und

---

534 Auch die Regelung des § 104 b Abs. 1 S. 1 LHG M-V fordert in aller Deutlichkeit, dass sich Wirtschaftsführung und Rechnungswesen der Universitätsmedizin nach kaufmännischen Grundsätzen richten; §§ 12, 70 Abs. 1 S. 2 SGB V normiert den Wirtschaftlichkeitsgrundsatz für das Recht der Krankenversicherung.

535 Wissenschaftsrat, Stellungnahme zur Leistungsfähigkeit, Ressourcen und Größe universitätsmedizinischer Einrichtungen, 2005, S. 6.

536 Ebd.; auch *Gärditz,* Hochschulorganisation und verwaltungsrechtliche Systembildung, 2009, S. 591, stellt fest, dass Finanzierungsprobleme im öffentlichen Gesundheitswesen zu einer verstärkten Ökonomisierung der Krankenversorgung führten, die der Forschung und Lehre im Klinikum immer weniger Raum zu belassen drohten.

537 Gesetz zur Einführung des diagnoseorientierten Fallpauschalensystems für Krankenhäuser vom 23.04.2002, BGBl. S. 1412.

538 Vgl. dazu ausführlich *Rübsamen,* Verfassungsrechtliche Aspekte des Fallpauschalensystems im Krankenhauswesen (DRG-Vergütungssystem), 2008, S. 248, welche u.a. zu dem Ergebnis kommt, dass das Fallpauschalensystem in der damaligen Ausgestaltung einen rechtswidrigen Grundrechtseingriff in die Berufsfreiheit und Eigentumsfreiheit der privaten und freigemeinnützigen Krankenhausträger darstellt. Die öffentlich-rechtlichen Universitätsklinika seien nicht grundrechtsfähig, so dass das Fallpauschalensystem für diese nicht am Maßstab der Grundrechte zu messen sei.

539 Vgl. zur Problematik der DRGs für die Hochschulmedizin etwa *Dietel/Steinhagen-Thiessen,* F&L 2001, S. 368 f., welche das DRG-System als innovations- und forschungsfeindlich einstufen und zahlreiche Gründe nennen, warum gerade die Universitätsklinika besonders durch dieses benachteiligt werden.

540 Vgl. hierzu nur die Zahlen des Statistischen Bundesamtes, Gesundheitswesen – Kostennachweise der Krankenhäuser 2006.

Medizinerausbildung muss ein breites Spektrum an Krankheiten und Fallstudien vorhanden sein, so dass auch medizinische Gebiete abgedeckt werden müssen, welche aus finanzieller Sicht wenig attraktiv sind[541]. Spezielle kostenintensive Krankheitsbilder werden gerade in den Universitätsklinika behandelt[542].

Das Fallpauschalensystem verleitet darüber hinaus dazu, die Aufenthaltsdauer der Patienten zu verkürzen und eine schnelle Entlassung herbeizuführen. Dies schadet nicht nur den Patienten, denen eine umfassende Diagnostik verwehrt wird, sondern auch der Ausbildung und Lehre[543].

Insgesamt ist festzuhalten, dass vor allem Finanzierungsprobleme im Rahmen der Krankenversorgung die Gewährleistung der Freiheit von Forschung und Lehre der Medizinischen Hochschullehrer und Fakultäten mittelbar stark beeinflussen. Es darf keine kontraproduktive Unterfinanzierung der Universitätsklinika bestehen, welche Einfluss auf Qualität der Forschung und Lehre hat. Andererseits sind Maßnahmen zur Verhinderung der Finanzierungsprobleme mit Vorsicht anzuwenden, da diese Maßnahmen ihrerseits die Belange von Forschung und Lehre gefährden können[544]. Die Unterfinanzierung der Universitätsklinika stellt ein Folgeproblem dar, welches der Gesetzgeber vor allem durch die Ausweitung der Krankenversorgung und den Ausbau der Universitätsklinika zu Großkrankenhäusern hat mittelbar entstehen lassen.

3. Auswirkungen der veränderten Aufgabenwahrnehmung

a. Eingriffe in die Freiheit von Forschung und Lehre der medizinischen Hochschullehrer

Durch die dargestellte Änderung der Aufgabenwahrnehmung der Universitätsklinika änderte sich auch das Aufgabenprofil der medizinischen Hochschullehrer. Das veränderte Aufgabenprofil könnte Eingriffe in die nach Art. 5 Abs. 3 S. 1 GG garantierte Wissenschaftsfreiheit bedingen. Die verfassungsrechtliche Vorgabe des Art. 5 Abs. 3 S. 1 GG lautet „freie Wissenschaft" und nicht etwa

541 So auch *Dietel/Steinhagen-Thiessen,* F&L 2001, S. 368 (369), welche auf die Vorhaltung von Spezialfächern verweisen.

542 Dies wird gefördert durch die Zuweisung von Patienten aus Krankenhäusern anderer Versorgungsstufen. Auch niedergelassene Ärzte weisen Patienten mit außergewöhnlichen Krankheitsbildern gerade den Universitätsklinika zu, ohne dass das besondere Behandlungsbedürfnis in der für die Leistungserstattung relevanten Diagnoseverschlüsselung offenkundig wird, so *Grifka,* F&L 1996, S. 202.

543 *Dietel/Steinhagen-Thiessen,* F&L 2001, S. 368 (369).

544 Mögliche Lösungsansätze für eine bessere Finanzierungssituation der Hochschulmedizin werden noch unter C. VI. erörtert.

„Unternehmen Hochschule"[545]. Die Entscheidungshoheit muss dementsprechend innerhalb von Fakultät und Klinikum den Professoren zustehen[546].

Insbesondere die der Freiheit von Forschung und Lehre immanente Weisungsfreiheit und Vorgesetztenfreiheit könnte durch hierarchische Weisungsbefugnisse gegenüber den Wissenschaftlern im Rahmen der Krankenversorgung betroffen sein[547]. Eine effiziente und funktionierende Krankenversorgung benötigt Strukturen, die in der Universität nicht anzutreffen sind. Die Abspaltung der Universitätsklinika von den Universitäten zu eigenständigen Anstalten des öffentlichen Rechts führte in den Universitätsklinika u.a. zur Ablösung des in der Universität vorherrschenden Kollegialitätsprinzips durch hierarchische Strukturen, welche die Krankenversorgung erfordert[548]. Während in der Universität Entscheidungen vom Professorenkollegium getroffen werden, wirken in den Universitätsklinika Strukturen, welche Entscheidungen von oben nach unten vorgeben[549]. Insofern hat der medizinische Hochschullehrer auf Weisung des Ärztlichen Direktors Aufgaben in der Krankenversorgung zu erfüllen. Aus versorgungsrechtlicher Sicht mag dies zweckmäßig sein, der freien Bestimmung der Forschungs- und Lehrtätigkeit ist dies jedoch abträglich. Die rechtliche Selbständigkeit und die größeren eigenständigen Kompetenzen der Universitätsklinika haben dazu geführt, dass die medizinischen Hochschullehrer für die Gewährleistung ihrer Wissenschaftsfreiheit nicht nur auf Universität und Fachbereich angewiesen sind, sondern auch auf das Universitätsklinikum. Die Teilhaberechte der Hochschullehrer werden schwerer durchsetzbar. Auch die Mitwirkungsrechte der medizinischen Hochschullehrer scheinen beeinträchtigt. Zwar sind die Hochschullehrer nach wie vor in die Entscheidungsfindung des Fachbereichs mit eigener Stimme integriert, haben jedoch nur mittelbaren Einfluss auf Entscheidungen des Deka-

---

545 So *Bauer,* Jahresversammlung Medizinischer Fakultätentag 2009, Innere Wissenschaftsfreiheit, S. 123.

546 Ebd.

547 Auch *Epping/Lenz,* DÖV 2004, S. 1 (4), weisen darauf hin, dass ein umfassendes Weisungsrecht des Vorstandes gegenüber den Hochschullehren in der Krankenversorgung unbedenklich sei, sich jedoch eine trennscharfe Abgrenzung zwischen Krankenversorgung, Forschung und Lehre kaum durchführen lässt, da diese in einer ständigen Wechselbeziehung stünden. *Gärditz,* Hochschulorganisation und verwaltungsrechtliche Systembildung, 2009, S. 595, fordert, dass im Rahmen von Weisungsrechten in der Krankenversorgung auf die Forschung und Lehre im Hinblick auf Art. 5 Abs. 3 S. 1 GG Rücksicht genommen werden muss.

548 So etwa *Sandberger,* in: Hartmer/Detmer (Hrsg.), Hochschulrecht, 2004, Kapitel VI, Rn. 10; vgl. auch *Heintzen,* DÖV 1997, S. 530 (537), der darauf hinweist, dass die Begrifflichkeiten „Gruppenuniversität" und „wirtschaftliche Effizienz" nicht zu vereinbaren seien. Der Wille zur Verwirklichung beider Ziele stelle einen Widerspruch dar.

549 Auch *Pabst,* F&L 2001, S. 309 (312), weist dementsprechend darauf hin, dass Forschungsschwerpunkte durch Initiativen von Forschungspersönlichkeiten entstünden, nicht hingegen durch eine Anordnung von oben.

nats und vor allem des Universitätsklinikums[550]. Die unmittelbare Geltendmachung des Grundrechts aus Art. 5 Abs. 3 S. 1 GG gegenüber dem Universitätsklinikum erweist sich als kompliziert[551]. Die Hochschullehrer sind regelmäßig darauf beschränkt, im Rahmen ihrer Mitwirkungsrechte im Fachbereich darauf hinzuwirken, dass der Fachbereich gegenüber dem Universitätsklinikum die Interessen der Hochschullehrer durchsetzt. Die Interessenvertretung der wissenschaftlichen Seite erfolgt in einer Vielzahl von Fällen lediglich durch den Dekan, welcher nicht einmal an Entscheidungen des Fachbereiches gebunden ist[552].

Zudem nimmt die Fähigkeit der Universitätsklinika zur Unterstützung der Medizinischen Fachbereiche und ihrer Wissenschaftler in Forschung und Lehre ab. Die in den Universitätsklinika erbrachte Hochleistungsmedizin mitsamt einer steigenden Spezialisierung ist etwa ursächlich dafür, dass die für die Lehre relevanten alltäglichen Krankheitsbilder zumeist in den Krankenhäusern anderer Versorgungsstufen vorzufinden sind, weniger hingegen im Universitätsklinikum[553]. Die in den Universitätsklinika erbrachte Krankenversorgung richtet sich nicht mehr allein an Forschung und Lehre aus, sondern vor allem an der Gesundheitsversorgung der Bevölkerung[554].

Nicht nur die beschriebenen lehr- und forschungshinderlichen Strukturen der Krankenversorgung an sich, sondern gerade auch das quantitative Ausmaß der Krankenversorgung schränkt die Hochschullehrer ein. Schon 1995 forderte der Wissenschaftsrat, die Universitätsklinika hätten ihre Bettenkapazitäten auf ein

---

550 Dies erscheint auch in Hinsicht auf die jüngst ergangene Entscheidung des BVerfG, 1 BvR 748/06 vom 20.07.2010 problematisch, in welcher das BVerfG explizit ein hinreichendes Partizipationsniveau der Grundrechtsträger durch dessen Vertretungsorgane forderte, insbesondere im Verhältnis zu den Kompetenzen der Leitungsorgane.

551 Das BVerfG, 1 BvR 1165/08 vom 02.07.2008, stellt zwar fest, dass ein Hochschullehrer seine Rechtsposition „im Hinblick auf seine Mittelausstattung unmittelbar gegenüber dem Universitätsklinikum geltend machen kann", jedoch nur, wenn er ergänzend auch die Geltendmachung gegenüber der universitären Seite verfolgt. Ein Anspruch gegenüber dem Universitätsklinikum kann (erst) dann bestehen, wenn der Hochschullehrer seine Rechte gegenüber dem Fachbereich Medizin und der Universität geltend machen kann. Die universitäre Seite muss dann gegenüber dem Universitätsklinikum aktiv werden.

552 Vgl. zu den Einflussmöglichkeiten des Medizinischen Fachbereichs auf Entscheidungen des Universitätsklinikums schon oben C. II. 2 a. bb.

553 So auch *Sandberger*, in: Flämig (Hrsg.), Handbuch des Wissenschaftsrechts, 2. Aufl. 1996, S. 931; dadurch werde erzwungen, dass die Ausbildung der Studenten in zunehmenden Maße auf Lehrkrankenhäuser ausweichen müsse.

554 *Quaas*, MedR 2010, S. 149 (150), unterscheidet zutreffend in Aufgaben der Universitätsklinika in der Krankenversorgung ausgerichtet auf Forschung und Lehre sowie Aufgaben der Universitätsklinika in der Krankenversorgung ausgerichtet auf die allgemeine Versorgung der Bevölkerung.

für die Bedürfnisse von Forschung und Lehre förderliches Maß zu reduzieren[555]. Während die Hochschullehrer anderer Fachbereiche größtenteils universitäre Aufgaben in Forschung und Lehre erfüllen, tritt für viele medizinische Hochschullehrer die verpflichtende Arzttätigkeit im Universitätsklinikum hinzu[556]. Mit einer vermehrten Einbindung der Hochschullehrer in die Krankenversorgung ist ein Rückgang der zeitlichen Freiräume für die Tätigkeiten in Forschung und Lehre verbunden. Nach Schätzungen entfallen mittlerweile 60 % bis 80 % der Arbeitszeit der medizinischen Hochschullehrer auf die Krankenversorgung[557]. Aufgrund der zunehmenden Tätigkeit in der Krankenversorgung des Universitätsklinikums haben die Hochschullehrer oftmals schlicht keine Zeit, ihren Tätigkeiten in Forschung und Lehre nachzugehen[558]. Auch der Wissenschaftsrat

555 Wissenschaftsrat, Stellungnahme zur Entwicklung der Hochschulmedizin, 1995, S. 17. Dem entsprach auch die Auffassung *Sandbergers*, in: Waller/Rössler/ders. (Hrsg.), Die Universitätsklinika im Spannungsfeld zwischen Gesundheitspolitik und Forschungsauftrag, 1991, S. 111 (123), der die Übernahme von Versorgungsaufgaben durch die Universitätsklinika nur insoweit für zulässig erachtete, als die Versorgungsaufgaben nicht durch umliegende Krankenhäuser erbracht werden könnten.

556 Auch in den Hochschulgesetzen der Länder wird nunmehr für die medizinischen Hochschullehrer die Krankenversorgung als Dienstaufgabe festgesetzt, vgl. etwa § 45 Abs. 1 S. 2 HG NRW.

557 So die Einschätzung von *Kingreen/Banafsche/Szabados,* WissR Bd. 40 (2007), S. 283 (291), welche davon ausgehen, dass trotz formaler Gleichrangigkeit der Aufgaben lediglich 10 % bis 20 % auf die Forschung und Lehre entfielen; *Adler,* Probleme und Perspektiven der Hochschulmedizin, 2001, S. 25, nimmt ebenfalls an, dass ein medizinischer Hochschullehrer 60 % bis 80 % seiner Arbeitszeit im klinischen Betrieb vollbringe, und nur jeweils 10 % bis 20 % in Forschung und Lehre. Auch die Angehörige des Wissenschaftsrats *Beisiegel*, Rede auf dem 1. Deutschen Hochschulrechtstag zum Thema „Die Privatisierung der Hochschulmedizin", vgl. NVwZ 2007, S. 555, weist auf die faktische Dominanz der Krankenversorgung im klinischen Alltag gegenüber Forschung und Lehre hin. Der Kanzlerarbeitskreis Hochschulmedizin, Leistungsaustausch zwischen Universität/Medizinischer Fakultät und Universitätsklinikum, 2011, S. 34, 35, geht generell davon aus, dass medizinische Hochschullehrer mit klinischen bzw. klinisch-theoretischen Lehrfächern lediglich mit der Hälfte ihrer Dienstzeit für Krankenversorgungstätigkeiten eingeteilt sind. Die soeben genannten Prozentangaben sind mit dieser theoretischen Annahme nicht zu vereinbaren.

558 Vgl. dazu *Kiess*, F&L 2004, S. 437 ff. Es werde von den Hochschullehrern kritisiert, dass Organisationsaufgaben einen großen Teil der tatsächlichen Arbeitszeit einnähmen und sowohl Forschung, Lehre als auch Krankenversorgung beschränkten. So werde der Tagesablauf oftmals durch Besprechungen und organisatorische Rahmenpläne bestimmt. Für die wissenschaftliche Arbeit sei jedoch gegensätzlich ein Freiraum des „Denkens und der Zeit" notwendig. In einigen Universitätsklinika bliebe im Rahmen der kostenneutralen Umsetzung des Arbeitszeitgesetzes der Zeitaufwand für wissenschaftliche Tätigkeiten gänzlich unberücksichtigt. Auch *Noth,* F&L 2004, S. 326 (328), befürchtet – bedingt durch das „Primat der Ökonomisierung" der Universitätsklinika und damit verbundene Strukturänderungen – eine „Fülle von administrativen Pflichten"; *Adler,* F&L 2005, S. 586 (587), weist ebenfalls auf den steigenden Aufwand für die Krankenversorgung, insbesondere in Form von Dokumentations- und Verwaltungsaufgaben hin und

kritisiert, dass die viel zu geringen zeitlichen Freiräume für Forschung und Lehre erweitert werden müssen[559].

In diesem Zusammenhang wird darauf hingewiesen, dass die zunehmende Spezialisierung in der Medizin sowie die steigenden Aufgaben in der Krankenversorgung, die Gewährleistung sowohl einer Hochleistungsforschung als auch einer herausragenden Krankenversorgung durch ein und dieselbe Person immer schwieriger werden lassen[560]. Etwa für die Belange der Forschung sei eine konsequente Freistellung der Wissenschaftler von den Krankenversorgungsaufgaben notwendig[561].

Zudem bestehen Tendenzen, nach welchen die Hochschullehrer zukünftig nicht mehr verbeamtet, sondern im Angestelltenverhältnis beschäftigt werden sollen[562]. Damit wären weitere Eingriffe in die Freiheit von Forschung und Lehre verbunden. Ein freies Denken und eine selbstbestimmte Entscheidungsfindung fällt den Hochschullehrern mit Beamtenstatus leichter als Vertragsprofessoren, welche stärker an Weisungen des Universitätsklinikums gebunden sind[563].

---

stellt fest, dass eine hochwertige klinische Forschung nicht „nebenbei" erfüllt werden könne. Grundsätzliche Voraussetzung wäre die zeitweise Freistellung von Versorgungsaufgaben; *Biersack,* F&L 2008, S. 386 (387), nimmt an, dass die Universitätsmediziner ihre wissenschaftlichen Leistungen „nach Feierabend" erbringen müssen; auch *Becker,* Das Recht der Hochschulmedizin, 2005, S. 45, erkennt die hohe Arbeitsbelastung der Hochschullehrer, welche weniger Raum für die Forschung lasse; *Waller,* in: ders./Rössler/Sandberger (Hrsg.), Die Universitätsklinika im Spannungsfeld zwischen Gesundheitspolitik und Forschungsauftrag, 1991, S. 37 (42), machte schon früh darauf aufmerksam, dass in den Universitätsklinika als Krankenhäuser der Maximalversorgung kaum Zeiträume für ein „produktives wissenschaftliches Arbeiten" verblieben.

559 Wissenschaftsrat, Allgemeine Empfehlungen zur Universitätsmedizin, 2007, S. 22. Die Arbeitsgemeinschaft Hochschulmedizin der DHG, Resolution vom 19.04.2004, weist darauf hin, dass auch der wissenschaftliche Nachwuchs durch Aufgaben in der Krankenversorgung und Administration bereits voll ausgelastet sei.

560 *Siewert/Niethammer,* Der Chirurg 2003, S. 2; *Adler,* Probleme und Perspektiven der Hochschulmedizin, 2001, S. 11, hinterfragt ebenfalls, ob eine Person gleichzeitig noch ein optimaler Forscher, Lehrer und Arzt sein könne; hierbei könne es sich jedenfalls nicht um ein Zukunftsmodell handeln. Sowohl Forschung und Lehre als auch die Krankenversorgung verlangten größtes Engagement und Spitzenleistungen; *Dichgans,* in: Waller/Rössler/Sandberger (Hrsg.), Die Universitätsklinika im Spannungsfeld zwischen Gesundheitspolitik und Forschungsauftrag, 1991, S. 103 (110), kam bereits im Jahre 1990 zu der Erkenntnis, dass eine qualitativ hochwertige Forschung, Lehre, Krankenversorgung und Betriebsführung „simultan nicht zu leisten" sei.

561 *Siewert/Niethammer,* Der Chirurg 2003, S. 2.

562 In der Universitätsmedizin Mainz wird es zukünftig keine Beamten mehr geben. Ausnahmen bestehen lediglich für die jetzigen Beamten, vgl. dazu den Vortrag *von Gaertners,* Jahresversammlung Medizinischer Fakultätentag 2007, Neue Rechtsform von Universitätsklinikum und Medizinischer Fakultät der Universität Mainz, S. 6, welcher von derartigen Überlegungen abrät.

563 So zutreffend *von Jagow/Kirchner,* F&L 2003, S. 604 (605, 606), welche darüber hinaus gar die Gefahr ausmachen, dass eine Professorenstellung auf Vertragsbasis die Dominanz der Kranken-

Der fortschreitende Abbau der staatlichen Aufsicht über die Hochschulmedizin mag für die betriebswirtschaftlichen Ziele der Universitätsmedizin sowie für den Gesamterfolg der medizinischen Wissenschaft und Krankenversorgung förderlich sein[564]. Staatliche Aufsichtsrechte stellen jedoch für die Gewährleistung der individuellen Wissenschaftsfreiheit der Hochschullehrer eine Schutzfunktion dar, da Verstöße des Universitätsklinikums durch den Staat beanstandet werden können.

Weiterhin sind auch die Medizinischen Fachbereiche immer weniger dazu in der Lage, die Wissenschaftsfreiheit der Hochschullehrer zu schützen und dementsprechende Voraussetzungen zu schaffen[565]. Gerade im Integrationsmodell werden die Medizinischen Fachbereiche auch darauf verpflichtet, im Rahmen einer gesamtverantwortlichen Aufgabenwahrnehmung die Interessen der Krankenversorgung maßgeblich mit zu berücksichtigen.

Die Medizinischen Fachbereiche scheinen teilweise leider die derzeitigen Entwicklungen bis zu einem bestimmten Grad akzeptiert zu haben und nicht immer im ausreichenden Maße auf die ihnen zustehende selbstbestimmte Aufgabenwahrnehmung in Forschung und Lehre zu drängen. Die Arbeitsgemeinschaft der Wissenschaftlichen Medizinischen Fachgesellschaften bemängelte bereits, dass auch die Bemühungen der Medizinischen Fachbereiche im Rahmen der strukturellen Entwicklungen der Universitätsklinika gerade nicht mehr durch akademische Überlegungen geprägt seien, sondern sich zuweilen an den „zufälligen lokalen Gegebenheiten“ orientierten und ganz überwiegend von wirtschaftlichen Vorgaben bestimmt seien[566]. Die Anerkennung wirtschaftlicher Faktoren dürfe aber nicht zugleich deren Priorisierung bedeuten, vielmehr müsse sich die akademische Medizin an den wissenschaftlichen Zielen und Grundlagen der Me-

---

versorgung verstärke und eine qualitative Verschlechterung der Forschung und Lehre bedinge. Desweiteren sei ein Auseinanderdriften von Medizinischem Fachbereich und Universitätsklinikum zu befürchten. Zur Verfassungsmäßigkeit des Wegfalls des Beamtenstatus noch näher unter C. VI., insbesondere Fn. 683.

564 Vgl. dazu oben unter C. III. 2. a. Die staatliche Aufsicht über die Hochschulmedizin verringert sich, die Hochschulmedizin wurde zunehmend „dereguliert“. Die Hochschulmedizin verfolgt die Ziele einer bestmöglichen Forschung, Lehre und Krankenversorgung. Aufgrund des zunehmenden Wettbewerbes sind diese Ziele jedoch nur zu erreichen, wenn die Hochschulmedizin eigene weite Handlungsspielräume besitzt, und „hemmende“ staatliche Kontrollbefugnisse soweit wie möglich in Grenzen gehalten werden.

565 Vgl. unter C. III. 3. b.

566 Arbeitsgemeinschaft der Wissenschaftlichen Medizinischen Fachgesellschaften, Thesen der Arbeitsgemeinschaft der Wissenschaftlichen Medizinischen Fachgesellschaften zu Aufgaben von Universitätsklinika, 02.06.2005, die Arbeitsgemeinschaft der Wissenschaftlichen Medizinischen Fachgesellschaften sei sich der Bedeutung wirtschaftlicher Faktoren bewusst, wirtschaftliche Gründe seien jedoch kein hinreichendes Motiv für die Strukturierung der Universitätsklinika.

dizin ausrichten[567]. Die Strukturen der Universitätsklinika und deren Schwerpunktbildung müssten primär nach akademischen Gesichtspunkten ausgerichtet sein[568]. Auch das aufkommende neue Selbstverständnis der Medizinischen Fachbereiche ist demnach dem Schutz der individuellen Wissenschaftsfreiheit der Hochschullehrer abträglich.

Die Freiheit von Forschung und Lehre der medizinischen Hochschullehrer unterliegt derzeit deutlich erkennbaren Grundrechtseinschränkungen. Die Hochschullehrer werden in hierarchische Entscheidungsstrukturen der Krankenversorgung eingebunden, welche eine weisungsfreie selbstbestimmte Forschung und Lehre behindern. Zeitlich besitzen sie kaum mehr eigene Freiräume zum Forschen und Lehren.

b. Eingriffe in die Freiheit von Forschung und Lehre der Medizinischen Fachbereiche

Auch die Aufgabenwahrnehmung und die strukturelle Einbindung der Medizinischen Fachbereiche in das Gesamtorganisationssystem der Hochschulmedizin ändern sich. Die Medizinischen Fachbereiche sind immer weniger zur Erfüllung des institutionellen Auftrags befähigt, ihren Hochschullehrern den benötigten Freiraum für Forschung und Lehre zu garantieren[569]. Insofern könnten auch die Universitäten und Medizinischen Fachbereiche in ihrem Grundrecht auf Wissenschaftsfreiheit verletzt und in ihrem Selbstverwaltungsrecht eingeschränkt sein. Die Medizinischen Fachbereiche können Entscheidungen über bestimmte Forschungsschwerpunkte oder Lehrziele nicht mehr autonom treffen, sondern sind zunehmend auf eine Abstimmung mit den Universitätsklinika angewiesen. Entscheidungen des Fachbereichs unterliegen immer häufiger einem Widerspruchsrecht des Klinikums bzw. setzen dessen Benehmen oder Einvernehmen voraus[570]. Je mehr die Krankenversorgung im Rahmen der Aufgaben der Universitätsklinika quantitativ ansteigt und das Universitätsklinikum eigene Entscheidungskompetenzen aufgrund einer rechtlichen Loslösung von Fachbereich und Universität

567 Ebd.

568 Ebd., im Unterschied zu Versorgungskrankenhäusern sei gerade die klinische Forschung ausschlaggebend bei der Strukturbildung der Universitätsklinika.

569 Die rechtlichen Strukturen in der Hochschulmedizin müssen nicht nur die Gewährleistung des Individualgrundrechts der Forschung- und Lehrfreiheit, sondern auch die Möglichkeit der Wahrnehmung ihres institutionellen Auftrags durch Universität und Fachbereich sicherstellen, vgl. *Sandberger*, WissR-Beiheft 17 Bd. 39 (2006), S. 26.

570 Vgl. dazu schon oben die Regelungen in den einzelnen Universitätsklinikagesetzen der Länder unter C. II. 2. b und c., wie etwa in Baden-Württemberg § 7 Abs. 1 S. 4 UKG, in Bayern Art. 34 Abs. 1 S. 2 Bay HSchG und in Mecklenburg-Vorpommern § 14 Abs. 1 LVO Rostock.

erwirbt, desto weniger verfügt der Fachbereich mitsamt seiner Organe über Macht und Mittel, die eigenen Wissenschaftsinteressen durchzusetzen[571]. Die vermehrte Wahrnehmung der Krankenversorgung in den Universitätsklinika führt zu der Annahme, dass die Medizinischen Fachbereiche „auf einen praktisch selten wirkungsvoll in Erscheinung tretenden Annex ihres Klinikums" reduziert worden sind[572]. Bei wissenschaftlichen Projekten entscheidet die universitäre Seite über das wissenschaftliche „Wollen" und das Universitätsklinikum über das krankenhauswirtschaftliche „Können"[573]. Es ist jedoch zu beobachten, dass die Universitätsklinika ein immer größeres Selbstverständnis dahingehend entwickeln, dass ihnen die Entscheidungshoheit in nahezu sämtlichen Fragen der Hochschulmedizin zukommt[574]. Auch der Einfluss auf wissenschaftliche Projekte des Medizinischen Fachbereichs erhöht sich aufgrund dieses Selbstverständnisses[575].

Diese Entwicklung wird derzeit weiter vorangetrieben. Im Rahmen der Effizienz- und Wirtschaftlichkeitsdiskussion in der Krankenversorgung nimmt die Forderung nach größerer Handlungsfreiheit der Universitätsklinika und Körper-

---

571 *Pabst,* F&L 2001, S. 309 (312), merkt zutreffend an, dass demokratisch gewählte Gremien zwar zuweilen zeitlich ineffektiv sein können, hinterfragt jedoch, ob wegen einiger Mängel bewährte Strukturen gleich beseitigt und „Entscheidungsgremien zu Beratungsgremien degradiert" werden sollten.

572 Vgl. die Formulierung von *Gärditz,* DÖV 2006, S. 1043, welcher eine Bilanz über den 1. Deutschen Hochschulrechtstags zieht; *Fleckenberg,* Bundesgesundheitsblatt 2009, S. 940 (944), fühlt sich gar bereits zu dem Hinweis genötigt, dass die Medizinischen Fakultäten neben Einrichtungen der Krankenversorgung auch immer solche der Forschung und Lehre seien.

573 So zutreffend der Kanzlerarbeitskreis Hochschulmedizin, Leistungsaustausch zwischen Universität/Medizinischer Fakultät und Universitätsklinikum, 2011, S. 19. Siehe dazu schon oben unter C. I. 2. a.

574 So betont der Dekan der Medizinischen Fakultät der Universität Tübingen *Autenrieth,* Jahresversammlung Medizinischer Fakultätentag 2009, Sicht der Fakultäten, S. 88, dass die Beziehung zwischen Medizinischem Fachbereich und Universitätsklinikum trotz aller Gemeinsamkeiten nicht immer einfach sei. Der deutlich höhere Etat des Universitätsklinikums gegenüber dem Fachbereich führe bisweilen zu der irrigen Annahme, dass derjenige, der über größere finanzielle Mittel verfüge, auch größere Entscheidungskompetenzen inne habe. Das Wissen um die Bedeutung der Fakultät sei nicht bei allen Mitarbeitern des Universitätsklinikums im genügenden Maße vorhanden. Die Aufgaben Forschung und Lehre einerseits sowie die Krankenversorgung andererseits würden sich in Dynamik, notwendigen Steuerungsmechanismen und im Prinzip der Entscheidungsfindung unterscheiden.

575 Der Kanzlerarbeitskreis Hochschulmedizin, Leistungsaustausch zwischen Universität/Medizinischer Fakultät und Universitätsklinikum, 2011, S. 19, fordert daher, dass die Ziele der universitären Seite durch die Universitätsklinika keinesfalls vorgegeben und auch nicht unterlaufen werden dürfen.

schaften für Universitätsmedizin gegenüber den Universitäten weiterhin zu[576]. Die als notwendig erachtete Professionalisierung der Hochschulmedizin kann nach Einschätzung des Verbands der Universitätsklinika Deutschlands nur gelingen, wenn man Klinika (und Fachbereiche) in ihrer Handlungsfreiheit gegenüber den Rektoraten der Universität aufwerte[577]. Je mehr die staatliche und universitäre Einflussnahme in der Hochschulmedizin zurückgeht, desto mehr wird jedoch auch der Schutz von Forschung und Lehre gegenüber den Interessen des Universitätsklinikums verringert[578]. Die Handlungsfreiheit der Universitätsklinika ist durch zahlreiche Strukturreformen ohnehin bereits stark angewachsen, u.a. auf-

---

576 Dies fordern auch der Verband der Universitätsklinika Deutschlands sowie der Medizinische Fakultätentag, Gemeinsame Stellungnahme zum Gesetzentwurf der Landesregierung für ein viertes Gesetz zur Änderung des Hessischen Hochschulgesetzes, 17.07.2007; Verband der Universitätsklinika Deutschlands, Stellungnahme zum Referentenentwurf für ein Hochschulmedizingesetz (NRW), 05.07.2007; Verband der Universitätsklinika Deutschlands, Stellungnahme zum Landesgesetz über die Errichtung der Universitätsmedizin der Johannes Gutenberg-Universität Mainz, Mai 2008. Vgl. zur staatlichen Deregulierung in der Hochschulmedizin schon oben unter C. III. 2. a.

577 Verband der Universitätsklinika Deutschlands, Stellungnahme zum Referentenentwurf für ein Hochschulmedizingesetz (NRW), 5.07.2007; Verband der Universitätsklinika Deutschlands, Stellungnahme zum Landesgesetz über die Errichtung der Universitätsmedizin der Johannes Gutenberg-Universität Mainz, Mai 2008. Gerade die Kritik an der Stellung des Rektorates ist nicht neu, diese betrieb bereits *Leuze,* MedR 1996, S. 493 (494). Es ist jedoch zu bedenken, dass in der Zwischenzeit die Autonomie der hochschulmedizinischen Standorte und der Universitätsklinika bereits entscheidend angewachsen ist. So glaubt *Hormuth,* F&L 2008, S. 740 (741), dass im Konfliktfall zwischen Klinikum und Medizinischem Fachbereich ein im Wesentlichen gleiches Kräfteverhältnis auf beiden Seiten bestehen sollte. Für die Seite des Medizinischen Fachbereichs wäre insofern ein enges Zusammenwirken mit der Universität wichtig, da ein gemeinsames Handeln von Fakultäts- und Universitätsleitung die Kräfte stärke. Die Fakultät für sich alleine könne etwa durch die Abhängigkeit zum Klinikum beeinträchtigt sein. Rollenkonflikte der beteiligten Personen wären die Konsequenz. Die Universitätsleitung sei dagegen deutlich unabhängiger gegenüber dem Universitätsklinikum, in andere politische Zusammenhänge integriert und verfüge über besondere Kompetenzen in juristischen und haushaltlichen Fragen.

578 Der Verband der Universitätsklinika Deutschlands und der Medizinische Fakultätentag sehen diese Gefahr indes nicht. Die Forderung nach größerer Eigenständigkeit der Hochschulmedizin dürfe nicht nach einer Forderung zum Rückbau der Forschung und Lehre zu Gunsten einer wirtschaftlicheren Krankenversorgung missverstanden werden. Es bestünden hingegen Synergien und die unternehmerische Initiative könne sich auf beide Teilbereiche positiv auswirken, vgl. Verband der Universitätsklinika Deutschlands/Medizinischer Fakultätentag, Gemeinsame Stellungnahme zum Gesetzentwurf der Landesregierung für ein viertes Gesetz zur Änderung des Hessischen Hochschulgesetzes, 17.07.2007; Vgl. ferner Verband der Universitätsklinika Deutschlands, Stellungnahme zum Referentenentwurf für ein Hochschulmedizingesetz (NRW), 5.07.2007; Verband der Universitätsklinika Deutschlands, Stellungnahme zum Landesgesetz über die Errichtung der Universitätsmedizin der Johannes Gutenberg-Universität Mainz, Mai 2008.

grund der Abspaltung von den Universitäten und der rechtlichen Verselbständigung der Universitätsklinika[579]. Strukturen für eine verbesserte Handlungsfreiheit wurden gesetzmäßig durch Etablierung der derzeitigen Organisationsmodelle der Hochschulmedizin verwirklicht.

Desweiteren hat die Hochschulmedizin nach Ansicht des Verbands der Universitätsklinika Deutschlands durch die zunehmend wettbewerblich ausgerichtete Krankenversorgung mittlerweile einen solchen Komplexitätsgrad erreicht, dass eine Steuerung durch die zentralen Hochschulgremien nicht mehr gewährleistet werden könne[580]. Benötigte Managementkompetenzen seien bei der Universitätsleitung nicht vorhanden[581]. Die deshalb geforderten dezentralen Entscheidungsbefugnisse von Experten in Fachgremien ließen einen externen Einfluss auf die Aufgabenwahrnehmung der Medizinischen Fachbereiche befürchten.

Nicht nur die Wissenschaftsfreiheit der medizinischen Hochschullehrer[582], sondern auch die Aufgabenwahrnehmung der Medizinischen Fachbereiche wird dadurch eingeschränkt, dass diese ihre Hochschullehrer in einem immer höheren Maße für Aufgaben in der Krankenversorgung abstellen müssen. Die Abstellung begrenzt sich nicht nur auf die Hochschullehrer, sondern erstreckt sich auch auf das weitere wissenschaftliche Personal. Der Wissenschaftsrat empfiehlt insofern zu Recht, dass Stellenkürzungen in der Krankenversorgung nicht durch zusätzliche Tätigkeiten wissenschaftlicher Mitarbeiter aufgefangen werden dürfen[583].

Ebenfalls wirkt sich für die Medizinischen Fachbereiche und ihren Auftrag zur Erzielung einer exzellenten Forschung und Lehre negativ aus, dass die eigene (oftmals finanzielle) Motivation der Hochschullehrer zu vermehrten Tätigkeiten in der Krankenversorgung gestärkt wird. Problematisch erscheint die äußere Setzung von Anreizen. Die Hochschullehrer erhalten ihr Einkommen, welches im Unterschied zum Einkommen von Wissenschaftlern im Ausland oder zu Tätigkeiten in der deutschen medizinischen Privatwirtschaft insgesamt als gering eingeschätzt werden muss[584], hauptsächlich aus der Krankenversorgung und nicht

---

579 Vgl. schon C. III. 1 b. und c.

580 Verband der Universitätsklinika Deutschlands, Stellungnahme zum Referentenentwurf für ein Hochschulmedizingesetz (NRW), 5.07.2007

581 Ebd., und könnten dort wegen der anders gelagerten Aufgabenstellung auch gar nicht vorhanden sein.

582 Vgl. schon unter C. III. 3. a.

583 Was leider in der Vergangenheit immer öfter zu beobachten war, vgl. Wissenschaftsrat, Allgemeine Empfehlungen zur Universitätsmedizin, 2007, S. 22.

584 So bezeichnet der Präsident der DFG *Kleiner,* die Besoldung von staatlichen Wissenschaftlern als „Schande“ und bemängelt, dass ein promovierter deutscher Wissenschaftler durchschnittlich 30 % bis 50 % weniger verdiene, als ein gleichwertig qualifizierter Wissenschaftler in der Privatwirtschaft oder in Ländern wie Amerika, Großbritannien und der Schweiz, vgl., F&L 2008, Rubrik „Nachrichten“, S. 448.

aus dem Wissenschaftsbetrieb. Für die Hochschullehrer besteht nicht nur die Pflicht, sondern auch ein finanzieller Anreiz, quantitativ möglichst viele Aufgaben im Rahmen der Krankenversorgung zu übernehmen. Nur so können ähnliche Verdienstmöglichkeiten erzielt werden, wie sie etwa für einen im Krankenhaus tätigen Chefarzt bestehen, der nicht zugleich eine Funktion als Hochschullehrer ausübt[585]. Das Bestehen von Tarifverträgen, welche die ärztliche Tätigkeit im Universitätsklinikum besser entlohnen als Tätigkeiten in Forschung und Lehre, wird in Wissenschaftskreisen stark kritisiert[586]. Die Hochschullehrer setzen sich kaum ersichtlich gegen Weisungen des Universitätsklinikums zur Wehr oder gehen gar gerichtlich gegen Einschränkungen ihrer wissenschaftlichen Freiheiten vor.

Die Rekrutierung der besten Mediziner für Forschung und Lehre gestaltet sich für die Medizinischen Fachbereiche mittlerweile alles andere als leicht, da die Gewinnung motivierter und qualifizierter Wissenschaftler nur noch begrenzt möglich ist[587]. Insbesondere der veränderte Arbeitsmarkt der Ärzte stellt insofern

---

585 Angemahnt wird von den Hochschullehrern im Rahmen ihrer Funktion als Arzt insbesondere, dass die Ärztlichen Direktoren der Universitätsklinika darüber bestimmen können, welche Patienten ihnen zugewiesen würden. Vormals wurden den Hochschullehrern durch Ernennung ihre Aufgaben in Forschung und Lehre übertragen und sie konnten die als Nebentätigkeit erbrachte Behandlung von Wahlleistungspatienten im Wege eines persönlichen Liquidationsrechtes abrechnen. Aktuell werden neben der verbeamteten Hochschullehrertätigkeit in Forschung und Lehre Chefarztverträge abgeschlossen, welche die Behandlung der Wahlleistungspatienten als Dienstaufgabe deklarieren, vgl. *von Jagow/Kirchner,* F&L 2003, S. 604 und 606. Zur Problematik der unterschiedlichen Vergütung vgl. ferner Wissenschaftsrat, Empfehlungen zu Public Private Partnerships (PPP) und Privatisierungen in der universitätsmedizinischen Krankenversorgung, 2006, S. 31.

586 Die Arbeitsgemeinschaft der Wissenschaftlichen Medizinischen Fachgesellschaften, Offener Brief der Wissenschaftlichen Medizinischen Fachgesellschaften in der Bundesrepublik Deutschland an die verantwortlichen Politiker, 20.09.2007, merkt an, dass anlässlich eines Streiks der Ärzte der Universitätsklinika im Jahre 2006 zwar eine bessere Vergütung für die Ober- und Assistenzärzte erreicht worden sei, diese jedoch durch die im neuen Hochschulrahmengesetz vorgesehenen schlechteren Vergütungsregelungen für Professoren konterkariert würden. U.a. bestehe für diese ein deutlich niedrigeres Grundgehalt, so dass der Anreiz, eine mit weiteren Aufgaben und Verantwortungen verbundene Professorenstelle anzutreten, gering sei. Die Stärkung der klinischen Forschung scheitere daran, dass die ausführenden Personen durch höhere Arbeitsbelastung, niedrigere Besoldung sowie unsichere Zukunftsperspektiven abgeschreckt würden. Ausführlich zum Tarifvertrag für Ärzte und den damit verbundenen Gerechtigkeitsdefiziten *Böhmann,* F&L 2008, S. 22 ff., so ist der TV-Ä finanziell deutlich attraktiver als der Tarifvertrag für Wissenschaftler des öffentlichen Dienstes (TV-L) oder etwa eine W 2-Professur; auch *Bitter-Suermann*, F&L 2011, S. 42, stellt fest, dass die tarifliche Schlechterstellung von Forschung und Lehre die Medizinischen Fakultäten direkt träfe.

587 *Adler,* F&L 2005, S. 586 (587), sieht u.a. auch insofern das Problem, dass die „Doppel- und Dreifachbelastung" an einem Universitätsklinikum nicht besser vergütet wird, als reine Versorgungstätigkeiten in anderen Krankenhäusern.

ein Problem dar. Während bis vor etwa zehn bis zwanzig Jahren noch zu wenige freie Ärztestellen vorhanden waren und dementsprechend eine wissenschaftliche Betätigung als Karrieremerkmal diente, ist heute etwa eine Habilitation für eine Chefarzttätigkeit kaum mehr erforderlich[588]. Dementsprechend scheint es so, dass gerade der Forschung oftmals nur noch ein ideeller Wert innewohnt. Darüber hinaus wird auch die fehlende Motivation qualifizierter Nachwuchswissenschaftler für die nationale Forschung und Lehre angemahnt[589].

Nicht zuletzt aufgrund der vermehrten staatlichen Förderung haben sich öffentlich-rechtliche Forschungseinrichtungen in der deutschen Forschungslandschaft etabliert[590]. Speziell in der medizinischen Forschung haben die außeruniversitären Forschungseinrichtungen in den letzten Jahren eine immer bedeutendere Rolle übernommen[591]. In der Medizin können aufgrund wachsender Komplexität nach Ansicht des Wissenschaftsrates weder Medizinische Fakultäten noch einzelne Wirtschaftsunternehmen alleine in der Lage sein, das gesamte Wissen alleine zu generieren und vorzuhalten[592]. Problematisch ist laut Verband der Universitätsklinika Deutschlands jedoch, dass der Bund die Großforschungs-

---

588 Zu den Hintergründen des Ärztemangels vgl. *Grifka,* F&L 2010, S. 232 ff.; *Marschall,* F&L 2010, S. 238 f.; *Bitter-Suermann,* F&L 2011, S. 42 ff.

589 Insofern ist zu kritisieren, dass die derzeitige Ausrichtung des Medizinstudiums zu wenige wissenschaftliche Grundlagen legt, um den wissenschaftlichen Nachwuchs für die medizinische Forschung gewährleisten zu können. Auch wegen geringer Ausstattungen und bürokratischer Hemmnisse – gerade in Fragen der Bezahlung – verliert man viele begabte junge Wissenschaftler an andere Länder. *Putz,* F&L 2010, S. 236 (237), bemängelt die fehlende Konturenhaftigkeit des Karriereweges in der medizinischen Wissenschaft. Neben überhöhten Ansprüchen halte diese den Nachwuchs von einer universitären Laufbahn ab.

590 Im Jahr 2009 flossen 45 Mrd. Euro (67,5 %) der öffentlichen Forschungsfördermittel in den privaten Wirtschaftssektor, 11,7 Mrd. Euro (17,6 %) in den Hochschulsektor sowie 9,9 Mrd. Euro (14,9 %) in den Staatssektor. Von den 9,9 Mrd. Euro des Staatssektors entfielen ganze 7,4 Mrd. Euro auf die gemeinsam geförderten Einrichtungen für Wissenschaft, Forschung und Entwicklung des Bundes und der Länder, vornehmlich die Helmholtz –Zentren, Max-Planck Gesellschaft, Fraunhofer Gesellschaft und die Leibniz Gesellschaft, vgl. Statistisches Bundesamt, Finanzen und Steuern – Ausgaben, Einnahmen und Personal der öffentlichen und öffentlich geförderten Einrichtungen für Wissenschaft, Forschung und Entwicklung 2009, S. 17.

591 Vgl. *Siewert/Merk,* Bundesgesundheitsblatt 2009, S. 807. Einen umfassenden Rechts- und Faktenvergleich zwischen der hochschul- und außeruniversitären Forschung beinhaltet der Beitrag von *Meusel,* in: FS Leuze, 2003, S. 409 ff. *Meusel* gelangt zu dem Ergebnis, dass ein ambivalentes Verhältnis zwischen Hochschule und außeruniversitärer Forschung bestehe. Man wirke einerseits auf fachlicher und personeller Ebene einträchtig zusammen, neide jedoch die vermeintlichen Vorteile des Anderen.

592 Wissenschaftsrat, Empfehlungen zu Public Private Partnerships (PPP) in der universitätsmedizinischen Forschung, 2007, S. 7. Wie eine bessere Zusammenarbeit zwischen der Universitätsmedizin und außeruniversitären Einrichtungen konkret gestaltet werden kann, erörtert *von Jagow,* F&L 2010, S. 246 ff.

einrichtungen finanziell stark bezuschusse und dadurch massiv in die Forschungslandschaft eingreife[593]. Es sei unverständlich, Bundesgelder teilweise in den Aufbau neuer Strukturen fließen zu lassen, welche bei den Universitätsklinika bereits vorhanden wären und lediglich umgebaut werden müssten[594]. Eine Gefährdung der Aufgabenwahrnehmung der Medizinischen Fachbereiche, insbesondere des institutionellen Auftrags zur Gewährleistung der Wissenschaftsfreiheit, kann durch die staatliche Förderung der außeruniversitären Forschungseinrichtungen insgesamt jedoch nicht angenommen werden. Dies wäre erst dann der Fall, wenn die Hochschulen ihrer Gewährleistungspflicht nachweislich wegen einer Unterfinanzierung nicht nachkommen können und die benötigten Gelder gleichzeitig den außeruniversitären Forschungseinrichtungen zukämen.

Insgesamt ist festzustellen, dass die Medizinischen Fachbereiche in ihrer ursprünglichen Entscheidungsfreiheit und Autonomie in vielerlei Hinsicht eingeschränkt wurden. Dadurch wird es den Medizinischen Fachbereichen erschwert, ihren Hochschullehrern die Wahrnehmung der Freiheiten in Forschung und Lehre zu ermöglichen. Auch die Selbstverwaltungsgarantie der Hochschulen ist im Fachbereich Medizin durch die Etablierung universitätsfremder Strukturen eingeschränkt.

IV. Bewertung des tatsächlichen Ausmaßes der Einschränkung der Freiheit von medizinischer Forschung und Lehre

Das bestehende System der Hochschulmedizin begrenzt in seiner Gesamtheit die Ausübung der durch Art. 5 Abs. 3 S. 1 GG gewährten Freiheiten der Medizinischen Fachbereichen und Hochschullehrer deutlich. Das Organisationssystem

---

593 Verband der Universitätsklinika Deutschlands, Pressemitteilung (Siewert) vom 02.07.2009.

594 Ebd., welcher die Zentren für Volkskrankheiten wie Diabetes oder Demenz nennt. Konkret wird durch den Verband der Universitätsklinika Deutschlands kritisiert, dass die Forschungseinrichtungen nach der Föderalismusreform im Jahre 2006 vermehrt Zuschüsse durch den Bund erhalten und neu gebildete Forschungseinrichtungen in eine Konkurrenz zu den Universitätsklinika treten würden. Der Verband der Universitätsklinika Deutschlands äußert die Befürchtung, dass der Aufbau einer solchen „Programmforschung" mit dem Abbau der Hochschulmedizin einhergehen werde. Auch *Pfeilschifter,* F&L 2010, S. 22, beschreibt am Beispiel der Gesundheitszentren der Helmholtz-Gemeinschaft, wie außeruniversitäre Forschungsgemeinschaften mit Hilfe von Bundesförderungen Forschungsgebiete übernähmen, welche zuvor dem Bereich der Universitätsmedizin angehörten. Er kritisiert, dass die institutionellen Fördergelder des Bundes nach Art. 91 b GG über das BMBF an die Gesundheitszentren weitergeleitet und die weiterhin mögliche projektbezogene Forschungsförderung für Hochschulen übersehen würde; eine offenere Haltung nimmt *Schölmerich*, F&L 2010, S. 24 f., ein, der neben den Gefahren als erhofften Vorteil die schnellere Umsetzung der Forschungsergebnisse in die Praxis nennt.

der Hochschulmedizin bewirkt und begünstigt Eingriffe in die Wissenschaftsfreiheit von Hochschullehrern und Medizinischen Fachbereichen, welche einen kumulativ beträchtlichen Grundrechtseingriff darstellen[595]. Die Annahme des Staatsgerichtshofs Baden-Württemberg aus dem Jahre 1973, die Krankenversorgung sei ein typisches Beispiel für die Übertragung einer zusätzlichen Aufgabe auf die Hochschulen „bei welcher der universitäre Bereich von Forschung und Lehre nicht beeinträchtigt würde“[596], ist mit der tatsächlichen Ausprägung der Hochschulmedizin nicht vereinbar. Insbesondere die Ausweitung der Krankenversorgung in den Universitätsklinika wirkt sich aufgrund der engen Verzahnung negativ auf den Wissenschaftsbetrieb aus[597].

Nach dem Willen der Landesgesetzgeber stehen die Aufgaben der Universitätsklinika auf einer Stufe[598]. Dies bestätigen die in den Universitätsklinikagesetzen festgehaltenen Aufgabenbeschreibungen der Universitätsklinika in ihrer Gesamtheit[599]. Auch die Rechtsprechung geht von einem gleichrangigen Verhältnis

---

595 Vgl. zum kumulativen Grundrechtseingriff schon oben unter B. V.

596 Siehe schon oben unter B. VI. Der Staatsgerichtshof sah dies als verfassungsrechtlich nicht zu beanstanden an und bejahte insbesondere eine Vereinbarkeit mit dem akademischen Selbstverwaltungsrecht; insofern verwies er auf das Bundesverwaltungsgericht (BVerwGE 32, 309, 310), ESVGH 24, S. 16.

597 *Leuze*, MedR 1996, S. 493 (496), nahm bereits im Jahr 1996 an, die 1984 von *Siburg,* in: Arbeitsgruppe Hochschule im Sprecherkreis der Hochschulkanzler (Hrsg.), Universitätsklinikum oder Medical School?, 1984, S. 9, geäußerten Befürchtungen, die Universitätsklinika seien als bloße Einrichtungen der Krankenversorgung vermehrt der „Großwetterlage“ des Gesundheitswesens ausgesetzt, seien eingetroffen. Auch *Kiess,* F&L 2004, S. 437 (439), merkt an, dass jede allgemeine Reform im Gesundheitswesen auch unmittelbare bzw. zumindest mittelbare Auswirkungen auf die Hochschulmedizin habe, was von Politik und Öffentlichkeit jedoch nicht bedacht werde. Die mit einer „geringen Lobby ausgestattete Hochschulmedizin“ sei insgesamt zum „Spielball fremder Interessen“ geworden.

598 Vgl. beispielhaft die Aufgabenbeschreibung der Universitätsklinika in § 5 UniKlinG Hess. § 5 Abs. 1 beschreibt die Aufgaben des Universitätsklinikums in Forschung und Lehre, während § 5 Abs. 2 die Aufgaben in der Krankenversorgung festlegt. Auch *Becker,* Das Recht der Hochschulmedizin, 2005, S. 63 ff. (69), stellt fest, dass Forschung, Lehre und Krankenversorgung gleichberechtigt nebeneinander stehen; ein genereller Vorrang der Wissenschaftsfreiheit sei nicht anzunehmen. Die Gesetzgebung verfolge vielmehr das hochschulmedizinische Gesamtziel der Funktionseinheit von Forschung, Lehre und Krankenversorgung (S. 223); *Steffen,* Universitätskrankenhäuser im reformierten Gesundheitswesen, 2001, S. 252, stellt hingegen fest, dass „eine formale Unklarheit über die Prioritäten der Aufgabenwahrnehmung“ bestehe; anderes ließen weder die Gesetzestexte noch die Entscheidungen der Rechtsprechung erkennen.

599 Vgl. insofern zum Wortlaut der Gesetzestexte der einzelnen Bundesländer schon oben unter C. II. 2 b. und c. Dieser Trend wird aktuell beispielhaft durch die Erwägungen zur Entstehung des neuen hochschulmedizinischen Standortes in Oldenburg bestätigt. Die neue Universitätsmedizin in Oldenburg wurde nicht nur gegründet, um universitäre Aufgaben zu erfüllen, sondern auch gerade deshalb, um eine Verbesserung der regionalen und überregionalen Krankenversorgung

der Aufgabengebiete aus[600]. Zuletzt betonte das Bundesverfassungsgericht demgemäß, dass Träger der Forschung und Lehre die Universität sei, welche sich zur Erfüllung ihrer Aufgaben der Universitätsklinika und gegebenenfalls anderer Krankenhäuser bedient[601].

Die Meinung, dass das Universitätsklinikum von seinem Wesen her nach wie vor die primäre Aufgabe der Unterstützung von Forschung und Lehre habe, wird heute auch in der Literatur immer seltener vertreten[602]. Forschung, Lehre und Krankenversorgung werden vielmehr als gleichberechtigt angesehen und Verbesserungsvorschläge beziehen sich lediglich auf das Zusammenspiel der Aufgaben bzw. auf den Erfolg der einzelnen Aufgabengebiete[603].

Auch durch die tatsächliche Praxis in der Hochschulmedizin kann widerlegt werden, dass Forschung und Lehre die primäre Aufgabe der Universitätsklinika darstellen[604]. Die Wirtschaftlichkeit der Krankenversorgung dominiert letztlich die Forschung und Lehre[605].

---

zu erreichen, vgl. Wissenschaftsrat, Stellungnahme zur Gründung einer Universitätsmedizin an der Universität Oldenburg, 2010, S. 7 und 14.

600 Vgl. schon oben unter B. VI.

601 BVerfGK 12, 440, vom 27.11.2007 (B. VI).

602 So aber noch etwa *Hormuth,* Bundesgesundheitsblatt 2009, S. 900. Zumindest in Bezug auf das Kooperationsmodell nimmt auch der Wissenschaftsrat nach wie vor ein Primat der Aufgaben in Forschung und Lehre an, da die Universitätsklinika vom Auftrag her gerade zu diesem Zweck betrieben würden. Im Integrationsmodell werde hingegen ohnehin die Einheit zwischen Forschung, Lehre und Krankenversorgung innerhalb der Universitätsmedizin in den Vordergrund gestellt, vgl. Wissenschaftsrat, Allgemeine Empfehlungen zur Hochschulmedizin, 2007, S. 60, 61.

603 Vgl. nur *Koch/Hengel,* Bundesgesundheitsblatt 2009, S. 799. Zuvor hatte *Schilling,* in: FS Küchenhoff, 1972, S. 400, lange Zeit nahezu als Einziger die Meinung vertreten, die Universitätsklinika seien nicht nur Forschungs- und Lehrstätten, sondern in erster Linie Krankenhäuser. Heute hat sich dies durch die tatsächliche Aufgabenentwicklung geändert.

604 *Von der Hardt,* Jahresversammlung Medizinischer Fakultätentag 2004, Konflikt zwischen Hochspezialisierung und Versorgungsbreite, S. 1, führt aus, dass aufgrund regionaler Unterschiede einigen Universitätsklinika (Tübingen, Regensburg, Göttingen sowie damals noch Marburg) praktisch ein kompletter Versorgungsauftrag als einzigem Klinikum der Region zukäme, während in den Ballungsgebieten weniger der Versorgungsauftrag als vielmehr Spezialaufgaben der Krankenversorgung in Form von kostenintensiver Hochleistungsmedizin in den Universitätsklinika wahrgenommen würden. Wenn überhaupt, könne die Krankenversorgung lediglich in den zweitgenannten Universitätsklinika als nicht primäre Aufgabe angesehen werden.

605 Diesen Trend stellt auch der Dekan der Medizinischen Fakultät der Universität Hamburg *Koch-Gromus* für die Universitätsmedizin Hamburg fest, Jahresversammlung Medizinischer Fakultätentag 2009, Das Hamburger Modell der Gliedkörperschaft, S. 113. Das angestrebte Gleichgewicht zwischen Krankenversorgung und akademischen Belangen wurde im Fall des im Integrationsmodell betriebenen UKE nicht erreicht. Neben der Dominanz der ökonomischen Krankenversorgung bemängelt *Koch-Gromus,* dass der Ärztliche Direktor gegenüber dem Dekan strukturell mit höheren Rechten ausgestattet sei. Der Eindruck, dass Forschung und Lehre zuneh-

Die historische Veränderung des Aufgabenprofils der Universitätsklinika zeigt, dass die Krankenversorgung sich von einer Annexaufgabe zur Hauptaufgabe der Universitätsklinika gewandelt hat. Während die Universitätsklinika vormals als Einrichtungen der Universität ihre Primäraufgabe in Forschung und Lehre inne hatten, so sind sie heute als eigenständige Großkrankenhäuser der Maximalversorgung primär einer wirtschaftlichen und effizienten Krankenversorgung verpflichtet[606]. Das „Rangverhältnis" der hochschulmedizinischen Aufgaben der Forschung, Lehre und Krankenversorgung hat sich zu Gunsten der Krankenversorgung verschoben. Die Universitätsklinika haben heute keine eigenen Aufgaben mehr in Forschung und Lehre zu erfüllen. Ihre wissenschaftliche Funktion besteht darin, die Verbindung der Forschung und Lehre mit der Krankenversorgung sicherzustellen sowie den Medizinischen Fachbereichen und ihren Mitgliedern die Wahrnehmung ihrer Rechte aus Art. 5 Abs. 3 S. 1 GG zu ermöglichen. Durch die kontinuierliche Ausweitung der Eigenständigkeit der Universitätsklinika wurde der universitäre Einfluss auf die Universitätsklinika erkennbar abgeschwächt.

Je mehr die Universitätsklinika zum Ort der Krankenversorgung gemacht wurden, desto mehr wurden Struktur und Abläufe innerhalb der Kliniken auf die Krankenversorgung zugeschnitten. Die auf Effizienz bedachte Krankenversorgung bedingt hierarchische Strukturen, welche dem universitären Wissenschaftsbetrieb fremd sind. Die Hochschullehrer unterliegen Weisungen im Rahmen der Krankenversorgung des Universitätsklinikums. Es sind immer mehr Abstimmungen der Medizinischen Fachbereiche mit den Universitätsklinika notwendig. Der Einfluss der Universitätsklinika auf die Aufgabenwahrnehmung der Fachbereiche und Hochschullehrer wächst. Die ursprünglich hohe Autonomie der Me-

---

mend in den Hintergrund gedrängt würden, bestehe auch bei vielen Hochschullehrern, was gerade in Berufungsverfahren zu „gravierenden Konflikten" geführt habe. Auch *Gärditz,* DÖV 2006, S. 1043, 1044, formuliert, dass die Forschung und Lehre nicht vor einer „Prädomination" durch die sozialpolitisch und betriebswirtschaftlich ausgerichtete Krankenversorgung bewahrt werden konnte; *Quaas,* MedR 2010, S. 149 (150), sieht die Primäraufgabe der Universitätsklinka ebenfalls in der Krankenversorgung, während die Sicherstellung der Forschung und Lehre gegenüber dem Medizinischen Fachbereich eine „ergänzende" Aufgabe sei. Die Arbeitsgemeinschaft Hochschulmedizin, Resolution vom 03.07.2007, warnte hingegen noch vor einem Primat der Krankenversorgung zu Lasten von universitärer Forschung und Lehre.

606 Vgl. zu den Rahmendaten der Entwicklung schon oben unter C. III. *Bitter-Suermann,* Die Perspektiven der Medizinischen Fakultät: Zentral, dezentral oder eine klare Zuständigkeitsverteilung, 14.01.2011, S. 1, beschreibt diese Entwicklung treffend, indem er betont, dass die Universitätsklinika die Rolle der Krankenhäuser der Maximalversorgung übernommen hätten und zu Wirtschaftseinrichtungen unter staatlicher Aufsicht geworden seien; „vor Jahren" wären die Universitätsklinika einmal überwiegend für Forschung und Lehre gedacht gewesen.

dizinischen Fachbereiche auf die Gewährleistung einer selbstbestimmten freien Forschung und Lehre ist erkennbar zurückgegangen[607].

Je höher der Anteil der Krankenversorgung im Rahmen der Gesamtaufgaben der Hochschulmedizin wird, desto mehr wirken sich die Strukturen der Krankenversorgung negativ auf Forschung und Lehre aus[608]. Die meisten im Universitätsklinikum tätigen Wissenschaftler sind allein rein zeitlich überwiegend in der Krankenversorgung und nicht in der Forschung und Lehre tätig. Die Installation verschiedener Mechanismen zum Schutz der Freiheit von Forschung und Lehre mildert die Einschränkungen lediglich ab. Auch die Vorgaben der Rechtsprechung zur Hochschulmedizin haben die faktischen Einschränkungen nicht verhindern können.

Der Name „Universitätsklinik", der die universitäre Forschung und Lehre als ursprüngliche Aufgabe der Klinika eindeutig festlegte[609], entspricht nur noch bedingt den realen Gegebenheiten. Er stellt nicht hinreichend klar, dass es sich bei den heutigen Universitätsklinika vielmehr um Großkrankenhäuser der Krankenversorgung handelt, in welchen „zuweilen" auch universitäre Aufgaben in Forschung und Lehre wahrgenommen werden[610]. Die heutige Situation der Hoch-

---

607 Die Medizinischen Fakultäten selbst fühlen sich ebenfalls in ihren Aufgaben in Forschung und Lehre eingeschränkt *Paul,* (damaliger) Dekan der Medizinischen Fakultät Charité-Universitätsmedizin Berlin Jahresversammlung Medizinischer Fakultätentag 2006, Fusionierung von Universitätsklinika aus der Sicht der Medizinischen Fakultäten, S. 2, stellt fest, dass aus Sicht vieler Fakultäten die Belange von Forschung und Lehre im Zusammenspiel mit den Universitätsklinika leiden würden. Die Arbeitsgemeinschaft der Wissenschaftlichen Medizinischen Fachgesellschaften merkt an, dass sich die Prioritäten an den Universitätsklinika zugunsten einer wirtschaftlichen Patientenbetreuung verlagert hätten und Forschung und Lehre hinter dieser zurücktreten, vgl. Arbeitsgemeinschaft der Wissenschaftlichen Medizinischen Fachgesellschaften, Offener Brief der Wissenschaftlichen Medizinischen Fachgesellschaften in der Bundesrepublik Deutschland an die verantwortlichen Politiker, 20.09.2007.

608 Auch *Heintzen,* DÖV 1997, 530 (532), kritisiert, dass angedachte Strukturreformen (im konkreten Fall in Bezug auf das Modell der Medizinischen Hochschule) die Hochschulen aufgrund „wissenschaftsfremder Überlegungen der Krankenversorgung und ihrer Finanzierung" einschränkten.

609 Auch *Breitbach,* F&L 2009, S. 750 (752), stellt fest, dass allein die Bezeichnung „Universitätsklinik" eine generelle Verpflichtung des Krankenhausbetriebes zur Unterstützung der medizinischen Forschung und Lehre beinhaltet und eine Funktionalisierung zu Gunsten des Wissenschaftsbetriebes vorliegt. Eine gegensätzliche Funktionalisierung des Wissenschaftsbetriebes für Belange der Krankenversorgung sei hingegen auszuschließen.

610 *Steffen,* Universitätskrankenhäuser im reformierten Gesundheitswesen, 2001, S. 252, kommt ebenfalls zu dem Ergebnis, dass durch die Steigerung der Krankenversorgung in den letzten 25 Jahren die Universitätsklinika keine „Universitäten mit angeschlossenen Kliniken", sondern vielmehr Krankenhäuser seien, welche auch Aufgaben in Forschung und Lehre wahrnähmen; *Dichgans,* in: Waller/Rössler/Sandberger (Hrsg.), Die Universitätsklinika im Spannungsfeld zwischen Gesundheitspolitik und Forschungsauftrag, 1991, S. 103, wies schon früh darauf hin,

schulmedizin, die im Laufe der Jahre entstanden ist, beschreibt der Wissenschaftsrat dementsprechend als Verbund aus Forschung, Lehre und Krankenversorgung, welcher durch die Krankenversorgung „maßgeblich geprägt" wird[611]. Die Universitätsklinika haben als Krankenhäuser der Maximalversorgung eine wichtige Bedeutung für die Gesundheitsversorgung der gesamten Bevölkerung erlangt. Die Krankenversorgung lediglich als im Universitätsklinikum ausgeführte „Zusatzaufgabe" der Universitäten darzustellen, wäre realitätsfern.

Es steht über das Ausmaß der bestehenden Einschränkungen hinaus zu befürchten, dass sich die Klinikstrukturen der Universitätsklinika zukünftig weiter an den Strukturen effizienter Großkrankenhäuser ausrichten werden[612]. Im Rahmen des Gesundheitswesens stehen Gesetzesreformen nicht zuletzt deshalb an, da zukünftig eine weitere Rationierung in der Gesundheitsversorgung droht[613] und der Wettbewerbsdruck ständige Systemmodifizierungen erfordert. Die genaue Entwicklung der Universitätsmedizin ist dabei noch nicht absehbar, teilweise wird die nachhaltige Gewährleistung der Belange von Forschung und Lehre stark angezweifelt[614]. Die erste Universitätsklinik in Gießen-Marburg wurde unterdessen bereits materiell privatisiert, ohne dass die Konsequenzen für Forschung und Lehre im Detail absehbar wären[615]. Für die Zukunft ist sogar eine

---

dass die Universitätsklinika „längst durch die Erfordernisse der Maximal(st)versorgung erdrückt" würden.

611 Wissenschaftsrat, Allgemeine Empfehlungen zur Hochschulmedizin, 2007, S. 33.

612 Vgl. nur etwa *Noth,* F&L 2004, S. 326, welcher die bedingungslose Übernahme der Betriebskonzepte von Großkrankenhäusern auf die Universitätsklinika kritisiert. Kostensparende bewährte Organisationsstrukturen würden übertragen, konkret etwa die Einrichtung großer interdisziplinärer Stationen oder – wie im Fall des Universitätsklinikums Aachen – das Ordnungsprinzip des Modularen Krankenhauses, im Rahmen dessen die Patienten unabhängig von der Fachdisziplin aufgrund von Wirtschaftlichkeitsaspekten in Pflege-Modulen behandelt werden. Da die Module ausschließlich der Krankenversorgung dienen, würde die wissenschaftliche Leistungsfähigkeit abnehmen und die Attraktivität des Standortes für den Nachwuchs deutlich verringert.

613 Vgl. zu dieser Problematik ausführlich *Nettesheim*, VerwArch Bd. 93 (2002), S. 315 ff., welcher zu dem Ergebnis gelangt, dass demographischer Wandel und medizinischer Fortschritt die Nachfrage nach Gesundheitsleistungen weiter steigen lassen werden. *Nettesheim* hinterfragt, ob die Bevölkerung bereit sein wird, weiterhin die Ausgaben für die Gesundheitsversorgung zu erhöhen. Insofern bedürfe es einer staatlichen Regelung der Zuteilung knapper Ressourcen, welche nicht allein den ärztlichen Leistungserbringern überlassen werden sollte. Eine zufriedenstellende Lösung wäre etwa die Einrichtung pluralistischer Gremien, welche in einem transparenten Verfahren über die Verteilung knapper Ressourcen entscheiden.

614 *Biersack,* F&L 2008, S. 386 (388), zitiert aus der Abschiedsrede des Bonner Humangenetikers *Propping,* welcher ein Szenario schildert, wonach in zehn Jahren lediglich noch zehn deutsche Universitätsklinika wissenschaftlich aktiv seien, während die weiteren entweder Privatisierungen unterworfen worden seien oder schlicht „dahindümpelten".

615 Zu den Folgen von Privatisierungen vgl. ausführlich Teil 2 der Arbeit.

Privatisierung einer im Integrationsmodell organisierten Universitätsmedizin nicht ausgeschlossen, bei welcher der Medizinische Fachbereich einer Universität „mitprivatisiert“ würde[616].

Das rechtswissenschaftliche Schrifttum ging bislang, trotz mancher Kritik, insgesamt von der Verfassungsmäßigkeit der Regelungen des derzeitigen Systems der Hochschulmedizin aus[617]. Insbesondere die Arbeitsgemeinschaft der Wissenschaftlichen Medizinischen Fachgesellschaften machte jedoch bereits deutlich darauf aufmerksam, dass die Strukturüberlegungen in der Hochschulmedizin zu einer Gefährdung der akademischen Aufgaben führten[618].

V. Welches der derzeitigen Organisationsmodelle hält die Einschränkung effektiver in Grenzen?

Welches der beiden derzeit in der Hochschulmedizin etablierten Organisationsmodelle, Kooperations- oder Integrationsmodell, insgesamt das „Bessere“ ist und die Aufgabenwahrnehmung der Hochschulmedizin am effektivsten und im rechtlich gebotenen Maße garantiert, ist in Politik und Rechtswissenschaft umstritten[619]. Bei Beurteilung der Eignung der Organisationsmodelle ist vor allem der Blickwinkel entscheidend. Hat man den Gesamterfolg inklusive einer bestmöglichen Krankenversorgung der Hochschulmedizin im Blick, stellt sich das Für und Wider der Modelle anders dar, als wenn man diese auf ihre Eignung für die Gewährleistung der Freiheit von universitärer Forschung und Lehre untersucht. Wie die nachfolgende Darstellung des Meinungsstandes der wissenschaftlichen Diskussion aufzeigt, werden die Modelle zumeist hinsichtlich ihrer Vorteile für den Gesamterfolg der Hochschulmedizin beurteilt[620].

---

616 In Rheinland-Pfalz wurde eine solche Möglichkeit bereits gesetzlich festgehalten, siehe §§ 25 bis 28 UMG R-P.

617 Ob das derzeitige System der Hochschulmedizin trotz der bestehenden Einschränkungen verfassungsgemäß ist, wird im Rahmen der Rechtfertigungsprüfung unter D. festgestellt.

618 Arbeitsgemeinschaft der Wissenschaftlichen Medizinischen Fachgesellschaften, Thesen der Arbeitsgemeinschaft der Wissenschaftlichen Medizinischen Fachgesellschaften zu Aufgaben der Universitätsklinika, 02.06.2005. Auch die Arbeitsgemeinschaft Hochschulmedizin, Resolution vom 19.04.2004, weist darauf hin, dass eine „Abdrängung der Forschung und Lehre“ durch die Krankenversorgung auszumachen sei. Diese Abdrängung werde negative Folgen für die Hochschulmedizin haben.

619 Vergleiche zu Vor- und Nachteilen etwa die Podiumsdiskussion mit Vertretern der Hochschulmedizin vieler Bundesländer auf der Jahresversammlung des Medizinischen Fakultätentags 2009, S. 125 ff.

620 *Erhardt,* in: Waller/Rössler/Sandberger (Hrsg.), Die Universitätsklinika im Spannungsfeld zwischen Gesundheitspolitik und Forschungsauftrag, 1991, S. 51, 52, stellt dementsprechend fest,

Es ist zu beachten, dass in den einzelnen Universitätsklinika nicht sämtliche Erfolge bzw. Misserfolge der Universitätsmedizin auf die rechtlichen Vorgaben und die verwirklichten Modelle zurückzuführen sind, sondern auch viel von Einsatz und Qualität der die Verantwortung tragenden Leitungsorgane abhängt[621]. Es ist anzunehmen, dass den Strukturvorgaben nur eine untergeordnete Bedeutung zukommt, falls sich in den Leitungsorganen geeignete Persönlichkeiten einfinden, welche konstruktiv zusammen arbeiten[622]. Die Strukturvorgaben stellen vielmehr eine Absicherung dar, falls ein solches konstruktives Zusammenwirken nicht möglich ist[623]. Auch kommt es bei der Frage nach dem besseren Modelltyp auf die spezifischen Gegebenheiten des Einzelstandortes an. Der Wissenschaftsrat nimmt beispielsweise eine offene Haltung ein und spricht sich immer wieder für eine Erfahrungssammlung mit unterschiedlichen Modellen aus.

Auch zukünftige alternative Strukturmodelle der Hochschulmedizin sind zu überdenken. So wird zuweilen mehr Kreativität bei der Suche nach alternativen Organisationsmodellen der Hochschulmedizin gefordert, welche weder dem reinen Kooperations- noch dem Integrationsmodell entsprechen[624]. Es wird teilweise kritisiert, dass Inhalt und Verfahren von Abstimmungen zwischen Medizinischem Fachbereich und Universitätsklinikum in den derzeitigen Organisationsmodellen häufig „unsystematisch und nicht vollkommen ausgereift" seien[625].

1. Vorteile des Kooperationsmodells

Grund für die rechtliche Verselbständigung der Universitätsklinika, und somit für eine Einführung des Kooperationsmodells war die Hoffnung, dass die Uni-

---

dass die Verantwortung des Gesetzgebers den sparsamen, wirtschaftlichen Ressourcenumgang betreffe sowie die Qualität der medizinischen Ausbildung und Forschung im Hinblick auf die Gesundheitsvorsorge und Krankenversorgung der Bevölkerung.

621 Auch der Dekan der Medizinischen Fakultät der Universität Hamburg, *Koch-Gromus,* bemerkt, dass Vorteile und Probleme der universitätsmedizinischen Standorte oftmals kausal auf das praktizierte Modell zurückgeführt würden, während den „personenspezifischen Faktoren" zu wenig Bedeutung beigemessen würde, Jahresversammlung Medizinischer Fakultätentag 2009, das Hamburger Modell der Gliedkörperschaft, S. 112.

622 So *Siewert*, Jahresversammlung Medizinischer Fakultätentag 2008, S. 13.

623 Ebd.

624 Vgl. *Siewert/Merk,* Bundesgesundheitsblatt 2009, S. 807 (810), die fordern, dass diese Alternativen standortspezifisch auf ihre Eignung überprüft werden sollten.

625 Derlei Kritik äußert *Sandberger,* in: Hartmer/Detmer (Hrsg.), Hochschulrecht, Kapitel VI, 2004, Rn. 169.

versitätsklinika wirtschaftlicher geführt werden können[626]. Zudem sollte die Mittelallokation besser nachgewiesen werden können[627].

Durch die klare rechtliche Trennung der Aufgaben in Forschung und Lehre, welche dem universitären Bereich zugeordnet sind, sowie der Krankenversorgung, welche durch das Universitätsklinikum bewirkt wird, soll eine Autonomie von Forschung und Lehre erreicht werden[628]. Es soll sichergestellt werden, dass die Aufgabenwahrnehmung in Forschung und Lehre ausschließlich der universitären Seite und ihren Wissenschaftlern obliegt und grundsätzlich keine Mitbestimmungsrechte Dritter bestehen, insbesondere keine des Universitätsklinikums[629]. Als weiteres Argument für das Kooperationsmodell und die Eingliederung der Medizinischen Fachbereiche in den Universitätsverbund wird die Zusammenarbeit mit anderen Fachbereichen angesehen[630]. Selbst Kritiker des Kooperationsmodells gestehen ein, dass Konflikte im Kooperationsmodell weitgehend vermieden werden können und das Kooperationsmodell zumeist erfolgreich

626 Wissenschaftsrat, Allgemeine Empfehlungen zur Hochschulmedizin, 2007, S. 45.

627 Vgl. die Ausführungen von *Arolt,* (damaliger) Dekan der Medizinischen Fakultät Münster, in den Ausschusssitzungen zum HMG NRW, siehe Ausschussprotokoll vom 11.10.2007, APr 14/504, S. 27. In der Vergangenheit sei eine völlige Intransparenz der Mittelallokation aufgetreten. Es sei nicht mehr überprüfbar gewesen, wie effizient die Krankenversorgung sowie Forschung und Lehre erbracht worden seien. Das Kooperationsmodell sei wesentlich klarer strukturiert und schiene sich zu bewähren; wenngleich die Umsetzung an einigen Standorten gelungen sei, an anderen hingegen noch nicht. Die große Gefahr des Kooperationsmodells besteht laut *Arolt* jedoch durch die Doppelvorhaltung von Leistungen durch Universitätsklinik und Medizinischer Fakultät/Universität. Eine doppelte Finanz- und Personalverwaltung sollte durch integrative Elemente vermieden werden.

628 Vgl. auch *Nolden,* F&L 2008, S. 745, welcher als weiteres Ziel die wirtschaftliche Trennung der Aufgabenbereiche nennt. *Gärditz,* Hochschulorganisation und verwaltungsrechtliche Systembildung, 2009, S. 590, nimmt an, dass die funktionale Divergenz von Krankenversorgung und akademischer Wissenschaft eine organisationsrechtliche Trennung von Universitätsklinikum und Medizinischem Fachbereich nahe lege, um den Fachbereich von Binnenkonflikten zu entlasten, welche die freie Forschung und Lehre gefährden. Durch die Verwirklichung des Kooperationsmodells, in welchem Universitätsklinikum und Fachbereich separate Funktionseinheiten darstellen, habe man eine solche Trennung konsequent vollzogen.

629 *Breitbach,* F&L 2009, 750 (753), sieht dies durch das Kooperationsmodell als gewährleistet an. *Gärditz,* Hochschulorganisation und verwaltungsrechtliche Systembildung, 2009, S. 589, fordert, dass eine Aushöhlung der Kompetenzen der Medizinischen Fachbereiche durch eine nicht erforderliche Auslagerung von wissenschaftlichen Aufgaben auf die Universitätsklinika zu vermeiden sei.

630 Die Arbeitsgemeinschaft Hochschulmedizin, Resolution vom 03.07.2007, fordert insofern, dass die Hochschulmedizin als wesentlicher Bestandteil der Gesamtuniversität inhaltlich und organisatorisch in den universitären Gesamtverbund integriert bleiben muss. Eine wettbewerbsfähige Forschung, Lehre und Krankenversorgung könne nur durch eine fachbereichsübergreifende Forschung geleistet werden.

praktiziert wird, falls ein optimales Einvernehmen der Beteiligten besteht[631]. Es komme erst dann zu Streitfällen, wenn Universitätsklinika und Universitäten/Medizinische Fachbereiche gegeneinander agierten[632].

Die Vorteile des Kooperationsmodells liegen zugleich auch in den Nachteilen des Integrationsmodells. Durch die Auswirkungen des Integrationsmodells befürchten die Hochschulen eine Abkopplung der Medizinischen Fakultät von der Universität und eine zu große Abhängigkeit von den Universitätsklinika[633]. Weiterhin wird angenommen, dass durch den Einflussverlust der Rektorate auf eine aus der Universität herausgelöste Hochschulmedizin die inneruniversitäre Forschung leide[634]. Die Hochschulen ziehen größeren Nutzen aus einem Kooperationsmodell als aus einem Integrationsmodell[635]. Zudem wird eine große Schwäche des Integrationsmodells in der Intransparenz gegenüber der strukturellen Trennung der Aufgabenbereiche im Kooperationsmodell erkannt[636]. Die Aufgaben in der Forschung und Lehre bzw. der Krankenversorgung lassen sich ohnehin immer schwerer voneinander trennen, da Überschneidungen auf Finanz-,

---

631 *Siewert/Merk,* Bundesgesundheitsblatt 2009, S. 807, (809).

632 Ebd.

633 Dies wird festgestellt von *Siewert/Merk,* Bundesgesundheitsblatt, S. 807 (808), welche selbst diese Gefahr jedoch nicht sehen bzw. ihre Vermeidbarkeit annehmen; *Nolden,* F&L 2008, S. 745, befürchtet, etwa durch die am Standort Mainz verwirklichten Form des Integrationsmodells, eine zu einfache Entfernung von den universitären Forschungs- und Lehraktivitäten. Durch eine flächendeckende Etablierung des Integrationsmodells würde die Gefahr „einer weiteren Säule extrauniversitärer Forschung“ geschaffen.

634 Diese Argumentation der Hochschulen schildern *Siewert/Merk*, Bundesgesundheitsblatt 2009, S. 807, 810.

635 Vgl. *Siewert/Merk,* Bundesgesundheitsblatt 2009, S. 807, welche einerseits davon ausgehen, dass die Universität auf die Hochschulmedizin angewiesen sei, andererseits jedoch die Abhängigkeit der Hochschulmedizin von der Universität anhand des Beispiels der Medizinischen Hochschule Hannover verneinen. In Anbetracht der derzeitigen „Life-Science-Forschung“ könnten die Universitäten nicht ohne Hochschulmedizin bestehen und strebten daher eine noch engere Integration des Medizinischen Fachbereichs in die Universität an; *Hormuth,* F&L 2008, S. 740 (741), erkennt ebenfalls die hohe Bedeutung der Medizinischen Fakultäten für die Gesamtuniversität. Die heutige Wettbewerbsfähigkeit der Universitäten hänge in einem hohen Maße von einer Kompetenzbündelung ab, für welche der Fachbereich Medizin aufgrund seiner disziplinären Breite und der Anschlussfähigkeit an andere Fachgebiete unverzichtbar sei; *Nolden,* F&L 2008, S. 745, merkt an, dass die Bedeutung der Medizinischen Fakultät für die strategische Entwicklung des universitären Standortes gar nicht hoch genug einzuschätzen sei.

636 Verband der Universitätsklinika Deutschlands, Stellungnahme zum Referentenentwurf für ein Hochschulmedizingesetz (NRW), 5.07.2007, S. 6, die nötige Transparenz müsse im Integrationsmodell daher mit einem hohen Aufwand hergestellt werden. Auch *Gärditz,* Hochschulorganisation und verwaltungsrechtliche Systembildung, 2009, S. 590, 591, kritisiert, dass das Integrationsmodell Unklarheiten über die innere Verteilung von Kompetenzen und Verantwortung provoziere.

Personal- und Sachebene bestehen[637]. Die Autonomie des Fachbereichs nimmt im Integrationsmodell weiter ab, da durch die einheitliche Aufgabenwahrnehmung auch der Bereich der Forschung und Lehre der Kontrolle des Aufsichtsrats des Universitätsklinikums unterworfen ist[638]. Entscheidungen bezüglich Forschung und Lehre werden weniger vom Fachbereich als vielmehr im gesamtverantwortlichen Vorstand der Universitätsmedizin erörtert. Auch die vermeintlichen Vorteile des Integrationsmodells werden von Befürwortern des Kooperationsmodells relativiert[639].

2. Vorteile des Integrationsmodells

Der Verband der Universitätsklinika Deutschlands erachtet das Integrationsmodell potentiell als deutlich besser als andere alternative Organisationsmodelle[640]. Durch die Gesamtverantwortung des gemeinsamen Vorstands für sämtliche Ziele und Belange der Hochschulmedizin werde unternehmerisches Handeln und Exzellenz sowohl in Forschung und Lehre als auch in der Krankenversorgung gefördert[641]. Notwendig seien klare Abgrenzungen von Zuständigkeiten und Ver-

637 Vgl. näher *Kingreen/Banafsche/Szabados,* WissR Bd. 40 (2007), S. 282 (291).

638 So auch *Sandberger*, in: FS Leuze, 2003, S. 461, der außerdem die Gefahr sieht, dass Zielkonflikte nicht zum Vorteil von Forschung und Lehre entschieden würden. Zudem habe die Reduktion der Mitwirkung bei den an Entscheidungen unbeteiligten Fakultätsmitgliedern ungünstige Folgewirkungen auf Motivation und Leistungsbereitschaft.

639 *Breitbach,* F&L 2009, S. 750 (753), nennt als vermeintliche Vorteile des Integrationsmodells neben einheitlichen Leitungs- und Aufsichtsorganen die Einheit von Vorklinik und Klinikum, eine leichter mögliche Schwerpunktbildung, eine klare Zuständigkeit bei der Außenvertretung, die Vermeidung von Entfremdungstendenzen sowie die umgangene Rechtfertigungspflicht der Wissenschaftler gegenüber zwei Institutionen. *Breitbach* weist darauf hin, dass diese Vorteile bei einer genauen Analyse nicht mehr tragen würden. Aushandlungsprozesse müssten insofern auch im Integrationsmodell stattfinden und ausgehalten werden, der Rechtfertigungsbedarf der klinischen Wissenschaftler bestehe weiterhin gegenüber den unterschiedlichen Geld- und Auftraggebern. Überdies hinaus zeigten die Erfahrungen mit Privatisierungen, dass steuerlich negative Folgen (des Kooperationsmodells) beherrschbar seien.

640 Vgl. Verband der Universitätsklinika Deutschlands, Stellungnahme zum Landesgesetz über die Errichtung der Universitätsmedizin der Johannes Gutenberg-Universität Mainz, Mai 2008.

641 Ebd., letztlich sei jedoch nicht nur die Eigenart des Integrationsmodells an sich, sondern auch und vor allem die konkrete Ausgestaltung des Verhältnisses zwischen Vorstand, Aufsichtsrat und Fachbereichsrat entscheidend für den Erfolg des Integrationsmodells. *Siewert/Merk,* Bundesgesundheitsblatt 2009, S. 807 (808), sehen den Vorteil des gemeinsamen Vorstands darin, dass Meinungsverschiedenheiten und Konfliktfälle zwischen den Belangen von Forschung, Lehre und Krankenversorgung vermieden werden könnten. Weiterhin seien schnellere Funktionsabläufe in der organisatorischen Verflechtung gewährleistet.

antwortlichkeiten sowie kurze Entscheidungswege[642]. Außerdem müsse die Universitätsmedizin in allen operativen und strategischen Fragen selbständig agieren können[643]. Das Integrationsmodell hat laut Verband der Universitätsklinika Deutschlands den Vorteil, dass die gemeinsame Leitungsstruktur den Aufgabenverbund von Forschung, Lehre und Krankenversorgung stärke und ein Management fördere, welches die Optimierung aller drei Bereiche anstrebe[644]. So werde verhindert, dass die Einzelbereiche ihre Partikularinteressen zu Lasten des Gesamtunternehmens maximieren[645].

Der Verband der Universitätsklinika Deutschlands beschreibt die Schwächen des alternativen Kooperationsmodells damit, dass durch die Zuständigkeiten des Fachbereichs für Forschung und Lehre sowie des Universitätsklinikums für die Krankenversorgung Partialinteressen entstehen und „Ressortegoismus" bestärkt werde[646]. Das Kooperationsmodell fördere die Neigung, Entscheidungen nicht in einem gesamtverantwortlichen Interesse, sondern je nach individueller Betroffenheit und Anbindung aus Perspektive von Forschung und Lehre oder der Krankenversorgung zu treffen[647]. Auch im Schrifttum wird die dem Kooperationsmodell immanente Gefahr des Auseinanderdriftens der Aufgabenbereiche in der Hochschulmedizin erkannt[648]. Das Universitätsklinikum sei aus dem „Kulturunterschied zwischen Universität und Universitätsklinikum" entstanden und erhalte diesen aufrecht[649]. Notwendige Abstimmungen würden aufgrund der mangelnden gemeinsamen Leitungsstruktur politisiert, und nicht selten seien die Folgen Interessenkollisionen und Entscheidungsblockaden, welche die Hochschul-

642 Verband der Universitätsklinika Deutschlands, Stellungnahme zum Landesgesetz über die Errichtung der Universitätsmedizin der Johannes Gutenberg-Universität Mainz, Mai 2008.

643 Ebd.

644 Ebd.; Siewert, F&L 2008, S. 744, sieht dementsprechend den zentralen Vorteil des Integrationsmodells in der „institutionalisierten Gesamtverantwortung".

645 Verband der Universitätsklinika Deutschlands, Stellungnahme zum Landesgesetz über die Errichtung der Universitätsmedizin der Johannes Gutenberg-Universität Mainz, Mai 2008; vgl. auch *Siewert,* F&L 2008, S. 744.

646 Verband der Universitätsklinika Deutschlands, Stellungnahme zum Referentenentwurf für ein Hochschulmedizingesetz (NRW), 5.07.2007.

647 Ebd.

648 *Debatin/Rehr,* Bundesgesundheitsblatt 2009, S. 891 (892), die sich jedoch nicht generell gegen das Kooperationsmodell aussprechen.

649 So *Siewert,* Jahresversammlung Medizinischer Fakultätentag 2008, Organisation der Deutschen Hochschulmedizin, S. 9.

medizin insgesamt schwächten[650]. Die Trennung der Zuständigkeiten sei kontraproduktiv[651].

Ein weiterer Nachteile des Kooperationsmodells wird darin gesehen, dass keine notwendige „Kooperation auf Augenhöhe" zwischen Universitätsklinik und Fachbereich stattfinden könne[652]. Während die Universitätsklinika selbst handlungsfähig sind, stellen die Medizinischen Fachbereiche lediglich einen Teil der Universität dar, welche der eigentliche Rechtspartner des Universitätsklinikums ist[653]. Demnach sei es notwendig, dass die Universität die Rechte des Fachbereichs aufwerte und dieser unabhängig vom Universitätsrektorat tätig werden könne[654]. Erst durch eine Herauslösung des Fachbereichs aus der Universität könne er zu einem gleichberechtigten Kooperationspartner des Universitätsklinikums werden[655].

Eine andere Schwäche des Kooperationsmodells wird in den zwischen Universität und Universitätsklinikum bestehenden Kooperationsvereinbarungen erkannt, welche aufwendige Regelungen bedingten, die durch die Vielzahl von zu durchlaufenden Entscheidungsgremien – etwa bei Berufungen – zu „langwierigen, parallelisierten Verfahrensabläufen" führten[656]. Als weiteres Argument für das Integrationsmodell wird angeführt, dass eine materielle Privatisierung des Universitätsklinikums im Kooperationsmodell eher zu befürchten stehe als im Integrationsmodell, da vor einer „Mitprivatisierung" des Medizinischen Fachbereiches im Rahmen des Integrationsmodells zurück geschreckt wird[657].

---

650 Verband der Universitätsklinika Deutschlands, Stellungnahme zum Referentenentwurf für ein Hochschulmedizingesetz (NRW), 5.07.2007, der Verband der Universitätsklinika Deutschlands sieht eine Lösung für diesen Konflikt lediglich darin, dass Fakultäts- und Klinikumsleitung die Hochschulmedizin als Aufgabenverbund von Forschung, Lehre und Krankenversorgung begreifen und auch danach handeln. Qualitäts- und Wirtschaftlichkeitsziele müssten für alle drei Bereiche nebeneinander bestehen.

651 Ebd.

652 *Siewert/Merk,* Bundesgesundheitsblatt 2009, S. 807.

653 Dies kritisieren *Siewert/Merk,* Bundesgesundheitsblatt 2009, S. 807.

654 Ebd., die insofern das Integrationsmodell mit einer einheitlichen rechtsfähigen „Hochschulmedizin" präferieren.

655 Ebd., die eine Anbindung der Universitätsmedizin an die Universität – beispielsweise als deren Gliedkörperschaft – befürworten.

656 *Siewert/Merk,* Bundesgesundheitsblatt 2009, S. 807 (809).

657 *Siewert,* Jahresversammlung Medizinischer Fakultätentag 2008, Organisation der Deutschen Hochschulmedizin, S. 9. Auch *Breitbach,* F&L 2009, S. 750, stellt fest, dass gerade die Universitätsklinika einen organisatorischen Zusammenschluss mit den Medizinischen Fachbereichen fordern, um dadurch u.a. eine Schutzwirkung gegen materielle Privatisierungen zu erzielen. Für dieses „Privatisierungsargument" spricht m.E., dass die Entscheidung zur Privatisierung einer im Integrationsmodell geführten Universitätsmedizin höheren Hürden unterliegt. Falls es jedoch

Auch die Gefahren, welche durch die aufkommende außeruniversitäre Forschung drohen, könnten durch das Integrationsmodell besser aufgefangen werden[658]. Es wäre insofern eine enge Kooperation mit den Universitätsklinika erforderlich. Diese müssten einen „schwierigen Spagat" zwischen inner- und außeruniversitärer Forschung bewerkstelligen, der im Integrationsmodell deutlich leichter fiele[659]. Im Integrationsmodell könne eine rechtliche Bindungsmöglichkeit sowohl an die Universitäten als auch an die Großforschungseinrichtungen geschaffen werden[660].

Die im Rahmen des Kooperationsmodells praktizierte exakte Trennungsrechnung der Finanzmittel für Universität und Universitätsklinikum wird von Kritikern ebenfalls als hinderlich angesehen[661]. Die Trennungsrechnung bedeute auf Dauer einen hohen Aufwand und sei nur vorübergehend notwendig gewesen, um ein gegenseitiges Misstrauen abzubauen[662]. Ein weiterer praktischer Vorteil des Integrationsmodells wird in der nicht mehr nötigen gegenseitigen Personalstellung zwischen Universität und Universitätsklinikum gesehen. Dadurch würden bisherige steuerrechtliche Problematiken nicht mehr auftreten; der Wegfall der Mehrwertsteuer würde zudem die Finanzen der Hochschulmedizin entlasten[663].

3. Bewertung der Organisationsmodelle

Beurteilt man die Organisationsmodelle der Hochschulmedizin ausschließlich hinsichtlich der Schutzfunktion bezüglich universitärer Freiheit von Forschung und Lehre, so entfalten die rechtlichen Schutzmechanismen des Kooperationsmodells insgesamt eine effektivere Schutzwirkung. Die Medizinischen Fachbereiche müssen auch im Kooperationsmodell durch die Zusammenarbeit mit dem

---

dennoch zu einer solchen Privatisierung kommt, hat die Privatisierung auch weitreichendere Konsequenzen für die Freiheit von Forschung und Lehre, vgl. dazu noch Teil 2 C. V.

658 So wiederum *Siewert/Merk,* Bundesgesundheitsblatt 2009, S. 807 (810).

659 Ebd.

660 Ebd., zudem bestehe die Freiheit der im Integrationsmodell organisierten Universitätsmedizin, Kooperationsvereinbarungen mit außeruniversitären Einrichtungen ohne die Universität abschließen zu können.

661 Ebd., S. 807 (809). Vgl. zur Trennungsrechnung schon unter C. III. 2. b.

662 *Siewert,* Jahresversammlung Medizinischer Fakultätentag 2008, Organisation der Deutschen Hochschulmedizin, S. 9.

663 Darauf verweisen wiederum *Siewert/Merk,* Bundesgesundheitsblatt 2009, S. 807 (808, 809); *Siewert,* F&L 2008, S. 744. Auch *Debatin/Rehr,* Bundesgesundheitsblatt 2009, S. 891 (893), erachten das Risiko der Umsatzsteuerpflicht für den Leistungsaustausch zwischen Medizinischer Fakultät und Universitätsklinikum als Nachteil des Kooperationsmodells. Der Kanzlerarbeitskreis Hochschulmedizin, Leistungsaustausch zwischen Universität/Medizinischer Fakultät und Universitätsklinikum, 2011, S. 12, widerspricht hingegen der Ansicht, dass unzumutbare Mehrbelastungen zwangsläufig entstehen würden.

rechtlich getrennten Universitätsklinikum Kompromisse eingehen, jedoch unterliegen Forschung und Lehre insgesamt geringeren äußeren Einwirkungen als im Integrationsmodell. Auch der Selbstverwaltungsgarantie der Hochschulen wird daher durch das Kooperationsmodell besser entsprochen. Im Integrationsmodell erhält das Universitätsklinikum durch die gemeinsame Vorstandsarbeit auch einen größeren Einfluss auf die Aufgabenwahrnehmung in Forschung und Lehre. Die Interessen von Forschung und Lehre können in Vorstandsentscheidungen leichter überstimmt werden. Gerade die von Befürwortern des Integrationsmodells vorgeworfene Schwäche des Kooperationsmodells, die Entstehung von Partikularinteressen, mag für das Gesamtinteresse der Hochschulmedizin unter Umständen nachteilig sein und sich hemmend auf notwendige Neuerungen und Innovationen auswirken. Das Partikularinteresse des Medizinischen Fachbereichs in Forschung und Lehre garantiert jedoch, dass die Aufgaben von Forschung und Lehre ohne allzu deutlich einschränkende Einflussmöglichkeiten des Klinikums freiheitlich vom Medizinischen Fachbereich und seinen Hochschullehrern wahrgenommen werden können[664]. Im Rahmen des Integrationsmodell besteht die Gefahr, dass der Fachbereich ein Selbstverständnis dahingehend entwickelt, nicht mehr allein für Aufgaben in Forschung und Lehre zuständig, sondern auch mitverantwortlich für solche in der Krankenversorgung zu sein. Institutioneller Auftrag der Fachbereiche ist es jedoch, ihren Hochschullehrern eine freie Forschung und Lehre zu ermöglichen.

Im Kooperationsmodell ist zumindest noch der Medizinische Fachbereich in den Universitätsverbund eingegliedert und wird weniger von äußeren Interessen fremdbestimmt. Das Integrationsmodell hat zwar den Vorteil, dass der Medizinische Fachbereich durch den gemeinsamen Vorstand der „Universitätsmedizin" einen gewissen unmittelbaren Einfluss auch auf das Universitätsklinikum behält und eine effektive Interessenabstimmung möglich ist. Andererseits droht der Fachbereich jedoch sich im „Sog" des Universitätsklinikum weiter von der Universität zu entfernen[665].

---

664 Insofern wird das von *Breitbach,* F&L 2009, S. 750 (752), festgestellte grundgesetzliche und hochschulrechtliche Verbot, wonach eine Einflussmöglichkeit der Krankenhauswirtschaft bei der Bestimmung oder Mitbestimmung wissenschaftlicher Ziele ausgeschlossen werden muss, im Kooperationsmodell wirksamer abgesichert.

665 Dies lässt etwa die Feststellung *Autenrieths,* Anmerkungen zum Gesetzentwurf. Kummer mit der KUM, 18.01.2011, S. 6, befürchten. Dieser nimmt an, dass für den Gesamterfolg des universitätsmedizinischen Standortes die einfache Integration, der Zusammenschluss von Universitätsklinikum und Medizinischem Fachbereich zielführend sei, die doppelte Integration, d.h. die folgende Integration der entstandenen Universitätsmedizin in die Universität, hingegen nicht.

Ein Vorteil des Integrationsmodells ist eine besser zu gewährleistende Zusammenarbeit mit außeruniversitären Forschungseinrichtungen. Die Zusammenarbeit mit außeruniversitären Forschungseinrichtungen erweist sich als nützlich, wenn man einen bestmöglichen Erfolg des Forschungssystems in der Medizin erzielen will. Geht es jedoch um Schutz und Förderung der klassischen universitären Freiheiten in Forschung und Lehre, stellt die Zusammenarbeit mit Dritten eine Einschränkung dar. Eine Zusammenarbeit erfordert immer auch einen Einfluss des Partners auf Entscheidungen des anderen und schränkt insofern eine freie Entscheidungsfindung ein.

Anders hingegen stellt sich die Beurteilung der Modelle dar, wenn man den Gesamterfolg der hochschulmedizinischen Standorte in den Mittelpunkt stellt. Insofern erscheint das Integrationsmodell aufgrund der unter C. V. 2. dargestellten Vorteile geeigneter, die Aufgaben der Universitätsklinika im Rahmen des Gesundheitswesens und der Krankenversorgung zu erfüllen[666]. Es ist der Auffassung zuzustimmen, das Integrationsmodell schaffe Rahmenbedingungen, welche das Interesse des „Gesamtunternehmens Hochschulmedizin“ begünstigen[667].

VI. Maßnahmen zur Minderung der Einschränkung im Rahmen der bestehenden Organisationsmodelle

Es soll und kann an dieser Stelle kein Gesetzeskonstrukt geschaffen werden, welches ein Patentrezept zur Bewältigung sämtlicher in der Hochschulmedizin bestehender Problemfelder enthält. Zu komplex sind insofern die Mechanismen des entstandenen Systems. Volkswirtschaftliche, gesundheitspolitische und bildungspolitische Interessen müssen bei Änderungen des rechtlichen Rahmens der Hochschulmedizin bedacht werden[668]. Dies kann nicht ohne Kompromisse geschehen.

---

666 Siehe beispielhaft die Gesetzesbegründung zum Vierten Gesetz zur Änderung des LHG M-V, wonach es Ziel der Überführung der hochschulmedizinischen Standorte in das Integrationsmodell ist, dass die Universitätsklinika – als komplexe Einrichtungen – im ständig wachsenden Wettbewerbsdruck mit anderen Universitätsklinika und regionalen Krankenhäusern bestehen können, vgl. Gesetzentwurf der Landesregierung vom 16.06.2010, Drcks. 5/3564, S. 2; *Becker,* Das Recht der Hochschulmedizin, 2005, S. 235, geht letztlich von einer Gleichwertigkeit der Organisationsmodelle aus.

667 So die Ansicht von *Siewert,* F&L 2008, S. 744.

668 Auch *Steffen,* Universitätskrankenhäuser im reformierten Gesundheitswesen, 2001, S. 258, stellt beispielsweise – aus betriebswirtschaftlicher Sicht – fest, dass es bei Organisationsreformen der Hochschulmedizin keine optimale Lösung geben kann, welche allen Aufgabengebieten gleichermaßen gerecht wird. Reformmaßnahmen sollten daher eine institutionelle Vielfalt fördern, die den Besonderheiten der jeweiligen Klinika gerecht werden.

Möglichkeiten, die Einschränkungen der Freiheit von Forschung und Lehre im Rahmen des bestehenden Systems erkennbar zurückzuführen oder gar ganz zu verhindern, wurden bislang nicht in einem genügenden Maße erörtert[669]. Das Ausmaß der Einschränkungen wurde unterschätzt. Insbesondere wurden bislang – soweit ersichtlich – keine ungerechtfertigten Verfassungseingriffe in die Freiheit von Forschung und Lehre der medizinischen Hochschullehrer und Fakultäten angenommen[670].

Für die Freiheit sowie die Belange von Forschung und Lehre ist es wichtig, dass man sich auf den ursprünglichen Grund der Einbeziehung der Universitätsklinika zurückbesinnt. Dieser lag in der Bereitstellung einer Institution zur Gewährleistung der Wissenschaftsfreiheit und zur Förderung medizinischer Forschung und Lehre.

Zumindest einige Maßnahmen zur Abschwächung der Einschränkung der Freiheit von Forschung und Lehre bzw. zur Qualitätsstärkung der medizinischen Forschung und Lehre sind in Form einer „kleinen Lösung" durch Verbesserungen im Rahmen des derzeitig bestehenden Organisationssystems der Hochschulmedizin denkbar.

Die Freiheit von Forschung und Lehre könnte durch die Etablierung zusätzlicher Sicherungsmechanismen Teile ihres einstigen umfassenderen Gewährleistungsgehaltes „zurückerobern". Als Minimalziel sollten die Sicherungsmechanismen dazu dienen, zumindest weiteren zukünftig zu befürchtenden Einschränkungen präventiv zu begegnen.

Die Belange von Forschung und Lehre können im Gesetzestext noch klarer benannt werden. Es kann festgelegt werden, dass Primäraufgabe der Universitätsklinika die Unterstützung der Medizinischen Fachbereiche und Hochschullehrer in Forschung und Lehre ist.

Die Rechte des Medizinischen Fachbereichs und der einzelnen Wissenschaftler können besser abgesichert werden. Der Einfluss von Universität und Fachbereich in Vorstand und Aufsichtsrat der Universitätsklinika kann erhöht werden, indem beispielsweise weitere Sitze für Fachbereichs- bzw. Universitätsmitglieder geschaffen werden. Insbesondere in den Aufsichtsräten sollte ein Übergewicht der universitären und staatlichen Seite bestehen. Gerade die Medizinischen Fachbereiche und ihre Hochschullehrer sollten ausreichend repräsentiert sein.

---

669 Punktuelle notwendige Verbesserungen des derzeitigen Systems werden zwar immer wieder angemahnt und gefordert, diese beziehen sich jedoch nicht allein auf den Schutz der Belange und der Freiheit von Forschung und Lehre, sondern haben zumeist den Erfolg sämtlicher Aufgabengebiete der Hochschulmedizin im Auge. Im Rahmen dieses Gesamterfolges soll auch eine bestmögliche, freie Forschung und Lehre erzielt werden.

670 Zur Frage, ob die dargestellten Einschränkungen verfassungsrechtlich gerechtfertigt werden können, vgl. noch sogleich unter D.

Es wird vermehrt gefordert, dass der Dekan seine Vorstandsposition auch im Kooperationsmodell immer hauptamtlich wahrnehmen müsse, da ansonsten seine Position innerhalb des Vorstandes geschwächt sei[671]. Dies sei aufgrund der hohen Bedeutung von Forschung und Lehre nicht hinnehmbar[672]. Die Widerspruchsrechte des Dekans bei Vorstandsentscheidungen des Universitätsklinikums sollten gestärkt werden. Falls der Dekan bei Betroffenheit der Belange von Forschung und Lehre überstimmt wird, sollte ihm nicht nur in einigen wenigen, sondern in allen Bundesländern ein Widerspruchsrecht zustehen. Zudem sollte bei zu befürchtenden Beeinträchtigungen von Forschung und Lehre immer der Fachbereichsrat als Kollektiv sein Einvernehmen erklären müsse, dies bestenfalls zusätzlich zu Widerspruchsrechten des Dekans[673]. Mindestens ist sicher zu stellen, dass der Dekan bei Abstimmungen im Universitätsklinikumsvorstand an Vorgaben des Fachbereichs gebunden ist[674]. Der Dekan sollte als Vorstandsmitglied des Universitätsklinikums weiter für die Kommunikation zwischen Klinikumsvorstand und Fachbereich zuständig, dabei jedoch den Fachbereichsinteressen noch stärker unterlegen sein.

Ohnehin sollten die Entscheidungsträger gesetzlich darauf verpflichtet werden, die Belange von Forschung und Lehre ausreichend zu vertreten. Die Arbeitsgemeinschaft der Wissenschaftlichen Medizinischen Fachgesellschaften sieht bislang etwa die Rolle des Ärztlichen Direktors im Rahmen des Universitätsklinikumsvorstandes als Anwalt der akademischen Belange des Universitätsklinikums, welcher unter Beachtung der Wirtschaftlichkeit die akademischen Ziele der Universität fördert[675]. Ein solches theoretisches Rollenverständnis muss jedoch auch in der Praxis gewährleistet sein. Gerade die Entscheidungen von für die Forschung und Lehre zuständigen Personen sind stärker zu überprüfen. Es muss verhindert werden, dass einzelne Personen – etwa aus Bequemlichkeit oder aufgrund von Außendruck – Kompromisslösungen zu Lasten von Forschung und Lehre eingehen, welche später weder von ihnen selbst, noch von Amtsnachfol-

---

671 *Debatin/Rehr,* Bundesgesundheitsblatt 2009, S. 891 (896).

672 Ebd.

673 Insofern ist zwar festzustellen, dass die generelle Leitung eines Fachbereiches durch einen Dekan nach dem BVerfG nicht verfassungswidrig ist, da das dem Hochschulwesen innewohnende Kollegialitätsprinzip nicht in vollem Umfang verfassungsrechtlich vorgegeben sei, vgl. BVerfG vom 31.05.1995, NVwZ 1996, S. 709; sehr kritisch zu dieser Entscheidung *Uhle,* NVwZ 1996, S. 661. Dennoch wäre eine weitgehende Beteiligung sämtlicher Wissenschaftler des Fachbereichs wünschenswert.

674 Insbesondere vor dem Hintergrund der Entscheidung des BVerfG vom 20.07.2010, 1BvR 748/06, erscheint eine Bindung des Dekans an Entscheidungen des Fakultätsrates erforderlich.

675 Arbeitsgemeinschaft der Wissenschaftlichen Medizinischen Fachgesellschaften, Thesen der Arbeitsgemeinschaft der Wissenschaftlichen Medizinischen Fachgesellschaften zu Aufgaben der Universitätsklinika, 02.06.2005.

gern revidiert werden können. Jeder muss die ihm durch sein Amt aufgetragenen Interessen konsequent vertreten. Bei wiederholter Feststellung von eindeutigen, groben Verstößen gegen diese Verpflichtung sollten die betroffenen Amtsinhaber leichter ausgetauscht werden können.

Die generelle Frage, ob der Dekan Vorstandsvorsitzender eines Universitätsklinikums oder gar einer Universitätsmedizin sein sollte, ist mehrseitig zu beleuchten[676]. Für die Interessenvertretung von Forschung und Lehre mag es zunächst vorteilhaft erscheinen, wenn der Repräsentant des Medizinischen Fachbereichs die höchste Position im Vorstand inne hat. Zudem würde dem Vorsitz des Dekans eine beträchtliche Symbolwirkung hinsichtlich der gesamten Aufgabengewichtung der Hochschulmedizin zukommen. Jedoch würde der Dekan andererseits noch mehr an die Gesamtinteressen des universitätsklinischen Standortes gebunden, und es stünde zu befürchten, dass die Interessenvertretung der Medizinischen Fakultät darunter leidet. Insofern könnte der rechtliche Vorteil der Funktion des Dekans als Vorstandsvorsitzendem auch tatsächliche Nachteile mit sich bringen.

Es ist ein bestmögliches Beteiligungsverfahren bei Vorstandsentscheidungen des Universitätsklinikums mit Auswirkungen auf Forschung und Lehre zu etablieren. Etwa das Verfahren in Sachsen-Anhalt nach § 15 Abs. 4 HMG LSA scheint für den Schutz von Forschung und Lehre deutlich effektiver als die Regelungen anderer Bundesländer[677]. Insbesondere die aufschiebende Wirkung bei einem Widerspruch durch den Fachbereichsrat und die mehrstufigen Beteiligungsprozesse sind begrüßenswert. Tatsächlicher Nachteil einer solchen Regelung wäre, dass ein derartiges Schutzverfahren durch die Beteiligung der universitären Seite keine allzu schnellen Entscheidungsstrukturen zulässt und eine wirtschaftlich effektive Krankenversorgung nicht gefördert wird.

Es kann detailliert geregelt werden, wann und inwiefern die Hochschullehrer Weisungsbefugnissen unterliegen. Im Rahmen der Krankenversorgung können Weisungen unerlässlich sein, nicht zuletzt zum Schutz des Grundrechtes der Patienten aus Art. 2 Abs. 2 S. 1 GG auf Leben und körperliche Unversehrtheit. Derartige Weisungen erfolgen im Rahmen des Universitätsklinikumbetriebes durch den Ärztlichen Direktor. Zu Recht wird jedoch gefordert, dass beim „Ob" und „Wie" hinsichtlich des Inhalts der Weisung immer die Wertungen der Wissenschaftsfreiheit zu beachten sind[678]. Je stärker eine Weisung im Rahmen der Krankenversorgung in Forschung und Lehre eingreift, desto gründlicher müssen

676 Im Fall der Universitätsmedizin Göttingen etwa erfüllt der Dekan gemäß § 63 b S. 4 NHG die Funktion des Vorstandsprechers.

677 Vgl. zu den Regelungen in Sachsen-Anhalt schon oben unter C. II. 2. b. hh.

678 So etwa die Forderung von *Epping/Lenz,* DÖV 2004, S. 1 (4).

die konkreten Gründe der Weisung dargelegt werden. Es wird vorgeschlagen, dass aus Verhältnismäßigkeitserwägungen vor einer Weisung zunächst Kooperationsbemühungen mit den betroffenen Wissenschaftlern stattfinden und diesen vor der Weisungsausübung Gelegenheit zur Stellungnahme gegeben werden muss[679]. Ein solcher Vorschlag scheint sogar noch zu unverbindlich, da letztlich der Klinikumsvorstand die Weisung, trotz Kooperationsversuchs und Anhörung, immer noch vollumfänglich durchsetzen kann. Bei Erhalt einer Weisung sollten dem einzelnen Hochschullehrer vermehrte Widerspruchsrechte zustehen, solange die Weisung nicht eine konkrete Situation betrifft, in welcher zum Schutze des Patientenwohls kein zeitlicher Aufschub hinnehmbar wäre. Falls er seine Forschung- und Lehrfreiheit als beeinträchtigt ansieht, sollte ihm das Recht zustehen, ein geeignetes Überprüfungsverfahren bezüglich der Weisung einzuleiten. Dieses Überprüfungsverfahren könnte gesetzlich normiert werden. Der Hochschullehrer muss dann im Rahmen der Überprüfung hinlänglich darlegen, warum die Weisung im Einzelfall unverhältnismäßig ist[680]. Falls die konkrete Situation keinen zeitlichen Aufschub zulässt, muss das Überprüfungsverfahren auch nachträglich stattfinden können. Dass der Fachbereich Medizin in einigen Bundesländern sein Einvernehmen bei Betroffenheit der Belange von Forschung und Lehre erteilen muss, reicht alternativ zu einem derartigen Überprüfungsverfahren nicht immer aus. Der Hochschullehrer kann zwar über den Fachbereichsrat versuchen, seine Interessen geltend zu machen, ihm steht jedoch kein alleiniges unmittelbares Widerspruchsrecht gegenüber dem Klinikum zu.

Zudem müssen die einzelnen Wissenschaftler wieder einen höheren Einfluss auf ihre Forschungstätigkeiten erhalten. Eine vermehrte Freistellung von Aufgaben in der Krankenversorgung ist erforderlich[681]. Die Zeiteinteilungen in den Arbeitsverträgen der Mediziner sind einzuhalten. Zeitliche Freiräume für Forschung und Lehre dürfen nicht durch Tätigkeiten in der Krankenversorgung ausgefüllt werden. Diesbezüglich sind effektivere Kontrollen erforderlich[682]. Falls

---

679 *Epping/Lenz,* DÖV 2004, S. 1 (4, 5), welche demgemäß fordern, dass die Weisung immer nur als „ultima ratio" angewendet werden kann.

680 Der Hochschullehrer muss insofern eindeutige wissenschaftliche Gründe nennen, welche gegen die Weisung im Rahmen der Krankenversorgung sprechen. Beispielsweise muss er für die Anwendung einer bestimmten Therapiemethode, welche er gegenüber einer durch Weisung vorgegebenen Methode durchsetzen will, zwingende Forschungsgründe detailliert darlegen. Nur so kann ein willkürlicher Widerspruch des Hochschullehrers verhindert werden; vgl. zu einer dahingehenden „Beweislast" der Hochschullehrer wiederum *Epping/Lenz,* DÖV 2004, S. 1 (5).

681 So auch etwa *Siewert/Niethammer,* Der Chirurg 2003, S. 2, die andererseits auch eine geringere Belastung der Ärzte durch Tätigkeiten in Forschung und Lehre für nötig erachten.

682 Auch *Breitbach,* F&L 2008, S. 746 (749), fordert insofern ein effektives Controlling bezüglich der Einsatzzeiten der Wissenschaftler in Forschung und Lehre.

Forschungsprojekte mit außeruniversitären Partnern eingegangen werden, muss die Gewährleistung der Forschungsfreiheit bestmöglich berücksichtigt werden.

Der Beamtenstatus der Hochschullehrer muss erhalten bleiben. Dieser garantiert eine freiere Forschung und Lehre. Gegen ein regelmäßiges Angestelltenverhältnis der Hochschullehrer bestehen zudem verfassungsrechtliche Bedenken aufgrund Art. 33 Abs. 4 und Art. 5 Abs. 3 S. 1 GG[683]. Insbesondere darf das Regel-Ausnahme-Verhältnis der Beamtenstellung gegenüber den Angestelltenverhältnissen nicht umgekehrt werden[684]. Gerade der Beamtenstatus stellt für qualifizierte Wissenschaftler zur Eingehung oder Beibehaltung einer Tätigkeit als Hochschullehrer oftmals noch das entscheidende Argument dar.

Das Kooperationsmodell ließe sich bezüglich des Schutzgehaltes für Forschung und Lehre noch effektiver gestalten, falls man umfassendere gesetzliche Vorgaben für die Kooperationsvereinbarungen träfe. Gerade die Kooperationsvereinbarungen zwischen Medizinischem Fachbereich und Universitätsklinikum entscheiden oft über den konkreten Schutz von Forschung und Lehre am jeweiligen universitätsmedizinischen Standort. Falls sich die Medizinischen Fachbereiche hier nicht ausreichend durchsetzen können, kann dies Einschnitte für die Freiheit von Forschung und Lehre bedeuten. Ein Mindestschutz ist zwar vom Gesetz gefordert, muss jedoch immer auch in den Kooperationsvereinbarungen verankert werden[685]. Hierfür sollten die gesetzlichen Regelungen noch bestimm-

---

683 Dieser rechtliche Problemkreis wurde im Schrifttum umfassend erörtert. *Determann,* NVwZ 2000, S. 1346 ff., schließt sowohl aus dem – vielfach verletzten – Art 33 Abs. 4 GG als auch Art. 5 Abs. 3 S. 1 GG auf einen generell erforderlichen Beamtenstatus der Hochschullehrer. Argumente wie mangelnde Initiativergreifung der Beamten – aufgrund der prinzipiellen Sicherheit einer lebenslangen Beschäftigung – sowie der tatsächliche Zustand des Beamtentums würden zwar gegen den Fortbestand des Art. 33 Abs. 4 GG sprechen, seien jedoch nicht für seine Auslegung relevant; *von Coelln,* WissR Bd. 40 (2007), S. 351 ff, gelangt zu dem Ergebnis, dass zumindest der Normenverbund aus Art. 33 Abs. 4 GG und Art. 5 Abs. 3 S. 1 GG die Verbeamtung von Professoren an öffentlich-rechtlichen Universitäten grundsätzlich fordere. Gegen einfachgesetzliche Vorschriften, welche das Angestelltenverhältnis als gleichwertige Option beinhalteten, bestünden erhebliche verfassungsrechtliche Bedenken; vgl. zum Problemkreis auch umfassend *Fink,* DÖV 1999, S. 980 ff.; *Gürkan,* in: Leucorea (Hrsg.), Neugestaltung von Struktur und Finanzierung der Hochschulmedizin in Sachsen-Anhalt, 1996, S. 23 (24), stellt fest, dass Beamte zumindest in der Administration eines Universitätsklinikums deshalb keine Zukunft mehr besäßen, da sie keine hoheitlichen Aufgaben mehr wahrzunehmen hätten.

684 Vgl. zum Funktionsvorbehalt des Art. 33 Abs. IV GG auch noch Teil 2 C. I. sowie C. IV. 1. g.

685 Auch der Kanzlerarbeitskreis Hochschulmedizin, Leistungsaustausch zwischen Universität/Medizinischer Fakultät und Universitätsklinikum, 2011, S. 21 ff., fordert dahingehend, dass im Kooperationsvertrag als Zweck u.a. die Verpflichtung des Universitätsklinikums festgehalten werden sollte, das medizinische Konzept der Universität – mitsamt zukünftiger Veränderungen – zu beachten. Weiterhin sollten die Unterstützungsfunktionen des Universitätsklinikum so weit wie möglich im Kooperationsvertrag konkretisiert werden. Als konkrete Inhaltsempfehlung für den Kooperationsvertrag schlägt der Kanzlerarbeitskreis u.a. die Nennung der Hauptziele

ter werden und durch die Festsetzung nicht disponibler Inhalte in den Kooperationsvereinbarungen einen konkreten Mindestschutz vorgeben. Auch die Medizinischen Hochschullehrer sollten im Rahmen des Abschlusses der Kooperationsvereinbarungen umfänglich beteiligt werden.

Als bedenkliche Regelungen für die Freiheit von Forschung und Lehre wurden bei der Untersuchung der einzelnen Universitätsklinikagesetze solche Normen ausgemacht, welche ein Einvernehmen der Universitätsklinika bei bestimmten Entscheidungen des Medizinischen Fachbereichs oder der Universität erfordern. Derartige Einvernehmenserfordernisse scheinen in konkreten Fällen für die Funktionalität des Betriebes der Universitätsklinika notwendig, sind jedoch zu begrenzen. Wünschenswert wären Gesetzesregelungen wie vormals in Mecklenburg-Vorpommern, wo das Einvernehmen nur „in sachlich begründeten Fällen" verweigert werden durfte[686]. Dies sollte auch in der Praxis langfristig gewährleistet sein.

Auswege für die Finanzierungsprobleme der Hochschulmedizin werden seit langem gesucht. Bezüglich der Investitionstätigkeiten in Forschung und Lehre ist eine Rückkehr zu der durch die Föderalismusreform aufgegebenen Mischfinanzierung von Bund und Ländern anzustreben[687]. Die Länder erscheinen mit der alleinigen Finanzierung auf Dauer überlastet zu sein, so dass die Investitionskosten ohne die Mischfinanzierung zurückgehen bzw. Nachteile gegenüber den nahezu ausnahmslos vom Bund finanzierten außeruniversitären Forschungseinrichtungen entstehen[688]. Die bereits etablierte Trennungsrechnung, welche eine Transparenz der Kosten für Forschung, Lehre und Krankenversorgung gewährleisten soll, muss weiterhin verbessert werden[689]. Gefordert wird insofern eine genaue Kosten- und Leistungsrechnung, welche eine aufgaben- und verursa-

---

und die Form der Zusammenarbeit in Forschung, Lehre und Studium vor. Zusätzlich sollen auch Regelungen bezüglich der generellen Zusammenarbeit, Regelungen bezüglich der Forschung mit Drittmitteln, eine Klausel bezüglich der Rechte an Forschungsergebnissen und deren Verwertung, eine Unterstützungsklausel für Kooperationen mit Dritten sowie Grundsätze für die patientennahe Forschung und Lehre aufgenommen werden.

686 § 14 Abs. 1 S. 3 der LVO Rostock.

687 Vgl. zu dieser Problematik oben unter C. III. 2 b. Die Rückkehr zur Mischfinanzierung fordert auch der Verband der Universitätsklinika Deutschlands, Pressemitteilung (Strehl) vom 02.07.2009.

688 Vgl. auch Verband der Universitätsklinika Deutschlands, Pressemitteilung (Strehl) vom 02.07.2009.

689 Vgl. zu möglichen Verbesserungen der Transparenz des Leistungsaustausches das umfängliche Gutachten des Kanzlerarbeitskreis Hochschulmedizin, Leistungsaustausch zwischen Universität/Medizinischer Fakultät und Universitätsklinikum, 2011, welches zum Ziel hat, eine Quersubventionierung zwischen den Aufgabenbereichen zu verhindern und die Kosten den jeweiligen Akteuren der Hochschulmedizin zuzuordnen.

chungsgerechte Kostenzuordnung ermöglicht[690]. Die Ausstattung der Forschung und Lehre mit ausreichenden staatlichen Mitteln ist notwendige Voraussetzung, um eine Ausübung der Wissenschaftsfreiheit zu ermöglichen. Die Landeszuschüsse für Forschung und Lehre müssen dauerhaft gesichert sein[691].

Auch die Krankenversorgung darf keinen allzu bedrohlichen Finanzierungsproblemen unterliegen. Neben staatlichen Geldern werden im Bereich der Krankenversorgung zunehmend alternative Finanzquellen erschlossen[692]. Hierbei wird vermehrt auf die Hilfe Privater zurückgegriffen. Zu denken ist etwa an Public Private Partnership-Projekte, welche im Gesundheitsbereich quantitativ ausbaufähig sind[693]. Weiterhin bestünde die Möglichkeit, dass sich die Universitätsklinika vermehrt der Hilfe privater Sponsoringpartner bedienen, da gerade im Bereich der imagefördernden Krankenhilfe nicht nur die Universitätsklinika, sondern auf Geberseite auch private Förderer profitieren könnten[694].

Auch materielle Privatisierungen werden als Lösung für Finanzierungsprobleme erachtet. Mit dem hessischen Klinikum Gießen-Marburg[695] wurde eine erste Universitätsklinik bereits privatisiert; in Rheinland-Pfalz ist eine mögliche Privatisierung der Universitätsmedizin in einer gesetzlichen Entwicklungsoption zumindest angedacht[696]. Auch in anderen Bundesländern wird durch die Privatisierung von Teilbereichen und einzelnen Aufgaben der Universitätsklinika auf die Hilfe Privater zurückgegriffen. Diese Entwicklung speziell bei den Universitätsklinika entspricht dem allgemeinen Trend im Krankenhauswesen, nach wel-

---

690 So *Breitbach,* F&L 2009, S. 750 (752), welcher die bestehende Trennungsrechnung als noch nicht zureichend erachtet.

691 Vgl. auch *Schölmerich,* F&L 2010, S. 24 (25), der die ausreichende Grundfinanzierung der Hochschulklinika als Grundvoraussetzung annimmt. Ausgehend von dieser erfolgt die Drittmitteleinwerbung. Ziel müsse es sein, Forschungsprojekte auch unabhängig von Konsortien und nichtuniversitären Forschungseinrichtungen zu bewerkstelligen.

692 Siehe hierzu *Mißlbeck,* Das Krankenhaus 2009, S. 374. Vgl. zur speziellen Finanzierungsvariante des Fundraisings, *Engin/Krüger/Rudinger,* F&L 2010, S. 104 f.

693 Siehe auch die Stellungnahmen des Wissenschaftsrats, Empfehlungen zu Public Private Partnerships (PPP) und Privatisierungen in der universitätsmedizinischen Krankenversorgung, 2006, sowie Empfehlungen zur Public Private Partnerships (PPP) in der universitätsmedizinischen Forschung, 2007; *Achenbach/Wowra,* GesR 2010, S. 111; *Bergter,* F&L 2006, S. 149, schlägt als spezifische PPP-Form ein Modell des geschlossenen Hochschulfonds vor, im Rahmen der Finanzierung von Universitätsklinika wäre ein solcher Hochschulfonds mit einem geschlossenen Immobilienfonds vergleichbar. Vgl. jedoch zu den von PPP ausgehenden Gefahren für Forschung und Lehre Teil 2 C. III.

694 So die Ansicht von *Haibach,* Das Krankenhaus 2009, S. 374 (376).

695 Verordnung zur Umwandlung des Universitätsklinikums Gießen und Marburg in eine Gesellschaft mit beschränkter Haftung vom 01.12.2005 (GVBl. I S. 792; GVBl. II S. 351-75).

696 Vgl. §§ 25 bis 28 UMG R-P.

chem öffentliche Krankenhäuser in steigender Zahl privatisiert werden[697]. Zu beachten ist jedoch bei materiellen Privatisierungen immer, dass die ärgsten Finanznöte der Universitätsklinika zwar möglicherweise behoben werden können, jedoch andererseits deutliche Einschränkungen für die Freiheit von Forschung und Lehre zu befürchten sind[698].

Den Universitäten und Medizinischen Fachbereichen fällt es schwer, die besten Mediziner für Forschung und Lehre zu gewinnen. Dies liegt vor allem an den bestehenden Tarifverträgen, welche Tätigkeiten der Mediziner in der Krankenversorgung höher vergüten als Tätigkeiten in Forschung und Lehre[699]. Insofern müssen die Tätigkeiten der Hochschullehrer und des wissenschaftlichen Personals in Forschung und Lehre nahezu gleich hoch vergütet werden. Dadurch könnte auch die Eigenmotivation der Hochschullehrer für Forschung und Lehre zusätzlich verbessert werden. Kritik an fehlender Präsenz der Professoren im Rahmen der Lehre könnte durch eine Beurteilung der Lehrleistung der Professoren durch die Studenten begegnet werden, inklusive entsprechender Sanktionen bei schlechten Resultaten[700]. Dafür müsste den Professoren jedoch zunächst ein größerer zeitlicher Freiraum geschaffen werden, da ansonsten eine derartige Beurteilung unter der bestehenden Einspannung wenig sachgerecht erschiene.

Auch bei genereller Beibehaltung des derzeitigen Organisationssystems der Hochschulmedizin sind somit Maßnahmen denkbar, durch welche die Einschränkung der Freiheit von Forschung und Lehre abgemildert werden können bzw. zumindest die weitere Ausweitung der Einschränkungen gehemmt werden kann.

VII. Alternative Organisationsmodelle zur Minderung der Einschränkung

Es könnten alternative Organisationsmodelle und Konzeptionen der Hochschulmedizin vorliegen bzw. erarbeitet werden, welche die Einschränkung der Freiheit von Forschung und Lehre abmildern oder gar ganz verhindern.

---

697 Vgl. dazu *Barthel/Drews/Schulze/Theusinger,* Rechtliche Aspekte der Privatisierung von Krankenhäusern, GesR 2008, S. 461.

698 Zu den Auswirkungen von Privatisierungen auf die Freiheit von Forschung und Lehre in der Hochschulmedizin vgl. ausführlich Teil 2 dieser Arbeit.

699 Vgl. dazu oben insbesondere die Kritik der Arbeitsgemeinschaft der Wissenschaftlichen Medizinischen Fachgesellschaften, unter C. III. 2. b., Fn. 586.

700 Dies fordert allgemein für das gesamte Hochschulwesen *Bergsdorf,* APuZ 2002, Heft 26, S. 20 (23). Derartige Evaluationen hätten sich etwa in den USA etabliert.

1. Vollständige Herauslösung der Universitätsklinika aus der Hochschulmedizin

Um den ursprünglichen Schutzgehalt der Freiheit von Forschung und Lehre in der Hochschulmedizin zurückzuerhalten, bedürfte es umfassender Reformen. Eine derartige Reform erschiene durch eine vollumfängliche Trennung der Krankenversorgung vom Forschungs- und Lehrbetrieb möglich. Damit verbunden wäre eine komplette Herauslösung der Universitätsklinika aus dem System der Hochschulmedizin.

Die Universitätsklinika müssten zu Großkrankenhäusern umgewidmet werden, welche allein Aufgaben in der Krankenversorgung wahrnehmen. Die gesetzlich festgeschriebene Unterstützung der universitären Seite entfiele. Die Universitäten und Medizinischen Fachbereiche hätten dann zwar endgültig keinerlei Einfluss mehr auf ein ihnen zugeordnetes Klinikum. Andererseits wäre jedoch der Trend des zunehmenden Einflusses des Universitätsklinikums auf die Arbeit und Aufgabenausrichtung der universitären Seite gestoppt. Medizinische Fachbereiche und Hochschullehrer könnten eigenständig eine selbstbestimmte Forschung und Lehre betreiben. Hinderliche Abstimmungen mit den zum Teil immer „eigenwilligeren" Universitätsklinika würden vermieden.

Für die Verwirklichung der vollständigen Herauslösung der Universitätsklinika aus der Aufgabenwahrnehmung der Hochschulmedizin müsste jedoch ein alternativer Zugang der Wissenschaftler zur Praxis gesichert sein. Denkbar wäre eine Zusammenarbeit auf Vertragsbasis mit umliegenden Krankenhäusern. Auch und gerade mit den ehemaligen Universitätsklinika könnten vertragliche Vereinbarungen geschlossen werden. Diese vertraglichen Vereinbarungen dürften freilich nicht den zwingenden Charakter der bisherigen gesetzlichen Zuordnungsverhältnisse aufweisen und müssten nahezu jeglichen Einfluss der Klinika auf Forschung und Lehre ausschließen.

Dafür, dass eine vollumfängliche Trennung der Krankenversorgung von Forschung und Lehre funktionieren kann, sprechen sowohl das Bochumer Modell als auch das Modell der Privatuniversität Witten/Herdecke. Beim Bochumer Modell arbeitet die Medizinische Fakultät der Ruhr-Universität auf vertraglicher Basis mit privaten Krankenhäusern der Region zusammen, welche gemeinsam das Universitätsklinikum bilden. Entsprechendes gilt für den Standort Witten/Herdecke.

Desweiteren könnten vermehrt Lehrkrankenhäuser und Forschungseinrichtungen die bisherigen Aufgaben der Universitätsklinika übernehmen. Spezielle Lehrkrankenhäuser könnten zur Sicherstellung einer herausragenden Lehre beitragen. Das Bundesverfassungsgericht hat festgestellt, dass sich die Universität als Träger der Forschung und Lehre sowohl der Universitätsklinik, gegebenenfalls aber auch weiterer Krankenhäuser bedient[701]. Lehrkrankenhäuser und Lehrpraxen werden bereits ergänzend neben den Universitätsklinika eingesetzt[702]. Eine Etablierung von Lehrkrankenhäusern ist derzeit eine sinnvolle Ergänzung zur Medizinerausbildung innerhalb der Universitätsklinika. Die Anzahl der Lehrkrankenhäuser müsste jedoch über Jahre anwachsen, um eine eigenständige Alternative zum jetzigen System der praktischen Ausbildung in den Universitätsklinika darstellen zu können. Der heutige Einsatz von Lehrkrankenhäusern wird damit erklärt, dass die Universitätsklinika aus Kapazitätsgründen nicht allein in der Lage seien, die nach der Approbationsordnung erforderliche Ausbildung der gesamten Masse an Medizinstudenten sicherzustellen[703]. Zudem seien einige Fachrichtungen in den Universitätsklinika nicht im hinreichenden Maße repräsentiert[704]. Gerade im Praktischen Jahr der Medizinerausbildung kommt den Lehrkrankenhäusern daher eine entscheidende Rolle zu[705]. Die Arbeitsgemeinschaft der Wissenschaftlichen Medizinischen Fachgesellschaften sieht die Einbindung der Lehrkrankenhäuser in die universitäre Lehre als zunehmend wichtig an[706]. So könne in den Universitätsklinika eine Beschränkung auf wenige Krankheitsbilder aus ökonomischen oder wissenschaftlich selektiven Gründen nur dann zulässig sein, wenn durch zusätzliche Kooperationen ein Ausgleich ge-

701 BVerfG, BvR 1736/07 vom 27.11.2007.

702 § 34 Abs. 3 des Bayerischen Hochschulgesetzes besagt, dass die Universitäten auf Vorschlag ihres Medizinischen Fachbereiches außeruniversitäre Krankenhäuser in die Ausbildung des Medizinstudiums einbeziehen können und diesen während der Gültigkeit der Vereinbarung den Titel „Akademisches Lehrkrankenhaus der Universität" verleihen können. Auch in Hessen ist durch § 62 hessisches Hochschulgesetz eine vertragliche Einbeziehung von Lehrkrankenhäusern ermöglicht worden. In Mecklenburg-Vorpommern bestehen in § 103 a des LHG alter Fassung ebenfalls Regelungen zur Einbeziehung von Lehrkrankenhäusern auf Grundlage eines Kooperationsvertrages. In Niedersachsen sieht der § 63 a Abs. 3 NHG die Möglichkeit der Einbeziehung von akademischen Lehrkrankenhäusern vor. In Sachsen-Anhalt enthält § 5 Abs. 1 HMG LSA für die Medizinischen Fakultäten die Option, geeignete Krankenhäuser oder weitere Einrichtungen unter Einhaltung bestimmter Modalitäten in die klinische Ausbildung einzubeziehen. Diesen kann dann für die Gültigkeit der Vereinbarung ebenfalls die Bezeichnung „Akademisches Lehrkrankenhaus der Universität" verliehen werden, vgl. § 5 Abs. 2 HMG LSA. In Thüringen besteht die Möglichkeit der Einbeziehung von Lehrkrankenhäusern im Rahmen des § 100 ThürHG.

703 Vgl. *Becker*, Das Recht der Hochschulmedizin, 2005, S. 49.

704 Ebd.

705 Die Voraussetzungen, die an ein solches Lehrkrankenhaus gestellt werden, ergeben sich aus § 4 der ÄAppO mit der Überschrift „Durchführung des Praktischen Jahres in außeruniversitären Einrichtungen".

706 Arbeitsgemeinschaft der Wissenschaftlichen Medizinischen Fachgesellschaften, Thesen der Arbeitsgemeinschaft der Wissenschaftlichen Medizinischen Fachgesellschaften zu Aufgaben der Universitätsklinika, 02.06.2005.

schaffen würde[707]. Der Medizinische Fachbereich muss dabei jedoch weiterhin die Hauptverantwortung für die Qualität der Lehre tragen[708]. Der Wissenschaftsrat fordert, dass bei der Zusammenarbeit mit externen Krankenhäusern der akademische Anspruch weiterhin erfüllt ist[709]. Das jeweilige Land als Garant der Wissenschaftsfreiheit habe die Pflicht, dementsprechende Regelungen an den einbezogenen Krankenhäusern sicherzustellen[710].

Auch die Sicherung der universitären Forschung müsste bei vollständiger Herauslösung der Universitätsklinika aus der Hochschulmedizin neu geregelt werden. Für Forschungszwecke wären hochspezialisierte Forschungskliniken erforderlich. Auch die Einbeziehung außeruniversitärer Forschungseinrichtungen wäre zu überdenken. Die Zusammenarbeit wird teilweise ohnehin schon aufgrund der derzeit knappen Finanzmittel der öffentlichen Hand als äußerst wichtig angesehen[711].

Die Ausführungen lassen bereits erkennen, dass eine Trennung der Aufgabenbereiche Krankenversorgung sowie Forschung und Lehre schwer zu realisieren wäre. Diese sind unabdingbar miteinander verbunden[712]. Zwar würde der Einfluss der Universitätsklinika auf die Arbeit der Medizinischen Fachbereiche bei Herauslösung der Universitätsklinika aus der Hochschulmedizin entfallen. Bei einer Universitätsklinik hat die universitäre Seite jedoch einen ständigen, direkten Ansprechpartner für die Verwirklichung von Forschung und Lehre. Die Universitätsklinika sind durch ihre Ausstattung gerade auf die Unterstützung der Fachbereiche und ihrer Wissenschaftler ausgerichtet. Ob andere Krankenhäuser dazu ebenso gut in der Lage sind, ist anzuzweifeln. Für eine Herauslösung der Universitätsklinika aus der Hochschulmedizin bestehen somit keine ausgereiften Alternativen, selbst wenn die Freiheit von Forschung und Lehre effektiver geschützt werden könnte. Es würden umfangreiche, unübersichtliche Folgeprobleme sowohl in praktischer als auch in rechtlicher Hinsicht entstehen.

Die vollständige Herauslösung der Universitätsklinika würde darüber hinaus nicht nur eine Trennung der Forschung und Lehre von der Krankenversorgung erfordern. Auch eine Trennung von Forschung und Lehre untereinander wäre zu

---

707 Ebd.

708 Ebd.

709 Wissenschaftsrat, Allgemeine Empfehlungen zur Universitätsmedizin, 2007, S. 23.

710 Ebd., S. 24, neben mehreren dazu geeigneten Maßnahmen empfiehlt der Wissenschaftsrat insbesondere, an den jeweiligen universitätsmedizinischen Standorten einen Verbund zu etablieren, welcher die Kooperation mit den externen Partnern koordiniert.

711 So etwa *Siewert/Merk*, Bundesgesundheitsblatt 2009, S. 807, 808.

712 So die einhellige Meinung, auch etwa der Arbeitsgemeinschaft der Wissenschaftlichen Medizinischen Fachgesellschaften, Thesen der Arbeitsgemeinschaft der Wissenschaftlichen Medizinischen Fachgesellschaften zu Aufgaben der Universitätsklinika, 02.06.2005.

erwarten. Mögliche Alternativen zu den Universitätsklinika, welche Forschung und Lehre im selben Maße vereinen können, stehen derzeit nicht zur Verfügung. Forschungseinrichtungen und Lehrkrankenhäuser können in der Hauptsache nur jeweils einem der Aufgabengebiete gerecht werden. Ohnehin erweist sich eine Vereinbarung der Interessen von Forschung und Lehre untereinander in den Universitätsklinika als zunehmend schwierig. Die Forschung ist auf spezielle Krankheiten, die Lehre auf viele verschiedene Krankheitsbilder angewiesen[713]. Es bestehen Forderungen, nach denen Universitätsklinika mit einem hohen Anteil am Versorgungsauftrag einer Region zukünftig im Kooperationsmodell eine Rolle als „Teaching Hospitals" zukommen sollte[714]. Die Universitätsklinika mit einer hochspezialisierten Krankenversorgung und einem geringen Versorgungsauftrag in Ballungsgebieten könnten hingegen in einem Integrationsmodell als „Clinical Research Hospitals" geführt werden[715]. Gegen eine Trennung von Forschung und Lehre lassen sich jedoch gewichtige Argumente anführen[716]. Es wird angenommen, dass eine eigene Forschung der Hochschullehrer auch für die Belange der Lehre notwendig sei und nicht nur das Wissen vermittelt werden solle, welches Andere erforscht hätten[717]. Die Studierenden bemerkten, ob der Hochschullehrer eine eigene Forschung praktiziere oder diese nur „vom Hörensagen"

713 So auch *Sandberger,* in: Waller/Rössler/ders. (Hrsg.), Die Universitätsklinika im Spannungsfeld zwischen Gesundheitspolitik und Forschungsauftrag, 1991, S. 111 (117), der schon früh erkannte, dass für die Belange der klinischen Forschung eine „notwendig einseitige Patientenauswahl" getroffen werden müsse, welche sich mit dem für die Lehre erforderlichen Krankheitsspektrum nicht vertrüge.

714 *Von der Hardt,* Jahresversammlung Medizinischer Fakultätentag 2004, Konflikt zwischen Hochspezialisierung und Versorgungsbreite, S. 10 ff.

715 Ebd.

716 *Putz,* F&L 2010, S. 236 (237), merkt an, dass sich Überlegungen zur Trennung von Forschung und Lehre zerschlagen hätten. Die damit zwangsläufig verbundenen kommunikativen und organisatorischen Probleme sowie Status- und Ausbildungsfragen seien offen zu Tage getreten.

717 So *Kempen,* Präsident des Deutschen Hochschulverbandes, Jahresversammlung Medizinischer Fakultätentag 2009, S. 204, der sich insbesondere gegen die Einführung von „Lehrprofessuren" wendet. Eine forschungsfreie Lehre sei eine sterile Lehre; *Nickelsen,* F&L 2010, S. 411, merkt an, dass für die eigene Kreativität und inhaltliche Weiterentwicklung die Forschung für die Gestaltung der Lehre unerlässlich sei. Eine eigene Forschung fördere sowohl die reine Wissensvermittlung als auch die Vermittlung der wissenschaftlichen Arbeitsweise; *Mlyner*, F&L 2009, S. 336 (337), stellt fest, dass sich Forschung und Lehre gegenseitig befruchten und rät ebenfalls deutlich von reinen Lehranstalten ab; *Schwabe,* F&L 2010, S. 410, hingegen bezeichnet die Annahme, eine qualitativ hochwertige Lehre sei nur durch eine eigene Forschung des Wissenschaftlers möglich als „Fabel"; u.a. besäße ein guter Lehrer die Fähigkeit fremde Forschungsergebnisse verstehen, bewerten und vermitteln zu können.

kenne[718]. Zudem führe eine Trennung der Aufgabenbereiche dazu, dass kaum noch ein Unterschied zu einer Fachhochschule bestehe[719].

Auch ohne Forschung und Lehre organisatorisch ganz voneinander zu trennen, sind immerhin abgemilderte Maßnahmen zur Profilierung der Aufgaben denkbar. So könnte zukünftig bei der Einstellung von Professoren darüber nachgedacht werden, ob diese Schwerpunkttätigkeiten in der Forschung oder der Lehre ausüben. Die Schwerpunkte würden sich in der zeitlichen Dauer der Aufgabenbefassung niederschlagen. Dem entsprechen auch Forderungen dahingehend, dass die Einheit von Forschung und Lehre zwar innerhalb einer Einrichtung, nicht jedoch innerhalb des Tätigkeitsbereiches einer Person vorliegen müsse[720].

2. Vollständige Wiedereingliederung der Universitätsklinika in die Universität

Auch durch die vollständige Wiedereingliederung der Universitätsklinik in die Universität bzw. den Fachbereich könnte die Freiheit von Forschung und Lehre besser geschützt werden. Mit der Eingliederung verbunden wäre ein Wiederaufleben der Forschung und Lehre als Hauptaufgabe der Universitätsklinika und eine Rückentwicklung der derzeit umfänglichen Aufgaben in der Krankenversorgung. Die Krankenversorgung würde auf ein Maß zurückgeschraubt, welches Forschung und Lehre zuträglicher wäre.

Auch eine derartige Rückorientierung würde zwar eine Einschränkung der Freiheit von Forschung und Lehre abmildern, jedoch wiederum die Aufgabe vieler tatsächlicher Vorteile bedeuten und auch andere Schutzgüter mit Verfassungsrang einschränken, insbesondere eine bestmögliche Krankenversorgung der Bevölkerung[721]. Gegen die damit verbundene Verkleinerung der Universitätsklinika lassen sich neben rechtlichen vor allem volkswirtschaftliche und politische Gründe nennen, welche ein solches Szenario faktisch ausschließen[722].

---

718 *Kempen*, Jahresversammlung Medizinischer Fakultätentag 2009, S. 204.

719 So beispielhaft die Wortmeldungen von *Putz* und *Dudenhausen* zum Beitrag von *Von der Hardt,* Jahresversammlung Medizinischer Fakultätentag 2004, Konflikt zwischen Hochspezialisierung und Versorgungsbreite, S. 15.

720 So *Niethammer,* Jahresversammlung Medizinischer Fakultätentag 2004, Einführung in die Empfehlungen des Wissenschaftsrats zu forschungs- und lehrförderlichen Strukturen in der Universitätsmedizin, S. 11, der im Namen des Wissenschaftsrats die Ansicht vertritt, dass dauerhaft eine vermehrt klinische oder wissenschaftliche Laufbahn notwendig sei. Man müsse akzeptieren, dass die gewünschte Einheit aus Forscher, Lehrer und Arzt innerhalb einer Person zwar unter Umständen möglich sein könne, zukünftig jedoch nicht der Regelfall sei.

721 Dazu noch sogleich unter D II und IV.

722 Ebenso weist auch *Fülgraff,* in: Waller/Rössler/Sandberger (Hrsg.), Die Universitätsklinika im Spannungsfeld zwischen Gesundheitspolitik und Forschungsauftrag, 1991, S. 96 (102), darauf

D. Rechtfertigung der Einschränkung der Freiheit von medizinischer Forschung und Lehre

Die Einschränkungen der Freiheit von medizinischer Forschung und Lehre im Rahmen des Systems der Hochschulmedizin könnten jedoch verfassungsrechtlich gerechtfertigt sein.

I. Eingeschränktes Schutzgut: Freiheit von Forschung und Lehre

Die bestehenden Einschränkungen des Grundrechts der medizinischen Hochschullehrer auf eine freie wissenschaftliche Betätigung nach Art. 5 Abs. 3 S. 1 GG wurden bereits umfassend dargestellt[723]. Es wurde aufgezeigt, dass auch die Medizinischen Fachbereiche durch die Einordnung in das System der Hochschulmedizin vielerlei Zwängen unterliegen, welche die einstigen Freiheiten immer weiter beschränkten[724]. Die Einschränkungen stellen sich letztlich als Konsequenz der Aufgabenentwicklung in den Universitätsklinika dar und sind der Dominanz der Krankenversorgung geschuldet.

II. Profitierendes Schutzgut: Gesundheitsversorgung der Bevölkerung

Das durch Art. 2 Abs. 2 S. 1 GG geschützte Recht auf Leben und körperliche Unversehrtheit bedingt i.V.m. Art. 1 Abs. 1 S. 2 GG die unmittelbare staatliche Verpflichtung, Leben und Gesundheit effektiv zu schützen[725]. Die Krankenversorgung stellt nach Rechtsprechung des Bundesverfassungsgerichts ein überragend wichtiges Gemeinschaftsgut dar[726], zu dessen staatlichen Schutz die Verfassung durch Art. 2 Abs. 2 S. 1 GG sowie durch das Sozialstaatsprinzip des

hin, dass die Universitätsklinika als Großkrankenhaus der Maximalversorgung nicht in einem Schritt zu einem „Mittel für Forschung und Lehre“ umgewandelt werden könnten. Lediglich durch viele Einzelentscheidungen könne man allmählich die Arbeitsweise, Strukturen und Prioritäten der Universitätsklinika verändern.

723 Vgl. zu den Einschränkungen zusammenfassend unter C. IV.

724 Vgl. ebenfalls unter C. IV.

725 Vgl. BVerfGE 39, 1 (41 und 42); BVerfGE 90, 145 (195).

726 Vgl. zum Gemeinwohl BVerfG, Beschluss vom 21.09.1976, BVerfGE 42, 312 (332), wonach das Grundgesetz den Zweck des Staates auf das Gemeinwohl beschränkt hat; auch BVerfG, Beschluss vom 08.08.1978, BVerfGE 49, 89 (132), formuliert für alle Staatsorgane die verfassungsrechtliche Pflicht, dem gemeinen Wohl zu dienen.

Art. 20 Abs. 1 GG verpflichtet[727]. In Verbindung mit dem Sozialstaatsprinzip wird Art. 2 Abs. 2 S. 1 GG auch die staatliche Gewährleistung einer medizinischen Versorgung für alle Bürger entnommen[728]. Die Hochschulmedizin ist zu einem zentralen Bestandteil der nationalen Gesundheitsversorgung geworden[729].

III. Herstellung praktischer Konkordanz zwischen den Schutzgütern

Wie festgestellt, bedingt das Organisationssystem der Hochschulmedizin Einschränkungen der durch Art. 5 Abs. 3 S. 1 GG garantierten Freiheiten der Medizinischen Fachbereiche und Hochschullehrer. Die Hochschulmedizin ist jedoch auch zentraler Baustein der staatlichen Krankenversorgung, welche das Recht des Einzelnen auf Leben und körperliche Gesundheit nach Art. 2 Abs. 2 S. 1 GG schützt. Das Bundesverfassungsgericht fordert insofern für den Bereich der universitären Krankenversorgung einen Ausgleich zwischen den dort betroffenen Grundrechten und verfassungsrechtlichen Interessen[730]. In den gesetzlichen Regelungen zur Hochschulmedizin müssen daher die Freiheit von Forschung und Lehre sowie die Organisationsprinzipien der Krankenversorgung durch Erwägungen der praktischen Konkordanz zu einem Ausgleich geführt werden[731].

---

727 BVerfGE 57, 70 (99); vgl. auch *Epping/Lenz,* DÖV 2004, S. 1 (4); *Gärditz*, Hochschulorganisation und verwaltungsrechtliche Systembildung, 2009, S. 588, 589. Zum Themenkomplex des Grundrechts auf Medizinische Versorgung/Gesundheit siehe schon *Schwabe,* NJW 1969, S. 2274 ff; *Däubler*, NJW 1972, S. 1105 ff.; *Seewald,* Zum Verfassungsrecht auf Gesundheit, 1981.

728 Vgl. *Schulze-Fielitz,* in Dreier (Hrsg.), GG Kommentar, 2004, Art. 2 II, Rn. 96, m.w.N.

729 *Sandberger*, in: Waller/Rössler/ders. (Hrsg.), Die Universitätsklinika im Spannungsfeld zwischen Gesundheitspolitik und Forschungsauftrag, 1991, S. 111 (123), hatte im Jahr 1990 noch angenommen, dass die Universitätsklinika ihre Aufgaben in der Krankenversorgung nicht als Teil des staatlichen Gesundheitssystems, sondern zur Erweiterung und Verbesserung des Gesundheitssystems wahrnähmen; dies freilich mit der Einschränkung, dass die alleinige Betreibung der Krankenversorgung für Ausbildung und Entwicklung nicht durchgehalten werden könne.

730 Vgl. noch einmal BVerfGE 57, 70 (99).

731 So schon *Sandberger*, WissR-Beiheft 17 Bd. 39 (2006), S. 22. Nach *Hesse,* Grundzüge des Verfassungsrechts der Bundesrepublik Deutschland, 20. Aufl. 1995, Rn. 72, beinhaltet das Prinzip der praktischen Konkordanz eine Zuordnung verfassungsrechtlich geschützter Rechtsgüter in der Art, dass ein jedes von ihnen „Wirklichkeit gewinnt". Den betroffenen Gütern müssen insoweit Grenzen gezogen werden, als dass sie zu einer optimalen Wirkung gelangen können. Die Grenzziehung müsse verhältnismäßig sein. Das BVerfG fordert beim Vorliegen von Grundrechtskollisionen ebenfalls die Herstellung praktischer Konkordanz, vgl. etwa BVerfGE 41, 29 (51) sowie 77, 240 (255).

Da die Hochschulmedizin maßgeblicher Bestandteil einer qualitativ hochwertigen bundesweiten Gesundheitsversorgung der Bevölkerung ist, liegen die bestehenden Einschränkungen der Wissenschaftsfreiheit in einem verfassungsrechtlich tolerierbaren Rahmen[732]. Die Universitätsklinika gewährleisten eine „Krankenversorgung auf höchstem Niveau an der Grenze des medizinischen Fortschritts“[733] und leisten ihren Beitrag zum bundesweit hohen medizinischen Standard[734]. Die Universitätsklinika haben als Großkrankenhäuser der Maximalversorgung in vielen Regionen unterschiedliche bedeutende Funktionen. Teilweise sind nur die Universitätsklinika in der Lage, spezielle Krankheitsverläufe zu behandeln[735]. Nach dem „Last-Resort-Prinzip“ sind die Universitätsklinika für die Versorgung hochkomplexer und kostenintensiver Behandlungsfälle zuständig[736]. In manchen Gebieten sind die Universitätsklinika wiederum für eine flächendeckende Krankenversorgung unverzichtbar[737]. Diese Profilierung der Universitätsklinika folgt gerade aus dem Zusammenspiel mit der medizinischen Forschung und Lehre. Erst die Verbindung mit der Forschung und Lehre garantiert die in den Universitätsklinika erbrachte hochwertige Krankenversorgung, welche im Rahmen des Krankenversorgungssystems eine Spitzenstellung einnimmt[738].

---

732 *Krausnick,* Staat und Hochschule im Gewährleistungsstatt, 2012, S. 65, nimmt an, dass der in der Universitätsmedizin durch die Freiheit von Forschung und Lehre vermittelte Schutz schwächer als in anderen Wissenschaftsbereichen sei, insbesondere weil Art. 5 Abs. 3 GG in praktische Konkordanz mit Art. 2 Abs. 2 GG zu bringen sei.

733 So der Wissenschaftsrat, Stellungnahme zu Leistungsfähigkeit, Ressourcen und Größe universitätsmedizinischer Einrichtungen 2005, S. 7, 8.

734 Vgl. den Beitrag des Online Journals *Medizin Aspekte*, Das deutsche Gesundheitssystem im internationalen Vergleich, Ausgabe Juli 2012, welcher zu dem Ergebnis kommt, dass Deutschland eines der besten Gesundheitssysteme der Welt habe. *Funke,* Realisierbarkeit von Public Private Partnership Modellen im deutschen Krankenhaussektor, 2005, S. 49, stellt ebenfalls fest, dass Deutschland im internationalen Vergleich einen qualifizierten medizinischen Standard inne hat.

735 Vgl. auch Statistisches Bundesamt, Gesundheit – Grunddaten der Krankenhäuser 2009, wonach die 34 Universitätsklinika im Jahr 2009 bei 2084 Krankenhäusern 4.265 der bundesweit 24.553 Betten zur intensivmedizinischen Versorgung stellten. Von den über 2,042 Mio. intensivmedizinischen Behandlungsfällen entfielen 245.119 auf die Universitätsklinika.

736 *Debatin/Rehr,* Bundesgesundheitsblatt 2009, S. 891 (892).

737 Im Bundesdurchschnitt wiesen die Universitätsklinika im Jahr 2008 eine Anzahl von 1316 Planbetten auf, vgl. Landkarte Hochschulmedizin, Anzahl vollstationärer Planbetten, Stand 08.02.2011. Die Anzahl stationärer Fallzahlen für bewertete DRG betrug im Jahr 2008 im Schnitt 48.771 pro Standort (2006 noch 45.878), vgl. Landkarte Hochschulmedizin, Anzahl vollstationärer Fälle für bewertete DRG, Stand 08.02.2011.

738 So auch die Arbeitsgemeinschaft Hochschulmedizin, Resolution vom 19.04.2004, die hochqualifizierte Versorgung gelte insbesondere für die Versorgung schwerstkranker Patienten. Die Patienten kämen in den Genuss einer „medizinischen Maximalversorgung auf der Höhe neuester wissenschaftlicher Erkenntnisse“.

Darüber hinaus hat die Hochschulmedizin für die gesamte Volkswirtschaft eine hohe Bedeutung[739]. Im Jahr 2008 erreichte die Hochschulmedizin Einnahmen in Höhe von über 12,4 Mrd. Euro (2007: über 11,78 Mrd. Euro)[740]. Die Hochschulen kamen insgesamt auf Einnahmen von ca. 18,2 Mrd. Euro (2007: über 16,85 Mrd. Euro), so dass der Anteil der Einnahmen der Hochschulmedizin mehr als zwei Drittel der Gesamteinnahmen ausmachte[741]. Wesentliche Veränderungen der Organisationsstrukturen der Hochschulmedizin könnten sich daher auch negativ auf die Wirtschaftslage der Länder auswirken[742].

Nicht nur die durch die Universitätsklinika erbrachte Krankenversorgung spricht für die grundsätzliche Beibehaltung des Organisationssystems der Hochschulmedizin. Generelle Aufgabe der Hochschule ist die Gewinnung wissenschaftlicher Erkenntnisse sowie die Pflege und Entwicklung der Wissenschaft durch Lehre und Studium[743]. Das entsprechende Gesamtziel der Hochschulmedizin und Medizinischen Fakultäten ist die Erbringung einer qualitativ hochwertigen Forschung und Lehre, welche den medizinischen Fortschritt fördert und die Gewährleistung sowie Verbesserung der Gesundheitsversorgung bewirkt. Dem Wissen als Ressource von gesellschaftlicher Bedeutung kommt aktuell ein höherer Stellenwert zu als jemals zuvor[744]. Gerade aufgrund des erhofften gemein-

---

739 So zählt die Biomedizin laut Wissenschaftsrat zu den „Schlüsselkompetenzen des 21. Jahrhunderts“, Wissenschaftsrat, Stellungnahme zu Leistungsfähigkeit, Ressourcen und Größe universitätsmedizinischer Einrichtungen, 2005, S. 8. Die Medizin stellt einen produktiven Wirtschaftszweig dar, mit einer hohen Bedeutung für die gesamte Volkswirtschaft, Wissenschaftsrat, Empfehlungen zu Public Private Partnerships (PPP) in der universitätsmedizinischen Forschung, 2007, S. 8; *Kiess,* F&L 2004, S. 437 (438), formuliert entsprechend, dass die Aufgaben der Hochschulmedizin als „marktfähige Ware“ angesehen werden.

740 Statistisches Bundesamts, Bildung und Kultur – Finanzen der Hochschulen 2008, S. 25. Von diesen über 12 Mrd. Euro entstammen mehr als 11,1 Mrd. Euro aus wirtschaftlicher Tätigkeit und Vermögen, mithin aus der Krankenversorgung.

741 Statistisches Bundesamtes, Bildung und Kultur – Finanzen der Hochschulen 2008, S. 25.

742 *Von der Hardt,* Jahresversammlung Medizinischer Fakultätentag 2004, Konflikt zwischen Hochspezialisierung und Versorgungsbreite, S. 9, 10, konkretisiert dies durch eine Auflistung der zahlreichen Aufgaben der universitären Medizin im Rahmen der innovativen Medizin in Deutschland. Die universitäre Medizin leiste einen erheblichen Beitrag zur Steigerung des Bruttosozialproduktes.

743 Vgl. insofern die Aufgaben der Universitäten. So besagt etwa § 3 Abs. 1 S. 1 HG NRW: Die Universitäten dienen der Gewinnung wissenschaftlicher Erkenntnisse sowie der Pflege und Entwicklung der Wissenschaften durch Forschung, Lehre, Studium (…)“; vgl. auch Art. 2 Abs. 1 S. 1 BayHSchG.

744 Vgl. dazu ausführlich *Nettesheim,* DVBl. 2005, S. 1072 ff.; bereits *Lorenz,* JZ 1981, S. 113, m.w.N., stellt fest, dass wissenschaftlicher Forschung (und Lehre) eine grundlegende kulturelle, soziale, wirtschaftliche und politische Bedeutung zukomme und diese daher eine öffentliche Funktion ersten Ranges erfüllten. Auch *Mager,* in: Isensee/Kirchhof (Hrsg.), Handbuch des

schaftlichen Nutzens und der Erhöhung der Lebensqualität der Bevölkerung wird die Forschung durch staatliche Mittel gefördert[745]. Die Einschränkung der Wissenschaftsfreiheit im Hochschulfach Medizin führt nicht ersichtlich dazu, dass Qualität und Erfolg der universitären medizinischen Wissenschaft leiden. Die Hochschulmedizin garantiert nicht nur eine herausragende Gesundheitsversorgung, sondern auch eine erfolgreiche Forschung und Lehre[746]. Dies ist auch notwendig. So schätzt der Medizinische Fakultätentag die Bedeutung der medizinischen Ausbildung und Forschung für die Bundesrepublik als „systemrelevant" ein[747]. Die nutzbringende Umsetzung von medizinischer Forschung in die Praxis ist in hohem Maße entscheidend für die Entwicklung der Lebensqualität einer Gesellschaft[748]. Statistiken der universitären Drittmitteleinnahmen verdeutlichen, dass die Medizinischen Fachbereiche im Vergleich zu anderen Fachbereichen überdurchschnittlich wissenschaftlich aktiv sind, obwohl sie an die zusätzliche Aufgabe der Krankenversorgung gebunden sind[749]. Im Schnitt gab jeder hochschulmedizinische Standort im Jahr 2008 Forschungsdrittmittel in Höhe von ca.

Staatsrechts Band VII, 3. Aufl. 2009, § 166, Rn. 60, konstatiert, dass die derzeitige globale Wissensgesellschaft ganz wesentlich auf wissenschaftlichen Fortschritt angewiesen sei.

745 Das Bundesministerium für Bildung und Forschung förderte die Gesundheitsforschung in den Jahren 2006 bis 2010 durch 800 Millionen Euro mit dem Hauptziel, durch eine bessere medizinische Behandlung die Lebensqualität der Menschen zu erhöhen, vgl. die Einschätzung auf der Homepage des Bundesministeriums für Bildung und Forschung, Gesundheitsforschungsprogramm, vom 09.02.2011; *Nettesheim,* DVBl. 2005, S. 1073, führt aus, dass individualgetriebene Wissensproduktion durch gesellschaftlich veranlasste (und zum Teil sogar gesteuerte) Wissensproduktion ersetzt werde.

746 *Adler,* F&L 2005, S. 586 (588), lobt, dass die Hochschulmedizin sowohl in Krankenversorgung, Forschung, Lehre und Weiterbildung „Hervorragendes" leiste; *Gürkan,* in: Leucorea (Hrsg.), Neugestaltung von Struktur und Finanzierung der Hochschulmedizin in Sachsen-Anhalt, 1996, S. 23, stellt fest, dass die Universitätsklinika eine hochqualifizierte Krankenversorgung und zugleich anspruchsvolle Forschung und Lehre erbringen; *Keller,* in: Waller/Rössler/Sandberger (Hrsg.), Die Universitätsklinika im Spannungsfeld zwischen Gesundheitspolitik und Forschungsauftrag, 1991, S. 61 (78), verweist darauf, dass durch den Fortschritt der Medizin das Lebensdurchschnittsalter erhöht werden konnte und manche Krankheiten therapierbar wurden.

747 Medizinischer Fakultätentag, Resolution zum Erhalt des Medizinstudiums in Lübeck, 04.06.2010.

748 Wissenschaftsrat, Empfehlungen zu Public Private Partnerships (PPP) in der universitätsmedizinischen Forschung, 2007, S. 8.

749 So die Feststellung von *Fleckenstein,* Bundesgesundheitsblatt 2009, S. 940 (944), der sich insofern u.a. auf eine Statistik des statistischen Bundesamtes aus dem Jahre 2006 bezieht, nach welcher Universitätsprofessuren der Humanmedizin mit 354.000 Euro die mit Abstand höchsten Drittmitteleinnahmen verzeichnen konnten. Zum Vergleich: Die Ingenieurwissenschaften folgen auf Rang zwei mit 312.000 Euro. Auch der Medizinische Fakultätentag, Pressemittelung vom 14.10.2010, verweist aktuell darauf, dass in der Forschung durch die Fächer Humanmedizin und Gesundheitswissenschaften die höchsten Drittmitteleinnahmen erzielt werden.

34,50 Mio. Euro aus[750]. Die Forschungsergebnisse der Hochschulmedizin sind umfänglich[751]. Die Universitäten geben für die Medizinischen Einrichtungen und Gesundheitswissenschaften mehr Mittel aus als für alle anderen universitären Fachgebiete zusammen[752].

Das Bundesverfassungsgericht stellte bereits im Hochschul-Urteil fest, dass die Gewährleistung einer freien Wissenschaft nicht nur der Selbstverwirklichung des einzelnen Wissenschaftlers diene[753]. Darüber hinaus hat eine freie Wissenschaft auch eine bedeutende Schlüsselfunktion für die gesamtgesellschaftliche Entwicklung[754]. Die Wissenschaftsfreiheit wird gerade auch gewährt, damit der einzelne Wissenschaftler der Allgemeinheit durch sein freies Tätigwerden die Vorteile seiner individuellen Forschung und Lehre sichern soll[755]. Wenngleich die individuelle Wissenschaftsfreiheit der Medizinischen Fachbereiche und Hochschullehrer im Hochschulfach Medizin bis zu einem bestimmten Maß eingeschränkt wurde, wird der wohl bedeutendste Zweck der Gewährleistung der

---

750 Vgl. insofern die Zahlen der Landkarte Hochschulmedizin, Auswertungsbogen Kategorie: Forschung, Drittmittel, Stand 08.02.2011. Das Statistische Bundesamte, Bildung und Kultur – Finanzen der Hochschulen 2008, S. 25, kommt im Jahr 2008 auf Drittmitteleinnahmen der deutschen Hochschulmedizin in einer Gesamthöhe von 1,21294 Mrd. Euro (alle Hochschulfächer zusammen: 4,8527 Mrd. Euro).

751 Im Jahr 2008 veröffentlichten die jeweiligen Medizinischen Fachbereiche im Schnitt 1045 Publikationen in internationalen wissenschaftlichen Zeitschriften, vgl. zur Anzahl der Veröffentlichung der einzelnen Medizinischen Fachbereiche die Landkarte Hochschulmedizin, Anzahl Publikationen in Zeitschriften mit peer review, Stand 08.02.2011.

752 Vgl. die Zahlen des Statistischen Bundesamtes, Bildung und Kultur – Finanzen der Hochschulen 2008, S. 13. Im Jahr 2008 gaben die Universitäten 32,017 Mrd. Euro an ihre Fachbereiche weiter, davon entfielen 17,020 Mrd. Euro auf die Gesundheitswissenschaften.

753 BVerfGE 35, 79 (114).

754 Ebd.

755 So *Fink*, DÖV, 1999, S. 980 (984); es bestünden Parallelen der Forschung und Lehre zur Rundfunkfreiheit, welche dem Informationsinteresse der Allgemeinheit dient; *Keller,* in: Waller/Rössler/Sandberger (Hrsg.), Die Universitätsklinika im Spannungsfeld zwischen Gesundheitspolitik und Forschungsauftrag, 1991, S. 61 (62), betont, dass die Wertentscheidung zur Gewährleistung der Wissenschaftsfreiheit als schrankenloses Grundrecht nicht nur dem Schutz der Sicherung der individuellen Freiheit des Wissenschaftlers diene, sondern durch eine freie (im konkreten Fall medizinische) Wissenschaft auch dem Allgemeininteresse am weiteren (medizinischen) Fortschritt; *Schiedermaier,* WissR 1971, S. 1 (34), sieht in der Wissenschaftsfreiheit ein „der richterlichen Unabhängigkeit vergleichbares Statusrecht", welches der Allgemeinheit die Vorteile einer freien und ungelenkten Wissenschaft sichern solle; *Erhardt,* in: Waller/Rössler/Sandberger (Hrsg.), Die Universitätsklinika im Spannungsfeld zwischen Gesundheitspolitik und Forschungsauftrag, 1991, S. 51, stellt gerade in Bezug auf die medizinische Wissenschaft fest, dass diese keinen Selbstzweck darstelle, sondern dazu diene, den Menschen gesund zu erhalten oder werden zu lassen. Die medizinische Wissenschaft habe allen zu dienen und nützlich zu sein.

Wissenschaftsfreiheit, die Gewinnung wichtiger wissenschaftlichen Erkenntnisse für die Allgemeinheit, in qualitativ hochwertiger Weise erreicht.

Die Gewährleistung einer hochwertigen medizinischen Forschung, Lehre und Gesundheitsversorgung wird bei strukturellen Reformen des Systems der Hochschulmedizin nicht aufrecht erhalten werden können. Alternative Grundstrukturen der Hochschulmedizin, welche einen höheren Schutz der Forschungs- und Lehrfreiheit der Medizinischen Fakultäten und Hochschullehrer bewirken, wären nicht nur aufwendig herzustellen, sondern würden auch die bestmögliche Gewährleistung der grundgesetzlich vorgeschriebenen Krankenversorgung gefährden[756]. Insbesondere müssen die unersetzlichen Universitätsklinika als Akteure der Hochschulmedizin erhalten bleiben. Die gleichzeitige Aufgabenwahrnehmung in der Wissenschaft und der Gesundheitsversorgung bewirkt gegenseitige Vorteile, auf welche derzeit nicht verzichtet werden kann[757]. Allein die Konsequenzen, welche durch die Auflösung eines hochschulmedizinischen Standortes drohen, verdeutlichen die hohe Bedeutung der Hochschulmedizin[758].

Insgesamt kommt das bestehende System der Hochschulmedizin den gesellschaftlichen Bedürfnissen nach der Fortentwicklung der Wissenschaft und einer bestmöglichen Gesundheitsversorgung zu Gute, mithin überragend wichtigen Allgemeininteressen. Die teilweise Einschränkung der Freiheit von Forschung und Lehre der Medizinischen Fachbereiche und Hochschullehrer ist gesell-

---

756 Vgl. zu alternativen Organisationsstrukturen der Hochschulmedizin schon unter C. VII.

757 *Friedrich,* in: Franke-Ullmann/Heinen/Mitreiter (Hrsg.), Strukturen und Finanzierung der Hochschulmedizin, 1999, S. 8, nimmt an, dass Humanität und Leistungsfähigkeit des Gesundheitssystems maßgebend für die Qualität der hochschulmedizinischen Ausbildung und Forschung sei; *Keller,* in: Waller/Rössler/Sandberger (Hrsg.), Die Universitätsklinika im Spannungsfeld zwischen Gesundheitspolitik und Forschungsauftrag, 1991, S. 61, stellt fest, dass ohne medizinische Forschung die erfolgreiche moderne Heilkunst undenkbar wäre.

758 Dies veranschaulichen etwa die Konsequenzen, welche durch den – letztlich verhinderten – Wegfall des universitätsmedizinischen Standortes in Lübeck drohten. Der Medizinische Fakultätentag, Resolution zum Erhalt des Medizinstudiums in Lübeck, 04.06.2010, benennt zahlreiche negative Folgewirkungen, welche beispielhaft – zumindest in sich ähnelnder Form – auch auf die weiteren universitätsmedizinischen Standorte in Deutschland übertragen werden können. U.a. würden vom Standort Lübeck interdisziplinäre und einrichtungsübergreifende Kooperationen ausgehen, welche diesen zu einem zentralen Wirtschaftsfaktor für die gesamte Region machten, der stärkste Innovationsbereich des Wissenschaftscampus Lübeck würde wegfallen. Auch andere Fakultäten könnten nicht mehr aufrecht erhalten werden, die bestehenden Kooperationen mit außeruniversitären Forschungsunternehmen und medizintechnischen Unternehmen wären nicht überlebensfähig. Firmen der Region hätten weniger Kooperationsmöglichkeiten, Arbeitsplätze und Steuereinnahmen würden wegfallen. Zudem bestünden durch eine drohende Verringerung der Ausbildungskapazitäten Gefahren für die medizinische Versorgungssituation des gesamten Bundeslandes Schleswig-Holstein. Insgesamt sei der Langzeitschaden unermesslich.

schaftlichen Entwicklungen geschuldet und durch Erwägungen der praktischen Konkordanz hinzunehmen. Die Einschränkungen sollten zwar weitgehend begrenzt und abgemildert werden, jedoch kann man sie nicht voll beseitigen, da die dafür erforderlichen grundlegenden Reformen die soeben genannten wichtigen Allgemeininteressen beeinträchtigen würden.

Auch das Bundesverfassungsgericht stellt fest, dass sich das System der Hochschulmedizin mit den Universitätsklinika als zentralem Bestandteil etabliert hat. Es nimmt an, dass „zur Verwirklichung einer praxisnahen Ausbildung und einer patientenorientierten Forschung (...) Universitätsklinika nötig" sind[759]. Die Integration von Krankenversorgung, Forschung und Lehre wird als zentrale Voraussetzung für den weiteren Erfolg der Universitätsmedizin angesehen[760]. Im Zusammenwirken der Medizinischen Fakultät/Universität mit dem Universitätsklinikum wird eine „unauflösbare Schicksalsgemeinschaft" gesehen[761]. Nicht nur die Universität ist aufgrund der notwendigen Arbeit am Patienten auf das Universitätsklinikum angewiesen, sondern auch das Universitätsklinikum seinerseits auf die Fakultät/Universität[762]. Ohne den universitären Hintergrund wäre keine Graduierung mehr möglich und für den Nachwuchs könnte kein Anreiz gesetzt werden, an einer Universitätsklinik zu arbeiten[763]. Zusätzlich spielt der universitäre Hintergrund auch beim Kampf um das beste Personal eine bedeutende Rolle[764]. Der Verband der Universitätsklinika Deutschlands stellt fest, dass nur in Zusammenarbeit mit den Universitätsklinika die Translation aus der Forschung in die Patientenbehandlung gelingen könne[765].

Die medizinischen Hochschullehrer, welche heute eine Professur neu antreten, wissen um die tatsächlichen Begebenheiten in der Hochschulmedizin. Einschränkungen der Wissenschaftsfreiheit wurden bislang kaum beklagt. Die Hochschullehrer haben Kenntnis darüber, dass sie, je nach fachlicher Spezialisierung, nicht nur in Forschung und Lehre tätig sein werden, sondern auch und gerade in der Krankenversorgung. Sie entscheiden sich für eine solche Tätigkeit trotz des Wissens, dass die Freiheit von Forschung und Lehre aufgrund der entstandenen Strukturen in der Hochschulmedizin nicht mehr so umfänglich gewährleistet werden, wie es bei vorherigen Generationen von medizinischen

---

759 BVerfG, BvR 1736/07 vom 27.11.2007.

760 Vgl. insofern *Debatin/Rehr*, Bundesgesundheitsblatt 2009, S. 891, dabei dürfe eine medizinisch und wirtschaftlich gute Krankenversorgung jedoch nicht als Selbstzweck angesehen werden, sondern als Mittel zum Zweck der Forschung und Lehre.

761 *Siewert/Merk*, Bundesgesundheitsblatt 2009, S. 807.

762 Ebd.

763 Ebd.

764 Ebd.

765 Verband der Universitätsklinika Deutschlands, Pressemitteilung (Siewert) vom 02.07.2009.

Hochschullehrern der Fall war und in anderen Universitätsfächern noch der Fall ist. Die Hochschullehrer sind vielmehr interessiert an der Fortentwicklung der Medizin sowie am Erfolg ihres Fachbereiches und ihrer Universität.

Bei der Gewährleistung der Wissenschaftsfreiheit der Hochschullehrer ist jedoch immer zu beachten, dass die Hochschullehrer zwar im Rahmen des Organisationssystems Einschränkungen bezüglich der notwendigen Einfügung in ein strukturelles System mit hierarchischen Strukturen und Weisungsbefugnissen sowie der zeitlichen Wahrnehmung ihrer Aufgaben in Forschung und Lehre hinnehmen müssen. Es ist dennoch sicherzustellen, dass dem einzelnen Hochschullehrer bei der konkreten Wahrnehmung seiner Forschungsprojekte der umfänglichen Schutz der Wissenschaftsfreiheit garantiert ist. U.a. muss er die Wahl der Forschungsmethode und Bewertung der Ergebnisse eigenständig bestimmen können. Auch sind ihm keine Forschungsprojekte gegen seinen Willen zuzuweisen. Insofern ist der Kernbereich der Wissenschaftsfreiheit immer zu gewährleisten, und ein Eingriff in diesen kann nicht verfassungsrechtlich gerechtfertigt werden. Die Wahrnehmung der Wissenschaftsfreiheit steht in diesem Kernbereich nicht im Widerspruch zur Gewährleistung einer bestmöglichen Gesundheitsversorgung oder Forschung und Lehre für die Allgemeinheit[766]. Auch in der Lehre ist der Hochschullehrer bezüglich seiner Vermittlungsmethoden weitgehend frei. Lediglich die Modalitäten des „wann“ und „wie oft“ der Lehrbetätigung können eingeschränkt werden. Insofern ist die Verfassungsmäßigkeit der generellen Strukturen der Hochschulmedizin zu unterscheiden von der Verfassungsmäßigkeit einzelner Maßnahmen, welche im Klinikumsalltag auftreten können. Auch im Einzelfall – etwa konkreter Weisungen an Hochschullehrer im Rahmen der Krankenversorgung – ist die Herstellung praktischer Konkordanz zu erzielen. Die Wissenschaftsfreiheit und weitere Schutzgüter, zumeist das Grundrecht des einzelnen Patienten auf Leben und körperliche Unversehrtheit, müssen zu einem angemessenen Ausgleich gebracht werden[767].

Zusammenfassend ist im Fachbereich Medizin eine Rechtfertigung der Einschränkung der Freiheit von Forschung und Lehre anzunehmen. Die Hochschulmedizin kann sich ihrer gewachsenen Verantwortung in der Krankenversorgung nicht mehr entziehen. Die Erfolge der Hochschulmedizin in der Kran-

---

766 Auch *Becker,* Das Recht der Hochschulmedizin, 2005, S. 115, m.w.N., nennt als immer geschützten Kernbereich in der Forschung die Wahl des Forschungsthemas, das Forschungsziel und die Forschungsmethode sowie in Bezug auf eine freie Lehre die Ausgestaltung des Unterrichts.

767 *Becker,* Das Recht der Hochschulmedizin, 2005, S. 119, stellt fest, dass ein pauschaler Vorrang eines dieser Rechtsgüter nicht angenommen werden könne; vielmehr sei im konkreten Fall unter „Beachtung aller Umstände“ eine Abwägung vorzunehmen.

kenversorgung, Forschung und Lehre sind für die Bevölkerung unverzichtbar[768]. Nahezu kritiklose Akzeptanz der Rechtsprechung, Politik und Gesellschaft entsprechen dieser rechtlichen Einschätzung. Zu sehr sind die Systeme von Forschung, Lehre und Krankenversorgung miteinander verwachsen, und zu sehr sind Forschung, Lehre und Krankenversorgung auf die gewachsenen Strukturen in der Hochschulmedizin angewiesen.

Wenn auch das Struktursystem der Hochschulmedizin in Summe verfassungsgemäß ist, ist bei jeder Gesetzesänderung zu beachten, ob die Freiheit von Forschung und Lehre hinreichend berücksichtigt wird. Falls alternative Regelungen getroffen werden können, welche Einschränkungen beseitigen oder abmildern, sind diese vorzuziehen.

IV. Konsequenzen aus der verfassungsrechtlichen Rechtfertigung für das Organisationssystem der Hochschulmedizin

Das Organisationssystem der Hochschulmedizin schränkt die Ausübung der Wissenschaftsfreiheit ein. Die Einschränkung ist aktuell jedoch verfassungsrechtlich gerechtfertigt. Gesetzesreformen zur Hochschulmedizin dürfen daher heute nicht mehr nur, sondern müssen sogar sämtliche Aufgabenbereiche der Hochschulmedizin gleichwertig berücksichtigen, inklusive einer qualitativ hochwertigen Krankenversorgung. Es ist unzulässig, bei Gesetzesreformen einseitig die bestmögliche Gewährleistung der Wissenschaftsfreiheit in den Mittelpunkt zu stellen.

Die unter C. VII. angedachten „Extrem-Reformen" zum Schutz von Forschung und Lehre, die vollständige Herauslösung der Universitätsklinika aus der Hochschulmedizin bzw. die Wiedereingliederung der Universitätsklinika in den Hochschulverbund, sind daher nicht nur unpraktikabel und aufwendig, sondern wären gar verfassungsrechtlich unzulässig. Sie mögen unter Umständen einen höheren Schutz der Wissenschaftsfreiheit der Hochschullehrer und der Selbstverwaltungsgarantie der Universitäten bewirken, würden jedoch die Gesundheitsversorgung der Bevölkerung verschlechtern.

Hinsichtlich der unter C. VI. erfolgten Überlegungen zur Abmilderung der Einschränkung der Wissenschaftsfreiheit sowie zur Förderung der Belange von

---

768 Es wird immer wieder ein demographischer Wandel bezüglich der Altersstruktur der Bevölkerung sowie ein epidemiologischer Wandel zum vermehrten Auftritt chronischer und komplexer Krankheitsbilder festgestellt, vgl. nur *Pfeilschifter,* F&L 2010, S. 22. Dem entspricht im Übrigen auch die neue Regelung des § 97 Abs. 2, S. 1, Hs. 1 LHG MV (GVBl. S. 730), wonach die Universitätsmedizin der „Pflege und Entwicklung der Wissenschaft" u.a. durch Forschung, Lehre und Studium dient.

Forschung und Lehre im Rahmen des Organisationssystems der Hochschulmedizin ist festzuhalten, dass generell sämtliche Maßnahmen in der dargestellten Art und Weise umgesetzt werden können, ohne dass das Schutzgut der Krankenversorgung unverhältnismäßig eingeschränkt würde.

E. Ausblick auf die zukünftige Bedeutung der Hochschulmedizin in der medizinischen Wissenschaft

Gerade die Entwicklung der medizinischen Forschungslandschaft macht deutlich, dass die Forschung nicht länger ein faktisches Monopol der Hochschulen darstellt, wie es noch dem Hochschul-Urteil zu Grunde gelegt wurde[769]. Im Hochschul-Urteil stellte das Bundesverfassungsgericht fest, dass der Staat deshalb funktionsfähige Institutionen für einen freien Wissenschaftsbetrieb zur Verfügung stellen müsse, weil ohne entsprechende Organisation und finanzielle Mittel keine unabhängige Wissenschaft und Lehre betrieben werden könne[770]. In der heutigen Forschungslandschaft bestehen mittlerweile jedoch außeruniversitäre Forschungseinrichtungen vielfältiger Art, die ihren Marktanteil zunehmend erhöhen. Es wird insofern von einer „Versäulung" der Forschungslandschaft in eine universitäre und eine außeruniversitäre Forschungssäule ausgegangen[771]. Während ursprünglich die Forschung immer im Verbund mit der Lehre von den Universitäten wahrgenommen wurde, kommen nunmehr außeruniversitäre Forschungseinrichtungen hinzu, welche nahezu ausschließlich Aufgaben in der Forschung ausüben[772].

---

769 BVerfGE 35, 79 (115).

770 Ebd.

771 Vgl. dazu ein Interview mit dem Präsidenten der Helmholtz-Gemeinschaft *Mlynek,* F&L 2010, S. 336 f. Dieser stellt fest, dass die deutsche Wissenschaftslandschaft wegen ihrer arbeitsteiligen Struktur ausgesprochen leistungsfähig sei. Die angebliche „Versäulung" würde durch Querverbindungen und Kooperationen unterbrochen, eine vollständige Integration von außeruniversitären Forschungseinrichtungen in die Universitäten würde hohe Transaktionskosten bedingen und dem Land würden namhafte Aushängeschilder genommen; *Kempen,* F&L 2009, S. 334 (335), erkennt in jüngster Zeit politische Bemühungen, welche der „geteilten Forschungslandschaft" zu einer besseren Balance verhelfen sollen und begrüßt insofern etwa den Zusammenschluss der Universität Karlsruhe mit dem Forschungszentrum Karlsruhe, welches eine Einrichtung der außeruniversitären Helmholtz-Gemeinschaft darstellt; *Breitbach,* F&L 2008, S. 746 (748), macht eine Dynamik von Allianzschließungen zwischen Universitäten und staatlich finanzierten Großforschungseinrichtungen aus, welche im Interesse beider beträchtliche Synergien bewirke.

772 Dementsprechend werden die heutigen Forschungseinrichtungen in FuL (Forschung und Lehre) und FuE (Forschung und Entwicklung) unterschieden, vgl. etwa *Kreckel,* F&L 2009, S. 328. FuL steht für das von Humboldt entwickelte Prinzip der Einheit von Forschung und Lehre, wäh-

Für den Gesamterfolg des Wissenschaftsstandortes Deutschland ist die ergänzende außeruniversitäre Forschung förderlich; für die universitäre Forschung bestehen jedoch Gefahren[773]. Die Einbeziehung Dritter in die universitäre Forschung, etwa durch gemeinsame Drittmittelprojekte oder Kooperationen der Universitäten mit außeruniversitären Forschungsgemeinschaften bzw. der Wirtschaft, verlangen Absprachen und Kompromisse, welche der Forschungsfreiheit der Hochschullehrer einen engeren Rahmen setzen. Mittlerweile wird zuweilen gar ein relativer Bedeutungsverlust der universitären Wissenschaft daraus abgeleitet, dass gut zwei Drittel der Forschungsmittel aus der Industrie stammen[774]. Auch universitäre Forschungsvorhaben werden in einem immer größeren Maße von außen bestimmt[775]. Insofern wird befürchtet, dass die Universität zunehmend als „Ausbildungsstätte für Industrie und Nutzforschung" ausgestaltet wird[776]. Langfristig wird auch die Frage, inwieweit und ob überhaupt der Staat noch selbst im Forschungsbereich durch Bereithaltung der Institution Universität tätig sein muss, an Relevanz gewinnen[777].

---

rend die auf ökonomischen Erfolg bedachte FuE die Erhaltung und Steigerung der internationalen Wettbewerbsfähigkeit für den Gesamterfolg der Volkswirtschaft bezweckt. Falls die Universität langfristig die Einheit von Forschung und Lehre verbinden wolle, bedürfe es – gerade aufgrund der sich immer weiter steigernden Tendenz zur Drittmittelforschung – u.a. eines deutlich größeren Kreises von Wissenschaftlern.

773 Vgl. zur Zurückdrängung der universitären Forschung durch außeruniversitäre Forschungseinrichtungen konkret im Fachbereich Medizin die Vorträge auf der Jahresversammlung des Medizinischen Fakultätentags 2010 von *Dicke,* Deutsche Zentren der Gesundheitsforschung aus Perspektive der HRK, S. 48, *Siewert,* Die Veränderungen aus Sicht von Universitätsklinika (mit anschließender Diskussion), S. 58, sowie *Klempt,* Chancen und Herausforderungen einrichtungsübergreifender Kooperationen, S. 78. Der DHV, Zur Zukunft der staatlich geförderten Forschung, Resolution des 56. Hochschulverbandstages in Weimar, 21.03.2006, bemängelt, dass die hochqualifizierte, international wettbewerbsfähige Forschung zu einem erheblichen Teil – wie in keiner anderen vergleichbaren Industrienation – in außeruniversitären Forschungseinrichtungen stattfinde. Zunehmend würden die Universitäten lediglich noch als Ort der wissenschaftlichen Ausbildung und weniger als Forschungs- oder Innovationsstätte empfunden. Zur Umkehrung des Trends bedürfe es einer übergreifenden Strategie, u.a. müsse die Forschungspolitik dem Grundsatz folgen, dass staatlich finanzierte Forschung möglichst in der Universität praktiziert würde.

774 So schon *Schulze-Fielitz,* in: Benda/Maihofer/Vogel (Hrsg.), Handbuch des Verfassungsrechts der Bundesrepublik Deutschland, 2. Aufl. 1995, S. 1350.

775 Vgl. *Nettesheim,* DVBl. 2005, 1073.

776 *Limbach,* Vortrag auf der Jahresversammlung der Hochschulrektorenkonferenz am 3./4.05.2001, unter Zitierung *Balzers,* Berliner Zeitung vom 17.04.2001 (S. 1 der Beilage zum Semesterstart).

777 Gezielte staatliche Förderungen bestimmter Projekte könnten gewährleisten, dass von außeruniversitären Forschungseinrichtungen nicht nur gewinnträchtige Forschungszweige, sondern sämtliche gesellschaftsrelevanten Themengebiete erforscht werden. Die Forschungslandschaft könnte sich langfristig selbst regulieren.

Derzeit dominieren die Hochschulen jedoch noch in weiten Teilen die deutsche Forschungslandschaft und genießen eine hohe Reputation. Für die Erreichung der Primärziele der Wissenschaftsförderung, einer effizienten Forschung sowie der Ausbildung eines qualifizierten akademischen Nachwuchses zur Sicherung der internationalen Wettbewerbsfähigkeit und des Wissenschafts- und Wirtschaftsstandortes Deutschland, sollen die Universitäten als Antriebsmotor agieren[778]. Neue Organisationsstrukturen sollen bewirken, dass die Universitäten auf die gesellschaftlichen Entwicklungen reagieren können[779].

Im Bereich der Lehre scheinen die Universitäten hingegen nach wie vor nahezu alleinzuständig zu sein, wenngleich eine aufkommende Konkurrenz durch Privathochschulen ausgemacht wird[780]. Die Privathochschulen müssen sich derzeit jedoch noch deutlich der Dominanz staatlicher Hochschulen unterordnen und stellen bislang keine Alternative zu diesen dar[781]. Auch außeruniversitäre Forschungseinrichtungen übernehmen zunehmend Aufgaben in der Lehre, ohne jedoch eine ernsthafte Konkurrenz zu den Universitäten darzustellen[782].

Nachdem in Teil 1 der Arbeit allgemein die Gewährleistung der Wissenschaftsfreiheit in der Hochschulmedizin überprüft wurde, soll nun in Teil 2 der Arbeit das Spezialproblem der Verfassungsmäßigkeit von Privatisierungen in der Hochschulmedizin untersucht werden.

---

778 *Limbach*, Vortrag auf der Jahresversammlung der Hochschulrektorenkonferenz am 3./4.05.2001. Vgl. zur Stellung der Universität in der heutigen „Wissensgesellschaft" auch *Bergsdorf*, APuZ 2002, Heft 26, S. 20 ff.

779 Vgl. zu Veränderungen des Organisationssystems der Hochschulen, unter dem Stichwort der staatlichen „Deregulierung" etwa *Smeddinck,* DÖV 2007, S. 269 ff.; *Ladeur,* DÖV 2005, S. 753 ff.

780 Zum Trend der Entstehung von Privathochschulen vgl. nur *Pawelek,* Die Wahrnehmung hoheitlicher Hochschulaufgaben durch private Weiterbildungseinrichtungen, 2009, S. 41.

781 *Erichsen,* Zulässigkeit, Grenzen und Folgen der Hochschulprivatisierung, 2000, S. 70, stellt fest, dass lediglich 2 % der Studenten an Privathochschulen eingeschrieben seien, so dass die im Hochschul-Urteil angenommene faktische Monopolstellung der staatlichen Universitäten nicht als überholt erscheine. Vgl. allgemein zur Rolle der Privathochschulen als „Nischenanbieter" neben den staatlichen Hochschulen *Dilger,* F&L 2009, S. 732 ff.; sowie zu Anzahl und Perspektive der Privathochschulen *Goll,* F&L 2009, S. 724 ff. Zu weiteren Rechtsfragen bezüglich der Privathochschulen siehe *Becker*, DVBl. 2002, S. 92 ff.

782 Die außeruniversitären Forschungseinrichtungen unterstützen die Universitäten durch die zunehmende Möglichkeit der Anfertigungen von Diplomarbeiten und Dissertationen. Zudem nehmen Wissenschaftler der Forschungseinrichtungen Lehraufträge an den Universitäten wahr, vgl. *Mlyner,* F&L 2009, S. 336 (337).

2. Teil: Einschränkung der Freiheit von medizinischer Forschung und Lehre durch Privatisierungen in der Hochschulmedizin

A. Problembeschreibung

Im Ersten Teil der Arbeit wurde dargestellt, inwiefern die aktuellen Organisationsstrukturen der Hochschulmedizin die Freiheit von Forschung und Lehre im Hochschulfach Medizin einschränken. Der Zweite Teil der Arbeit greift mit den Privatisierungen in der Hochschulmedizin, insbesondere im Bereich der Universitätsklinika, ein aktuelles rechtliches Problemfeld heraus. Aufgrund von Finanzierungsproblemen im Gesundheitswesen werden Krankenhausprivatisierungen im zunehmenden Maß als letzter Ausweg für defizitär wirtschaftende öffentliche Krankenhäuser angesehen. Dieser Trend macht auch vor den Universitätsklinika nicht Halt. Da die potentiellen privaten Betreiber ihren Hauptfokus jedoch auf eine gewinnbringende, wirtschaftlich effiziente Krankenversorgung legen, droht durch Privatisierungen eine Einschränkung der Wissenschaftsfreiheit, welche das Maß der in Teil 1 dargestellten Einschränkungen weiter überschreitet.

Im Falle des hessischen Universitätsklinikums Gießen-Marburg, das im Rahmen des Kooperationsmodells mit den Medizinischen Fachbereichen in Gießen und Marburg zusammenarbeitet, fand bundesweit die erste materielle Privatisierung einer Universitätsklinik statt[783]. Diese wurde im rechtswissenschaftlichen Schrifttum kontrovers diskutiert[784].

Die aus rechtlicher Sicht entscheidende Frage, ob überhaupt und unter welchen Voraussetzungen Privatisierungen in der Hochschulmedizin ohne einen Verfassungsverstoß durchgeführt werden können, ist noch weitgehend ungeklärt. Dies liegt auch an der überschaubaren Anzahl an Privatisierungsfällen und damit verbundener fehlender praktischer Erfahrungen.

---

783 Siehe § 1 Abs. 1 Verordnung zur Umwandlung des Universitätsklinikums Gießen und Marburg in eine Gesellschaft mit beschränkter Haftung (UK-UmwVO) vom 01.12.2005 (GVBl. I S. 792). Die Verordnung wurde erlassen auf Basis des § 5 des Gesetzes über die Errichtung des Universitätsklinikums Gießen und Marburg (UK-Gesetz) vom 16.06.2005 (GVBl. I S. 432).

784 *Becker*, MedR 2006, S. 472; *Diehm/Wunder*, DÖV 2006, S. 139; *Leonhard*, DÖV 2006, S. 1035; umfangreich *Sandberger*, WissR-Beiheft 17 Bd. 39 (2006), S. 1; zu den allgemeinen Chancen von Privatisierungen in der Universitätsmedizin vgl. kompakt *Aldenhoff*, F&L 2008, S. 170 ff.

In Kapitel B soll zunächst ein Überblick über die Rahmenbedingungen von Privatisierungen in der Hochschulmedizin gegeben werden. Es werden die politischen und ökonomischen Vor- und Nachteile sowie bereits durchgeführte und geplante Privatisierungen dargestellt. Es werden Maßnahmen erörtert, welche dabei helfen können, Privatisierungen bereits im Vorfeld zu verhindern.

Kapitel C behandelt die Rechtmäßigkeit von Privatisierungen in der Hochschulmedizin. Nach Erörterung der Frage, inwiefern eine generelle Privatisierungsresistenz der hochschulmedizinischen Aufgaben besteht, wird die Rechtmäßigkeit von einzelnen Privatisierungsformen untersucht. Zunächst wird der Meinungsstand zu formellen Privatisierungen (Organisationsprivatisierungen) und funktionalen Privatisierungen dargestellt. Hauptaugenmerk liegt auf der Untersuchung materieller Privatisierungen (Aufgabenprivatisierungen) in der Hochschulmedizin, welche nicht nur politisch umstritten, sondern auch verfassungsrechtlich bedenklich sind. Zunächst soll unter C. IV. 1. die materielle Privatisierung von im Kooperationsmodell geführter Universitätsklinika auf ihre Vereinbarkeit mit allgemeinen Privatisierungsschranken überprüft werden. Insofern bestehen kaum wesentliche Unterschiede zu materiellen Privatisierungen in anderen Rechtsgebieten. Kapitel C. IV. 2. geht der Frage nach, ob die materielle Privatisierung von Universitätsklinika gegen die Grundsätze der Wissenschaftsfreiheit verstößt. Diese Fragestellung stellt den Hauptuntersuchungsgegenstand des Zweiten Teils der Arbeit dar. Es soll die aktuelle Feststellung des Bundesverfassungsgerichts überprüft werden, welches die Verfassungsmäßigkeit der Privatisierung von Universitätsklinika mit wenigen Worten bejahte[785]. Zunächst wird die grundlegende Frage erörtert, ob die Grundsätze der Wissenschaftsfreiheit ein generelles Privatisierungsverbot für die Universitätsklinika bedingen. Anschließend wird beispielhaft auf das hessische Modell Gießen-Marburg eingegangen, anhand dessen mögliche Sicherungsmechanismen für die Wissenschaftsfreiheit und die Belange von Forschung und Lehre bei der Privatisierung einer Universitätsklinik aufgezeigt werden.

Noch weitreichender sind rechtliche Fragestellungen, die sich ergeben, wenn eine vollständige im Integrationsmodell organisierte „Universitätsmedizin" privatisiert wird. Auf die spezifischen Besonderheiten der materiellen Privatisierung einer solchen „Universitätsmedizin" soll im Abschnitt C. V. eingegangen werden.

Die Gestaltungsmöglichkeiten und der genaue Ablauf von Privatisierungen in der Hochschulmedizin werden in dieser Arbeit nicht ausgeführt, da sich diese

785 Vgl. BVerfG vom 25.01.2011, BvR 1741/09, Rn. 80.

nicht wesentlich von der Privatisierung anderer öffentlicher Einrichtungen unterscheiden[786].

B. Überblick über Privatisierungen in der Hochschulmedizin

I. Politische und ökonomische Vor- und Nachteile von Privatisierungen in der Hochschulmedizin

Bevor man die ökonomischen Vorteile von Privatisierungen im Bereich der Hochschulmedizin und Universitätsklinika betrachtet, lohnt sich ein Blick auf den generellen Zweck und die Gründe von Privatisierungen.

Der Trend zur Privatisierung staatlicher Einrichtungen in Deutschland ist ungebrochen, wenngleich momentan vermehrt ein zurückhaltender Umgang mit Privatisierungen ausgemacht wird[787]. Privatisierungen erstrecken sich dabei auf fast sämtliche Politikfelder und Rechtsgebiete[788]. So gibt es auf Bundesebene die

786 Auf die genauen Abläufe bei der Durchführung einer Privatisierung sowie detaillierte dogmatische Hintergründe kann hier nicht eingegangen werden, vgl. statt vieler: *Burgi,* in: Erichsen/Ehlers (Hrsg.), Allgemeines Verwaltungsrecht, 14. Aufl. 2010, Verwaltungsorganisationsrecht, § 10 III Rn. 7 ff.; *Krenz,* Privatisierung öffentlicher Einrichtungen, 2009. Auch der 67. Deutsche Juristentag hat sich mit der Privatisierung öffentlicher Aufgaben befasst, vgl. *Stober,* NJW 2008, S. 2301 ff. Kompakt zum Privatisierungsfolgenrecht *Schoch,* JURA 2008, S. 672 (682 f.).

787 Vgl. *Stober,* NJW 2008, S. 2301, der feststellt, dass die Privatisierungseuphorie aufgrund eines gegenwärtigen Schwindens in das Vertrauen der Marktkräfte und des Wettbewerbs abnehme und ein „Bedürfnis nach einer Renaissance klassischer Staatlichkeit" zu spüren sei. *Schoch,* JURA 2008, S. 672 (673), nimmt an, dass auf kommunaler Ebene eine „Rekommunalisierung" privatisierter Aufgaben stattfindet, da einerseits schlechte Erfahrungen mit privaten Betreibern und deren Leistungserbringung gemacht worden seien sowie andererseits die Kommunen nunmehr die Möglichkeit zur qualitativ besseren Aufgabenerfüllung als zuvor hätten und neue Maßnahmen zur Kosten- und Gebührensenkung treffen könnten; *Kämmerer,* DVBl. 2008, S. 1005 ff., stellt fest, dass die Privatisierungseuphorie nüchternen und skeptischen Betrachtungen gewichen sei und Privatisierungen nicht alle Erwartungen erfüllt hätten. Einen umfassenden Meinungsstand der Bevölkerung zur Privatisierungsfragen bietet eine Forsa-Umfrage im Auftrag des dbb, *Forsa,* Privatisierung staatlicher Leistungen – Was wollen die Bürger?, vorgestellt am 08.01.2008; aus dieser leitet der Forsa-Geschäftsführer *Güllner* ab, dass die Erfahrungen der Bürger mit Privatisierungen eher negativ als positiv ausfielen und weitere Privatisierungen mit zunehmender Skepsis aufgenommen würden. 50 % der Befragten bezeichnen laut Umfrage ihre Erfahrungen mit Privatisierungen als „weniger gut oder schlecht", 47 % als gut; *Burgi,* in: Erichsen/Ehlers (Hrsg.), Allgemeines Verwaltungsrecht, 14. Aufl. 2010, § 10 III, Rn. 7, hingegen erkennt einen Trend der zunehmenden allgemeinen Akzeptanz von Privatisierungen. Es werde erkannt, dass Privatisierungen ein „Zukauf der Rationalität" innewohne. Die einstige Furcht vor der „Flucht in das Privatrecht" werde geringer.

788 *Schoch,* JURA 2008, S. 672.

prominenten Beispiele der ehemaligen Deutschen Post, welche nach durchgeführter Privatisierung heute in Post AG, Telekom AG und Postbank AG aufgeteilt wurde sowie der Deutschen Bahn, welche nunmehr als Deutsche Bahn AG organisiert ist. Auch auf Landes-, vor allem jedoch auf kommunaler Ebene werden Privatisierungen durchgeführt. Das Krankenhauswesen ist ebenfalls in einem steigenden Maße betroffen[789]. Im Jahre 1991 lag der bundesweite Anteil der Krankenhäuser in privater Trägerschaft noch bei 14,8 %, im Jahr 2009 bereits bei 32 %[790]. Der Anteil der öffentlichen Krankenhäuser sank hingegen von 46 % auf 31,1 %, der Anteil der freigemeinnützigen Krankenhäuser von 39, 1 auf 36,9 %[791]. Im Hochschulwesen kam es bisher kaum zu nennenswerten Privatisierungen, jedoch wird aus dem Blickwinkel der Hochschulen gerade die Privatisierung von Universitätsklinika im Bezug auf zukünftige weitergehende Privatisierungen im Wissenschaftsbereich mit Interesse verfolgt[792].

Gründe und Ziele von Privatisierungen können in aufgabenbezogene, finanzbezogene und ordnungspolitische kategorisiert werden[793]. Der jeweilige Zweck und Grund einer Privatisierung ist insofern einzelfallabhängig. Letztlich ausschlaggebend ist jedoch zumeist die Knappheit der Finanzmittel der öffentlichen Hand. Private Gelder sollen dabei helfen, oftmals defizitär wirtschaftende öffentlich-rechtliche Einrichtungen zu sanieren. § 7 Abs. 1 S. 2 Bundeshaushaltsordnung (BHO) und entsprechend § 7 der jeweiligen Landeshaushaltsordnungen (LHO) normieren insofern die Verpflichtung der öffentlichen Hand, zu überprüfen, inwieweit staatliche Aufgaben oder öffentlichen Zwecken dienende wirtschaftliche Tätigkeiten durch Ausgliederung und Entstaatlichung oder Privatisie-

789 Vgl. etwa *Lambrecht/Vollmöller*, in: Huster/Kaltenborn (Hrsg.), Handbuch des Krankenhausrechts, 2010, § 14; *Barthel/Drews/Schulze/Theusinger,* GesR 2008, S. 461 ff.

790 Statistisches Bundesamt, Gesundheit – Grunddaten der Krankenhäuser 2009, S. 8. Der Bettenanteil der Krankenhäuser in privater Trägerschaft betrug 16,6 %, der der öffentlichen und freigemeinnützigen Krankenhäuser 48,7 % bzw. 34,7 %.

791 Statistisches Bundesamt, Gesundheit – Grunddaten der Krankenhäuser 2009, S. 8. Ganze 59,1 % der öffentlichen Krankenhäuser wurden im Jahr 2009 in einer privatrechtlichen Form geführt.

792 Vgl. den Bericht zum 1. Hochschulrechtstag von *Gärditz,* DÖV 2006, S. 1043. Auf dem Hochschulrechtstag wurde festgestellt, dass die Privatisierung von Universitätsklinika im Hinblick auf die zukünftige Beteiligung Privater in anderen universitären Wissenschaftsbereichen eine Vorbildfunktion haben könnte. Dies gelte insbesondere für die Ingenieur- und Naturwissenschaften. Unter den Teilnehmern bestand weitgehend Einigkeit darüber, dass die Hochschulmedizin als Referenzgebiet für Privatisierungsmodelle im sonstigen Wissenschaftsbereich angesehen werden könne.

793 So *Burgi,* Privatisierung öffentlicher Aufgaben – Gestaltungsmöglichkeiten, Grenzen, Regelungsbedarf, S. 25. *Schoch,* JURA, S. 672 (674), spricht in Anlehnung daran von ordnungspolitischen, pragmatischen und aufgabenbezogenen Privatisierungsgründen und -zielen.

rung erfüllt werden können[794]. Der Wirtschaftlichkeitsgrundsatz ist auch im Grundgesetz verankert. So prüft der Bundesrechnungshof nach Art. 114 Abs. 2 S. 1 GG u.a. die Wirtschaftlichkeit der Haushalts- und Wirtschaftsführung[795]. Weitere Gründe für Privatisierungen können etwa die Einbeziehung von privater Fachkompetenz sowie der Wille sein, durch die Einführung von Wettbewerb eine höhere Wirtschaftlichkeit der Marktversorgung oder die Verbesserung der Wettbewerbsfähigkeit der betroffenen öffentlichen Einrichtung zu erreichen[796].

Viele allgemeine Privatisierungsgründe greifen auch im Bereich der Hochschulmedizin[797]. Die speziellen, rein ökonomischen Vor- und Nachteile der Privatisierung von Einrichtungen der Hochschulmedizin sind häufig thematisiert worden, insbesondere bezüglich der Universitätsklinika[798]. Diese Vor- und Nachteile können in einer rechtswissenschaftlichen Bearbeitung lediglich am Rande Beachtung finden[799]. Festzustellen ist, dass allein aus ökonomischer Sicht eine Privatisierung im Einzelfall als letzter „Rettungsanker" für den hochschulmedizinischen Standort erscheinen kann. Bei einer gravierenden finanziellen Notlage kann die Schließung des Universitätsklinikums unumgänglich werden[800].

---

794 Weitere Ausführungen dazu finden sich beispielsweise bei *Ruthig/Storr,* Öffentliches Wirtschaftsrecht, 3. Aufl. 2011, § 7 Rn. 634 ff. Diese weisen darauf hin, dass § 7 BHO zwar einen „normativen Privatisierungsdruck" aufbaue, dieser aber nicht überbewertet werden dürfe, da die Wirtschaftlichkeitsprüfung eine gerichtlich nicht überprüfbare Zweckmäßigkeitsentscheidung ist und die BHO nach überwiegender Auffassung nur das Innenverhältnis der Verwaltungsorganisation betrifft (Rn. 617).

795 *Epping/Lenz,* DÖV 2004, S. 1 (5), merken daher an, dass dem Gebot der Wirtschaftlichkeit und Sparsamkeit Verfassungsrang zukomme.

796 *Ruthig/Storr,* Öffentliches Wirtschaftsrecht, 3. Aufl. 2011, § 7 Rn. 624.

797 Der Gesellschafter der Asklepios Kliniken *Broermann,* Jahresversammlung Medizinischer Fakultätentag 2006, Chancen der Privatisierung von Universitätsklinika, S. 3, merkt an, dass die Erbringung von Leistungen in der Gesundheitsversorgung durch private Träger effizienter sei. Originäre Aufgabe des Staates sei die Gesetzgebung und die Kontrolle ihrer Einhaltung. Die Leistungserbringung sei hingegen in privater Hand stets leistungsfähiger. Nachteile einer staatlichen Trägerschaft seien von fehlender Sachlichkeit geprägte, öffentlich ausgetragene politische Diskussionen sowie eine hinderliche Bürokratie.

798 Zur ökonomischen Sichtweise siehe etwa die Dissertation von *Pospisil,* Privatisierung von Universitätsklinika, 2003.

799 *Schoch,* DVBl. 1994, S. 962 (973), sieht in der Privatisierung von Verwaltungsaufgaben eine „interdisziplinäre Angelegenheit", da nicht nur rechtliche, sondern u.a. auch personalwirtschaftliche, betriebswirtschaftliche, politische und ökologische Überlegungen einbezogen werden müssen.

800 Vgl. dazu beispielhaft auch sogleich die ökonomischen Gründe für die Privatisierung des Universitätsklinikums Gießen-Marburg unter B. II.; *Münch* (damaliger Vorstandsvorsitzender der Rhön-Klinikum-AG), in: Leucorea (Hrsg.), Neugestaltung von Struktur und Finanzierung der Hochschulmedizin in Sachsen-Anhalt, 1996, S. 33, nimmt an, dass die Universitätsklinika die „Spitze des Krankenhaussystems" darstellen. Falls das bestehende System diese Spitzenposition

Privatisierungen in der Hochschulmedizin sind vor allem darauf zurückzuführen, dass der Hochschulmedizin und den Universitätsklinika nicht die benötigten Mittel zur Verfügung stehen[801]. Neben den Finanzierungsproblemen im Gesundheitswesen ist auch der zunehmende Investitionsstau im Bereich der Universitätsklinika zu beachten[802]. Als Vorteile einer Privatisierung werden die Ausgliederung von Investitionskosten sowie eine höhere betriebswirtschaftliche Effizienz durch den privaten Betreiber erkannt. Im Schrifttum wird dabei jedoch hinterfragt, ob für die Erreichung dieser Ziele eine Privatisierung überhaupt notwendig sei[803]. Im Einzelfall können weitere tatsächliche Vorteile für Forschung und Lehre durch Privatisierungen bestehen[804].

---

der Universitätsklinika nicht garantieren könne, sei es – auch für Private – eine Herausforderung, dieses Problem zu lösen.

801 Vgl. zur angespannten Finanzlage in der Hochschulmedizin bereits Teil 1 C. III. 2. b.

802 *Koch/Hengel,* Bundesgesundheitsblatt 2009, S. 799.

803 Vgl. etwa *Diehm/Wunder,* DÖV 2006, S. 139, die in Frage stellen, warum die durch eine Privatisierung erhofften Ziele nicht auch von einem Universitätsklinikum in Form der Anstalt des Öffentlichen Rechts erreicht werden können; *Dudenhausen*, Jahresversammlung Medizinischer Fakultätentag 2006, Mögliche Rechtsformen von Universitätsklinika, S. 2, stellt fest, dass private Krankenhäuser zwar einen Vorteil bei der freien Entscheidung über Investitionskosten besäßen. Er hinterfragt jedoch ebenfalls, warum vermeintliche weitere Vorteile von Privatisierungen nicht auch in öffentlich-rechtlicher Trägerschaft erreicht werden können. Insofern nennt *Dudenhausen* u.a. Prozessoptimierungen zur Reduzierung von Fallkosten, eine spezifischere Patientenorientierung, effektive Kostenkontrollen, Ketteneffekte und eine professionelle Öffentlichkeitsarbeit; *Jordan,* in: Leucorea (Hrsg.), Neugestaltung von Struktur und Finanzierung der Hochschulmedizin in Sachsen-Anhalt, 1996, S. 28 (29), merkt an, dass auch ein öffentlich-rechtliches Universitätsklinikum Gewinne machen könne. Es gebe in Deutschland hinreichende Beispiele für privates Management, welches ins „wirtschaftliche Fiasko" geführt habe. In der Landtagsdebatte zum UMG R-P in Rheinland-Pfalz schilderte der FDP-Abgeordnete *Schmitz* in der 1. Lesung zum UMG R-P am 27.02.2008, Landtags-Drucks. 15/1913, seinen Eindruck, dass die Vorlage eines Gesetzentwurfes mit drohenden weitreichenden Konsequenzen (Privatisierungsoption) ihre Wirkung beim derzeitigen Vorstand der Universitätsklinik gezeigt hätte und der Vorstand daraufhin Maßnahmen traf, welche die wirtschaftlichen Zahlen des Universitätsklinikums verbesserten; *Steffen,* Universitätskrankenhäuser im reformierten Gesundheitswesen, 2001, S. 254, 255, kommt hingegen zu dem Ergebnis, dass Aufsichtsgremien im nicht erwerbswirtschaftlichen Krankenhaussektor (somit auch bei öffentlich-rechtlichen Universitätsklinika) oftmals nach politischem Proporz und nicht nach Fachkompetenz besetzt seien. Es fehle an Fachwissen zur Bewertung der Leistung des Krankenhaus und des Führungspersonals. Durch die klaren Zielsetzungen der privaten Krankenhäuser und deren fachkompetenten Aufsichtsgremien werde dagegen eine größere Effizienz erreicht. Bei Reformmaßnahmen sollten somit vermehrt private Klinikbetreiber mit einbezogen werden (bzw. als Alternativlösung starke Verfügungsrechte auf die Vorstandsebene verlagert sowie fachkompetente Aufsichtsräte eingesetzt werden).

804 So sieht *Maisch,* Jahresversammlung Medizinischer Fakultätentag 2007, Das Universitätsklinikum in privater Trägerschaft – eine Zwischenbilanz, S. 4, im Fall der Privatisierung des Universitätsklinikums Gießen-Marburg den Vorteil, dass die Rhön Klinikum AG als privater Betreiber

Der Wissenschaftsrat begrüßt, dass „neue Optionen zur Erschließung von Ressourcen“ geprüft werden, weist jedoch auf die Notwendigkeit der Einhaltung „akademischer Pflichten“ durch die privatisierten Universitätsklinika hin[805]. Das mit der Privatisierung eines Universitätsklinikums verfolgte Ziel liege in einer wirtschaftlichen Krankenversorgung, welche als Basis für die medizinische Forschung und Lehre erreicht werden soll[806]. Auch die Arbeitsgemeinschaft Hochschulmedizin erachtet den aktuellen Privatisierungsprozess für vertretbar[807].

Politisch werden Privatisierungen der Universitätsklinika gescheut. Zunächst gelten allgemeine Befürchtungen hinsichtlich Privatisierungen auch in der Hochschulmedizin[808]. Die politische Hemmnis liegt nicht nur in einer befürchteten Gefahr für die Freiheit von Forschung und Lehre der Medizinischen Fachbereiche und Hochschullehrer[809]. Die Politik möchte sich keinem öffentlichen Widerstand aussetzen, da Privatisierungen gerade vom Personal der Universitätsklinika als starke Bedrohung empfunden werden[810]. Aufgrund der privatwirtschaftlichen Interessen des neuen Klinikumbetreibers werden vor allem Personalabbau und Gehaltskürzungen befürchtet.

Privatisierungen in der Universitätsmedizin unterliegen generellen politischen und ökonomischen Bedenken[811]. Im Schrifttum wird erkannt, dass die materielle

---

noch über 46 weitere Kliniken verfügt, durch welche ein kaum genutztes Potential für klinische Forschungen bestehe.

805 Wissenschaftsrat, Stellungnahme zur geplanten Privatisierung des Universitätsklinikums Gießen und Marburg, 2005, S. 24, 25, dies gelte vor allem aufgrund der derzeitigen finanziellen Rahmenbedingungen von Bund und Ländern.

806 Ebd., S. 24.

807 Arbeitsgemeinschaft Hochschulmedizin, Resolution vom 03.07.2007, mit der Einschränkung, dass weiterhin eine Studentenausbildung auf hohem Niveau gewährleistet sein müsse.

808 *Schoch,* JURA 2008, S. 672 (674), nennt insofern die Angst vor der Entpolitisierung gemeinwohlrelevanter Aufgaben, unkalkulierbare Folgen der privaten Gewinnorientierung, die zu befürchtende Entstehung von Oligopol- oder Monopolstellungen sowie den Abbau behördlichen Fachwissens.

809 Dazu noch ausführlich unter C.

810 Auch *Sandberger*, WissR-Beiheft 17 Bd. 39 (2006), S. 53, stellt fest, dass die Beschäftigten der betroffenen öffentlichen Einrichtungen Privatisierungen generell ablehnen. Als Gründe sieht er mangelndes Vertrauen, die Erfahrung mit negativen Präzedenzfällen sowie langfristig unübersichtliche Konsequenzen der Privatisierung; *Heintzen,* DÖV 1997, 530 (532), sieht neben der Überforderung möglicher Investoren ebenfalls den Widerstand des Personals als praktischen Hinderungsgrund an; *Aldenhoff,* F&L 2008, S. 170, beschreibt, dass während der Staat Privatisierungen als „Allheilmittel“ erachte, die Beschäftigten der Universitätsklinika solche als „anrüchig“ empfänden. Diese würden mit Privatisierungen vor allem Einsparungen und Reduktionen in Verbindung bringen, statt Attribute wie „spannend“, „innovativ“ oder „zukunftsträchtig“.

811 Der Verband der Universitätsklinika Deutschlands, Pressemitteilung (Siewert) vom 02.07.2009, merkt an, dass mit der Privatisierungsdebatte keine echten Lösungen verbunden seien, sondern

Privatisierung eines Universitätsklinikums immer dann in Erwägung gezogen wird, wenn aufgrund eines Investitionsstaus Investitionsmittel benötigt werden und Fehlplanungen der öffentlichen Hand korrigiert werden sollen[812]. Es wird zu Recht darauf verwiesen, dass die Gewinnerwartung der privaten Kapitalgeber nicht übersehen werden darf. Es ist anzunehmen, dass diese Gewinnerwartung eine zusätzliche jährliche Zahlungsverpflichtung eines Universitätsklinikums in Höhe von etwa 10 % der laufenden Mittel bedingt[813]. In diesem Zusammenhang ist zu beachten, dass Ausgaben des privaten Betreibers durch Gewinne aus den Erlösen der Krankenversorgung refinanziert werden sollen, somit aus den Mitgliedsbeiträgen der Krankenkassen und daher letztlich aus öffentlichen Mitteln[814]. Die Privatisierung von Universitätsklinika wird wegen ihrer weitreichenden und langfristigen Auswirkungen von der Politik nur in Notfällen erwogen[815]. Diese These findet ihren Beleg in der Praxis, da nach dem Präzedenzfall der materiellen Privatisierung der Universitätsklinik Gießen-Marburg keine weitere Privatisierung erfolgte[816]. Vielmehr wird angenommen, dass derzeit der staatliche Einfluss, insbesondere durch die Universitäts-Rektorate, eher wieder zunehme[817].

Zweifelhaft scheint auch, ob und inwiefern der jeweilige private Betreiber langfristig an Forschung und Lehre interessiert sein wird. Die Gründe zur Übernahme eines Universitätsklinikums sind für private Betreiber die erhofften finanziellen Vorteile[818]. Es ist festzustellen, dass auch eine hervorragende Forschung

---

Strukturreformen benötigt würden, durch welche die knappen Finanzmittel der öffentlichen Hand besser verteilt würden.

812 So *Amann/Heyder/Strehl,* Bundesgesundheitsblatt 2009, S. 811 (818).

813 Ebd.; so der Verband der Universitätsklinika Deutschlands auch schon zuvor mit dem Hinweis, dass diese Mittel dem Betrieb nicht mehr zur Verfügung stehen, Verband der Universitätsklinika Deutschlands, Stellungnahme zum Landesgesetz über die Errichtung der Universitätsmedizin der Johannes Gutenberg-Universität Mainz, Mai 2008.

814 So *Amann/Heyder/Strehl,* Bundesgesundheitsblatt 2009, S. 811 (818, 819).

815 Ebd., die einen solchen Notfall im Privatisierungsfall Gießen/Marburg bejahten. Die langfristigen Auswirkungen sei die Belastung der laufenden Mittel durch Renditeerwartungen, Umstrukturierungsmaßnahmen für dauerhafte Rationalisierungsgewinne sowie der Verlust der Möglichkeit zur Einflussnahme und Steuerung.

816 Die Finanzlage anderer Standorte erscheint jedoch nicht ähnlich aussichtslos, wie es in Gießen der Fall war.

817 *Siewert/Merk,* Bundesgesundheitsblatt 2009, S. 807 (810), ob gerade der wachsende Einfluss der Rektorate „Ausdruck des erstarkten Selbstbewusstseins der Universität als Konsequenz des Elitewettbewerbs" sei, könne demnach nur vermutet werden. Dies entspreche jedoch dem Zeitgeist, nach welchem aufgrund von Finanz- und Wirtschaftskrisen eine staatliche Regulation erwartet würde.

818 Vgl. *Siewert,* Jahresversammlung Medizinischer Fakultätentag 2008, Organisation der Deutschen Hochschulmedizin, S. 9, der als messbare finanzielle Vorteile auch den Imagegewinn,

und Lehre für den Betreiber vorteilhaft sein mag[819]. Letztlich benötigt jedoch der Medizinische Fachbereich für Ausbildung und Forschung das Klinikum mitsamt der dort ausgeübten Krankenversorgung, während das Klinikum nicht im selben Maße auf den Medizinischen Fachbereich angewiesen ist[820]. Derartige Bedenken lassen sich zwar nicht pauschalieren, da im Einzelfall der private Betreiber mehr an der Erhaltung der Forschung und Lehre interessiert sein kann, als es etwa öffentlich-rechtliche Klinikumsorgane sind[821]. Dennoch erscheint diese Gefahr in privater Trägerschaft nicht zuletzt deshalb höher, da dem Betreiber der Gewinn selbst zufließt, während die öffentlich-rechtlichen Organe der Hochschulmedizin nicht direkt am Gewinn der Einrichtung beteiligt sind. Auch die Einwirkungsmöglichkeiten durch die öffentliche Hand auf den privaten Betreiber sind insgesamt geringer. Desweiteren haben Teilprivatisierungen gezeigt, dass Zielkonflikte zwischen einer wirtschaftlichen Betriebsführung sowie der Forschung und Lehre bestehen können[822].

Es ist ebenfalls noch nicht abzusehen, wie sich die Banken- und Wirtschaftskrise, in welcher staatliche Hilfe und Regulation mehr als zuvor erwartet werden, mittel- und langfristig auf die Anzahl von Privatisierungen auswirken wird. Der Verband der Universitätsklinika Deutschlands stellt fest, dass vor dem Hintergrund der Finanzkrise eine vermehrte Erörterung von Privatisierungen zu erwar-

---

Weiterbildungsmöglichkeiten sowie den Zugang zum medizinischen Fortschritt und Nachwuchs nennt.

819 Wissenschaftsrat, Empfehlungen zu Public Private Partnerships (PPP) und Privatisierungen in der universitätsmedizinischen Krankenversorgung, 2006, S. 67, mit der Annahme, dass ein dezidiertes Interesse des privaten Betreibers an einer exzellenten Forschung und Lehre bestehe, da er dadurch seine Wettbewerbsfähigkeit verbessere. Zudem könne er leistungsbereite, innovationsfreudige Mitarbeiter gewinnen und der positiv behaftete Begriff der „Universitätsmedizin" sorge auch für eine „Sogwirkung" in der Krankenversorgung. Weiterhin könnten Hochschullehrer mit Forschungsexpertise als Aushängeschilder zum wirtschaftlichen Erfolg des Klinikums beitragen (S. 43).

820 Wissenschaftsrat, Stellungnahme zur geplanten Privatisierung des Universitätsklinikums Gießen und Marburg, 2005, S. 25. An anderer Stelle führt der Wissenschaftsrat aus, dass die Forschung und Lehre von privaten Betreibern nicht nur als „nicht erforderlich", sondern sogar eher als „hinderlich" sowie „Sand im Getriebe" empfunden würde, Wissenschaftsrat, Empfehlungen zu Public Private Partnerships (PPP) und Privatisierungen in der universitätsmedizinischen Krankenversorgung, 2006, S. 67.

821 Wie in Teil 1 aufgezeigt, stellen auch öffentlich-rechtliche Kliniken aufgrund finanzieller Vorgaben zunehmend die Wirtschaftlichkeit und Effizienz der Krankenversorgung in den Vordergrund (bzw. müssen diese in den Vordergrund stellen).

822 So *Balders,* WissR Bd. 31 (1998), S. 91 (111); dies habe vollständige Privatisierungen verhindert, trotz der größeren Professionalität des Krankenhausmanagements.

ten sei[823]. Andere Stimmen sehen mittelfristig keinen Rücklauf der Anzahl an Privatisierungen[824].

Auch die Bereitschaft der potentiellen privatwirtschaftlichen Betreiber zur Übernahme einer Universitätsklinik scheint derzeit eher rückläufig zu sein. Die Umsatzrendite, welche private Träger von ihren Kliniken erwarten, seien bei Universitätsklinika kaum zu erwirtschaften[825]. Desweiteren sehen auch die privaten Betreiber das Verhältnis von Forschung und Lehre zur Krankenversorgung als Problem an[826].

Es eignet sich zudem nicht jedes Universitätsklinikum gleichermaßen für eine Privatisierung. Falls im Umland eine hohe Dichte an Kliniken vorliegt – insbesondere mit konkurrierenden Krankenhäusern der Maximalversorgung – und ein dementsprechender Wettbewerb herrscht, werden sich kaum private Investoren finden lassen. Diese würden wohl eher ein Klinikum übernehmen, bei welchem aufgrund „provinzieller Strukturen" im Umland ein lokales Monopol in der Krankenversorgung entstünde und neben wirtschaftlichen Erfolgen ein Imagegewinn des Betreibers erwartet werden kann.

Sollte eine (materielle) Privatisierung erwogen werden, muss vor der Auswahl des privaten Investors der Investitionsbedarf strukturiert und vollständig ermittelt werden[827]. Im Idealfall soll der potentielle private Betreiber einen umfassenden Businessplan mitsamt strategischen Ausrichtungen, finanziellen und innerbetrieblichen Konsequenzen vorlegen[828].

II. Die Privatisierung des Universitätsklinikums Gießen-Marburg

Nicht zuletzt aufgrund der Vorreiterrolle lohnt sich ein Blick auf die Gründe, welche in Hessen zur Privatisierungsentscheidung des im Kooperationsmodell

823 Pressemitteilung des Verbands der Universitätsklinika Deutschlands (Siewert) vom 02.07.2009.

824 So beispielsweise allgemein *Burgi,* in: Erichsen/Ehlers (Hrsg.), Allgemeines Verwaltungsrecht, 14. Aufl. 2010, § 10 III, Rn. 7, jedoch nicht auf den konkreten Fall der Universitätsklinika bezogen.

825 So *de Meo,* Vorsitzender der Geschäftsführung der Helios Kliniken, auf dem vom Verband der Universitätsklinika Deutschlands durchgeführten Forum „Universitätsklinika in der Investitionsfalle" in Berlin, März 2009, vgl. den Tagungsbericht von *Mißlbeck,* das Krankenhaus 2009, S. 374 (376). Die Helios Kliniken erwarten auf Dauer eine Umsatzrendite von 15 %,; bei den Universitätsklinika ließen sich maximal 5 % erwirtschaften. Den privaten Kliniken käme insofern zu Gute, dass diese unabhängig von öffentlichen Verwaltungsstrukturen und politischer Einflussnahme agieren können.

826 Ebd.

827 Verband der Universitätsklinika Deutschlands, Stellungnahme zum Landesgesetz über die Errichtung der Universitätsmedizin der Johannes Gutenberg-Universität Mainz, Mai 2008.

828 Ebd.

organisierten Universitätsklinikums Gießen-Marburg führten. Politischer und wirtschaftlicher Hauptgrund für die Privatisierung war, dass das Universitätsklinikum Gießen im Rahmen der Förderung durch das Hochschulbauförderungsgesetz nicht im ausreichenden Maße mit Finanzmitteln bedacht wurde und ein hohes Investitionsdefizit bestand[829]. In der Gesetzesbegründung wird die finanzielle Ausgangslage derart beschrieben, dass sich die wirtschaftliche Situation des Universitätsklinikums Gießen in den vergangenen Jahren deutlich verschlechtert habe und die zu erwartenden Auswirkungen der Gesundheitsreform durch das DRG-Fallpauschalensystem einen weiteren Anstieg der Jahresfehlbeträge befürchten ließen, für welche das Land als Gewährträger hafte[830]. Ursachen seien eine veraltete Bausubstanz und ein erheblicher Investitionsstau, welcher in absehbarer Zeit weder aus Landesmitteln noch aus Bundesmitteln im Rahmen der Förderung nach dem Hochschulbauförderungsgesetz gedeckt werden könne[831]. Kritischere Stimmen beschreiben die Gründe der letztlich alternativlos gewordenen Privatisierung damit, dass das Land Hessen über zwanzig Jahre hinweg die Finanzierung des Universitätsklinikums Gießen stark vernachlässigt habe, die bauliche und technische Substanz zunehmend verfielen und letztlich die Schließung des Betriebs drohte[832].

Das Universitätsklinikum und der Medizinische Fachbereich der Universität Gießen suchten Lösungsmöglichkeiten für die Finanzierungsprobleme und brachten eine mögliche Privatisierung selbst ins Gespräch[833]. Es wurde berechnet, dass ca. 200 Millionen Euro für eine moderne Infrastruktur notwendig wären, um das Universitätsklinikum Gießen und somit den universitätsmedizinischen Standort erhalten zu können[834]. Als Lösung des Problems kam laut Begründung des Gesetzesentwurfs nur die Verwirklichung des Gesamtkonzepts der

---

829 Der Wissenschaftsrat, Stellungnahme zur geplanten Privatisierung des Universitätsklinikums Gießen und Marburg, 2005, S. 21, konstatiert, dass die Universitätsmedizin in Gießen, gemessen am Durchschnitt der Investitionsmittel für Universitätsklinika in den alten Bundesländern, lediglich 38 % der Mittel erhalten habe. So seien in den letzten 30 Jahren (Stand 2004) an Standorten mit staatlichen Universitätsklinika im Durchschnitt 770 Mio. Euro nach dem HBFG investiert worden, in Gießen jedoch lediglich 282 Mio. Euro; zum weiteren Vergleich: in Marburg 712 Mio. Euro und in Frankfurt 575 Mio. Euro.

830 Diese Ausgangslage wird im Gesetzentwurf der hessischen CDU-Fraktion für das Gesetz über die Errichtung des Universitätsklinikums Gießen und Marburg vom 08.03.2005, Hessischer Landtag, Drcks. 16/3758, zu Grunde gelegt.

831 Gesetzentwurf der hessischen CDU-Fraktion für das Gesetz über die Errichtung des Universitätsklinikums Gießen und Marburg vom 08.03.2005, Hessischer Landtag, Drcks. 16/3758.

832 Vgl. *Amann/Heyder/Strehl*, Bundesgesundheitsblatt 2009, S. 811 (818).

833 Wissenschaftsrat, Stellungnahme zur geplanten Privatisierung des Universitätsklinikums Gießen und Marburg, 2005, S. 2.

834 Ebd.

Strukturentwicklung für die drei Universitätsklinikstandorte in Frankfurt am Main, Gießen und Marburg in Betracht, welches von den Beteiligten der hessischen Hochschulmedizin bereits im Vorfeld einvernehmlich erstellt wurde[835]. Nur die konsequente Umsetzung dieses Konzeptes konnte demnach die wissenschaftliche Exzellenz in der klinischen Medizin und die Leistungsfähigkeit in der Krankenversorgung sichern[836]. Wesentlicher Bestandteil dieses Konzeptes war die organisatorische Zusammenführung der Universitätsklinika Gießen und Marburg, so dass eine wirtschaftliche Einheit entstehen konnte[837]. Damit die nötigen Investitionen jedoch auch tatsächlich getätigt würden, wurde das neu entstandene Universitätsklinikum anschließend in die Trägerschaft eines privaten Krankenhausbetreibers überführt[838]. Der zukünftige private Betreiber sollte verpflichtet werden, bis 2010 keine betriebsbedingten Kündigungen auszusprechen sowie die beiden Klinikstandorte in Gießen und Marburg für die bedarfsgerechte Krankenversorgung der Bevölkerung und die medizinische Forschung und Lehre zu erhalten[839]. Weiterhin sollte der Betreiber an beiden Standorten Investitionen tätigen, welche die Zukunfts- und Wettbewerbsfähigkeit der Standorte sicherstellten[840]. Die Privatisierung wurde als letzter Ausweg zur Rettung der Hochschulmedizin in Gießen angesehen[841]. Da die Existenzsicherung der hessischen Hochschulmedizin von der Strukturentwicklung und Finanzierung des Investitionsbedarfs abhinge, gab es laut Begründung des Gesetzentwurfs keine Alternativen zu dieser Lösung[842].

Im Endeffekt wurden die geplanten Umstrukturierungen in der hessischen Hochschulmedizin durchgeführt. Die Universitätsklinika Gießen und Marburg wurden zunächst als rechtsfähige Anstalt des öffentlichen Rechts zusammengeschlossen[843]. Anschließend wurde das neu entstandene Universitätsklinikum

---

835 Gesetzentwurf der hessischen CDU-Fraktion für das Gesetz über die Errichtung des Universitätsklinikums Gießen und Marburg vom 08.03.2005, Hessischer Landtag, Drcks. 16/3758.

836 Ebd.

837 *Maisch,* F&L 2010, S. 594 (596), kritisiert die zu frühe Durchführung der Fusion und hält die Privatisierung des Universitätsklinikums am rentablen Standort Marburg ebenso für „unnötig" wie der Aufsichtsratsvorsitzende der Rhön-AG, welcher dies gegenüber *Maisch* eingestanden habe.

838 Gesetzentwurf der hessischen CDU-Fraktion für das Gesetz über die Errichtung des Universitätsklinikums Gießen und Marburg vom 08.03.2005, Hessischer Landtag, Drcks. 16/3758.

839 Ebd.

840 Ebd.

841 Ebd.

842 Ebd.

843 § 1 Abs. 1 Gesetz über die Errichtung des Universitätsklinikums Gießen und Marburg (UK-Gesetz) vom 16.06.2005 GVBl. I S. 432.

Gießen-Marburg privatisiert[844]. Die Privatisierung erfolgte zunächst in formeller Hinsicht, indem das Universitätsklinikum als Anstalt des öffentlichen Rechts zum 01.01.2006 in eine gemeinnützige GmbH umgewandelt wurde. Die materielle Privatisierung vollzog sich durch den anschließenden Verkauf von 95 % der Anteile der Universitätsklinik an die private Rhön Klinikum AG, welche seitdem als Mehrheitseigner Träger der Universitätsklinikum GmbH ist.

Die rein wirtschaftliche Bilanz des Universitätsklinikums Gießen-Marburg verbesserte sich durch die Privatisierung. Während im Jahr 2005 die beiden Kliniken einen Verlust von 15 Mio. Euro hinnehmen mussten, erwirtschafteten sie bereits im Jahr 2007 einen Gewinn von 1,1 Mio. Euro und steigerten die Auslastung von 75 auf 85 Prozent[845]. Der Gewinn konnte im Jahr 2008 auf 2,2 Mio. Euro und im Jahr 2009 sogar auf 4,8 Mio. Euro gesteigert werden[846]. Damit stellten sich die privaten Investitionen einerseits als wirtschaftlich vorteilhaft heraus[847]. Andererseits fand jedoch ein Stellenabbau beim Personal des Universitätsklinikums statt und die Methoden, welche zur wirtschaftlichen Verbesserungen führten, werden zum Teil scharf kritisiert[848].

---

844 § 1 Abs. 1 UK-UmwVO. Die Verordnung wurde erlassen aufgrund der dazu vorgegebenen Möglichkeit des § 5 UK-Gesetzes.

845 Laut FAZ vom 16.09.2008; vgl. zu den genauen Zahlen bis zum Geschäftsjahr 2008 auch Wissenschaftsrat, Stellungnahme zur Entwicklung der universitätsmedizinischen Standorte Gießen und Marburg nach Fusion und Privatisierung der Universitätsklinika, 2010, S. 37.

846 Nach FAZ vom 11.02.2010 hat das Universitätsklinikum im Geschäftsjahr 2009 den Umsatz um gut ein Zehntel gesteigert und den Gewinn mehr als verdoppelt. Laut Auskunft der Rhön Klinikum AG ist der Umsatz auf 500,3 Mio. Euro von im Vorjahr 451,6 Mio. Euro gestiegen. Von der Errichtung des zentralen Klinikum-Neubaus Anfang 2011 in Gießen werden weitere wirtschaftliche Vorteile erwartet.

847 Nach FAZ vom 16.09.2008 tätigte der private Betreiber Rhön AG im Jahr 2006 Investitionen in Höhe von 57 Mio. Euro, welche die Landesinvestitionen aus dem Vorjahr um das Dreifache übertrafen. Bis zum Jahr 2012 beabsichtigte die Rhön AH weitere 485 Mio. Euro zu investieren, u.a. für eine Kinderklinik und eine Partikeltherapie. Nach FAZ vom 12.04.2010 lässt der Neubau 250 Stellen in Gefahr geraten, welche durch diesen überflüssig geworden sind. Das neue zentrale Klinikgebäude in Gießen verhindere die vormalige Zersplitterung, so dass Wege und Arbeitsabläufe verkürzt werden. Hinzu kommt, dass der vereinbarte Kündigungsschutz mit Ende des Jahres 2010 auslief. Von den Stellenkürzungen sind allerdings keine Ärzte und kein Pflegepersonal betroffen; das Universitätsklinikum Gießen-Marburg beschäftigt laut Auskunft von *Meder*, stellvertretender Rhön-Vorstandschef, sieben Prozent mehr ärztliches Personal als im Jahr 2006. Eine „moderate Erhöhung der ärztlichen Stellen" wird auch durch den Wissenschaftsrat bestätigt, vgl. Stellungnahme zur Entwicklung der universitätsmedizinischen Standorte Gießen und Marburg nach Fusion und Privatisierung der Universitätsklinika, 2010, S. 22.

848 So zitiert die FAZ vom 16.09.2008 den Betriebsratsvorsitzenden *Gehrke,* der als positiven Effekt der Privatisierung aus Sicht des Gesamtbetriebsrates die hohen Investitionen des privaten Betreibers nennt und feststellt, dass das Land Hessen mit drei Universitätsklinika finanziell „schlichtweg überfordert" gewesen sei. *Gehrke* kritisiert jedoch, dass der private Betreiber „sei-

III. Weitere Privatisierungstendenzen in der Hochschulmedizin

Die meisten Bundesländer nehmen beim Thema Privatisierungen in der Hochschulmedizin eine eher abwartende Haltung ein, wenngleich im Zeitraum vor der Privatisierung des Universitätsklinikums Gießen-Marburg eine größere Privatisierungswelle erwartet wurde[849]. Eine weitere Privatisierung könnte in Schleswig-Holstein bevorstehen[850]. Kürzlich entstand auch in Sachsen eine Privatisierungsdiskussion, welche sich jedoch schnell wieder erledigte[851]. Die Zurückhaltung ist darin begründet, dass eine Zwischenbilanz in Gießen-Marburg zwar über die wirtschaftlichen Veränderungen, jedoch nur bedingt über den Gesamterfolg gezogen werden kann, insbesondere nicht über die Auswirkungen der Privatisierung auf Forschung und Lehre[852].

Trotz der allgemeinen Zurückhaltung ist in Rheinland-Pfalz die materielle Privatisierung der im Integrationsmodell organisierten Universitätsmedizin Mainz durch eine gesetzliche Entwicklungsoption festgehalten worden[853]. Da im Inte-

---

ne Profite durch das Auspressen der Angestellten erreiche". Er glaubt, dass sich bei einer Abstimmung unter den Beschäftigten eine Mehrheit für die Rückkehr in den Landesdienst aussprechen würde. Es finde eine Leistungsverdichtung statt, durch welche mit weniger Personal deutlich höhere Erlöse erzielt würden. Trotz zugesicherten Verzichtes auf betriebsbedingte Kündigungen bis zum Jahr 2010 seien bereits (Stand September 2008) zwischen 250 und 300 Stellen abgebaut worden, bis zum Jahr 2010 erwarte der Betriebsrat eine Verdoppelung dieser Zahlen. Der Standort Marburg werde mehr und mehr zu einer „Gelddruckmaschine" und auch der lange Zeit defizitär wirtschaftende Standort in Gießen verbessere sein Ergebnis zusehends.

849 Das Statistische Bundesamt, Bildung und Kultur – Finanzen der Hochschulen 2008, S. 7, stellt auch weiterhin fest, dass ein Trend zur Fusionierung und Privatisierung einzelner Universitätsklinika auszumachen sei.

850 Laut Kieler Nachrichten vom 23.05.2010 sei im Geschäftsjahr 2009 ein Defizit von 4,3 Mio. Euro erwirtschaftet worden, für 2010 wird erstmals ein ausgeglichener Haushalt angestrebt. Es bestehe jedoch ein Investitionsstau von 730 Mio. Euro, welcher, gepaart mit der Verschuldung des Landes in Höhe von 25 Mrd. Euro, die Suche nach privater Beteiligung vorantriebe. Nach Pressemittelung des UK Schleswig Holstein vom 08.07.2010, arbeitet das Universitätsklinikum an einem Konzept zur Abwendung eines Verkaufes.

851 Im Juni 2011 wurden über die Presse Pläne des sächsischen Finanzministers Jens Bullerjahn zur Prüfung der Privatisierung der finanziell solide wirtschaftenden Universitätsklinika in Halle und Magdeburg bekannt. Diese wurden nach medialer Kritik wenige Tage danach wieder zurückgenommen. Auch die Vorstände der Universitätsklinika und die Medizinischen Fakultäten Magdeburg und Halle hatten sich klar gegen eine Privatisierung gewandt, vgl. etwa die gemeinsame Homepagemitteilung der Medizinischen Fakultät Magdeburg und des Universitätsklinikums Magdeburg mit dem Titel „Gegen Privatisierungsdiskussion" vom 15.06.2011.

852 Dies konstatieren *Weidner/Steinmann,* Bundesgesundheitsblatt 2009, S. 904, die darauf verweisen, dass nach einer derart kurzen Zeitspanne lineare Ursachen- und Wirkungszusammenhänge für die Forschung und Lehre nicht verlässlich nachgewiesen werden könnten.

853 Vgl. insofern die §§ 25 bis 28 UMG R-P und noch unter C. V.

grationsmodell der Medizinische Fachbereich der Universität und das Universitätsklinikum zur gemeinsamen Körperschaft für Universitätsmedizin zusammengeschlossen sind, würde bei einer Privatisierung zugleich auch der Medizinische Fachbereich „mitprivatisiert“. Durch die Privatisierung einer staatlichen Universität bzw. des Medizinischen Fachbereichs als Teil der Universität würde rechtliches Neuland betreten. Während des Gesetzgebungsverfahrens in Rheinland-Pfalz wurde allerdings von sämtlichen politischen Parteien betont, dass derzeit keinerlei konkrete Pläne zur Umsetzung der Entwicklungsoption bestehen[854].

Im Mannheimer Modell arbeitete erstmals eine Medizinische Fakultät mit einem Klinikum in privater Rechtsform der GmbH zusammen. Dies geschieht auf vertraglicher Kooperationsbasis mit der privaten Klinikum Mannheim GmbH, welche in Trägerschaft der Stadt Mannheim steht.

Auch in anderen Bundesländern, wie etwa in Nordrhein-Westfalen, wurden Privatisierungsoptionen offenbar geprüft, jedoch aufgrund der weiterhin bestehenden Alternative der öffentlich-rechtlichen Trägerschaft nicht umgesetzt[855]. Eine formelle Privatisierung ist neuerdings in Mecklenburg-Vorpommern möglich[856]. Im Hamburger UKE wird eine mögliche formelle Privatisierung zumindest angedeutet[857]. Eine Errichtung der Universitätsklinika in einer anderen Rechtsform oder eine Umwandlung in eine solche ist auch in Baden-Württemberg sowie in Bayern möglich[858].

Neben der Gesamtprivatisierung einer Universitätsklinik ist es denkbar, einzelne Klinikumseinheiten aus der Universitätsklinik auszugliedern und zu priva-

---

854 Vgl. etwa die Ausführungen der rheinland-pfälzischen Ministerin für Bildung, Wissenschaft, Jugend und Kultur *Ahnen* bei der 1. Beratung zum UMG R-P am 27.02.2008, Landtag Rheinland-Pfalz, 15. Wahlperiode – 41. Sitzung, Drcks. 15/1913.

855 Dies lässt das Gesetzgebungsverfahren bezüglich des Universitätsklinikagesetzes in NRW erkennen, vgl. 2. Lesung am 07.12.2007, Plenarprotokoll 14/78, S. 9165/9166. Der FDP-Abgeordnete *Lindner* äußert, dass es Überlegungen gab, Aufgaben auf Private zu übertragen. Man habe sich nicht aus prinzipiellen Gründen gegen eine Privatisierung (gerade in Aachen oder Köln) entschieden, sondern weil bessere oder mindestens gleichwertige Optionen durch die beschlossenen neuen Leitungsstrukturen bestanden.

856 Vgl. insofern die vielsagende Regelung in § 97 Abs. 4 S. 1 LHG M-V, nach welcher die Universitätsmedizin „einzelne der ihr übertragenen Aufgaben nach Maßgabe dieses Gesetzes auch in einer Rechtsform des privaten Rechts“ wahrnehmen kann.

857 So beinhaltet § 4 Abs. 3 S. 1 UKE die Regelung, dass die Hansestadt Hamburg im Fall der Überführung des Universitätsklinikums in eine andere Trägerschaft dafür Sorge tragen muss, dass die Arbeitnehmer/innen vom neuen Träger übernommen werden.

858 Vgl. in Baden-Württemberg § 1 Abs. 1 S. 2 UKG BW. In Bayern vgl. Art. 16 Abs. 3 BayUniKlinG, siehe dazu auch *Kingreen/Banafsche/Szabados,* WissR Bd. 40 (2007), S. 283 (309).

tisieren[859]. Dabei ist vor allem an medizinische Einrichtungen zu denken[860]. Als nachteilhaft wird bei der Privatisierung von Teilbereichen der Universitätsklinika erachtet, dass das Interesse der privaten Betreiber lediglich für solche Teilgebiete besteht, in denen die Krankenversorgung wirtschaftlich gewinnbringend erbracht werden kann[861]. Dem Universitätsklinikum würde bei Privatisierung dieser Teilbereiche die Möglichkeit genommen, wirtschaftlich defizitäre Bereiche ausgleichen zu können[862]. Eine Teilprivatisierung würde zudem auch eine spätere Vollprivatisierung durch Verkauf an einen anderen privaten Betreiber erschweren und somit Entwicklungsoptionen ausschließen.

In fast sämtlichen Bundesländern wurden zuletzt Regelungen eingeführt, denen zufolge sich die Universitätsklinika bzw. Körperschaften für Universitätsmedizin zur Erfüllung ihrer Aufgaben Dritter bedienen, Unternehmen gründen oder sich an Unternehmen beteiligen können[863]. Diese Regelungen zeigen die Möglichkeit der zunehmenden Einbindung Privater in die Hochschulmedizin abseits des Extremfalls einer umfänglichen Privatisierung.

859 Vgl. zu Privatisierungen einzelner Kliniken, Wissenschaftsrat, Empfehlungen zu Public Private Partnerships (PPP) und Privatisierungen in der universitätsmedizinischen Krankenversorgung, 2006, S. 41 bis 43.

860 Eine bedeutende medizinische Einrichtung ist etwa das Herzzentrum in Leipzig, vgl. Wissenschaftsrat, Empfehlungen zu Public Private Partnerships (PPP) und Privatisierungen in der universitätsmedizinischen Krankenversorgung, 2006, S. 43. Eine Zusammenstellung weiterer privatisierter Einzelkliniken gibt der Wissenschaftsrat auf den Seiten 34 bis 36.

861 Wissenschaftsrat, Empfehlungen zu Public Private Partnerships (PPP) und Privatisierungen in der universitätsmedizinischen Krankenversorgung, 2006, S. 44. Auch *Grifka,* F&L 1996, S. 202 (203), kritisiert, dass die Ausgliederung einzelner Teilbereiche gerade nicht eine finanzielle Entlastung der Universitätsklinika bewirke. Gerade durch Private betriebene Herzzentren zeigten beispielhaft die Nutzung des Vergütungssystems zur Gewinnerzielung. Weniger gewinnversprechende Versorgungsbereiche würden hingegen nicht durch Private übernommen. *Grifka* empfindet insofern den Ausspruch „Gewinne privatisieren, Verluste sozialisieren“, als situationszutreffend.

862 Vgl. noch einmal Wissenschaftsrat, Empfehlungen zu Public Private Partnerships (PPP) und Privatisierungen in der universitätsmedizinischen Krankenversorgung, 2006, S. 44; *Grifka,* F&L 1996, S. 202 (203).

863 Vgl. beispielhaft § 24 Abs. 6 Berliner UMG; Art. 2 Abs. 2 BayUniKlinG, § 5 Abs. 3 UniKlinG Hess; § 2 Abs. 7 UKVO NRW; § 5 Abs. 3 UKSG Saarland; § 2 Abs. 4 UKG Sachsen; § 8 Abs. 3 HMG LSA; § 119 Abs. 4 HSG S-H; § 4 Abs. 4 UKG BW, welcher detaillierte Regelungen für die Einbeziehung Dritter enthält („nur errichten, wenn...“); § 97 Abs. 4 S. 2 und 3 LHG M-V, welcher einen angemessenen Einfluss der Universitätsmedizin als Voraussetzung fordert.

IV. Maßnahmen zur Verhinderung von Privatisierungen

Zur Vermeidung von Privatisierungen ist eine Stärkung des bestehenden öffentlich-rechtlichen Organisationssystems erforderlich. Das Kooperations- sowie das Integrationsmodell, welche die weitere Aufgabenwahrnehmung der Hochschulmedizin durch die öffentliche Hand verfolgen, müssen weiterhin ständig verbessert werden. Die öffentliche Finanzierung der Hochschulmedizin muss weiterhin gesichert sein, da gerade Finanzierungsengpässe der Auslöser für Privatisierungen sind. Ziel muss es sein, dass materielle Privatisierungen ökonomisch gar keinen Sinn ergeben. Mögliche Verbesserungen der Finanzsituation wurden bereits in Teil 1 der Arbeit erörtert[864]. Gerade bei Finanzierungsproblemen in der Krankenversorgung ist auch die Gewinnung privaten Kapitals möglich, ohne dass gleich umfassende materielle Privatisierungen notwendig werden.

Weiterhin wäre die Schaffung eines „Frühwarnsystems“ wünschenswert. Regelmäßige Evaluationen über die laufende Finanzierung sollten an den hochschulmedizinischen Standorten gesetzlich vorgeschrieben werden. Je eher Finanzierungsprobleme erkannt werden, desto leichter ist es möglich, diesen mit Mitteln und Konzepten im Rahmen der öffentlich-rechtlichen Trägerschaft zu begegnen. Wird im Einzelfall eine Privatisierung tatsächlich durchgeführt, so müssen weitgehende Sicherungsmechanismen zum Schutz von Forschung und Lehre ergriffen werden[865].

Die Furcht vor Privatisierungen darf indes nicht dazu führen, dass „Privatisierungs-Vermeidungsmaßnahmen“ veranlasst werden, welche die bestehenden Public-Public-Partnerships zwischen universitärer Seite und Universitätsklinikum nachteilig verändern. Werden Neuregelungen getroffen, welche primär der Wirtschaftlichkeit der Krankenversorgung dienen, wird die in Teil 1 aufgezeichnete Verdrängung der Forschung und Lehre durch die Krankenversorgung intensiviert. Es muss vermieden werden, dass derart eine weitere Einschränkung der Freiheit von Forschung und Lehre in der Hochschulmedizin erfolgt. Insofern steht der Gesetzgeber vor großen Herausforderungen; sämtliche vermeintliche Verbesserungsmaßnahmen müssen mit potentiellen Nachteilen abgewogen werden.

864 Vgl. schon oben Teil 1 C. VI.

865 Zu diesen noch ausführlich unter C. IV. 2. b.

C. Rechtmäßigkeit der verschiedenen Privatisierungsformen in der Hochschulmedizin

Bestrebungen, eine einheitliche Definition des Oberbegriffs „Privatisierung" zu finden, blieben bislang aufgrund der Vielfalt an Erscheinungsformen und der hohen Komplexität der Materie „Privatisierung" erfolglos[866]. „Privatisierung" wird daher nicht nur als bloßer Rechtsbegriff, sondern zuweilen auch als „eigenständiges Phänomen" angesehen[867]. Bei allen Privatisierungen liegt inhaltlich eine vollständige oder teilweise Verlagerung einer öffentlichen Aufgabe oder ihrer Erfüllung in den privaten Bereich bzw. auf ein privates Rechtssubjekt vor[868]. Bei einer Privatisierung werden somit bislang von öffentlichen Einrichtungen erbrachte öffentliche Aufgaben auf privatrechtliche Unternehmen übertragen[869].

Es können zahlreiche verschiedene Formen von Privatisierungen in unterschiedlichsten Ausprägungen auftreten. Die wichtigsten Grundtypen stellen die formelle, die materielle und die funktionale Privatisierung dar[870]. Während die formelle und materielle Privatisierung von anderen Privatisierungsformen problemlos unterschieden werden können, bestehen gerade im weiten Umfeld der funktionalen Privatisierung eine Vielzahl an öffentlich-privater Zusammenarbeiten, welche weniger leicht zu typisieren sind.

Bei allen Privatisierungsformen und -erscheinungen ist zu beachten, dass Privatisierungen zuvor bestehende öffentliche-rechtliche Bindungen lösen, die staat-

---

866 So *Ziekow,* Öffentliches Wirtschaftsrecht, 2007, § 8 Rn. 1.

867 Vgl. *Ruthig/Storr,* Öffentliches Wirtschaftsrecht, 3. Aufl. 2011, § 7 Rn. 624.

868 Vgl. *Ziekow,* Öffentliches Wirtschaftsrecht, 2007, § 8 Rn. 1.

869 *Krenz,* Privatisierung öffentlicher Einrichtungen, 2009, S. 17.

870 Teilweise werden weitere Privatisierungsformen wie die Vermögens- oder Finanzierungsprivatisierung als eigenständige Privatisierungskategorien angesehen. Diese stellen im Grunde wohl lediglich Begleitgeschäfte einer der erstgenannten Privatisierungsstufen dar und werden im Folgenden nicht im Einzelnen erläutert, vgl. *Ziekow,* Öffentliches Wirtschaftsrecht, 2007, § 8 Rn. 3. Gerade die Vermögensprivatisierung ist rechtlich unbedenklich, da der Staat lediglich aus seinem Eigentum heraus etwa Liegenschaften auf Private überträgt, vgl. näher *Di Fabio,* JZ 1999, S. 585; *Burgi* gelangt zu dem Ergebnis, dass die gängige Dreiteilung der Privatisierungstypologie nicht sämtliche Fallgruppen abdeckt. Insbesondere im Rahmen der gemeinhin unter den Begriff der funktionalen Privatisierung subsumierten öffentlich-privaten Zusammenarbeiten sei eine weitere Unterscheidung notwendig, vgl. *Burgi,* Privatisierung öffentlicher Aufgaben – Gestaltungsmöglichkeiten, Grenzen, Regelungsbedarf, 2008, S. 28 ff., siehe auch noch näher unter C. III.; vgl. desweiteren die Typologisierung von *Kirchhof,* AöR 132 (2007), S. 215 (224 ff.), welcher u.a. eine Differenzierung der gängigen Privatisierungsformen in dreizehn weitere Unterformen vornimmt; *Funke,* Realisierbarkeit von Public Private Partnership Modellen im deutschen Krankenhaussektor, 2005, S. 40, unterscheidet zwischen der materiellen und formellen Privatisierung sowie der Beauftragung Dritter (Outsourcing) und der PPP.

liche Verantwortung reduzieren und somit insgesamt den Grundrechtsschutz der Menschen verringern[871].

I. Generelle Privatisierungstauglichkeit der Aufgaben der Universitätsklinika?

Ein generelles grundgesetzliches Privatisierungsverbot oder -gebot, welches somit auch die Privatisierung von Universitätsklinika betrifft, besteht in Deutschland weder auf Bundes- noch auf Landesebene[872]. Die Entscheidungskompetenz über mögliche Privatisierungen hat grundsätzlich der Gesetzgeber, welcher diese jedoch auch auf die Verwaltung übertragen kann. Vormals enthielten die Grundgesetzartikel 83 ff. Privatisierungsverbote, heute hingegen beinhalten Art. 87 e Abs. 3 und 87 f Abs. 2 GG Privatisierungsgebote, so Art. 87 e GG für das Eisenbahnwesen und Art. 87 f GG für die Telekommunikation und Post. Art. 143 a und b GG treffen Übergangsregelungen für die Zeit zwischen Innehabung des staatlichen Monopols bis zur endgültigen Umwandlung zum Wettbewerbsunternehmen. Für die Privatisierung von Universitätsklinika sind diese Normen jedoch nicht relevant, da die generelle Gesetzgebungskompetenz über das Hochschulwesen und die Hochschulmedizin nach Art. 70 Abs. 1 GG den einzelnen Bundesländern zusteht[873].

Die Frage, ob es nicht privatisierungsfähige Staatsaufgaben gibt, ist in der Rechtswissenschaft umfassend thematisiert worden[874]. Die generelle Auffassung, es sei staatstheoretisch nicht ableitbar, dass es im Verfassungsstaat privatisierungsresistente Staatsaufgaben gebe[875], und daher prinzipiell alle Teilbereiche der öffentlichen Hand privatisiert werden können, ist einzuschränken. Zu differenzieren ist bezüglich der Art der Aufgabe, zwischen staatlichen Kernaufgaben, der Eingriffsverwaltung sowie der Leistungsverwaltung[876]. Es bestehen notwendige Staatsaufgaben, die zwingend vom Staat wahrgenommen werden müssen

871 Dies stellt *Kirchhof,* AöR 132 (2007), S. 215 (255), fest.

872 *Schoch,* Privatisierung von Verwaltungsaufgaben, DVBl. 1994, S. 962 (969), m.w.N.; zum selben Ergebnis kommt *Peine,* DÖV 1997, S. 353 (355).

873 Nach Art. 74 Abs. 1 Nr. 33 GG hat der Bund lediglich die konkurrierende Gesetzgebungskompetenz über die Hochschulzulassung und die Hochschulabschlüsse inne, wovon die Bundesländer nach Art. 72 Abs. 3 Nr. 6 GG abweichende Regelungen treffen können.

874 Vgl. etwa *Gramm,* Privatisierung und notwendige Staatsaufgaben, 2000.

875 *Ruthig/Storr,* Öffentliches Wirtschaftsrecht, 3. Aufl. 2011, § 7 Rn. 646.

876 Ziekow, Öffentliches Wirtschaftsrecht, 2007, § 8 Rn. 11 ff. Die Leistungsverwaltung wird gemeinsam mit der Infrastrukturverwaltung auch unter dem Oberbergriff der Daseinsvorsorge zusammengefasst, vgl. etwa *Schoch,* JURA 2008, S. 672 (673).

sowie fakultative Staatsaufgaben, aus denen sich der Staat ganz oder teilweise zurückziehen kann[877].

Die Universitätsklinika nehmen Aufgaben der Krankenversorgung wahr und unterstützen den Medizinischen Fachbereich in Forschung und Lehre. Würde es sich bei den Aufgaben der Universitätsmedizin um staatliche Kernaufgaben handeln, wäre eine Privatisierung ausgeschlossen. Zumindest staatliche Kernaufgaben, welche mit der Ausübung des Gewaltmonopols verbunden sind, sind materiell nicht privatisierbar[878]. Die Aufgaben der Universitätsmedizin sind jedoch nicht als solche staatliche Kernaufgaben einzuordnen.

Ein grundsätzliches Privatisierungsverbot, soweit hoheitliche Entscheidungs- und Handlungsbefugnisse betroffen sind, besteht aufgrund des verbindlichen Funktionsvorbehaltes des Art. 33 Abs. 4 GG auch hinsichtlich der Eingriffsverwaltung[879]. Im Rahmen der Eingriffsverwaltung ist im Wege der unter Gesetzesvorbehalt stehenden Beleihung lediglich eine funktionale Privatisierung möglich[880]. Das Bundesverfassungsgericht normiert, dass eine solche Beleihung nur ausnahmsweise, nicht aber ständig und im größeren Umfang zulässig sei[881]. Ansonsten läge ein Verstoß gegen Art. 33 Abs. 4 GG vor, nach welchem die ständige Ausübung hoheitlicher Befugnisse in der Regel Beamten zu übertragen ist[882]. Zudem ist ein sachlicher Rechtfertigungsgrund erforderlich, da das Regel-Ausnahme-Verhältnis des Art. 33 Abs. 4 GG verkehrt würde[883]. Die Hochschul-

---

877 Vgl. nur *Bonk,* JZ 2009, S. 435 (437).

878 *Ziekow,* Öffentliches Wirtschaftsrecht, 2007, § 8 Rn. 11, sieht als solche Kernaufgaben die innere und äußere Sicherheit, die Außenvertretung, Landesverteidigung, den Justizgewährleistungsanspruch einschließlich der Zwangsvollstreckung, den Strafvollzug und die Sicherung der finanziellen Ressourcen an; *Schoch,* JURA 2008, S. 672 (680), stellt „mit aller Vorsicht“ fest, dass obligatorische Staatsaufgaben sowie Bereiche, welche das staatliche Gewaltmonopol betreffen, nicht materiell privatisiert werden können; *Peine,* DÖV 1997, S. 353 (355), benennt u.a. die Selbstorganisation des Staates, den staatlichen Selbstschutz nach innen und außen, die Gefahrenvorsorge, die Außenvertretung sowie den Justizgewährungsanspruch als nicht privatisierungsfähig.

879 *Ziekow,* Öffentliches Wirtschaftsrecht, 2007, § 8 Rn. 11.

880 Ebd., § 8 Rn. 12. Zur Frage, ob es sich bei der Beleihung um eine Form der funktionalen Privatisierung handelt, vgl. m.w.N. unter C. III.

881 BVerfGE 9, 268 (284).

882 Ebd.

883 BVerwG vom 29.09.2005, DÖV 2006, S. 651, sowie NVwZ 2006, S. 829; vgl. auch *Ruthig/ Storr,* Öffentliches Wirtschaftsrecht, 3. Aufl. 2011, § 7 Rn. 646. Keine besonders hohen Anforderungen, insbesondere nicht das Erfordernis eines Gesetzesvorbehaltes, bestehen indes beim Tätigwerden privater Verwaltungshelfer, die selbst keine hoheitlichen Befugnisse wahrnehmen, sondern nur Vorbereitungshandlungen oder ausführende Tätigkeiten. Auch bei PPP-Projekten erhält der Private keine Befugnis zur Ausübung hoheitlicher Tätigkeiten, vgl. insofern etwa *Ziekow,* Öffentliches Wirtschaftsrecht, 2007, § 8 Rn. 12.

medizin ist jedoch nicht als Eingriffsverwaltung einzustufen. Vielmehr handelt es sich sowohl bei der Krankenversorgung als auch bei der Bereitstellung der notwendigen Institutionen für Forschung und Lehre um eine Leistungserbringung.

Konkret sind die Aufgaben der Hochschulmedizin als Verwaltungsaufgaben der Länder einzuordnen[884]. Die Leistungsverwaltung betrifft das Aufgabenspektrum, in dem Leistungen oder sonstige Vergütungen gewährt werden[885]. Im Bereich der Leistungsverwaltung unterliegt eine Privatisierung weniger hohen rechtlichen Anforderungen als im Bereich der Eingriffsverwaltung[886]. Der Staat hat lediglich eine Gewährleistungsverantwortung zu erfüllen und besitzt einen Einschätzungsspielraum, wie er dieser gerecht wird[887]. Der Gesetzgeber entscheidet frei über Mittel und Organisationsform der Zielerreichung. Sogar grundrechtlich unverzichtbare Aufgaben können privatisiert werden, wobei der Staat sich freilich eine Einfluss- und Kontrollmöglichkeit erhalten muss[888]. Auch im Bereich der Leistungsverwaltung ist eine Vielzahl von verfassungsrechtlichen und einfachgesetzlichen Vorgaben einzuhalten[889]. Falls universitäre Einrichtungen betroffen sind, müssen aufgrund der Gewährleistung der Wissenschaftsfreiheit hohe Anforderungen gestellt werden, die über die Anforderungen an die Privatisierung von Einrichtungen der sonstigen Leistungsverwaltung (etwa Krankenhäusern) hinaus gehen.

Bloße Annexaufgaben der öffentlichen Hand können ohne weitere rechtliche Bedenken privatisiert werden, da solche nicht die öffentliche Aufgabenerfüllung an sich betreffen, sondern nur vorbereitende bzw. begleitende Hilfstätigkeiten beinhalten[890]. Bezogen auf die Universitätsmedizin ist dies zweifellos möglich bei Einrichtungen, welche nicht zum Kernbereich der Forschung, Lehre und Krankenversorgung gehören, wie etwa bei der Gebäudereinigung, der Wäscherei oder der Essensversorgung[891]. Bei Ausgliederung dieser Bereiche wären die Belange von Krankenversorgung und Wissenschaftsfreiheit nicht betroffen.

---

884 Vgl. auch *Sandberger,* Rechtsfragen der Privatisierung von Universitätsklinika, WissR-Beiheft 17 Bd. 39 (2006), S. 1 (16).

885 *Ziekow,* Öffentliches Wirtschaftsrecht, 2007, § 8 Rn. 13.

886 In der Leistungsverwaltung ist daher die Rechtsfigur des „Verwaltungsprivatrechts" entstanden.

887 Zur Gewährleistungsverantwortung nach einer erfolgten Privatisierung vgl. ausführlich *Burgi,* Privatisierung öffentlicher Aufgaben – Gestaltungsmöglichkeiten, Grenzen, Regelungsbedarf, S. 94 ff.

888 *Kahl,* GewArch 2007, S. 441 (442).

889 *Ziekow,* Öffentliches Wirtschaftsrecht, 2007, § 8 Rn. 13.

890 Vgl. ebd., § 8 Rn. 21, der in diesem Zusammenhang etwa den Betrieb von Gebäudereinigungen, Küchen und Wäschereien nennt.

891 *Becker,* Das Recht der Hochschulmedizin, 2005, S. 152; *Heintzen,* DÖV 1997, S. 530 (532).

II. Rechtmäßigkeit der formellen Privatisierung von Universitätsklinika

Bei der formellen Privatisierung wird eine bisher öffentlich wahrgenommene Aufgabe auf eine Gesellschaft in privater Rechtsform überführt, welche vollumfänglich in Trägerschaft der öffentlichen Hand steht[892]. Die öffentliche Hand bedient sich somit lediglich einer privatrechtlichen Organisationsform. Es entsteht eine Eigengesellschaft der öffentlichen Hand, in der Praxis zumeist eine GmbH oder AG. Die formelle Aufgabenprivatisierung stellt insgesamt die abgeschwächteste Form der Privatisierung dar, da Aufgaben- und Verantwortungsübertragung auf den Privaten in einem begrenzten Ausmaß erfolgt[893].

Bei einem Universitätsklinikum liegt eine formelle Privatisierung vor, wenn die öffentlich-rechtliche Rechtsform in eine private Rechtsform umgewandelt wird, die Trägerschaft und Erfüllungsverantwortung jedoch weiterhin beim Staat liegen.

Mit der Nutzung der privaten Organisationsform verbindet sich die Erwartung an eine flexiblere und effizientere Aufgabenerfüllung, da eine Loslösung von den Vorschriften des öffentlichen Haushalts- und Dienstrechtes erfolgt und die oftmals als „starr“ empfundenen staatlichen Verwaltungsstrukturen keine Anwendung mehr finden[894]. Im konkreten Fall der Universitätsklinika wird zudem angenommen, dass die bisherige Organisation der Klinika als Anstalten des öffentlichen Rechts private Investitionen sowie den Zugang zu den Kapitalmärkten ausgeschlossen habe[895]. Da eine private Rechtsform der öffentlich-rechtlichen nicht zwangsläufig überlegen ist, ist durch eine Bedarfsanalyse festzustellen, ob eine formelle Privatisierung im Einzelfall Sinn macht[896]. Der Verband der Universitätsklinika Deutschlands weist darauf hin, dass eine formelle Privatisierung nur dann erfolgsversprechend sein kann, falls die unternehmerische Freiheit des Klinikumsvorstandes nicht mehr eingeschränkt wird als in öffentlich-rechtlicher Trägerschaft[897]. Ansonsten steht der Verband der Universitätsklinika Deutschlands formellen Privatisierungen vor dem Hintergrund, dass die Hochschulmedizin wegen der Eröffnung neuer Gestaltungsspielräume in unterschiedlichen

892 *Ziekow*, Öffentliches Wirtschaftsrecht, 2007, § 8 Rn. 3.

893 Ebd.

894 Ebd., § 8 Rn. 4.

895 Näher *Sandberger*, WissR-Beiheft 17 Bd. 39 (2006), S. 29.

896 Dieses Phänomen würde insbesondere bei Anstaltsmodellen auftreten, Verband der Universitätsklinika Deutschlands, Stellungnahme zum Landesgesetz über die Errichtung der Universitätsmedizin der Johannes Gutenberg-Universität Mainz, Mai 2008.

897 Ebd.

Rechtsformen sinnvoll organisiert werden kann, offen gegenüber[898]. Die gesetzliche Möglichkeit der Überführung eines Universitätsklinikums in eine private Rechtsform beurteilt der Verband der Universitätsklinika Deutschlands daher als positiv, Vorteile wären etwa die Trennung von „bürokratischen Relikten der öffentlichen Hand“ sowie die Aktivierung von Investitionskapital privater Partner[899].

Im Falle des Universitätsklinikums Gießen-Marburg, welches von einer Anstalt des öffentlichen Rechts in eine privatrechtliche gemeinnützige GmbH umgewandelt wurde, liegt eine solche formelle Privatisierung vor. Auch das Universitätsklinikum Mannheim ist als GmbH ausgestaltet, steht jedoch in der Trägerschaft der Stadt Mannheim. Es kooperiert mit der Medizinischen Fakultät Mannheim, welche der Universität Heidelberg angehört, so dass vom äußeren Anschein her von einer klassischen formellen Privatisierung ausgegangen werden könnte. Besonderheit ist jedoch, dass die Medizinische Fakultät der Universität Mannheim bereits mit der Klinikum Mannheim GmbH auf Kooperationsbasis zusammenarbeitete, bevor das Klinikum im Jahre 2001 den Titel „Universitätsklinikum“ erhielt. Insofern liegt keine formelle Privatisierung eines Universitätsklinikums vor. Wie bereits festgestellt, ist in weiteren Bundesländern eine formelle Privatisierung der Universitätsklinika gesetzlich möglich[900].

Die formelle Privatisierung einer im Kooperationsmodell geführten Universitätsklinik darf nicht gegen höherrangiges Recht verstoßen. Es dürfen sich keine verfassungsrechtlichen Einschränkungen durch die Nutzung der privaten Rechtsform ergeben. Insbesondere muss im Fall der Universitätsklinika die Freiheit von

898 Ebd.

899 Ebd., konkret im Bezug auf die Universitätsmedizin Mainz.

900 Vgl. in Baden-Württemberg § 1 Abs. 1 S. 2 UKG BW „Sie (die Universitätsklinika als Anstalten des öffentlichen Rechts) können durch Gesetz auch in anderer Rechtsform errichtet oder in eine andere Rechtsform umgewandelt werden“. In Bayern beinhaltete bereits das alte Bayerische Hochschulgesetz vom 02.10.1998 (GVBl. 740) in § 52 i eine Experimentierklausel, welche sich jedoch im seit dem 23.5.2006 geltenden aktuellen Hochschulgesetz nicht mehr wiederfindet. In § 52 i Abs. 2 der alten Fassung war bezogen auf die Universitätsklinika folgender Passus enthalten: „Ferner kann das Staatsministerium im Benehmen mit dem Leitungsgremium und dem Klinikumsvorstand durch Rechtsverordnung bestimmen, dass ein geeignetes Klinikum oder – im Einvernehmen mit dem Leitungsgremium und dem Klinikumsvorstand – Teilbereiche eines Klinikums im Rahmen einer Erprobungsmaßnahme als selbständige Anstalt des öffentlichen Rechts oder in einer Rechtsform des privaten Rechts geführt werden“. Heute findet sich die Möglichkeit der formellen Privatisierung in Art. 16 Abs. 3 BayUniKlinG, vgl. dazu auch *Kingreen/Banafsche/Szabados,* WissR Bd. 40 (2007), S. 283 (309). Im Fall Rheinland-Pfalz (vgl. §§ 25 bis 28 UMG R-P) besteht die Möglichkeit sowohl einer formellen als auch materiellen Privatisierung für die im Integrationsmodell organisierte komplette Universitätsmedizin. Die Privatisierung einer im Integrationsmodell organisierten Universitätsmedizin wird unter C. V. erörtert.

Forschung und Lehre ebenso gewährleistet sein, wie es bei einer Universitätsklinik in Form der Anstalt des öffentlichen Rechts der Fall ist. Problematisch könnte sein, dass bei der Nutzung einer privaten Gesellschaftsform nicht abänderbares Bundesrecht einbezogen wird, welches durch den Landesgesetzgeber nicht modifiziert werden kann[901]. Das Gesellschaftsrecht und die Kooperationsverträge müssen daher genügend Sicherungen zulassen, welche die Gewährleistung der Belange von Forschung und Lehre garantieren. Solche Mechanismen können durch Gestaltung der entsprechenden Verträge etabliert werden, wobei diese Verträge wohl kaum dieselbe Wirksamkeit entfalten können, wie es gesetzliche Regelungen im Fall der öffentlichen-rechtlichen Trägerschaft der Universitätsklinika tun[902].

Die lediglich formelle Privatisierung einer Universitätsklinik ist rechtmäßig. Es wird lediglich die private Rechtsform genutzt, ohne dass tatsächliche Entscheidungskompetenzen in private Hand gegeben werden[903]. Eine weitgehende Einschränkung der Forschungs- und Lehrfreiheit gegenüber Standorten an denen das Universitätsklinikum als Anstalt des öffentlichen Rechts organisiert ist, ist nicht auszumachen. Die private Rechtsform stellt lediglich ein Werkzeug zur Aufgabenwahrnehmung dar. Die Entscheidung über eine formelle Privatisierung hängt allein von praktischen Erwägungen ab.

Welche Gesellschaftsform sich für die Privatisierung einer Universitätsklinik am besten eignet, wurde in der Literatur ausgiebig erörtert[904]. Einigkeit besteht oftmals in der Frage, dass die in Mannheim sowie Gießen-Marburg gewählte Gesellschaftsform der GmbH aufgrund der Gestaltungsfreiheit des Gesellschaftsvertrages die zweckmäßigste sei; das Recht der Aktiengesellschaften hingegen eignet sich wegen des zwingend ausgestalteten Verbandsrechts weniger[905].

---

901 *Sandberger*, WissR-Beiheft 17 Bd. 39 (2006), S. 29.

902 So *Sandberger*, WissR-Beiheft 17 Bd. 39 (2006), S. 31, welcher deshalb eine zusätzliche Gewährleistungspflicht des betroffenen Landes für den Falle des Scheiterns einer Privatisierung fordert.

903 Auch *Balders,* WissR Bd. 31 (1998), S. 91 (112), stellt fest, dass dem Gesetzgeber die organisatorische Gestaltung grundsätzlich frei gestellt sei, so lange rechtliche Zugriffsmöglichkeiten bestünden. *Trute/Wahl,* WissR Bd. 32 (1999), S. 38 (51), sehen den Grund für die bisherige Präferenz der öffentlich-rechtlichen Rechtsform in der dadurch bedingten Symbolwirkung der staatlichen Mitverantwortung. Sie kritisieren, dass dieser Symbolwirkung offenbar eine größere Gewichtung zukomme, als einer zu führenden rationalen Diskussion über mögliche Organisationsformen.

904 Vgl. zur Eignung der verschiedenen Gesellschaftsformen bezogen auf die Privatisierung von Hochschulen ausführlich *Erichsen,* Zulässigkeit, Grenzen und Folgen der Hochschulprivatisierung, 2000, S. 178 ff.

905 Etwa *Sandberger,* WissR-Beiheft 17 Bd. 39 (2006), S. 1 (18). An anderer Stelle führt *Sandberger* aus, dass die GmbH flexibler sei und die staatlichen Ingerenzrechte sich besser absichern ließen, *Sandberger*, in: FS Leuze, 2003, S. 464; *Heintzen,* DÖV 1997, S. 530 (532), sieht den

Der Verband der Universitätsklinika Deutschlands merkt jedoch an, dass bei der Überführung in die Rechtsform der GmbH zentrale Zuständigkeiten u.a. auf die Gesellschafterversammlung übertragen werden, wodurch der Vorstand in seiner Eigenständigkeit und Handlungsfähigkeit oftmals eingeschränkt werden könnte[906]. So sei in der Vergangenheit zu beobachten gewesen, dass die Träger der Universitätsklinika die Autonomie des Vorstands vermehrt begrenzten[907]. Die optimale Gewähr für die Erfüllung der staatlichen Trägerschaftspflichten stelle die sachgerechte Abgrenzung der Zuständigkeiten zwischen Vorstand, Aufsichtsrat und Gesellschafterebene sowie deren bestmögliche Besetzung dar[908]. Ein solches Konstrukt sei einer direkten staatlichen Steuerung vorzuziehen, so dass gesetzliche Strukturvorgaben im Rahmen der Satzung empfehlenswert seien[909]. Diese sollten dem Verband der Universitätsklinika Deutschlands zufolge den Regelungen des Aktiengesetzes entsprechen[910].

III. Rechtmäßigkeit der funktionalen Privatisierung von Universitätsklinika

Auch bei funktionalen Privatisierungen ist sicher zu stellen, dass die Freiheit von Forschung und Lehre für Medizinische Fachbereiche und Hochschullehrer bestmöglich gewahrt bleibt. Funktionale Privatisierungen treten im Hochschulwesen immer häufiger auf[911].

1. Allgemeine Erscheinungsformen der funktionalen Privatisierung

Im Rahmen der funktionalen Privatisierung bindet der Staat eine private Einrichtung mit in die Aufgabenerfüllung ein, ohne sich der Aufgabe selbst zu ent-

---

Vorteil der Gesellschaftsform der GmbH in einem „Weniger“ an gesetzlichen Festlegungen sowie leichter möglichen Abschlüssen von PPP. *Becker,* Das Recht der Hochschulmedizin, 2005, S. 159 ff., erörtert die Vor- und Nachteile von GmbH, AG sowie privatrechtlicher Stiftung als Gesellschaftsform der Universitätsklinika ausführlich und kommt zu dem Ergebnis, dass das verfassungsrechtlich geforderte „hinreichende Niveau der Funktionsbereiche“ am ehesten durch die Form der GmbH oder privatrechtlichen Stiftung erreichbar sei (S. 168).

906 Verband der Universitätsklinika Deutschlands, Stellungnahme zum Landesgesetz über die Errichtung der Universitätsmedizin der Johannes Gutenberg-Universität Mainz, Mai 2008.

907 Ebd.

908 Ebd.

909 Ebd.

910 Ebd.

911 Vgl. *Krausnick,* Staat und Hochschule im Gewährleistungsstatt, 2012, S. 64 ff. Innerhalb der vergangenen ca. fünfzehn Jahre habe sich ein verstärkter Trend zur funktionalen Privatisierung im Hochschulwesen gezeigt.

ledigen[912]. Die öffentliche Hand behält die Aufgabenzuständigkeit und -verantwortung, während der Aufgabenvollzug auf einen Privaten übertragen wird[913].

Die Aufgabenübernahme durch Private kann dabei zahlreiche Variationsmöglichkeiten aufweisen[914], so dass die genaue Typologisierung der verschiedenen Formen von funktionalen Privatisierungen und die Abgrenzung zu ähnlichen öffentlich-privaten Formen der Zusammenarbeit oftmals umstritten sind. So wird angenommen, dass im Rahmen der Privatisierungsformen die funktionale Privatisierung die größte Diversifizierung aufweise[915]. Klassisch sind der funktionalen Privatisierung sowohl die Verwaltungshilfe als auch die Beleihung zuzuordnen. Heute sind vor allem die unterschiedlichen Formen von Public-Private-Partnerships (PPP) relevant[916].

Eine detaillierte Kategorisierung trifft *Burgi*, welcher lediglich PPP auf Vertragsbasis als eine eigentliche Form der funktionalen Privatisierung erachtet und ansonsten neben diesen die institutionalisierte PPP sowie die Beleihung und Akkreditierung zur Konformitätsbewertung als eigene Privatisierungskategorien einordnet[917]. So werden bei PPP auf Vertragsbasis lediglich bestimmte Funktionen der Staatsaufgabe abgespalten und auf Private übertragen[918]. Der Private wird anschließend nicht „anstelle" oder „neben" dem Staat tätig, sondern leistet einen Teilbetrag der Aufgabenerfüllung im funktionalen Bezug zur Staatsaufgabe „für" den Staat[919]. Denkbar sind insofern die Verwaltungshilfe, Dienstleistungskonzession sowie projektbezogene PPP[920]. Bei der institutionalisierten

---

912 Die funktionale Privatisierung wird zuweilen auch als Verfahrens- bzw. Vollzugsprivatisierung bezeichnet, vgl. nur *Bonk,* JZ 2009, S. 435 (437). Zum Themenkreis „Funktionale Privatisierung" allgemein vgl. grundlegend die Habilitationsschrift von *Burgi,* Funktionale Privatisierung und Verwaltungshilfe, 1999; speziell für den Bereich der Universitätsmedizin und die dort verwirklichten und möglichen Projekte vgl. Wissenschaftsrat, Empfehlungen zu Public Private Partnerships (PPP) und Privatisierungen in der universitätsmedizinischen Krankenversorgung, 2006, sowie Wissenschaftsrat, Empfehlungen zu Public Private Partnerships (PPP) in der universitätsmedizinischen Forschung, 2007.

913 *Schoch,* DVBl. 1994, S. 962 (963).

914 Ebd.

915 *Ziekow,* Öffentliches Wirtschaftsrecht, 2007, § 8 Rn. 5.

916 Ebd.; Oftmals wird für die Bezeichnung PPP auch gleichbedeutend die Bezeichnung Öffentlich-Private-Partnerschaft (ÖPP) verwendet. Zum Phänomen PPP vgl. ausführlich *Ziekow/Windoffer,* Public Private Partnership, 2008; Meyer-*Hofmann/Riemenschneider/Weihrauch,* Public Private Partnership, 2. Aufl. 2007; *Weber/Schäfer/Hausmann,* Praxishandbuch Public Private Partnership, 2006.

917 Vgl. *Burgi,* Privatisierung öffentlicher Aufgaben – Gestaltungsmöglichkeiten, Grenzen, Regelungsbedarf, 2008, S. 32 ff.

918 Ebd., S. 33.

919 Ebd.

920 Ebd.

PPP wird ein gemeinsames öffentlich-privates Wirtschaftsgebilde mit eigener Rechtspersönlichkeit geschaffen[921]. Die Beleihung zieht Private in die öffentlich-rechtliche Verwaltungsstruktur ein, welche sich öffentlich-rechtlicher Handlungsformen bedienen können[922].

Alle Formen von PPP sind als längerfristig, regelmäßig vertraglich geregelte wirtschaftliche Zusammenarbeit zwischen öffentlicher und privater Hand anzusehen, die der gemeinsamen Erfüllung öffentlicher Aufgaben dient[923]. Im Rahmen von PPP wird – je nach Organisation und Verantwortung – vor allem zwischen dem Betriebsführungsmodell, Betreibermodell, Konzessionsmodell und Kooperationsmodell unterschieden[924]. Darüber hinaus sind viele weitere Formen von PPP denkbar. Insgesamt werden PPP als „Mittelweg" zwischen öffentlicher Bereitstellung der Infrastruktur und vollständiger Übergabe an die Privatwirtschaft verstanden[925]. Beim Betriebsführungsmodell wird der Betrieb durch den privaten Partner geleitet. Der dem Privaten gegenüber weiterhin weisungsbefugte Staat bleibt Eigentümer und tritt nach außen gegenüber den Nutzern in Erscheinung[926]. Gegen Entgelt übernimmt der Private somit auf Vertragsbasis die Betriebsführung von öffentlichen Anlagen, ohne selbst unmittelbare Rechtsbeziehungen gegenüber den Nutzern einzugehen[927]. Das Betreibermodell ist tiefgehender, da der Private regelmäßig bereits während der Planungs- und Bauphase in das Projekt einbezogen wird[928]. Zudem ist der Private selbst Eigentümer des Betriebes bzw. es wird zumindest ein Erbbaurecht für ihn bestellt[929]. Der Private tritt im Namen der öffentlichen Hand gegenüber den Nutzern auf, während die

921 Ebd., S. 39.

922 Ebd., S. 41. Gegen die Einordnung der Beleihung als Privatisierungsform *Schoch,* JURA 2008, S. 672 (677), der annimmt, dass es sich um die funktionale Einbeziehung eines Privaten in den staatlichen Handlungsapparat handele; die Ausstattung mit Hoheitsbefugnissen bewirke eine sachliche Gleichstellung des Privaten mit einer Behörde.

923 *Ruthig/Storr,* Öffentliches Wirtschaftsrecht, 3. Aufl. 2011, § 7 Rn. 628; *Funke,* Realisierbarkeit von Public Private Partnership Modellen im deutschen Krankenhaussektor, 2005, S. 27, definiert eine PPP als vertraglich abgesicherte Kooperation zwischen öffentlicher Hand und Privatwirtschaft zur Erfüllung von öffentlichen Aufgaben.

924 Näher: *Ruthig/Storr,* Öffentliches Wirtschaftsrecht, 3. Aufl. 2011, § 7 Rn. 629 ff.

925 *Funke,* Realisierbarkeit von Public Private Partnership Modellen im deutschen Krankenhaussektor, 2005, S. 44. PPP wohnen Effizienzvorteile von 10 % bis 20 % inne, Einsparpotentiale liegen bei den Baukosten, dem Investitionskapital und Risikotransfer.

926 *Ruthig/Storr,* Öffentliches Wirtschaftsrecht, 3. Aufl. 2011, § 7 Rn. 629.

927 Wissenschaftsrat, Empfehlungen zu Public Private Partnerships (PPP) und Privatisierungen in der universitätsmedizinischen Krankenversorgung, 2006, S. 13.

928 Weiterhin ist das Betreibermodell auf eine längere Zeitspanne von 15 bis 30 Jahren angelegt, während das Betriebsführungsmodell im Normalfall auf 10 bis 15 Jahre beschränkt ist, vgl. *Ziekow,* Öffentliches Wirtschaftsrecht, 2007, § 8 Rn. 7.

929 *Ruthig/Storr,* Öffentliches Wirtschaftsrecht, 3. Aufl. 2011, § 7 Rn. 630.

Erfüllungsverantwortung weiterhin beim Staat verbleibt[930]. Das Konzessionsmodell geht über das Betriebsführungsmodell insofern hinaus, als dass auch die Erfüllungsverantwortung auf den Privaten übergeht[931]. Der Private tritt im eigenen Namen auf und kann mit bestimmten Hoheitsrechten ausgestattet werden[932]. Im Kooperationsmodell, auch institutionalisierte PPP genannt, entsteht ein gemischtwirtschaftliches Unternehmen, in welchem öffentliche Hand und Private zusammen agieren[933].

2. Funktionale Privatisierung in den Universitätsklinika

Ein Überblick über die funktionalen Privatisierungen in der Hochschulmedizin zeigt, dass bestimmte Arten von PPP in diesem Rechtsgebiet die bislang wichtigste und nahezu einzige Form der öffentlich-privaten Zusammenarbeit darstellen.

Im Krankenhauswesen stellen PPP zunehmend eine alternative Beschaffungsvariante dar[934]. Auch speziell in der Universitätsmedizin ist PPP-Projekten eine immer höhere Bedeutung beizumessen. Etwa in Nordrhein-Westfalen findet sich in § 10 UKVO NRW eine Klausel mit der Überschrift „Förderung öffentlich-privater Partnerschaft". Diese legt fest, dass Bauinvestitionen mit einem Investitionsvolumen von mehr als 15 Mio. Euro nur auf Grundlage einer Wirtschaftlichkeitsuntersuchung zwischen der Realisierungsvariante als PPP und möglichen Alternativen vorgenommen werden dürfen, falls die Bauinvestitionen für eine Realisierung durch PPP geeignet sind[935]. Dadurch soll sichergestellt werden, dass die wirtschaftlichste Variante durchgeführt wird.

In der Universitätsmedizin ist zu unterscheiden, im Rahmen welcher Aufgabe eine PPP eingegangen werden soll. Eine PPP ist bei Aufgaben in der Krankenversorgung, der Forschung und auch der Lehre denkbar. In Bezug auf die Lehre

930 Ebd.

931 Ebd., § 7 Rn. 631.

932 Ebd.

933 Ebd., § 7 Rn. 632.

934 Vgl. den Tagungsbericht von *Achenbach/Wowra*, GesR 2010, S. 111.

935 *Menne,* wiedergegeben im Tagungsbericht von *Achenbach/Wowra*, GesR 2010, S. 111 (112), sieht das Ziel des § 10 UKVO NRW darin, die mit PPP verbundenen Effizienzpotentiale für Universitätsklinika nutzbar zu machen und so eine schnellere Realisierung des Projekts zu ermöglichen. *Menne* sieht im Gesetzeswortlaut eine Beweislastumkehr dahingehend, dass von einer Wirtschaftlichkeitsuntersuchung nur dann abgesehen werden kann, falls eine mangelnde PPP-Eignung nachgewiesen werde. Sollte sich die PPP durch die Wirtschaftlichkeitsanalyse als günstigste Variante herausstellen, wäre sogar eine Pflicht zur Verwirklichung durch PPP denkbar.

sind öffentlich-private Kooperationen dabei noch schwach entwickelt[936]. Bezüglich der verwirklichten Projekte und der rechtlichen Bewertung ist die Literatur bislang (noch) recht überschaubar, lediglich der Wissenschaftsrat hat maßgebende Stellungnahmen veröffentlicht[937].

a. Public-Private-Partnerships in der Krankenversorgung

Im Bereich der Krankenversorgung sind bei PPP die Besonderheiten der Universitätsklinika zu beachten. Mit anderen Krankenhäusern bestehen unterschiedlichste Formen von PPP[938]. In der Hochschulmedizin werden mögliche PPP durch die Wissenschaftsfreiheit eingeschränkt[939]. Ziele der Nutzung von PPP in der Krankenversorgung sind aus öffentlicher Sicht u.a. die Erschließung finanzieller Ressourcen, die Verlagerung von Risiken auf den privaten Partner, eine höhere Effizienz in der Aufgabenerfüllung sowie die Nutzung von wettbewerblichen Strukturen[940]. Private entscheiden sich zur Eingehung einer PPP u.a. mit der Erwartung auf neue Renditemöglichkeiten, die Erschließung neuer Märkte, Innovationen aus der Forschung für das Unternehmen sowie eine bessere öffentliche Reputation[941]. Vor Abschluss einer PPP müssen, so die Forderung des Wissenschaftsrats, klare Leistungs- und Qualitätsstandards definiert werden, die vom privaten Partner einzuhalten sind[942]. Auch müssen hinreichende Konfliktlösungsmechanismen verankert sowie Ausstiegsoptionen und Heimfallrechte festgeschrieben werden[943]. Die öffentliche Hand muss umfängliche Informations-, Kontroll- und Einwirkungsrechte erhalten[944]. Es müssen wirksame Beteili-

936 So die Feststellung des Wissenschaftsrat, Empfehlungen zu Public Private Partnerships (PPP) in der universitätsmedizinischen Forschung, 2007, S. 3, 4.

937 Vgl. noch einmal Wissenschaftsrat, Empfehlungen zu Public Private Partnerships (PPP) und Privatisierungen in der universitätsmedizinischen Krankenversorgung, 2006 sowie Wissenschaftsrat, Empfehlungen zu Public Private Partnerships (PPP) in der universitätsmedizinischen Forschung, 2007.

938 Vgl. zur Thematik von PPP im Krankenhauswesen *Funke,* Realisierbarkeit von Public Private Partnership Modellen im deutschen Krankenhaussektor, 2005.

939 Wissenschaftsrat, Empfehlungen zu Public Private Partnerships (PPP) und Privatisierungen in der universitätsmedizinischen Krankenversorgung, 2006, S. 8. Die Freiheit der Wissenschaft und die private Gewinnorientierung könnten demnach nicht als Komplementärziele angesehen werden.

940 Ebd., S. 9. Zudem könne die Eingehung von PPP auch eine spätere Vollprivatisierung vereinfachen (S. 10).

941 Ebd., S. 10.

942 Ebd., S. 60.

943 Ebd.

944 Ebd., S. 59, 60.

gungsmechanismen bestehen sowie eine klare Festlegung der Zuständigkeiten und Entscheidungskompetenzen erfolgen[945].

Die funktionale Privatisierung ist in den Fällen der bisher durchgeführten PPP im Rahmen der Aufgabenwahrnehmung der Krankenversorgung verfassungsrechtlich nicht zu beanstanden. Eine ausreichende Einflussnahme des Staates auf die Aufgabenwahrnehmung der Universitätsmedizin kann weiterhin gewährleistet werden[946]. Bei den bisherigen PPP handelt es sich regelmäßig um projektbezogene PPP als Unterform der Vertrags-PPP. Diese werden zumeist außerhalb der medizinischen Leistungserbringung und der Patientenbehandlung ausgeführt[947]. Die bisherigen PPP umfassen zumeist Bauvorhaben oder Sanierungen[948]. Erste PPP in Form von Betriebsführungsmodellen wurden durch Managementverträge bzw. Geschäftsbesorgungsverträge verwirklicht[949]. Die Rechte der privaten Partner gehen dabei nicht soweit, dass eine negative Beeinflussung der Belange von Forschung und Lehre sowie der Wissenschaftsfreiheit erwartet wer-

945 Ebd.

946 Insofern gilt auch die allgemeine Feststellung *Schochs,* JURA 2008, S. 672 (679), dass bezüglich des „Obs" der funktionalen Privatisierung regelmäßig keine rechtlichen Bedenken bestünden und der Staat sich lediglich wirksame Steuerungs- und Kontrollmöglichkeiten erhalten müsse.

947 Wissenschaftsrat, Empfehlungen zu Public Private Partnerships (PPP) und Privatisierungen in der universitätsmedizinischen Krankenversorgung, 2006, S. 36.

948 Vgl. zu bereits verwirklichten Projekten öffentlich-privater Zusammenarbeit die Auflistung des Wissenschaftsrats, Empfehlungen zu Public Private Partnerships (PPP) und Privatisierungen in der universitätsmedizinischen Krankenversorgung, 2006, S. 34 ff. Der Rahmenplan für den Hochschulbau von 2005 bis 2008 sah neun Projekte in der Medizin in Höhe von über 1 Mrd. Euro vor. Beispielhaft wird auf den Neubau eines Klinikums für Neurologie an der Universitätsklink Jena sowie auf den Bau einer Medizinischen Klinik in Heidelberg und das Herztransplantationszentrum in Gießen-Marburg eingegangen.

949 Wissenschaftsrat, Empfehlungen zu Public Private Partnerships (PPP) und Privatisierungen in der universitätsmedizinischen Krankenversorgung, 2006, S. 40 f. beispielhaft nennt der Wissenschaftsrat die Projekte der Stellung eines Verwaltungsdirektors am Universitätsklinikum Rostock sowie das Management des Herzzentrum Münchens durch eine private Klinikgesellschaft. Vgl. auch ausführlich das aktuelle Projekt des Universitätsklinikum Kölns, Information vom 18.01.2011 auf der Internetseite http://www.ppp.nrw.de/pilotprojekte/kliniken/koeln/uni klinik_koeln_start.php. Das Universitätsklinikum Köln hat den Neubau eines Untersuchungs- und Behandlungszentrums (U/B-West) in Form einer PPP mit einem Gesamtinvestitionsvolumen von ca. 80 Mio. Euro in Auftrag gegeben. Der private Partner soll dabei neben Planung, Bau und Finanzierung des Gebäudes auch den Betrieb mitsamt der Instandhaltung des Gebäudes sowie die Wartung der eingebrachten festen Einbauten übernehmen. Die vertraglich vereinbarte Betriebsphase nach geplanter Fertigstellung im August 2012 beläuft sich auf 25 Jahre mit einer Verlängerungsoption von fünf weiteren Jahren. Gegenüber der möglichen Eigenrealisierung sei durch die PPP-Variante ein Effizienzvorteil von 6,83 % festgestellt worden.

den muss, die über die bereits bestehenden Einschränkungen hinausgeht[950]. Die verwirklichten PPP-Projekte tangieren die universitären Kernaufgaben in Forschung und Lehre nicht. Dennoch ist jede PPP im Einzelfall auf die Wahrung der Freiheit von Forschung und Lehre zu überprüfen. Zukünftige unverhältnismäßige Einschränkungen durch bestimmte Formen von PPP erscheinen nicht gänzlich ausgeschlossen, sind jedoch zumindest vorläufig nicht zu erwarten[951].

b. Public-Private-Partnerships in der Forschung

Auch im Bereich der Forschung, insbesondere der klinischen, sieht der Wissenschaftsrat durch PPP die Chance, neue Ressourcen zu erschließen und die Hochschulmedizin effizienter zu gestalten[952]. Ein Interesse zur Eingehung solcher Partnerschaften bestehe sowohl auf privater als auch auf universitärer Seite[953]. Konkrete Vorteile aus universitärer Sicht sind eine schnellere Praxisumsetzung der Forschungsergebnisse, Zugang zu privater industrieller Ausstattung und Infrastruktur, Fördermitteln sowie Investitionen[954]. Die Medizinischen Fakultäten sollten laut Wissenschaftsrat der Verwertungsrelevanz ihrer gewonnenen wissenschaftlichen Erkenntnisse eine größere Bedeutung zumessen; eine solche schnellere Umsetzung in die Praxis werde durch PPP ermöglicht[955]. Aus Sicht der Industrie wird durch PPP etwa die unmittelbare Übertragung der Forschungsergebnisse in die Praxis sowie neue Innovationen aus der öffentlichen Wissenschaft unter Nutzung des dort vorhandenen Wissensbestandes angestrebt[956]. In der Forschung sind PPP vor allem mit medizintechnologischen Unternehmen sowie mit

---

950 Die derzeit bestehenden Einschränkungen der Wissenschaftsfreiheit durch das Organisationssystem der Hochschulmedizin wurden schon ausführlich in Teil 1 unter C. III. und IV. erörtert.

951 Beachte jedoch die Warnung *Heyders*, dargestellt im Tagungsbericht von *Achenbach/Wowra*, GesR 2010, S. 111 (112), der die rechtliche Bindungswirkung langfristiger PPP-Verträge als potentiell problematisch erachtet, da auf diese Weise die Steuerbarkeit und Flexibilität durch die öffentliche Hand gegenüber alternativen Realisierungsvarianten eingeschränkt würde. Die entsprechenden Verträge müssten daher, beispielsweise durch Öffnungsklauseln, flexibel ausgestaltet werden.

952 Laut Wissenschaftsrat, Empfehlungen zu Public Private Partnerships (PPP) in der universitätsmedizinischen Forschung, 2007, S. 3, 5, können PPP jedoch nicht grundlegende Struktur- und Finanzierungsprobleme lösen und die institutionelle Förderung durch den Staat ersetzen.

953 So würde aus privatwirtschaftlicher Sicht die Nachfrage nach den wissenschaftlichen Erkenntnissen der Universitätsmedizin steigen, da sich diese zunehmend zu einem „maßgeblichen Erfolgsfaktor im globalen Wettbewerb" entwickelten, während die Medizinischen Fakultäten auf die Erschließung privater Finanzmittel angewiesen seien, Wissenschaftsrat, Empfehlungen zu Public Private Partnerships (PPP) in der universitätsmedizinischen Forschung, 2007, S. 7.

954 Ebd., S. 8, 9.

955 Ebd., S. 5.

956 Ebd., S. 9.

der Arzneimittelindustrie denkbar. Dem Wissenschaftsrat zufolge ist die Zusammenarbeit mit medizintechnologischen Unternehmen bereits vergleichsweise gut, während in der frühen Forschungsphase die Kooperation mit der Arzneimittelindustrie weniger weit vorangeschritten sei[957].

Verfassungsrechtlich erscheinen PPP im Bereich der Forschung aufgrund der direkten Gefahr der Einschränkung der Forschungsfreiheit bedenklicher als PPP, welche lediglich im Bereich der Krankenversorgung durchgeführt werden. Es ist als problematisch einzuschätzen, dass auf öffentlicher und privater Seite oftmals verschiedene Ziel- und somit auch Forschungskonzeptionen bestehen[958]. Die Zielvorstellungen von staatlicher und privater Seite müssen bei Eingehung einer PPP mindestens kompatibel, im Idealfall sogar komplementär sein, da eine PPP nicht erfolgreich sein kann, wenn die Zielerreichung des einen Partners zu Ungunsten des anderen erfolgt[959]. Bei der Eingehung von PPP ist zu gewährleisten, dass die universitäre Seite ihre Freiheit in Forschung und Lehre beibehält und ihre Autonomie nicht durch ein Abhängigkeitsverhältnis zum privaten Partner verliert. Ob dies immer geschehen kann, ist anzuzweifeln. Der Wissenschaftsrat hält insofern eine größtmögliche Transparenz der Industriebeziehungen zu den universitätsmedizinischen Einrichtungen für erforderlich[960]. Der Wissenschaftler muss sein fachliches Urteil unabhängig von wirtschaftlichen Interessen des beteiligten privaten Partners treffen können[961]. Der Wissenschaftsrat unterscheidet beim Schutz der Forschungsfreiheit nach Art. 5 Abs. 3 S. 1 GG bei PPP einzelne Phasen, so die Bestimmung von Forschungsprojekt und Fallfrage, die Methodik der Bearbeitung, die Bewertung der Ergebnisse, die Publikation und Verbreitung sowie die Verwertung des Forschungsergebnisses und die Entwicklung des Produktes[962]. In Fragestellung und Methodenwahl sei der Forscher frei, es sei denn, er lasse sich bei der Annahme des Forschungsprojektes beschränken[963]. Gänzlich

---

957 Ebd., S. 5.

958 So wird die Industrie wenig Interesse an der Erforschung seltener Erkrankungen haben, welche jedoch für die Wissenschaft von hoher Bedeutung ist. Zudem werden Verwertungsrechte angestrebt, keine Veröffentlichungen, vgl. Wissenschaftsrat, Empfehlungen zu Public Private Partnerships (PPP) in der universitätsmedizinischen Forschung, 2007, S. 8.

959 So die zutreffende Einschätzung des Wissenschaftsrats, Empfehlungen zu Public Private Partnerships (PPP) und Privatisierungen in der universitätsmedizinischen Krankenversorgung, 2006, S. 11. Laut Wissenschaftsrat wären PPP, bei denen diese Voraussetzungen nicht vorliegen, nicht durchführbar. Die Partner müssten Chancen und Risiken beidseitig verteilen, langfristig müssten beide Partner von der PPP profitieren.

960 Bezogen auf PPPs in der Forschung, Wissenschaftsrat, Empfehlungen zu Public Private Partnerships (PPP) in der universitätsmedizinischen Forschung, 2007, S. 6.

961 Ebd.

962 Ebd., S. 42.

963 Ebd.

frei sei der Forscher auch immer bei der Bewertung des Forschungsergebnisses[964]. Lediglich die Verbreitung der Ergebnisse könne durch Abwägung mit der Verwertungsfreiheit des privaten Partners im Rahmen der praktischen Konkordanz in einer Verhältnismäßigkeitsprüfung eingeschränkt werden[965]. Dabei seien verschiedene Lösungen möglich, wie etwa ein Aufschub der wissenschaftlichen Publikation durch Forscher/Universität bis zur Anmeldung der Schutzrechte des privaten Partners, die Streichung sensibler Geschäftsdaten aus der Veröffentlichung oder die Genehmigung der Veröffentlichung durch den privaten Partner[966].

Die Freiheit der medizinischen Forschung ist im Rahmen einer PPP durch die möglicherweise konträren privaten Interessen in einer stärkeren Weise eingeschränkt, als sie es wäre, wenn das Forschungsprojekt allein universitär oder mit einem öffentlichen Partner in einer Public Public Partnership durchgeführt würde. Bereits im Rahmen des bestehenden Systems der Hochschulmedizin wurden durch Public Public Partnerships zwischen Medizinischen Fachbereichen und den selbständigen Universitätsklinika deutliche Einschränkungen der Freiheit von Forschung und Lehre festgestellt[967]. Andererseits darf nicht übersehen werden, dass bestimmte geplante Projekte ohne eine PPP eventuell erst gar nicht zu Stande kämen. Im Einzelfall sind die Interessen der Forschungsfreiheit immer zu berücksichtigen. Von vornherein ausgeschlossen werden können bei einem Verstoß gegen die Forschungsfreiheit nur solche PPP, bei denen sich der Forscher bei Aufnahme seiner Forschungstätigkeit auf keinerlei Einschränkungen seiner Wissenschaftsfreiheit verlassen durfte, da es sich um ein rein universitäres Projekt handelte. In der Vielzahl der bisherigen Projekte handelt es sich um rechtlich überschaubare projektbezogene Vertrags-PPP, so dass von einer nach wie vor ausreichenden staatlichen Gewährleistungsmöglichkeit ausgegangen werden kann. Diese Vertrags-PPP erscheinen in der Hochschulmedizin als sinnvolle und sogar notwendige Ergänzung für eine weiterhin finanzierbare, qualitativ hochwertige Aufgabenausführung[968].

964 Ebd.

965 Die Verwertungsfreiheit des privaten Partners wird dabei auf Art. 12, 14 sowie 2 Abs. 1 GG gestützt, Wissenschaftsrat, Empfehlungen zu Public Private Partnerships (PPP) in der universitätsmedizinischen Forschung, 2007, S. 43.

966 Ebd., S. 44.

967 Vgl. dazu den 1. Teil der Arbeit, insbesondere unter C. IV.

968 Auch der Wissenschaftsrat, Empfehlungen zu Public Private Partnerships (PPP) in der universitätsmedizinischen Forschung, 2007, S. 5, stellt fest, dass PPP im Bereich der Universitätsmedizin einen Mehrwert bei der Verwertung wissenschaftlicher Erkenntnisse für die Gesellschaft bewirken können.

c. Beleihung Dritter mit Aufgaben der Universitätsklinika

Aktuell ist neben den verwirklichten PPP-Projekten auf eine neue baden-württembergische Beleihungskonstellation hinzuweisen. Eine Beleihung Dritter mit Aufgaben der Universitätsklinika ist in Baden-Württemberg durch § 4 Abs. 5 UKG BW eingeführt worden[969]. Diese Art der Beleihung ist von dem Fall zu unterscheiden, dass ein privatisiertes Universitätsklinikum selbst mit hoheitlichen Aufgaben beliehen wird[970]. Das Wissenschaftsministerium kann nach § 4 Abs. 5 S. 1 UKG BW Dritte mit der Wahrnehmung der hoheitlichen Aufgaben und Befugnisse einer Universitätsklinik beleihen. Inhaltlich kann die Beleihung Aufgaben des § 4 Abs. 1 und 3 UKG BW betreffen. Der wichtigste Fall ist hierbei die Aufgabe der Krankenversorgung, jedoch sind auch die Verbindung der Krankenversorgung mit Forschung und Lehre sowie die Gewährleistung der Wahrnehmung der Forschungs- und Lehrfreiheit durch die Universitätsmitglieder in § 4 Abs. 1 UKG BW genannt. Nach § 4 Abs. 5 S. 2 UKG BW wird die Beleihung durch einen Verwaltungsakt auf Grundlage einer öffentlichrechtlichen Vereinbarung zwischen dem Universitätsklinikum, der Universität und dem Beliehenen durchgeführt. § 4 Abs. 5 S. 3 UKG BW gibt detaillierte Vorgaben für die Inhalte der Vereinbarung. § 4 Abs. 5 S. 4 UKG BW enthält weitere Rahmenbedingungen der Beleihung. So gilt u.a. der Dritte entsprechend dem Beleihungsumfang als Mitglied des Universitätsklinikums und finanziert sich selbst. Falls tatsächlich Private mit Aufgaben in Forschung und Lehre beliehen werden, so ist sicherzustellen, dass den Medizinischen Fakultäten und Hochschullehrern nicht ohne ihr Einverständnis ein Partner zur Seite gestellt wird, mit welchem sie zwangsweise kooperieren müssen. Kompromisslösungen zu Lasten einer freien Forschung und Lehre müssen ausgeschlossen sein. Eine Beeinträchtigung der universitären Freiheiten in Forschung und Lehre ist hingegen weniger zu erwarten, falls der Beliehene eigenständig mit Aufgaben in Forschung und Lehre betraut wird, die er losgelöst vom Medizinischen Fachbereich wahrnimmt. Beleihungen dürfen nicht vorschnell erfolgen. Vor der Beleihung müssen die Konsequenzen für die universitäre Forschung und Lehre umfänglich analysiert werden. Der Umfang der Beleihung ist im jeweiligen Fall einzugrenzen und muss bestenfalls auf Aufgaben in der Krankenversorgung beschränkt bleiben.

---

969 § 4 Abs. 5 UKG BW wurde durch Gesetz vom 15.06.2010 (GBl. S. 422) in das UKG BW eingeführt.

970 Vgl. zu einer derartigen Beleihungskonstellation den Fall der materiellen Privatisierung der Krankenversorgung eines Universitätsklinikums und die Möglichkeit der Beleihung des Klinikums mit Aufgaben in Forschung und Lehre, anhand des Beispiels Gießen-Marburg unter C. IV. 2. b. cc. (4.)

IV. Rechtmäßigkeit der materiellen Privatisierung von Universitätsklinika

Wenn bislang in der öffentlichen Diskussion materielle Privatisierungen in der Hochschulmedizin thematisiert wurden, war zumeist der – nun zu erörternde – Hauptfall zu Grunde gelegt, dass ein von der Universität und dem Medizinischen Fachbereich losgelöstes, im Kooperationsmodell geführtes Universitätsklinikum materiell privatisiert werden sollte. Davon zu unterscheiden ist die materielle Privatisierung einer im Integrationsmodell organisierten Körperschaft für Universitätsmedizin[971].

Im Falle einer materiellen Privatisierung gibt der Staat eine bisher öffentlich wahrgenommene Aufgabe ganz auf und überträgt diese vollumfänglich auf einen privaten Träger. Auch die Verantwortung für die Aufgabe wird generell aufgegeben. Allerdings besteht zunächst weiterhin eine Gewährleistungsverantwortung der öffentlichen Hand in Form einer Regulierungs- bzw. Privatisierungsfolgenverantwortung, welche bei Scheitern des privaten Übernehmers greift[972]. In einem solchen Fall besteht eine Auffang- bzw. Einspringverantwortung der öffentlichen Hand, welche unter Umständen sogar die Rückabwicklung der materiellen Privatisierung beinhalten kann.

Bei materiellen Privatisierungen wird die bisherige öffentliche Aufgabe dem privatrechtlichen Wettbewerb überlassen. Man erhofft sich, dass die Aufgabe qualitativ hochwertig und möglichst kostengünstig ausgeführt wird und somit wichtige Gemeinwohlinteressen weiterhin gewährleistet sind[973].

1. Rechtmäßigkeit der materiellen Privatisierung von Universitätsklinika in Bezug auf allgemeine Privatisierungsschranken

Eine materielle Privatisierung ist möglich, wenn der Staat nicht durch verfassungsrechtliche bzw. einfachrechtliche Vorschriften zur Aufgabenerfüllung verpflichtet ist[974]. Es bestehen allgemeine Schranken, welche bei der Privatisierung staatlicher Aufgaben immer zu beachten sind. Privatisierungen dürfen nicht gegen das Verfassungsrecht verstoßen und müssen mit weiteren einfachgesetzli-

971 Die materielle Privatisierung der Körperschaften für Universitätsmedizin soll erst im Anschluss unter V. auf ihre Besonderheiten hin untersucht werden.

972 Ziekow, Öffentliches Wirtschaftsrecht, 2007, § 8 Rn. 10.

973 Ebd.

974 *Burgi,* in: Erichsen/Ehlers (Hrsg.), Allgemeines Verwaltungsrecht, 14. Aufl. 2010, § 10 III, Rn. 39.

chen Grundsätzen, wie solchen des Kommunal- oder Haushaltsrechts, vereinbar sein[975]. Dies gilt auch für Privatisierungen im Bereich der Universitätsklinika.

Auf internationaler Ebene ist zwar Art. 106 Abs. 2 AEUV zu beachten. Für öffentliche Unternehmen hat die europarechtliche Ebene jedoch eine untergeordnete Rolle[976], so dass auf das Europarecht nicht näher eingegangen werden soll.

a. Die Grundrechte

Das speziell im Bereich der Universitätsklinika einschlägige Grundrecht der Freiheit von Forschung und Lehre nach Art. 5 Abs. 3 S. 1 GG wird unter C. IV. 2. noch ausführlich zu prüfen sein. Ob das Grundrecht des Art. 2 Abs. 2 S. 2 GG auf Leben und körperliche Unversehrtheit eine Privatisierung verhindern kann, wird im Rahmen der Prüfung des Sozialstaatsprinzips als Privatisierungsschranke erörtert[977].

Aus den Grundrechten können ansonsten keine allgemeinen Privatisierungsschranken abgeleitet werden[978]. Bei Privatisierungen erfolgt eine Aufgabenübertragung von der öffentlichen Hand auf Private, so dass Private gerade nicht in ihren Rechten beschränkt werden, sondern ihnen sogar mehr Raum für ihre Unternehmenstätigkeit gegeben wird[979]. Auch die Grundrechte derjenigen privaten Wettbewerber, die bei der Privatisierungsentscheidung nicht zum Zuge gekommen sind oder die Privatisierung ganz verhindern möchten, können nur in eng begrenzten Ausnahmefällen dem Marktzutritt der sich wirtschaftlich betätigenden öffentlichen Hand entgegen stehen[980].

Die Berufswahlfreiheit des Art. 12 GG i.V.m. dem Sozialstaatsprinzip des Art. 20 Abs. 1 GG sowie das Allgemeine Persönlichkeitsrecht der Medizinstudenten aus Art. 2 Abs. 1 i.V.m. 1 Abs. 1 GG könnten Hinderungsgründe für die Privatisierung staatlicher Hochschulen darstellen, da das Recht auf Bildung gefährdet sein könnte. Eine solche Gefahr kann jedoch nur dann angenommen wer-

---

975 *Krenz,* Privatisierung öffentlicher Einrichtungen, 2009, S. 17.

976 Vgl. dazu *Sandberger*, WissR-Beiheft 17 Bd. 39 (2006), S. 1 (16).

977 Dazu noch unter C. IV. 1. d.

978 Vgl. näher *Ruthig/Storr,* Öffentliches Wirtschaftsrecht, 3. Aufl. 2011, § 7 Rn. 648, mit Verweis auf BVerfG vom 30.06.1994, NJW 1995, 514 ff.

979 Ebd.

980 *Ziekow,* Öffentliches Wirtschaftsrecht, 2007, § 8 Rn. 19, der gleichzeitig darauf hinweist, dass sich ein solches Verbot aus der Verletzung drittschützender kommunalverfassungsrechtlicher Vorschriften ergeben kann, der sogenannten „Schrankentrias", welche die Zulässigkeit der wirtschaftlichen Betätigung beschränkt.

den, falls die staatliche Trägerschaft der gesamten Hochschule entfällt, nicht bereits schon dann, wenn ein Universitätsklinikum privatisiert wird[981].

b. Das Demokratieprinzip

Das Demokratieprinzip des Art. 20 Abs. 2 GG gibt ebenfalls nicht vor, welche Aufgaben beim Staat verbleiben müssen und welche privatisiert werden dürfen[982]. Im Rahmen von Privatisierungen fordert das Demokratieprinzip eine Gewährleistungsverantwortung der öffentlichen Hand, welche dem Gebot demokratischer Legitimation jeglichen staatlichen Handelns Rechnung trägt. Über die organisatorisch-personelle Legitimationskette hinaus[983] muss insofern auch in sachlich-inhaltlicher Hinsicht ein adäquates Legitimationsniveau bestehen[984].

Zu hinterfragen wäre an sich, ob der private Träger einer Universitätsklinik demokratisch legitimiert ist und eine hinreichende Kontrollmöglichkeit über diesen besteht. Es ist jedoch der Ansicht zuzustimmen, dass das Demokratiegebot die Organisationsstruktur der Verwaltung nicht vorbestimmt und daher für die Frage der Privatisierung von Universitätsklinika nur eine geringe Relevanz aufweist[985]. Ein Verstoß der materiellen Privatisierung von Universitätsklinika gegen das Demokratieprinzip kann demgemäß nicht angenommen werden[986].

---

981 Diese Grundrechte haben daher bei der Frage nach der Verfassungsmäßigkeit der Privatisierung von im Integrationsmodell organisierten Körperschaften für Universitätsmedizin, vgl. noch unter C. V., eine höhere Relevanz.

982 Das BVerfG, 05.12.2002, 2 BvL 5/98, führt insofern aus, dass selbst Aufgaben im Bereich der Daseinsvorsorge – im konkreten Fall handelte es sich um die Trinkwasserversorgung – nicht allein deshalb zwingend unmittelbar vom Staat zu erledigen seien, weil sie von wesentlicher Bedeutung für das Allgemeinwohl sind. Vgl. zum Demokratieprinzip als mögliche Privatisierungsgrenze auch *von Arnim,* Rechtsfragen der Privatisierung, S. 30 ff.

983 Vgl. etwa BVerfGE 93, 37 (66).

984 BVerfGE, 47, 253 (275); 52, 95 (130); 107, 59 (87 f.).

985 Vgl. ausführlich *Sandberger,* WissR-Beiheft 17 Bd. 39 (2006), S. 1 (17), zumindest für den Bereich der Krankenversorgung ließe sich aus dem Demokratieprinzip auch kein Verbot für eine materielle Privatisierung ableiten. Bestätigt würde dies auch durch Art. 87 e und f GG, welche die Ermächtigungsgrundlage der Privatisierung von Bahn, Post und Telekommunikation, wichtige Teilbereiche der Daseinsvorsorge, bilden und die vorherige staatliche Betriebspflicht in diesen Bereichen durch Gewährleistungspflichten für ein ausreichendes Versorgungsangebot ersetze.

986 Auch *Becker,* Das Recht der Hochschulmedizin, 2005, S. 156, lehnt einen Verstoß gegen das Demokratiegebot allein mit der Begründung ab, dass dieses zwar für staatliche Handlungen gelte, nicht hingegen für private Handlungen.

c. Der Vorbehalt des Gesetzes

Der nach der Wesentlichkeitstheorie des Bundesverfassungsgerichts aus dem Demokratieprinzip und dem Rechtsstaatsprinzip (Art. 20 Abs. 3 GG) abgeleitete Vorbehalt des Gesetzes[987] ist nicht nur auf die Eingriffsverwaltung beschränkt, sondern gilt auch für Privatisierungsentscheidungen im Rahmen der Leistungsverwaltung[988]. Im Privatisierungsfall muss somit ein formelles Gesetz erlassen werden, welches bestimmte Vorgaben für die Privatisierung normiert.

d. Das Sozialstaatsprinzip

Die Privatisierung von Universitätsklinika darf auch nicht gegen das Sozialstaatsgebot des Art. 20 Abs. 1 GG verstoßen. Dieses kann von seinem Gewährleistungsgehalt nur betroffen sein, soweit man das Universitätsklinikum in seiner Funktion als Krankenhaus betrachtet, nicht hingegen als Träger universitärer Aufgaben.

Das ausfüllungsbedürftige Sozialstaatsprinzip ist mit einem Gestaltungsauftrag an den Gesetzgeber und die Verwaltung verbunden[989]. Es gebietet, dass diejenigen Angebote öffentlicher Einrichtungen, die für das wirtschaftliche, soziale und strukturelle Wohl der Einwohner notwendig sind, in qualitativ angemessener Form aufrecht erhalten werden[990]. Das Sozialstaatsprinzip lässt zwar eine staatliche Pflicht zur Erbringung lebensnotwendiger Dienstleistungen vermuten – somit auch für die Betreibung von Krankenhäusern; ein Gebot zur staatlichen Betreibung kann daraus jedoch nicht abgeleitet werden[991]. Auch wenn der Staat bei der Übernahme einer Aufgabe die Notwendigkeit der Aufgabenübernahme betont, kann dies eine Privatisierung zu einem späteren Zeitpunkt nicht ausschließen. In der Zwischenzeit können sich die tatsächlichen Verhältnisse wesentlich verändert haben, so dass auf Entwicklungen reagiert werden muss[992]. Alternativ ist auch die Wahrnehmung durch Private möglich, soweit eine angemessene staatliche Gewährleistungspflicht besteht[993]. Dies wird bestätigt durch die Ausge-

987 Vgl. etwa BVerfGE 47, 46 (47).

988 *Ziekow,* Öffentliches Wirtschaftsrecht, 2007, § 8 Rn. 14.

989 Siehe etwa BVerfGE 1, 97 (105); 50, 57 (108); 100, 271 (284).

990 *Ziekow*, Öffentliches Wirtschaftsrecht, 2007, § 8 Rn. 16.

991 *Sandberger,* WissR-Beiheft 17 Bd. 39 (2006), S. 1 (17).

992 Vgl. hierzu auch *von Arnim,* Rechtsfragen der Privatisierung, 1995, S. 29.

993 Auch *Schoch,* DVBl. 1994, S. 962 (970), verweist darauf, dass das Sozialstaatsgebot die Verwaltung zwar zur Wahrnehmung lebensnotwendiger Versorgungsaufgaben verpflichte, es sei jedoch nicht vorgeschrieben, ob diese Aufgaben von der öffentlichen Hand selbst oder lediglich unter ihrer Garantenstellung durch Private erfüllt werden.

staltung der deutschen Krankenhauslandschaft, in welcher staatliche, kommunale und private gemeinnützige Krankenhäuser nebeneinander auftreten. Die Länder haben nach § 6 Abs. 1 KHG insofern durch die Aufstellung von Krankenhausplänen eine nach § 1 Abs. 1 KHG vorgeschriebene bedarfsgerechte Versorgung der Bevölkerung mit leistungsfähigen, eigenverantwortlich wirtschaftenden Krankenhäusern sicherzustellen[994]. § 1 Abs. 2 KHG schreibt vor, dass dabei die Vielfalt der Krankenhausträger zu beachten ist und insbesondere die Sicherung freigemeinnütziger und privater Krankenhäuser zu gewährleisten ist. Die Privatisierung öffentlich-rechtlicher Krankenhäuser ist allgemein anerkannt und derzeit ein beliebtes Instrument zur Schonung der öffentlichen Finanzen[995].

Die Einhaltung einfachgesetzlicher sozialrechtlicher Normen unterscheidet sich im Privatisierungsfalle der Universitätsklinika nicht von der Privatisierung weiterer Krankenhäuser in öffentlich-rechtlicher Trägerschaft.

Aus dem Sozialstaatsprinzip i.V.m. dem Grundrecht des Art. 2 Abs. 2 S. 2 GG auf Leben und körperliche Unversehrtheit ist der Betrieb von Krankenhäusern und Universitätsklinika als Staatsaufgabe in ausschließlich öffentlich-rechtlicher Trägerschaft nicht herzuleiten. Auch insofern gilt, dass der Staat lediglich die Gewährleistungspflicht einer bestmöglichen Krankenversorgung erfüllen muss, etwa durch Regulierung und Überwachung[996].

e. Das Strukturprinzip des Art. 33 Abs. 4 GG

Art. 33 Abs. 4 GG hat sich ebenfalls nicht als allgemeiner Hinderungsgrund für Privatisierungen erwiesen[997]. Zwar muss eine Privatisierung die Ausnahme bleiben und es müssen sachliche Gründe vorliegen, die eine Privatisierung rechtfertigen, ohne dass das Regel-Ausnahme-Verhältnis der grundsätzlichen Wahrnehmung hoheitlicher Aufgaben durch Beamte verkehrt würde. Im Rahmen einer Verhältnismäßigkeitsprüfung werden die rechtfertigenden Sachgründe mit der

994 Für einen Überblick zum Recht der Krankenhausplanung vgl. nur *Rübsamen,* Verfassungsrechtliche Aspekte des Fallpauschalensystems im Krankenhauswesen (DRG-Vergütungssystem), 2008, S. 33 ff.

995 Zur Privatisierung von Krankenhäusern im Allgemeinen, vgl. noch einmal *Barthel/Drews/Schulze/Theusinger*, GesR 2008, S. 461.

996 So auch *Sandberger*, WissR-Beiheft 17 Bd. 39 (2006), S. 1 (19), der auf die vom BVerfG aus Art. 2 Abs. 2 GG abgeleitete Schutzpflicht des Staates verweist, vgl. BVerfGE 39, 1 (42); 46, 160 (164); 53, 30 (57); 88, 203 (251).

997 *Ruthig/Storr,* Öffentliches Wirtschaftsrecht, 3. Aufl. 2011, § 7 Rn. 651. Vgl. umfassend zum Funktionsvorbehalt des Art. 33 Abs. 4 GG *Di Fabio,* JZ 1999, S. 585 (590 ff.); *Bonk,* JZ 2000, S. 435 (438 f.), der den Funktionsvorbehalt als Hinderungsgrund für mögliche funktionale Privatisierungen im Rahmen des Strafvollzuges überprüft; *von Arnim,* Rechtsfragen der Privatisierung, 1995, S. 41 ff.

konkreten Beeinträchtigung des Strukturprinzips des Art. 33 Abs. 4 GG abgewogen[998]. Hierbei kommt es in der Praxis zumeist zu dem Ergebnis, dass die Rechtfertigungsgründe im konkreten Fall überwiegen. Es wird zudem vertreten, dass Art. 33 Abs. 4 GG nicht als Hinderungsgrund für die materielle Privatisierung von Universitätsklinika angesehen werden könne, da die Krankenbehandlung stets aufgrund privatrechtlicher Behandlungsverträge erfolge und demgemäß keine hoheitliche Tätigkeit darstelle[999].

f. Vorgaben auf einfachgesetzlicher Ebene

Auf einfachgesetzlicher Ebene haben das haushaltsrechtliche Wirtschaftlichkeitsgebot des § 7 Bundeshaushaltsordnung (BHO) sowie der im jeweiligen Landesrecht entsprechende § 7 Landeshaushaltsordnung (LHO) Bedeutung. Diese führen zu Wirtschaftlichkeitsvergleichen zwischen der öffentlichen und der privaten Aufgabenerfüllung. Zusätzlich sind die in den Haushaltsordnungen vorhandenen speziellen Schranken für Unternehmensbeteiligungen zu beachten. Auch die grundgesetzlichen Vorgaben für das Haushaltrecht in den Artikeln 110 ff. GG, insbesondere wiederum das Wirtschaftlichkeitsgebot, müssen im konkreten Privatisierungsfall beachtet werden, verbieten jedoch nicht bereits eine Privatisierung per se.

Auf einfachgesetzlicher Ebene sind die Vorgaben des § 65 BHO und in den jeweiligen Ländern des § 65 der LHO für die staatliche Beteiligung an privatrechtlichen Unternehmen einzuhalten. Nach § 65 Abs. 1 BHO soll sich der Bund an der Gründung oder an einem bestehenden Unternehmen in privater Rechtsform nur beteiligen, wenn u.a. nach Nr. 1 ein wichtiges Interesse des Bundes vorliegt und der vom Bund angestrebte Zweck nicht auf andere Weise besser und wirtschaftlicher zu erreichen ist. Gleiches gilt entsprechend für die Länder. Wie das Beispiel Gießen-Marburg zeigt, werden Privatisierungen als letzter Ausweg zum Erhalt des hochschulmedizinischen Standorts angesehen und erfolgen gerade bei defizitär wirtschaftenden Universitätsklinika. Der Sinn von Privatisierungen liegt gerade in einer Verbesserung der wirtschaftlichen Situation[1000]. Anders würde sich dies lediglich darstellen, wenn das betroffene Universitätsklinikum im Bereich der Krankenversorgung gewinnbringend wirtschaftet.

Auf kommunaler Ebene wird das Wirtschaftlichkeitsgebot in den Gemeindeordnungen normiert. Weiterhin bestehen dort Schranken für eine wirtschaftliche Betätigung der Kommune sowie für die Gründung privatrechtlicher Unterneh-

---

998 BVerwG vom 29.09.2005, DÖV 2006, S. 651 sowie NVwZ 2006, S. 829.
999 *Becker,* Das Recht der Hochschulmedizin, 2005, S. 156.
1000 So auch *Becker,* Das Recht der Hochschulmedizin, 2005, S. 153.

men durch die Gemeinde[1001]. Bei kommunalen Einrichtungen ist die Privatisierung im Übrigen vom Charakter der Aufgabe abhängig[1002].

Nach § 65 Abs. 1 Nr. 3 BHO soll der Bund einen angemessenen Einfluss im Aufsichtsrat oder in einem entsprechenden Überwachungsorgan erhalten. Dieser Einfluss müsste bei einer Privatisierung gewährleistet sein. § 65 Abs. 7 der BHO/LHO sieht zudem vor, dass Anteile an Unternehmen, welche eine besondere Bedeutung haben und deren Veräußerung in der BHO bzw. LHO nicht vorgesehen ist, nur mit Einwilligung des Bundestages und des Bundesrates (bzw. Landtages) veräußert werden dürfen. Auch die parlamentarische Mitbestimmung müsste im Falle einer Privatisierung im Einzelfall eingehalten werden. Anderes gilt nur, soweit eine Ausnahme aus zwingenden Gründen geboten ist[1003].

Auf einfacher Gesetzesebene bestehen weiterhin im Besonderen Verwaltungsrecht spezifische Vorgaben zumindest bezüglich des „Wie" einer Privatisierung[1004]. Insbesondere ist im konkreten Privatisierungsfall das Vergaberecht zu beachten[1005].

Falls eine Einrichtung der öffentlichen Hand selbst privatisiert wird oder Unternehmen in privater Rechtsform gegründet werden, können bei Zuweisung der Arbeitsverhältnisse auch das Beamtenrecht und Arbeitsrecht relevant werden.

2. Vereinbarkeit der materiellen Privatisierung mit Art. 5 Abs. 3 S. 1 GG

Die entscheidende Frage in Bezug auf die Verfassungsmäßigkeit der materiellen Privatisierung von Universitätsklinika ist, ob eine private Betreibung der Univer-

---

1001 Vgl. in Nordrhein-Westfalen etwa §§ 107, 108 GO NW.

1002 Insofern bestehen Unterschiede zwischen freiwilligen Aufgaben, weisungsfreien Pflichtaufgaben und Pflichtaufgaben nach Weisung, vgl. hierzu näher, *Ziekow,* Öffentliches Wirtschaftsrecht, 2007, § 8 Rn. 17.

1003 Derlei Vorgaben für eine formelle und materielle Privatisierung finden sich im Übrigen auch im Kommunalrecht in den Gemeindeordnungen der einzelnen Bundesländer. Bei Überführung in eine private Rechtsform muss demgemäß etwa die Sicherstellung des öffentlichen Zwecks ebenso weiterhin gewährleistet sein wie ein angemessener Einfluss im Aufsichtsrat bzw. im entsprechenden Aufsichtsorgan und die Mitwirkung der Gemeinde bei strukturellen Änderungen in der Gesellschafterversammlung. Der Verkauf eines Unternehmens oder einer Unternehmensbeteiligung ist darüber hinaus nur zulässig, falls die Erfüllung der Gemeindeaufgaben nicht gefährdet wird. Vgl. auch hierzu *Sandberger*, WissR-Beiheft 17 Bd. 39 (2006), S. 1 (11).

1004 Vgl. *Ziekow*, Öffentliches Wirtschaftsrecht, 2007, § 8 Rn. 20, der beispielsweise § 16 KrW/AbfG nennt.

1005 Zum Vergaberecht vgl. etwa *Byok,* Kommentar zum Vergaberecht, 3. Aufl. 2010; *Leinemann,* Das neue Vergaberecht, 2. Aufl. 2010; *Burgi,* Der Wirtschaftlichkeitsbegriff im Vergaberecht, 2008. Speziell zur vergaberechtlichen Relevanz bei Krankenhausprivatisierungen vgl. *Lambrecht/Vollmöller*, in: Huster/Kaltenborn (Hrsg.), Handbuch des Krankenhausrechts, 2010, § 14, Rn. 24 ff.

sitätsklinika den Vorgaben des Art. 5 Abs. 3 S. 1 GG in gleicher Weise gerecht wird wie eine öffentlich-rechtliche Betreibung[1006].

Die oft geäußerte Annahme, erst die Erfahrung zeige, ob gesetzliche und vertragliche Regelungswerke bei der Privatisierung von Universitätsklinika den Belangen von Forschung und Lehre ausreichend Rechnung trügen[1007], verdeutlicht, wie umstritten die materielle Privatisierung ist.

Auch die in den Landesverfassungen der einzelnen Bundesländer enthaltene Selbstverwaltungsgarantie der Universitäten ist im Zusammenhang der Wahrung der Wissenschaftsfreiheit ergänzend zu berücksichtigen[1008]. Privatisierungsfragen wurden bisher noch nicht im Hinblick auf die Selbstverwaltungsgarantie der Hochschulen, sondern nur mit Sicht auf das kommunale Selbstverwaltungsrecht des Art. 28 Abs. 2 GG erörtert[1009]. So darf sich im Kommunalrecht eine Gemeinde durch eine materielle Privatisierung nicht ihrer gemeinwohlorientierten Handlungsspielräume begeben, sondern muss eine wirksame Wahrnehmung der Angelegenheiten der örtlichen Gemeinschaft garantieren[1010]. Es steht nicht im freien Ermessen der Gemeinde, freie Selbstverwaltungsangelegenheiten zu übernehmen bzw. sich dieser zu entledigen, sondern sie muss sich grundsätzlich Einwirkungs- und Steuerungsmöglichkeiten erhalten[1011]. Insofern liegt die An-

1006 Diese Frage wird aufgeworfen von *Becker*, Das Recht der Hochschulmedizin, 2005, S. 153.

1007 So *Sandberger*, WissR-Beiheft 17 Bd. 39 (2006), S. 1 (62) in Bezug auf die Regelungen in Gießen und Marburg. *Kingreen/Banafsche/Szabados,* WissR Bd. 40 (2007), S. 282 (310), stehen einer materiellen Privatisierung generell kritisch gegenüber, glauben jedoch, dass eine solche nicht prinzipiell ausgeschlossen werden muss, da verfahrensrechtliche Vorschriften denkbar seien, welche einen Einfluss des privaten Betreibers auf Forschung und Lehre verhindern könnten.

1008 Vgl. auch *Sandberger,* WissR-Beiheft 17 Bd. 39 (2006), S. 1 (3). Zur Selbstverwaltungsgarantie der Hochschulen vgl. schon Teil 1 B. II.

1009 Dies konstatiert *Sandberger,* WissR-Beiheft 17 Bd. 39 (2006), S. 1 (20).

1010 BVerwG vom 27.05.2009, 8 C 10/ 08, jurisPR-BVerwG 23/2009, Anmerkung 4. Vorliegend ging es um die Re-Privatisierung des Weihnachtsmarktes der Stadt Offenbach, dessen Aufgabenwahrnehmung sich die Gemeinde nicht entziehen durfte. Aus Art. 28 Abs. 2 S. 1 GG, der Selbstverwaltungsgarantie der Gemeinde, ergebe sich auch eine Bindung und Pflicht zur Aufrechterhaltung, Wahrung und Sicherung ihres Aufgabenbestandes, falls dieser in den Angelegenheiten der örtlichen Gemeinschaft wurzelt. Vgl. auch *Kahl/Weißenberger*, LKRZ 2010, S. 81 ff., welche in ihrer Urteilskommentierung ein materielles Privatisierungsverbot bei freiwilligen kommunalen Selbstverwaltungsangelegenheiten grundsätzlich ablehnen, es sei denn, etwa das Sozialstaatsprinzip oder die Grundrechte würden dies im Einzelfall gebieten. Vgl. weiter *Katz,* NVwZ 2010, S. 405 (407), welcher ausführt, dass je stärker die Gemeinwohlorientierung, das öffentliche Interesse oder die Menschenwürderelevanz an der örtlichen Aufgabe sei, desto mehr sei ein Aufgabenwahrnehmungsgebot der Gemeinde anzunehmen. Dies gelte insbesondere dann, wenn die Gemeinde die Aufgabe über eine lange Zeit ausgeführt habe und keine hinreichende Begründung zur Abgabe der Aufgabe bestehe.

1011 BVerwG vom 27.05.2009, 8 C 10/ 08, jurisPR-BVerwG 23/2009, Anmerkung 4.

nahme nah, dass die Selbstverwaltungsgarantie der Universitäten analog zum Selbstverwaltungsrecht der Gemeinden in bestimmten Fällen ein Privatisierungsverbot bedingen könnte. Die Universitätsklinika fallen jedoch mittlerweile aus dem Selbstverwaltungsbereich der Universitäten heraus[1012]. Dies ist letztlich eine Konsequenz der in Teil 1 der Arbeit nachgezeichneten Entwicklung der Organisationsform der Universitätsklinika. Die Universitätsklinika werden heute als selbständige Anstalten des öffentlichen Rechts geführt. Sie werden nur noch bedingt als Wissenschaftseinrichtungen angesehen, sondern vielmehr als rechtlich selbständige Großkrankenhäuser organisiert.

a. Art. 5 Abs. 3 S. 1 GG als absolute Schranke der materiellen Privatisierung?

Ganz aktuell hat sich die Rechtsprechung erstmals mit der Privatisierung eines Universitätsklinikums und den Auswirkungen auf die Wissenschaftsfreiheit auseinandergesetzt[1013]. Das Bundesverfassungsgericht stellte fest, dass die Berechtigung der Landesgesetzgeber zur Privatisierung der Universitätsklinika „nicht zweifelhaft" ist[1014]. Diese Feststellung ist genereller Art und gilt unabhängig von den besonderen ökonomischen Gründen, welche den Gesetzgeber im Falle Gießen-Marburg zur Privatisierungsentscheidung veranlasst haben[1015]. Die Privatisierung sei jedenfalls dann verfassungsgemäß, wenn die Wissenschaftsfreiheit der Medizinischen Fakultäten gesichert sei[1016]. Die bisherigen Entscheidungen

1012 Davon geht auch *Lange* aus, Die Beteiligung Privater an rechtsfähigen Anstalten des öffentlichen Rechts, 2008, S. 324. *Gärditz,* Hochschulorganisation und verwaltungsrechtliche Systembildung, 2009, S. 587, 588, stellt fest, dass jedenfalls die Krankenversorgung aus Sicht der Universitäten eine nichtakademische Dienstleistungsaufgabe gegenüber der Bevölkerung darstellt, die insoweit auch nicht der akademischen Selbstverwaltung unterfällt; so auch *Sandberger*, WissR-Beiheft 17 Bd. 39 (2006), S. 1 (25).

1013 Vgl. dazu die aktuelle Entscheidung des BVerfG, in welcher dieses in der Hauptsache feststellt, dass die in § 3 Abs. 1 S. 1 und 3 UK-Gesetz festgesetzte Überleitung der Arbeitsverhältnisse des nichtwissenschaftlichen Klinikpersonals vom Land Hessen auf das neu errichtete Universitätsklinikum Gießen-Marburg eine unverhältnismäßige Beschränkung der Rechte der Arbeitnehmer aus Art. 12 Abs. 1 GG (konkret: freie Wahl des Arbeitsplatzes) darstelle. Diese Beschränkung könne nicht durch die mit der Privatisierung verfolgten Ziele gerechtfertigt werden, BVerfG vom 25.01.2011, BvR 1741/09. Das BVerfG widersprach somit einer Entscheidung des Bundesarbeitsgerichtes vom 18.12.2008, 8 AZR 692/07.

1014 BVerfG vom 25.01.2011, BvR 1741/09, Rn. 80. Diese Ausführungen erfolgten leider lediglich in drei knappen Sätzen und ohne jedwede Begründung.

1015 BVerfG vom 25.01.2011, BvR 1741/09, Rn. 80.

1016 Ebd., bezüglich des Erfordernisses an die Sicherung der Wissenschaftsfreiheit der Medizinischen Fakultäten verweist das BVerfG u.a. auf die bereits zitierte Rechtsprechung, BVerfGE 57, S. 98 f. vom 8.04.1981, BVerfGK 12, 440, 447 vom 27.11.2007 sowie BVerfG, vom 02.11.2002, NVwZ 2003, S. 600 (601).

zur Hochschulmedizin hatten die Privatisierungen von Universitätsklinika nicht thematisiert[1017].

Materielle Privatisierungen der Universitätsklinika unterscheiden sich von der Privatisierung weiterer Krankenhäuser durch die im Universitätsklinikum bestehende Verbindung zur universitären Wissenschaft. Bezüglich der Ausgestaltung der Krankenversorgung ist der Gesetzgeber generell frei, so dass Privatisierungen anderer Krankenhäuser ohne weiteres möglich sind. Die freie organisatorische Gestaltung der Krankenversorgung könnte im Spezialfall der Universitätsklinika durch Art. 5 Abs. 3 S. 1 GG eingeschränkt sein.

Es wird vertreten, dass Art. 5 Abs. 3 S. 1 GG (und auch die landesverfassungsrechtlichen Selbstverwaltungsgarantien der Hochschulen) keine Bestandsgarantie für die Universitätsklinika im Sinne einer bestimmten Organisationsform oder einer staatlichen Trägerschaft darstelle[1018]. Ein hochschulverfassungsrechtliches Verbot der Aufgabenprivatisierung bestehe nicht, falls die medizinische Forschung und Lehre als Kernbereich des Art. 5 Abs. 3 S. 1 GG in staatlicher Hand verbliebe und der Zugang zur Krankenversorgung auf Vertragsbasis gesichert bleibe[1019]. Zwar liege durch das Zusammentreffen von Forschung, Lehre und Krankenversorgung in der Universitätsklinik eine enge Verzahnung zwischen den Aufgabenbereichen vor, jedoch ließe sich die Krankenversorgung nicht unter den Schutzbereich des Art. 5 Abs. 3 S. 1 GG subsumieren[1020]. Zudem habe das Bundesverfassungsgericht Art. 5 Abs. 3 S. 1 GG bisher nicht als institutionelle Garantie anerkannt[1021]. Auch dem Gebot, funktionsfähige Institutionen für den Wissenschaftsbetrieb bereitzuhalten, entspringe kein Anspruch auf eine bestimmte Organisation, desweiteren gebe es auch keine Bestandsgarantie von

---

1017 Dies bedauerte *Sandberger*, WissR-Beiheft 17 Bd. 39 (2006), S. 1 (21); *Steffen*, Universitätskrankenhäuser im reformierten Gesundheitswesen, 2001, S. 259, nahm bereits zuvor an, dass die Forderung des BVerfG nach einem Interessenausgleich zwischen Wissenschaftsfreiheit und Krankenversorgung nicht als Privatisierungsverbot aufgefasst werden könne. Vgl. zur Rechtsprechung in Bezug auf die Hochschulmedizin bereits Teil 1 B. VI.

1018 *Sandberger*, WissR-Beiheft 17 Bd. 39 (2006), S. 1 (25, 32).

1019 *Sandberger*, in: FS Leuze, 2003, S. 462. Auch *Gärditz*, Hochschulorganisation und verwaltungsrechtliche Systembildung, 2009, S. 592, 593, geht davon aus, dass eine Privatisierung möglich ist, jedoch nicht unerheblichen Umsetzungsschwierigkeiten unterliege, da die Freiheit von Forschung und Lehre letztlich über vertragliche Vereinbarungen mit dem privaten Klinikumsträger und darin enthaltenen Ingerenzrechten gesichert werden müsse.

1020 *Sandberger*, WissR-Beiheft 17 Bd. 39 (2006), S. 1 (25).

1021 Insofern verweist *Sandberger*, WissR-Beiheft 17 Bd. 39 (2006), S. 1 (25), auf das – bereits oben unter Teil 1 B. I. – ausführlich dargestellte Hochschul-Urteil, BVerfGE 35, 79, 119 ff. Vgl. zum Streit, ob Art. 5 Abs. 3 S. 1 GG eine Institutionsgarantie der Universitäten enthält, Teil 1 B. II.

einzelnen Wissenschaftseinrichtungen[1022]. Dies gelte erst recht für die organisatorische Gestaltung der Universitätsklinika, da deren Aufgaben nicht dem Kernbereich des Art. 5 Abs. 3 S. 1 GG angehörig seien[1023]. Weder die rechtliche Ausgliederung aus der Universität noch die Privatisierung einer Universitätsklinik seien demnach von vornherein unzulässig. Bei der gesetzgeberischen Gestaltungsfreiheit sei jedoch sicherzustellen, dass der institutionelle Auftrag der Medizinischen Fakultät und Universität sowie die freie Forschung und Lehre als Individualgrundrecht gewährleistet bleiben, wie durch die Rechtsprechung gefordert[1024]. Die Universitätsklinika müssten insofern mit ihrer personellen und sächlichen Ausstattung die „materielle Basis medizinischer Forschung und Lehre bilden und sichern“[1025].

Auch wenn umfassende vertragliche Konstruktionen zur Sicherung von Forschungs- und Lehrfreiheit eingerichtet werden können, wird teilweise in einer materiellen Privatisierung bestehender Universitätsklinika per se ein Verstoß gegen Art. 5 Abs. 3 S. 1 GG gesehen, da für die Erfüllung der vertraglichen Pflichten keine Gewähr bestehe[1026]. So werde ohne hinreichenden Grund eine Gefährdung der Funktionsfähigkeit der Hochschulmedizin in Kauf genom-

---

1022 *Sandberger*, WissR-Beiheft 17 Bd. 39 (2006), S. 1 (25, 26) mit Verweis auf BVerfGE, 85, 360 (382 f.). Das BVerfG entschied in diesem Zusammenhang, dass eine öffentliche Einrichtung für ihren eigenen Fortbestand grundsätzlich keinen Grundrechtsschutz in Anspruch nehmen könne; die Aufrechterhaltung der öffentlichen Wissenschaftseinrichtung fällt auch nicht in den individuellen Schutzbereich des Grundrechts auf Wissenschaftsfreiheit; vgl. dazu *Bethge*, in: Sachs (Hrsg.), GG-Kommentar, Art. 5 Rn. 215, 216; *Starck*, in: Starck (Hrsg.), GG-Kommentar, 2005, Art. 5 Abs. 3 Rn. 381.

1023 *Sandberger*, WissR-Beiheft 17 Bd. 39 (2006), S. 1 (26).

1024 Vgl. zu diesen Entscheidungen schon im Teil 1 B. VI.

1025 *Sandberger*, WissR-Beiheft 17 Bd. 39 (2006), S. 1 (26); auch *Steffen*, Universitätskrankenhäuser im reformierten Gesundheitswesen, 2001, S. 164, stellt fest, dass eine Privatisierung nicht pauschal verfassungswidrig sei, sondern im Einzelfall entschieden werden müsse, ob ein angemessener Interessenausgleich zwischen Forschung, Lehre und Krankenversorgung bestehe.

1026 Insofern nimmt *Maisch*, F&L 2005, S. 594 (596), als unmittelbar Betroffener Bezug zur Privatisierung des Universitätsklinikums Gießen-Marburg. Die Freiheit von Forschung und Lehre setze eine mit der Forschung zu vereinbarende Rechtsform auch des Universitätsklinikums voraus. Ein privates Betreibermodell widerspreche zunächst (ohne Sicherungsmechanismen) per se der für eine exzellente Lehre unverzichtbaren akademischen Freiheit. Alle für die Krankenversorgung unrentablen, für Forschung und Lehre jedoch bedeutsamen Fächer wären gefährdet. Weiterhin nimmt *Maisch* an, dass im operativen Geschäft der Geschäftsführung des Universitätsklinikums ökonomische Entscheidungen nur selten ohne Auswirkungen auf Forschung und Lehre getroffen werden können. Der private Betreiber Rhön-Klinikum AG habe dies ebenfalls offen eingestanden.

men[1027]. Es wird darauf hingewiesen, dass der Zielkonflikt zwischen Gewinnerzielungsabsicht des privaten Betreibers und den Aufgaben in Forschung und Lehre kaum gelöst werden könne[1028]. Es ist zu befürchten, dass die Wissenschaftler primär für die Erreichung einer wirtschaftlichen, gewinnbringenden Krankenversorgung eingesetzt werden, zumal der private Betreiber nicht an die Grundrechte gebunden ist[1029]. Weiter droht auf Seiten der Lehre die unrentable Ausbildung von Medizinstudenten ins Abseits zu geraten, und dass Forschungsvorhaben unter den Alltagsbedingungen eines privatisierten Klinikums nur begrenzt verwirklicht werden[1030]. Die Universitätsklinika könnten noch mehr als zuvor versuchen, ihre Interessen in der Krankenversorgung gegenüber der Forschung und Lehre durchzusetzen[1031]. Es wird vertreten, dass die Privatisierung

---

1027 So *Becker*, Das Recht der Hochschulmedizin, 2005, S. 155 (157, 158), welcher zur generellen Verfassungswidrigkeit der materiellen Privatisierung eines Universitätsklinikums kommt und einen Verstoß gegen Art. 5 Abs. 3 S. 1 GG annimmt. Allein durch vertragliche Vereinbarungen zwischen Universität/Medizinischer Fakultät und privatisierter Universitätsklinik seien die Belange von Forschung und Lehre nicht im ausreichenden Maße gesichert. Lediglich wenn der private Träger die Vertragsbedingungen einhalte, sei eine noch „akzeptable Gefährdungslage" anzunehmen. Für die Erfüllung der vertraglichen Pflichten bestehe jedoch keine Garantie, und man sei gegebenenfalls auf zeitlich aufwendige Gerichtsverfahren angewiesen, welche im Wege der Zwangsvollstreckung durchgesetzt werden müssten.

1028 Vgl. *Karthaus/Schmehl,* MedR 2000, S. 301; *Grifka,* F&L 1996, S. 202 (203), argumentierte schon früh, dass die Wahrnehmung der Hochschulmedizin als öffentliche Aufgabe von „eminenter Bedeutung" sei und Abhängigkeiten von Kostenträgern unbedingt vermieden werden müssten; *Sandberger,* in: FS Leuze, 2003, S. 467, geht zwar von der Verfassungsmäßigkeit der Privatisierung unter Einhaltung bestimmter Schutzmechanismen aus, bezweifelt jedoch zumindest, dass aufgrund der weitreichenderen Freiheiten der Anstalt des öffentlichen Rechts Privatisierungen zur vermehrten Option werden.

1029 Darauf verwies schon früh *Heintzen,* in: Leucorea (Hrsg.), Neugestaltung von Struktur und Finanzierung der Hochschulmedizin in Sachsen-Anhalt, 1996, S. 131 (132), der die fehlende Grundrechtsbindung als Hauptargument möglicher Privatisierungsgegner ausmachte, da sich so aufgrund der Verzahnung von Krankenversorgung, Forschung und Lehre eine unkontrollierbare Gefährdungslage für die Freiheit von Forschung und Lehre ergäbe.

1030 Vgl. *Beisiegels* Vortrag auf dem 1. Deutschen Hochschulrechtstag; dieser wird zitiert im Tagungsbericht von *Gärditz,* DÖV 2006, S. 1044. Auch die von *Kiess,* F&L, S. 437 (439), aufgeworfene Frage, wie die Medizinischen Fachbereiche die Geltendmachung der Belange von Forschung und Lehre gegenüber einem „Primat von Geldverdienen und klinischer Versorgung zur Geldbeschaffung" behaupten können, wird gerade vor dem Privatisierungshintergrund relevant.

1031 Der Kanzlerarbeitskreis Hochschulmedizin, Leistungsaustausch zwischen Universität/Medizinischer Fakultät und Universitätsklinikum, 2011, S. 20, weist darauf hin, dass der Wissenschaftsrat im November 2009 – im Zuge von Begehungen in Gießen-Marburg – die Aufforderung an die Universitätsseite formuliert habe, „sich nicht den Takt und die wissenschaftliche Strategie vom Universitätsklinikum vorgeben zu lassen". Der Kanzlerarbeitskreis Hoch-

eines Universitätsklinikums den Ansprüchen der universitären Medizin deshalb nicht gerecht werden könne, da die zentrale Integration von Krankenversorgung, Forschung und Lehre eine unerlässliche Voraussetzung für den Erfolg der Universitätsmedizin darstelle[1032]. Eine „Teilprivatisierung" lediglich der Krankenversorgung sei daher kontraproduktiv.

Zudem wird bei bereits vollzogenen Privatisierungen von Teilbereichen einer Universitätsklinik eine weitere Dominanz der Krankenversorgung zu Lasten von Forschung und Lehre beklagt. Durch Vorgaben des Kaufmännischen Direktors in der Krankenversorgung seien die Wissenschaftler bei der Wahl der Methoden und Techniken sowie bei der Geräteausstattung eingeschränkt[1033]. Weiterhin würden die Freistellungen für wissenschaftliche Tätigkeiten, inklusive Vortragsreisen, noch geringer ausfallen und Personalkürzungen im Pflegebereich zwängen vermehrt zu arztfremden Tätigkeiten[1034].

Bereits die bisherige Entwicklung in der Hochschulmedizin führte dazu, dass die medizinische Freiheit von Forschung und Lehre durch die Neuausrichtung der Universitätsklinika mit Primäraufgaben in der Krankenversorgung nicht unerheblich eingeschränkt wurde[1035]. Eine Privatisierung der Universitätsklinika würde diesen Einschränkungstrend weiter vorantreiben. Bereits in öffentlich-rechtlicher Trägerschaft wurde der Einfluss der Medizinischen Fachbereiche und Hochschullehrer in den Universitätsklinika immer mehr verringert. Eine noch erheblichere Einschränkung muss erwartet werden, wenn die Interessen der Privatwirtschaft an einer gewinnbringenden Krankenversorgung hinzutreten, entsprechend abgesichert und zukünftig erweitert werden.

Rechtliche Vorteile einer Privatisierung für die Freiheit von Forschung und Lehre sind nicht erkennbar, hingegen ist ein zunehmender Bedeutungsverlust der

---

schulmedizin schließt daraus, dass die universitäre Seite den Interessen des Universitätsklinikums in der Krankenversorgung Rechnung trägt.

1032 So die Annahme von *Debatin/Rehr,* Bundesgesundheitsblatt 2009, S. 891.

1033 Wissenschaftsrat, Empfehlungen zu Public Private Partnerships (PPP) und Privatisierungen in der universitätsmedizinischen Krankenversorgung, 2006, S. 45.

1034 Ebd., als positive Aspekte der Privatisierung werden von den Wissenschaftlern jedoch Prämienzahlungen für Publikationen sowie eine teilweise schnellere Gerätebeschaffung erkannt.

1035 Vgl. ausführlich Teil 1 dieser Arbeit. Auch *Gärditz,* DÖV 2006, S. 1043, 1044, betont, dass bereits die bisherige Eingliederung der Hochschulmedizin in öffentlich-rechtliche Formen die Forschung und Lehre nicht vor einer Dominanz der Krankenversorgung hat schützen können. Viele bestehende Probleme würden vor dem Hintergrund der Privatisierung nicht neu geschaffen, sondern vielmehr unter anderen Vorzeichen aktualisiert. Der Wissenschaftsrat nimmt an, dass noch mehr Konfliktsituationen auftreten können, als es bei den Universitätsklinika in Form der öffentlich-rechtlichen Anstalt bereits jetzt der Fall sei, Wissenschaftsrat, Empfehlungen zu Public Private Partnerships (PPP) und Privatisierungen in der universitätsmedizinischen Krankenversorgung, 2006, S. 67.

Freiheit und der Belange von Forschung und Lehre zu erwarten[1036]. Eine rechtlich besser abgesicherte Freiheit von Forschung und Lehre ist allein deshalb nicht möglich, da das Vertragswerk zur Absicherung der Freiheiten gegenüber dem privaten Erwerber im – kaum erreichbaren – Idealfall lediglich das Ziel haben kann, das derzeitige Schutzniveau beizubehalten[1037]. Das Vertragswerk kann lediglich dazu dienen, drohenden Gefahren durch die Privatisierung vorzubeugen, welche ohne die Privatisierung nicht entstehen würden[1038]. Deutlich besser für den Schutz der Freiheit von Forschung und Lehre wäre es, die Gefahr überhaupt gar nicht erst entstehen zu lassen. So wird beispielhaft festgestellt, dass es bei der Durchführung einer Privatisierung das gesetzgeberische Ziel ist, den in Konflikt stehenden Verfassungsgütern der Unternehmerfreiheit nach Art. 14, 12 GG sowie Art. 2 Abs. 1 GG und der Freiheit von Forschung und Lehre zu einer weitestgehenden Geltung zu verhelfen[1039]. Allein die zu erwartende Berufung des privaten Betreibers auf seine Unternehmerfreiheit muss zwangsläufig zu Kompromissen führen. Diese auf dem Rücken der Freiheit von Forschung und Lehre ausgetragenen Kompromisse würden ganz verhindert, wenn erst gar keine Privatisierung durchgeführt würde.

Der Vorteil von Forschung und Lehre kann bei einer Privatisierung somit kaum ein rechtlicher, sondern lediglich ein finanzieller sein. Beteuerungen aus der Privatwirtschaft, dass eine exzellente Forschung und Lehre weiterhin verfolgt[1040] und somit auch dem Gemeinwohlinteresse an einem bestmöglichen Wis-

---

1036 Der (damalige) Dekan der Medizinischen Fakultät Charité-Universitätsmedizin Berlin *Paul,* Jahresversammlung Medizinischer Fakultätentag 2006, Fusionierung von Universitätsklinika aus der Sicht der medizinischen Fakultäten, S. 7, stellt ebenfalls fest, dass die Erfahrungen gezeigt hätten, dass ein privater Betrieb eher zu einer Marginalisierung von Forschung und Lehre führt.

1037 Vgl. dazu Teil 1 dieser Arbeit.

1038 Auch *Kingreen/Banafsche/Szabados,* WissR Bd. 40 (2007), S. 282 (310), stellen in Frage, ob „noch so fein austarierte rechtliche Kooperationsstrukturen" der Macht des Faktischen widerstehen können. Klinische Forschung und Lehre müssten durch die Privatisierung einen „hohen Preis" zahlen.

1039 *Leonhard,* DÖV 2006, S. 1039; *Lambrecht/Vollmöller*, in: Huster/Kaltenborn (Hrsg.), Handbuch des Krankenhausrechts, 2010, § 14, Rn. 87, merkt ebenfalls an, dass nach einer erfolgten Privatisierung auch das Grundrecht der Berufsfreiheit des privaten Betreibers aus Art. 12 GG zu beachten sei.

1040 *Broermann,* Jahresversammlung Medizinischer Fakultätentag 2006, Chancen der Privatisierung von Universitätsklinika, S. 5, 6, stellt fest, dass die Forschung einerseits vom Erfolg des privaten Klinikums profitiere und andererseits eine „Flaggschiff-Funktion" habe. Der private Betreiber würde in der Forschung zudem Zugang zu neuen Finanzierungsquellen erhalten und internationale Kooperationen ermöglichen. Bezüglich der Lehre könnten attraktive Ausbildungsplätze geschaffen werden; ein gut ausgebildeter Nachwuchs interessiere auch die Privaten.

senschaftssystem gedient werde, sind kritisch zu hinterfragen. Nach einer anfänglich zu erwartenden Förderung von Forschung und Lehre durch den privaten Betreiber besteht langfristig keine Garantie für die Einhaltung derartiger Beteuerungen. Diese Einhaltung ist rechtlich nicht durchsetzbar.

Es steht zu befürchten, dass eine massenhafte Privatisierung der Universitätsklinika letztlich das endgültige Ausscheiden der Universitätsklinika aus dem klassischen System der Hochschulmedizin bedeuten würde und die Freiheit von Forschung und Lehre weiterhin eingeschränkt wird.

Auch die durch eine Privatisierung drohenden Einschränkungen könnten jedoch verfassungsrechtlich gerechtfertigt sein[1041].

Die durch eine materielle Privatisierung drohenden weitere Beeinträchtigungen der Wissenschaftsfreiheit können nicht lediglich mit der Annahme gerechtfertigt werden, dass Art. 5 Abs. 3 S. 1 GG einzelnen Wissenschaftseinrichtungen keinen Schutz vor ihrer Auflösung biete und nicht den Fortbestand einzelner Universitäten (oder gar Universitätsklinika) fordere[1042]. Die Schließung einer Universitätsklinik wäre nur dann möglich, wenn die konkrete Grundrechtsbetätigung der medizinischen Wissenschaftler weiterhin gewährleistet ist. Dies kann jedoch aufgrund mangelnder, ebenso geeigneter Alternativen zur Praxisvermittlung durch die Universitätsklinika im Hochschulfach Medizin derzeit nicht gewährleistet werden. Die Grenze zur Verfassungswidrigkeit ist durch die materielle Privatisierung von Universitätsklinika überschritten, zumal die weiteren Einschränkungen durch Beibehaltung der öffentlich-rechtlichen Trägerschaft vermeidbar sind. Diese Einschätzung steht im Widerspruch zur bereits zitierten Ansicht des Bundesverfassungsgerichts, welches annimmt, dass eine Privatisierung jedenfalls dann verfassungsmäßig sei, falls die Wissenschaftsfreiheit gesichert sei[1043]. Eine solche Sicherung der Wissenschaftsfreiheit ist nicht möglich. Zumindest kann das derzeit bestehende Schutzniveau mittelfristig nicht beibehalten werden.

Lediglich wenn festgestellt werden kann, dass ohne eine materielle Privatisierung die Schließung des universitätsmedizinischen Standortes aufgrund finanzieller Zwänge unvermeidbar ist, kann eine Privatisierung im Ausnahmefall gerechtfertigt sein. In einem solchen Ausnahmefall der alternativlosen gewordenen

---

1041 Zur Verfassungsmäßigkeit des Organisationssystems der Hochschulmedizin ohne materielle Privatisierungen, vgl. Teil 1 D.

1042 Vgl. zum Problem der Schließung wissenschaftlicher Einrichtungen eine Entscheidung des Berliner Verfassungsgerichtshofes, NVwZ 1997, S. 790, sowie *Geis,* JZ 2004, S. 2 (18 ff.). Nach der Analyse von *Geis* besteht keine Bestandsgarantie wissenschaftlicher Einrichtungen, jedoch sind bei der Schließungsentscheidung zahlreiche rechtliche Vorgaben zu beachten, insbesondere der Grundsatz des hochschulfreundlichen Verhaltens.

1043 Vgl. BVerfG vom 25.01.2011, BvR 1741/09, Rn. 80.

Schließung wären nicht nur die Schutzgüter einer flächendeckenden, qualitativ hochwertigen Krankenversorgung sowie einer erfolgreichen Forschung und Lehre gefährdet. Auch die Wissenschaftsfreiheit des betroffenen Medizinischen Fachbereichs und seiner Angehörigen selbst könnte aufgrund des Wegfalls der dafür benötigten Einrichtungen und Vorhaltungen im Universitätsklinikum kaum mehr gewährleistet werden.

Es ist jedoch genau zu überprüfen, ob eine alternativlos gewordene Schließung bevorsteht. Ansonsten würde dem Gesetzgeber bei Privatisierungsentscheidungen eine zu leichte Rechtfertigung geschaffen. Dieser darf Privatisierung nicht allein mit „Finanzierungsproblemen" begründen. Die öffentliche Hand muss zuvor ihre eigenen finanziellen Möglichkeiten nachweisbar ausgeschöpft haben und mögliche Alternativkonzepte zur Rettung des Standortes in öffentlich-rechtlicher Trägerschaft müssen unzureichend sein.

Falls eine Notsituation angenommen werden muss, welche eine Privatisierung als letzten Ausweg erforderlich macht, kann unter Umständen sogar eine Pflicht zur Privatisierung bestehen. Dazu muss sich jedoch ein geeigneter privater Investor finden, und sämtliche Rahmenbedingungen müssen stimmen. Ansonsten würde aufgrund der Schließung der betroffenen Universitätsklinik die Möglichkeit des Staates zur Gewährleistung der Wissenschaftsfreiheit stark eingeschränkt. Eine solche Privatisierungspflicht zur Gewährleistung staatlich zu schützender Rechtsgüter besteht bislang nicht, erschiene jedoch im Falle der Universitätsklinika denkbar[1044]. Wenngleich die notwendigen Voraussetzungen zur Gewährleistung der Wissenschaftsfreiheit nicht mehr allein durch staatliche Einrichtungen, sondern auch durch Private geschaffen würden, käme der Staat zumindest noch seiner Gewährleistungsverantwortung nach.

Die Analyse zur Rettung von Universitätsklinika muss somit aufgrund der weitreichenden Konsequenzen in jedem Falle umfassend und fehlerfrei erfolgen. Ein Privatisierungsverbot zum Schutz der Freiheit von Forschung und Lehre muss angenommen werden, wenn eine Erhaltung der öffentlich-rechtlichen Trägerschaft noch praktikabel erscheint. Falls abschließend festgestellt wurde, dass lediglich eine materielle Privatisierung der Universitätsklinik den Standort retten kann, ist eine solche Privatisierung durchzuführen.

1044 *Erichsen,* Zulässigkeit, Grenzen und Folgen der Hochschulprivatisierung, 2000, S. 103, stellt fest, dass es kein Prinzip gebe, nach welchem der Staat gehalten sein könnte, Privatisierungen durchzuführen; *Schoch,* DVBl. 1994, S. 962 (974), nahm hingegen allgemein an, dass ein Privatisierungszwang „noch" nicht bestehe. *Schochs* Überlegungen beziehen sich auf die Diskussion zur Entlastung des Staatshaushaltes durch Privatisierungen. Im Fall der Universitätsklinika geht es darüber hinaus nicht nur lediglich um eine mögliche Entlastung der Staatsfinanzen, sondern gar um die Gewährleistung konkret betroffener verfassungsrechtlicher Schutzgüter.

b. Maßnahmen zur Gewährleistung der Freiheit von Forschung und Lehre am Beispiel des privatisierten Universitätsklinikums Gießen-Marburg

Es bestehen Sicherungsmechanismen, welche bei der materiellen Privatisierung einer Universitätsklinik Einschränkungen der Wissenschaftsfreiheit verhindern und abmildern sollen[1045]. In Gießen-Marburg ist gesetzlich ein Bündel von Sicherungsmaßnahmen festgeschrieben worden.

Bei der Etablierung von Schutzmechanismen kann es sich lediglich um Maßnahmen der „Schadensbegrenzung" für die universitäre Forschung und Lehre handeln.

Eine materielle Privatisierung von Universitätsklinika kann – nach zumeist vertretener Auffassung – nur dann verfassungsgemäß sein, wenn den Belangen der Wissenschaftsfreiheit in ausreichendem Maße Rechnung getragen wird[1046]. Der Wissenschaftsrat erachtet es als unverzichtbare Privatisierungsvoraussetzung, dass dem privaten Betreiber keinerlei Mitspracherechte bezüglich des Umfangs und Inhalts von Forschung und Lehre zukommen dürfen[1047]. Insbesondere müsse das Klinikum weiterhin der Aufgabenerfüllung des Medizinischen Fachbereichs dienen und der Fachbereich Träger der hoheitlichen Aufgaben bleiben[1048]. An anderer Stelle fordert der Wissenschaftsrat darüber hinaus, dass keinerlei Einfluss des privaten Klinikumbetreibers auf die Belange von Forschung und Lehre bestehen dürfe, Strukturänderungen im Klinikum – welche potentiell die Belange von Forschung und Lehre gefährden könnten – nur mit dem Einvernehmen des Fachbereichs vorgenommen werden können sowie Veröffentlichung und Verwertung von Forschungsergebnissen unabhängig vom privaten Betreiber des Klinikums erfolgen[1049]. Für Entscheidungen an der Schnittstelle zwischen den Aufgabengebieten in Forschung, Lehre und Krankenversorgung seien präzise Abstimmungsverfahren und Konfliktfallregelungen zur Wahrung des akademischen Anspruches unerlässlich[1050]. Entsprechende Sicherungen wurden nicht nur vom hessischen Gesetzgeber im Falle des Universitätsklinikums Gießen-

---

1045 Der Wissenschaftsrat fasst mögliche Sicherungsmechanismen zusammen, Wissenschaftsrat, Empfehlungen zu Public Private Partnerships (PPP) und Privatisierungen in der universitätsmedizinischen Krankenversorgung, 2006, S. 69 bis 81.

1046 *Leonhard,* DÖV 2006, S. 1039, führt beispielhaft aus, dass die Wahrung der Belange von Forschung und Lehre sowie die institutionelle Absicherung von Forschung und Lehre eine unabdingbare Voraussetzung für eine mögliche Privatisierung darstellen.

1047 Wissenschaftsrat, Empfehlungen zu Public Private Partnerships (PPP) und Privatisierungen in der universitätsmedizinischen Krankenversorgung, 2006, S. 2.

1048 Ebd.

1049 Ebd., S. 25.

1050 Ebd., S. 26, 27.

Marburg herausgearbeitet, sondern auch im Schrifttum. Die Sicherungsmechanismen sollen in Summe die Wissenschaftsfreiheit gewährleisten.

aa. Aufgaben des privatisierten Universitätsklinikums in Forschung und Lehre

Die Aufgaben eines privatisierten Universitätsklinikums in Forschung und Lehre dürfen sich nicht von den Aufgaben der öffentlich-rechtlichen Universitätsklinika unterscheiden. Dem privatisierten Universitätsklinikum darf insofern keine rechtliche und tatsächliche Sonderstellung zukommen. Ein Nachteil der kooperierenden Universitäten, Medizinischen Fachbereiche und Hochschullehrer in Forschung und Lehre muss auch im Rahmen der Privatisierung – soweit wie möglich – ausgeschlossen sein.

§ 25 a Abs. 1 UniKlinG Hess enthält für ein Universitätsklinikum in privater Rechtsform einen Verweis auf § 5 Abs. 1 UniKlinG Hess sowie § 15 UniKlinG Hess. Das privatisierte Universitätsklinikum Gießen-Marburg muss die Medizinischen Fachbereiche bei der Aufgabenerfüllung in Forschung und Lehre unterstützen. Weiterhin muss es gewährleisten, dass die der Universität eingeräumte Freiheit in Forschung und Lehre gewahrt bleibt und die Wissenschaftler der Medizinischen Fachbereiche die Ausübung ihrer Grundrechte aus Art. 5 Abs. 3 S. 1 GG wahrnehmen können. Eine entsprechende Regelung findet sich auch in § 57 Abs. 1 S. 1 HHG, in welchem aus Sicht der Medizinischen Fachbereiche festgelegt ist, dass diese ihre Aufgaben in Forschung und Lehre in Zusammenarbeit mit dem Universitätsklinikum erfüllen. Die Verpflichtung eines privatisierten Universitätsklinikums zu einer bestimmten Aufgabenerfüllung für die Universität kann rechtlich als Schrankenbestimmung des Eigentums an einem Universitätsklinikum eingeordnet werden[1051].

bb. Ermächtigungsgrundlage für eine materielle Privatisierung

Nach der Wesentlichkeitstheorie des Bundesverfassungsgerichts ist der Gesetzgeber verpflichtet, alle wesentlichen Entscheidungen selbst zu treffen, soweit die Grundrechtsausübung betroffen ist[1052]. Die Wesentlichkeitstheorie erzwingt für den Fall der Privatisierung der Krankenversorgung, einer staatlichen Verwaltungsaufgabe auf dem Gebiet der Daseinsvorsorge, als Ermächtigungsgrundlage ein Parlamentsgesetz. Sowohl bezüglich der formellen als auch der materiellen

1051 So *Breitbach,* F&L 2009, S. 750 (752); auch der Kanzlerarbeitskreis Hochschulmedizin, Leistungsaustausch zwischen Universität/Medizinischer Fakultät und Universitätsklinikum, 2011, S. 21, erachtet die – durch Beleihung erzielte – Rechtsaufsicht über ein privates Universitätsklinikum als Eigentumsbeschränkung.

1052 BVerfGE 47, 79.

Privatisierung besteht ein Gesetzesvorbehalt[1053]. Es ist insofern nicht ohne weiteres möglich, die Entscheidung der (Teil-) Privatisierung auf einen Verwaltungsträger zu übertragen, etwa auf das Universitätsklinikum selbst. Es handelt sich beim Betrieb der Universitätsklinika insbesondere nicht lediglich um eine einfach geartete Beteiligung an staatlichen Unternehmen im Sinne des § 65 BHO/LHO, so dass das Vorliegen von dessen Voraussetzungen nicht ausreichend sein kann[1054]. BHO/LHO geben lediglich Vorgaben, welche bei einer Privatisierung eingehalten werden müssen. Die Privatisierung selbst hat auf Basis einer eigenen gesetzlichen Rechtsgrundlage zu erfolgen.

In § 5 des Umwandlungsgesetzes und in der Umwandlungsverordnung ist lediglich die formelle Privatisierung gesetzlich geregelt worden. Im Falle des privatisierten Universitätsklinikums Gießen-Marburg musste vor dem Verkauf des Klinikums zu 95 % an die Rhön-Klinikum AG gemäß § 65 Abs. 7 LHO der hessische Landtag zustimmen[1055]. Die materielle Privatisierung wurde ohne ein weiteres Gesetz durchgeführt. Verfassungsrechtlich zwar nicht geboten, jedoch zweckmäßiger wäre es gewesen, die materielle Privatisierung und den möglichen Verkauf bereits mit Bezugnahme auf § 65 Abs. 7 der LHO im Umwandlungsgesetz und in der Umwandlungsverordnung festzuschreiben.

cc. Konkrete Schutzmaßnahmen für Forschung und Lehre im Universitätsklinikum Gießen und Marburg

(1.) Vertragswerk: Kooperationsvertrag, Vertrag mit privatem Mehrheitseigner, Gesellschaftsvertrag

Zur Sicherung der Belange von Forschung und Lehre besteht in Gießen-Marburg ein umfängliches Vertragswerk, welches die Rechte der Universitäten und insbesondere der Medizinischen Fachbereiche absichern soll[1056]. Konkrete Anforderungen an die Form der Zusammenarbeit zwischen Universitätsklinikum und Medizinischen Fachbereichen stellt § 25 a Abs. 3 UniKlinG Hess auf. Dieser

---

1053 Vgl. Wissenschaftsrat, Empfehlungen zu Public Private Partnerships (PPP) und Privatisierungen in der universitätsmedizinischen Krankenversorgung, 2006, S. 18; dies konstatiert auch *Sandberger,* WissR-Beiheft 17 Bd. 39 (2006), S. 1 (18).

1054 Vgl. auch *Sandberger,* WissR-Beiheft 17 Bd. 39 (2006), S. 1 (12).

1055 Siehe Drcks. 16/5078 des hessischen Landtags vom 11.01.2006.

1056 Da nicht sämtliche Verträge öffentlich einsehbar sind, vgl. für Einzelheiten auch die umfangreichen Stellungnahmen des Wissenschaftsrats, Stellungnahme zur geplanten Privatisierung des Universitätsklinikums Gießen und Marburg, 2005, sowie Empfehlungen zur Aufnahme der Universitätsklinikum Gießen und Marburg GmbH in das Hochschulverzeichnis des Hochschulbauförderungsgesetzes, 2006.

enthält die zentrale Forderung, dass die Erfüllung der Aufgaben des Universitätsklinikums nach § 5 Abs. 1 und 2 UniKlinG Hess auch gewährleistet sein muss, nachdem das Universitätsklinikum materiell privatisiert worden ist. Die in § 5 Abs. 1 und 2 Uni-KlinG Hess genannten Aufgaben sind die Wahrung der medizinischen Freiheit von Forschung und Lehre sowie die Wahrnehmung der Aufgaben in der Krankenversorgung. Die Erfüllung dieser Aufgaben ist u.a. durch „Vereinbarungen“ sicherzustellen[1057]. Bezüglich des in § 25 a Abs. 3 Uni-KlinG Hess verwendeten Begriffes der „Vereinbarungen“ ist zu differenzieren.

Zum einen soll ein Kooperationsvertrag nach § 15 UniKlinG Hess zwischen Klinikumsvorstand auf der einen Seite sowie den Dekanaten der Medizinischen Fakultäten und Präsidien der Universität auf der anderen Seite geschlossen werden. Der Kooperationsvertrag normiert eine enge Zusammenarbeit und trifft insbesondere Bestimmungen über die Aufgabenerfüllung in der Forschung, Lehre und Krankenversorgung. Der Kooperationsvertrag muss der Privatisierung angepasst werden. Er stellt einen öffentlich-rechtlichen Vertrag dar und bedarf der Zustimmung des Ministeriums für Wissenschaft und Kunst[1058]. Die im Rahmen des Kooperationsvertrages getroffenen Regelungen müssen den Zielvorgaben des § 25 a Abs. 3 UniKlinG Hess, der dauerhaften Gewährleistung der freien medizinischen Forschung und Lehre und der Krankenversorgung, entsprechend überprüft und erforderlichenfalls angepasst werden. Inhalt des Kooperationsvertrages soll u.a. ein Strukturentwicklungskonzept sein, welches der Abstimmung über die Berufung von Hochschullehrern und Anstellung von Chefärzten mit und ohne Forschungs- und Lehraufgaben dienen soll[1059]. Fachbereiche und Universitätsklinikum sind dazu verpflichtet, die Weiterentwicklung dieses Strukturentwicklungskonzeptes einvernehmlich zu betreiben. Falls kein Einvernehmen erzielt werden kann, entscheidet nach § 25 a Abs. 4 UniKlinG Hess die Schlichtungskommission.

Der Kooperationsvertrag ist von der Vereinbarung des Landes mit dem Mehrheitsgesellschafter des privatisierten Universitätsklinikums zu unterscheiden. Insofern verpflichtet § 25 a Abs. 3 S. 9 UniKlinG Hess das Land Hessen dazu, vertragliche Regelungen mit dem Erwerber der Anteilsmehrheit des Universitätsklinikums abzuschließen. Diese vertraglichen Regelungen sollen sicherstellen, dass der Betrieb des privatisierten Universitätsklinikums den Anforderungen von Forschung, Lehre und Krankenversorgung genügt. Weitere Regelungen zum

1057 § 25 a Abs. 3 S. 1 UniKlinG Hess.

1058 Vgl. § 25 a Abs. 2 S. 2 UniKlinG Hess .

1059 Vgl. Wissenschaftsrat, Stellungnahme zur geplanten Privatisierung des Universitätsklinikums Gießen und Marburg, 2005, S. 13.

Schutz von Forschung und Lehre sind überdies hinaus auch im Gesellschaftsvertrag zu treffen.

Durch die Regelungen des Kooperationsvertrages nach § 15 Uni-KlinG Hess, durch die Vereinbarung zwischen dem Land und dem Mehrheitsgesellschafter des Universitätsklinikums sowie durch den Gesellschaftsvertrag soll insgesamt die Wahrung der medizinischen Freiheit von Forschung und Lehre erreicht werden.

Bestimmte Vorgaben für diese Vereinbarungen und Verträge sind gesetzlich festgehalten worden. Der Gesetzeswortlaut betont, dass im Rahmen der Vereinbarungen die Verantwortung der Medizinischen Fachbereiche für Umfang und Struktur der Förderung des wissenschaftlichen Nachwuchses sowie Forschung und Lehre mitsamt der dafür verfügbaren personellen und sachlichen Ressourcen erhalten bleiben muss[1060]. Weiterhin muss auch das für die medizinische Ausbildung nach den Ausbildungsordnungen erforderliche Fächerspektrum gewährleistet werden[1061]. Die Ausbildungskapazitäten werden nach Auskunft des Landes durch entsprechende Verpflichtungen des Universitätsklinikums im Rahmen des Kooperationsvertrages nach § 15 UniKlinG Hess abgesichert[1062]. Dem entspricht die Pflicht des Universitätsklinikums, die vertraglichen Leistungen auch dann zu erbringen, wenn sie nicht gewinnbringend sind. Lediglich die Gesamterlössituation des Universitätsklinikums soll wirtschaftlich positiv sein, im Zweifel bewirkt durch einen internen Ausgleich[1063]. Darüber hinaus ist festgehalten, dass die Belange von Forschung und Lehre auch im laufenden Betrieb zu beachten sind und eine kontinuierliche Information an die Medizinischen Fachbereiche zu erfolgen hat[1064].

Weiterhin sind neben den vertraglichen Vereinbarungen zusätzliche geeignete verfahrensrechtliche und organisatorische Vorkehrungen zur Sicherstellung der Aufgabenwahrnehmung zu treffen, welche kooperative Entscheidungswege zwischen Universitätsklinikum und Fachbereich ermöglichen[1065]. Hierzu führt die Gesetzesbegründung aus, dass diese sowohl im Kooperationsvertrag mit dem privaten Klinikumbetreiber als auch im Gesellschaftsvertrag vorgesehen werden können[1066].

1060 § 25 a Abs. 3 S. 2 UniKlinG Hess.

1061 § 25 a Abs. 3 S. 3 UniKlinG Hess.

1062 Wissenschaftsrat, Stellungnahme zur geplanten Privatisierung des Universitätsklinikums Gießen und Marburg, 2005, S. 12.

1063 Ebd., S. 19.

1064 § 25 a Abs. 3 S. 4 und 5 UniKlinG Hess.

1065 § 25 a Abs. 3 S. 10 UniKlinG Hess.

1066 Wissenschaftsrat, Stellungnahme zur geplanten Privatisierung des Universitätsklinikums Gießen und Marburg, 2005, S. 9.

Kritisch festzuhalten ist, dass bestimmte Schutzfunktionen für die Freiheit von Forschung und Lehre im Falle der Privatisierung des Universitätsklinikums Gießen-Marburg nicht im Gesetzestext festgehalten wurden. Der Wissenschaftsrat fordert daher zu Recht, dass die grundgesetzlich garantierte Wissenschaftsfreiheit nicht der vertraglichen Disposition unterfallen darf, sondern die Regelungen bezüglich der Zusammenarbeit zwischen Universität/Fachbereich und Universitätsklinikum gesetzlich festgehalten werden müssen[1067]. Er kritisiert zutreffend, dass nur wenige Regelungen über die Organe des Klinikums sowie die Abstimmungsverfahren und Beteiligungen zwischen Fachbereich und Klinikum im Gesetz normiert sind und lediglich in den Vereinbarungen und Verträgen getroffen wurden[1068]. Das Land habe dementsprechend auf eine Entscheidung des Bundesverfassungsgerichts verwiesen, wonach vertragliche Regelungen geeignet sein können, die unterschiedlichen Interessen zwischen Universität/Fachbereich und Universitätsklinikum optimal auszugleichen[1069]. Der Wissenschaftsrat argumentiert, der Beschluss des Bundesverfassungsgerichts betreffe solche Universitätsklinika (konkret in Nordrhein-Westfalen), welche als selbständige Anstalt des öffentlichen Rechts organisiert sind[1070]. Allein vor diesem Hintergrund seien vertragliche Vereinbarungen zum Schutz der Freiheit von Forschung und Lehre geeignet[1071]. Bei einem privatisierten Universitätsklinikum, welches über die Beleihung mit Aufgaben in Forschung und Lehre lediglich in Teilbereichen grundrechtsverpflichtet ist, müsse dies anders beurteilt werden[1072]. Insbesondere bestehe die Gefahr einer „Aufweichung des Grundrechtsschutzes“[1073]. Konsequent ist die Forderung an den Gesetzgeber, die Ausgleichsregelungen bezüglich der betroffenen Grundrechtsposition selbst zu erlassen und sich nicht auf unzureichende nachträgliche Kontroll- und Aufsichtsfunktionen zu beschränken[1074]. Konkret mahnt der Wissenschaftsrat etwa an, die Vertretung des Dekans im Leitungsorgan des Universitätsklinikums ebenso in den Gesetzestext aufzunehmen wie die

1067 Ebd., S. 27. Der Wissenschaftsrat weist nicht nur auf das hohe Schutzgut der Wissenschaftsfreiheit hin, sondern auch auf die Wesentlichkeitstheorie und das Transparenzgebot.

1068 Ebd., S. 28.

1069 Beschluss des BVerfG vom 11.11.2002, NVwZ 2003, S. 600, DVBl. 2003, S. 323, über die im Land Nordrhein-Westfalen erlassene Verordnung zur Errichtung der Universitätsklinika als Anstalten des öffentlichen Rechts.

1070 Wissenschaftsrat, Stellungnahme zur geplanten Privatisierung des Universitätsklinikums Gießen und Marburg, 2005, S. 28.

1071 Ebd.

1072 Ebd.

1073 Ebd., S. 28, 29.

1074 Ebd., S. 29.

Beteiligung bei der Planung der für wissenschaftliche Zwecke notwendigen Strukturen und Ausstattung der zu führenden klinischen Fachgebiete[1075].

Insgesamt hätten die Gesetzesregelungen somit noch umfassender ausgestaltet sein können. Insbesondere ist zu kritisieren, dass wichtige Schutzmechanismen für Forschung und Lehre lediglich durch Vertragsvereinbarungen abgesichert und nicht im Gesetzeswortlaut festgehalten wurden.

(2.) Beteiligungen in den Gesellschaftsorganen des Universitätsklinikums

Die Einhaltung der im Gesellschaftsvertrag durch das Universitätsklinikum übernommenen Verpflichtung zur Wahrnehmung der Aufgaben des § 5 Abs. 1 UniKlinG Hess kann zunächst nur von den Gesellschaftsorganen überwacht und eingefordert werden[1076]. Die Universitäten, Fachbereiche und Wissenschaftler können als Außenstehende vom Universitätsklinikum keine Erfüllung der Aufgaben in Forschung und Lehre aus dem Gesellschaftsvertrag verlangen.

Auch in den Gesellschaftsorganen des als GmbH organisierten Universitätsklinikums Gießen-Marburg, der Geschäftsführung, Gesellschafterversammlung und Aufsichtsrat, sind daher notwendig Schutzfunktionen bezüglich Forschung und Lehre in personeller und organisatorischer Hinsicht etabliert worden.

Die vertraglich sicherzustellende Mitwirkung der Dekane mit beratender Stimme und Antragsrecht bei Sitzungen der Geschäftsleitung des Universitätsklinikums stellt eine solche Vorkehrung dar[1077]. Die Mitwirkung der Dekane garantiert, dass die vorgeschriebene kontinuierliche Information der Fachbereiche durch das Klinikum über die Belange von Forschung und Lehre sichergestellt ist[1078]. Bei Vorstandsentscheidungen im Universitätsklinikum – vorliegend bei Entscheidungen der Geschäftsführung – fließen die Belange von Forschung und Lehre im Rahmen des Kooperationsmodells durch die Dekane der Medizinischen Fachbereiche mit ein[1079]. Die Dekane haben nicht nur eine lediglich beratende Funktion, sondern sie sind gleichberechtigte Vorstandsmitglieder, die insbeson-

---

1075 Ebd., S. 29.

1076 Abgesehen von der Überwachungsfunktion des Landes durch Beleihung, vgl. zur Beleihung noch unter C. IV. 2. cc. (4.).

1077 Siehe § 25 a Abs. 3 S. 6 UniKlinG Hess. Eine entsprechende Vereinbarung findet sich auch in den Vertragsvereinbarungen; *Leonhard*, DÖV 2006, S. 1040, begrüßt diese Sicherung und glaubt, dass die Dekane so „unmittelbar und umfassend über das operative Geschäft der Universitätsklinikum GmbH“ informiert werden. Für die Dekane bestehe die Möglichkeit, eine sofortige Prüfung durchführen zu lassen, falls eine geplante Maßnahme des Klinikums die Freiheit von Forschung und Lehre bedrohe.

1078 Die Informationspflicht durch das Universitätsklinikum normiert § 25 a Abs. 3 S. 5 UniKlinG Hess.

1079 Vgl. hierzu oben u.a. Teil 1 C. II. 1. sowie C. II. 2. a. bb.

dere über eigene Stimmrechte verfügen. Im Universitätsklinikum Gießen-Marburg war dies nach Fusion der Einzelkliniken im Zeitraum vor der materiellen Privatisierung nicht anders, mit der Besonderheit, dass es zwei Dekane gab. Um diesem Umstand Rechnung zu tragen, war nach § 7 Abs. 2 UniKlinG Hess für jeden Dekan bei Vorstandsentscheidungen im fusionierten Universitätsklinikum zumindest eine Stimme angedacht, während die anderen Vorstandsmitglieder, der Ärztliche Direktor, Kaufmännische Direktor und Pflegedirektor jeweils zwei Stimmen erhielten. § 7 Abs. 2 UniKlinG Hess ist jedoch nicht von § 25 a UniKlinG Hess erfasst worden und gilt nicht für das privatisierte Universitätsklinikum fort. Der Wissenschaftsrat hält die nun bestehende lediglich beratende Funktion der Dekane innerhalb der Geschäftsführung des Klinikums für unzureichend und hätte zu Recht eine gleichberechtigte Mitgliedschaft der Dekane im Vorstand präferiert[1080]. Die gleichberechtigte Mitgliedschaft sei als zentrale Voraussetzung für ein Universitätsklinikum gesetzlich festzuhalten[1081]. Die Regelung, dass die Dekane nicht mehr unmittelbar an der Leitung des Universitätsklinikums beteiligt sein sollen und lediglich über Schlichtungs- und Strukturkommission Einfluss nehmen können, wird für verfassungsrechtlich bedenklich erachtet[1082]. Gegen ein volles Stimmrecht der Dekane und eine umfassende Beteiligung in der Geschäftsführung werden jedoch ordnungspolitische Bedenken geäußert, da in der Person des Dekanes Interessenkonflikte zwischen seiner Fachbereichstätigkeit und der Tätigkeit als stimmberechtigtes Mitglied der Geschäftsführung unvermeidlich seien[1083]. Gegen eine Stimmberechtigung des Dekanes könnte für den Gesetzgeber auch gesprochen haben, dass der Dekan nach § 43 GmbHG der persönlichen Gesellschafterhaftung unterliegen würde; eine solche hätte in der Konsequenz auch eine Haftung des Landes nach § 31 BGB nach sich gezogen oder eine Freistellung des Dekans nach dem Landesbeamtengesetz[1084].

1080 Wissenschaftsrat, Stellungnahme zur geplanten Privatisierung des Universitätsklinikums Gießen und Marburg, 2005, S. 34. Insbesondere wird ein Stimmrecht der Dekane gefordert, da der Befassung der Ständigen Kommission für Forschung und Lehre sowie der Schlichtungskommission keine aufschiebende Wirkung zukommt; vgl. zu diesen Kommissionen unter C. IV. 2. cc. (3.) und (6.).

1081 Wissenschaftsrat, Stellungnahme zur geplanten Privatisierung des Universitätsklinikums Gießen und Marburg, 2005, S. 34.

1082 So *Maisch,* F&L 2005, S. 594 (596), der insbesondere den lediglich noch mittelbar vorhandenen Einfluss auf Personalstruktur und zukünftige Entwicklungen bemängelt.

1083 *Leonhard,* DÖV 2006, S. 1040, der darlegt, dass die tatsächlich bestehenden Mitwirkungsrechte in Summe mit der Einführung der sonstigen Entscheidungsstrukturen und Abstimmungsprozesse einen wirkungsgleichen Mechanismus darstellten. Diese seien daher letztlich auch im Einvernehmen mit dem Wissenschaftsrat entwickelt worden.

1084 So die Mutmaßung *Sandbergers*, WissR-Beiheft 17 Bd. 39 (2006), S. 48, der die offizielle Begründung des Landes bezüglich der Ablehnung eines Stimmrechtes des Dekans, welche be-

Aus Sicht von Forschung und Lehre wäre eine Mitbestimmung des Dekanes wünschenswert. Der Dekan sollte dabei ein solchen Amtsverständnis haben, dass er zuvorderst die Belange von Forschung und Lehre in die Entscheidungen des Vorstandes einbringt und nur sekundär den Klinikumsinteressen dient.

Einer möglichen Fusion der Medizinischen Fachbereiche in Marburg und Gießen, welche zur Folge hätte, dass lediglich ein Dekan die Interessen des dann einheitlichen Fachbereichs vertritt, steht das Land Hessen aufgeschlossen gegenüber. Der Wissenschaftsrat sieht eine Fusion gar als notwendig an, da eine geschlossene Vertretung der Belange der Fachbereiche gegenüber dem Klinikum dazu führe, dass man sich auf „gleicher Augenhöhe" begegnen könne[1085]. Bis heute ist eine solche Zusammenarbeit, die schon zuvor von den Fachbereichen abgelehnt wurde, nicht zu Stande gekommen[1086]. Auch eine Absprache bei der Strukturentwicklung ist bislang nicht erfolgt[1087].

Im Aufsichtsrat des Universitätsklinikums hat das Land Hessen auf einen Tendenzschutz verzichtet[1088]. Der Aufsichtsrat ist daher je zur Hälfte mit Vertretern der Arbeitnehmer und des Arbeitgebers besetzt[1089]. Für den Fall des Verzichtes auf den Tendenzschutz hatte der Wissenschaftsrat vorgeschlagen, dass bestimmte Aufgaben des Aufsichtsrates in der Gesellschafterversammlung konzentriert würden[1090]. Zudem sollte das Land prüfen, inwiefern gewährleistet wer-

---

sagt, dass das Land keine Gesetzgebungskompetenz für das Gesellschaftsrecht besitzt, zu Recht als vordergründig einstuft.

1085 Wissenschaftsrat, Stellungnahme zur geplanten Privatisierung des Universitätsklinikums Gießen und Marburg, 2005, S. 31.

1086 Ebd., S. 12.

1087 Dies bedauert der Wissenschaftsrat, Stellungnahme zur Entwicklung der universitätsmedizinischen Standorte Gießen und Marburg nach Fusion und Privatisierung der Universitätsklinika, 2010, S. 7; zuvor bemängelte auch schon der Dekan des Fachbereichs Medizin der Universität Marburg, dass beide Kliniken und Fachbereiche noch zu sehr auf Abgrenzung bedacht seien, vgl. *Maisch,* Jahresversammlung Medizinischer Fakultätentag 2007, Das Universitätsklinikum in privater Trägerschaft – eine Zwischenbilanz, S. 3.

1088 Der Tendenzschutz nach § 118 Abs. 1 S. 1 BetrVG und § 1 MitbestG sieht vor, dass einzelne Betriebe von den Mitbestimmungsrechten der Arbeitgeber ausgenommen sein können, falls diese unmittelbar und überwiegend u.a. erzieherischen oder wissenschaftlichen Zwecken dienen. Dies könnte auf ein Universitätsklinikum zutreffen. Das Land Hessen bezweifelte jedoch die Durchsetzbarkeit und schätzte die rechtlichen Risiken eines Tendenzschutzes als zu hoch ein, Wissenschaftsrat, Stellungnahme zur geplanten Privatisierung des Universitätsklinikums Gießen und Marburg, 2005, S. 15. *Sandberger,* in: FS Leuze, S. 467, weist ebenfalls darauf hin, dass es nicht feststünde, ob Universitätsklinika von der paritätischen Unternehmensmitbestimmung ausgeschlossen seien.

1089 Wissenschaftsrat, Stellungnahme zur geplanten Privatisierung des Universitätsklinikums Gießen und Marburg, 2005, S. 15 mit Verweis auf § 31 des geplanten Konsortialvertrages.

1090 Ebd., S. 35. § 10 UKlinG Hess regelt die Kompetenzen des Aufsichtsrates des hessischen Universitätsklinikums in Frankfurt am Main. Aus dessen Kompetenzkatalog sollte nach An-

den könne, dass zwei der Arbeitnehmervertreter im Aufsichtsrat Wissenschaftler seien[1091].

Über die Gesellschafterversammlung als bedeutendstes Organ einer GmbH hat sich das Land Hessen weitere Rechte vorbehalten, welche dem Schutz von Forschung und Lehre dienen. Diese Rechte sind an den 5 % Anteil des Landes am Universitätsklinikum geknüpft[1092]. Das Land wird durch das Ministerium für Wissenschaft und Kunst in der Gesellschafterversammlung vertreten[1093]. Ein Teil der Anteile des Landes sollte auch auf die Universitäten und Fachbereiche übertragen werden, so dass diese ebenfalls in der Gesellschafterversammlung repräsentiert wären[1094].

Darüber hinaus bedarf die Neugestaltung bestimmter Regelungen des Gesellschaftsvertrages ebenso der Zustimmung des Landes wie bestimmte Beschlüsse, Geschäfte und Maßnahmen des zuständigen Gesellschaftsorgans[1095]. Eine Neuregelung des Gesellschaftsvertrages untersteht dann der Einwilligung des Landes, falls die Änderung des Gesellschaftszweckes, Verfügungen über Geschäftsanteile oder Teilgeschäftsanteile sowie Zusammensetzung, Organisation und Aufgaben der Ständigen Kommission für Forschung und Lehre betroffen sind[1096]. Konkrete Beschlüsse, Maßnahmen und Geschäfte von Gesellschaftsorganen sind zustimmungspflichtig, falls diese u.a. dem Zweck des Gesellschaftsvertrages widersprechen[1097]. Der Wissenschaftsrat erachtet eine solche Gesellschafterstellung von Land und Universität sowie die Absicherung der Entscheidungen der Gesellschafterversammlung als für Forschung und Lehre notwendig[1098].

---

sicht des Wissenschaftsrats im Fall des Universitätsklinikums Gießen-Marburg u.a. die Bestellung der Mitglieder des Klinikumsvorstandes, die Regelung ihrer Vergütung und Abberufung aus wichtigem Grund, die Satzung und die Zustimmung zur Geschäftsordnung des Vorstandes, die Zustimmung zum Strukturplan des Universitätsklinikums sowie die Genehmigung der Bildung/Änderung von Abteilungen, Funktionsbereichen und sonstigen medizinischen Einrichtungen auf die Gesellschafterversammlung übertragen werden.

1091 Wissenschaftsrat, Stellungnahme zur geplanten Privatisierung des Universitätsklinikums Gießen und Marburg, 2005, S. 35.

1092 Ebd., S. 15.

1093 Vor der materiellen Privatisierung wurde es durch das Ministerium der Finanzen vertreten, Wissenschaftsrat, Stellungnahme zur geplanten Privatisierung des Universitätsklinikums Gießen und Marburg, 2005, S. 16.

1094 So zu Recht der Wissenschaftsrat, ebd., S. 35.

1095 Dies normiert § 13 Abs. 1 und 2 des Gesellschaftsvertrages, ebd., S. 15.

1096 Ebd., S. 15, 16.

1097 Ebd., S. 16. Gesellschaftszweck ist das „Universitätsklinikum“ sowie dessen Unterstützungsfunktion gegenüber dem Fachbereich.

1098 Ebd., S. 27.

(3.) Ständige Kommission für Forschung und Lehre

Im Universitätsklinikum Gießen-Marburg wurde neben Geschäftsführung und Aufsichtsrat als weiteres Klinikumorgan eine „Ständige Kommission für Forschung und Lehre" eingerichtet[1099]. Die Kommission steht unter wechselndem Vorsitz der beiden Universitätspräsidenten. Sie befindet über Streitigkeiten zwischen universitärem Fachbereich und Klinikum. Sie erörtert und entscheidet alle aus dem Kooperationsvertrag nach § 15 UniKlinG Hess entstehenden Fragen sowie sonstigen Fragen bezüglich Forschung und Lehre[1100]. Die ständige Kommission verfügt über ein „selektives Informationsrecht" hinsichtlich solcher Gesellschaftsbelange, die Forschung und Lehre betreffen[1101]. Falls die Ständige Kommission für Forschung und Lehre keine Einstimmigkeit erzielt und keine Entscheidung zustande kommt, wird die Schlichtungskommission einberufen[1102].

Der Wissenschaftsrat kritisiert die Einführung der Ständigen Kommission für Forschung und Lehre. Die Entscheidungskompetenz und das Vetorecht dieser Kommission seien unhandlich, verlängerten die Entscheidungswege und schwächten die Position des Fachbereichs, wodurch dem Klinikum weitere Nachteile entstünden[1103]. Ein zusätzlicher Kritikpunkt sei, dass während der Befassung der Ständigen Kommission für Forschung und Lehre sowie der möglichen Anrufung der Schlichtungskommission keine aufschiebende Wirkung für Entscheidungen der Geschäftsführung des Klinikums bestünde und die Geschäftsführung in der Zwischenzeit Tatsachen schaffen könne, welche nicht mehr revidierbar seien[1104]. Eine solche aufschiebende Wirkung wäre erst recht von Nöten, da die Dekane keine stimmberechtigten, sondern lediglich beratende Vorstandsmitglieder sind[1105]. Der Wissenschaftsrat kritisierte in seiner Evaluation im Jahr 2010, dass die Ständige Kommission für Forschung und Lehre erst ganze sechs Mal einberufen worden sei und so ihrer angedachten Rolle nicht gerecht werden könne[1106].

1099 Durch § 8 und 9 des Gesellschaftsvertrages, vgl. ebd., S. 16.

1100 Ebd., S. 16.

1101 § 9 Abs. 2 Gesellschaftsvertrag, vgl. ebd., S. 16, 17.

1102 Zu dieser noch sogleich unter C. IV 2. cc. (6.).

1103 Wissenschaftsrat, Stellungnahme zur geplanten Privatisierung des Universitätsklinikums Gießen und Marburg, 2005, S. 34.

1104 Ebd., S. 35.

1105 Ebd., S. 34.

1106 Wissenschaftsrat, Stellungnahme zur Entwicklung der universitätsmedizinischen Standorte Gießen und Marburg nach Fusion und Privatisierung der Universitätsklinika, 2010, S. 53.

(4.) Beleihung des Universitätsklinikums

Durch § 25 a Abs. 2 UniKlinG Hess muss das Universitätsklinikum mit Aufgaben nach § 5 Abs. 1 UniKlinG Hess, in der durch die Vereinbarung nach § 15 UniKlinG Hess konkretisierten Form, beliehen werden. Die Beleihung der Leistungsverwaltung mit Staatsaufgaben ist verfassungsrechtlich grundsätzlich unbedenklich[1107]. Soweit das Universitätsklinikum den Medizinischen Fachbereich bei der Aufgabenerfüllung in Forschung und Lehre unterstützt und sicherstellt, dass die Mitglieder der Universität ihre durch Art. 5 Abs. 3 S. 1 GG eingeräumte Freiheit in Forschung und Lehre wahrnehmen können, wird der private Betreiber als Beliehener in die staatliche Verwaltungsorganisation integriert. Durch die Beleihung ist er an die Einhaltung der Grundrechte und damit auch an die Einhaltung der Wissenschaftsfreiheit gebunden[1108]. Bei der Überführung eines Universitätsklinikums in die private Trägerschaft scheint die Beleihung daher als geeignetes Mittel, um eine vollumfängliche materielle Privatisierung der Aufgaben des Universitätsklinikums in Forschung und Lehre zu verhindern.

Durch die Beleihung entsteht zudem eine Rechtsaufsicht des Ministeriums für Wissenschaft und Kunst[1109]. Das Ministerium hat darüber zu wachen, dass das Universitätsklinikum die Freiheit in Forschung und Lehre achtet und die den Universitätsmitgliedern verbürgte Wahrnehmung ihrer Grundrechte jederzeit sicherstellt[1110]. Problematisch ist jedoch, dass das Ministerium eine Rechtsverletzung wegen der Offenheit der Aufgabenformulierung lediglich in Extremfällen wird nachweisen können[1111].

Ein weiterer vom Land Hessen verfolgter Zweck der Beleihung ist es, Beeinträchtigungen von Forschung und Lehre durch den privaten Klinikbetreiber mit

---

1107 Vgl. etwa *Burgi,* Privatisierung öffentlicher Aufgaben – Gestaltungsmöglichkeiten, Grenzen, Regelungsbedarf, 2008, S. 52.

1108 Vgl. *Ibler,* in: Maunz/Dürig (Hrsg.), Grundgesetz-Kommentar, 64. Ergänzungslieferung 2012, Art. 86 Rn. 75, soweit der Beliehene nach außen als Behörde im Sinne des Verwaltungsverfahrensgesetz handelt, ist er durch den Beleihungsauftrag über Art. 20 Abs. 3 GG an Recht und Gesetz sowie über Art. 1 Abs. 3 GG an die Grundrechte gebunden.

1109 Neben der angestrebten Rechtsaufsicht über das Universitätsklinikum war ein weiterer vom Land Hessen erhoffter Vorteil der Beleihung, dass durch die Stellung des wissenschaftlichen Personals der Universität für das Universitätsklinikum im Rahmen der Krankenversorgung (vgl. § 25 a Abs. 5 UniKlinG Hess) kein gewerblicher Betrieb entstünde. Es sei hingegen weiterhin von einem Hoheitsbetrieb auszugehen, der eine Umsatzsteuer ausschließe, vgl. Wissenschaftsrat, Stellungnahme zur geplanten Privatisierung des Universitätsklinikums Gießen und Marburg, 2005, S. 8, Fn. 8.

1110 § 25 a Abs. 2 S. 4 UniKlinG Hess.

1111 *Sandberger*, WissR-Beiheft 17 Bd. 39 (2006), S. 48, 49 sowie 61. Bei im Klinikumsalltag auftretenden Zielkonflikten zwischen den Aufgabengebieten sei die Rechtsaufsicht daher ein untaugliches Instrument.

Aufsichtsmitteln abwenden zu können[1112]. Dem Ministerium für Wissenschaft und Kunst ist es derart möglich, die Einhaltung der Vorschriften zu überwachen. Nötigenfalls kann das Ministerium weitere Maßnahmen zum Schutz der Wissenschaftsfreiheit ergreifen, welche auch mit Mitteln der Verwaltungsvollstreckung durchgesetzt werden können, einschließlich der Anordnung der sofortigen Vollziehung[1113]. Das Ministerium hat die Möglichkeit, verschiedene Aufsichtsmaßnahmen zu ergreifen. So kann das Ministerium nach § 25 a Abs. 2 S. 5 UniKlinG Hess Informationen und Unterlagen vom Universitätsklinikum anfordern, dessen Geschäftsräume betreten, rechtswidrige Maßnahmen und Beschlüsse beanstanden sowie die Erfüllung der für das Universitätsklinikum bestehenden Pflichten innerhalb einer angemessenen Zeit verlangen. Als zusätzliche Aufsichtsmaßnahme hätte dem Ministerium bei klaren Verstößen gegen die Wissenschaftsfreiheit jedoch auch das Recht zu einer Ersatzvornahme eingeräumt werden können. Falls ein Antrag auf eine rechtsaufsichtliche Prüfung durch das Ministerium gestellt wird, so ist dieser nach § 25 a Abs. 2 S. 6 UniKlinG Hess innerhalb einer angemessenen Frist zu bescheiden.

Im Schrifttum wird darauf hingewiesen, dass die durch eine Beleihung etablierten Sanktionsmöglichkeiten gegenüber Privaten im Ergebnis auf Beanstandungen sowie den Aufgabenentzug des Universitätsklinikums beschränkt seien, weshalb eine zusätzlich bestehende Gewährleistungspflicht des Landes empfehlenswert sei[1114]. Eine solche Gewährleistungspflicht besteht im Falle des privatisierten Universitätsklinikums Gießen-Marburg durch einen Heimfall des Universitätsklinikums an das Land Hessen[1115]. Dieser Heimfall ist bedauerlicherweise nur im Vertragswerk, nicht jedoch im Gesetzeswerk festgehalten worden[1116].

Die Bedeutung der Beleihung wird derzeit noch unterschätzt. So wird vertreten, die Beleihung des Universitätsklinikums stärke die notwendigen Sicherungsmechanismen, erreiche jedoch nur einen eingeschränkten Zusatzschutz[1117]. Andere erachten eine Beleihung sogar als nicht zwingend erforderlich[1118].

1112 Wissenschaftsrat, Stellungnahme zur geplanten Privatisierung des Universitätsklinikums Gießen und Marburg, 2005, S. 8.

1113 Ebd.

1114 So *Sandberger*, WissR-Beiheft 17 Bd. 39 (2006), S. 31, ein Aufgabenentzug sei jedoch nur dann denkbar, falls sich das Land die Rückübertragung vorbehalten habe. Vor einer Rückübertragung müsse es zu wiederholten Beanstandungen gekommen sein, welche gesellschaftsintern zu unauflösbaren Konflikten mit dem privaten Betreiber geführt haben.

1115 Vgl. dazu noch unter C. IV. 2. cc. (8.).

1116 Entgegen *Sandberger*, WissR-Beiheft 17 Bd. 39 (2006), S. 33, der insofern zu Recht eine entsprechende Gesetzesregelung fordert.

1117 So *Sandberger*, WissR-Beiheft 17 Bd. 39 (2006), S. 33.

1118 Vgl. *Lambrecht/Vollmöller*, in: Huster/Kaltenborn (Hrsg.), Handbuch des Krankenhausrechts, 2010, § 14, Rn. 89, 90, mit der Argumentation, dass die Freiheiten aus Art. 5 Abs. 3 S. 1 GG

(5.) Strukturplanung des Fachbereichs Medizin

Im Rahmen der Strukturplanung des Medizinischen Fachbereichs wird auch das Universitätsklinikum beteiligt. Diese Beteiligung ist notwendig, da Entscheidungen von Universität und Fachbereich auch das Universitätsklinikum mit betreffen können. Beispielsweise ist eine Abstimmung erforderlich, falls durch Universität und Fachbereich ein neuer Hochschullehrer berufen wird, welcher anderseits eine Chefarztstelle im Rahmen der Krankenversorgung des Universitätsklinikums erhalten soll. Der Wissenschaftsrat erachtet die Beteiligung des Universitätsklinikums, falls Entscheidungen des Fachbereichs dessen Kernaufgaben betreffen, als einen weiteren Abstimmungsmechanismus zwischen Universität, Fachbereich und Klinikum im Rahmen des Gesamtschutzkonzeptes für Forschung und Lehre[1119].

Für Forschung und Lehre ist es jedoch wichtig, dass der Einfluss des privatisierten Klinikums auf Entscheidungen des Fachbereiches nicht zu groß wird. Eine zunehmende Einflussnahme ist zu befürchten, wenn der private Betreiber des Universitätsklinikums durch die Strukturplanung Einfluss auf bislang autonome Bereiche des Medizinischen Fachbereichs gewänne. Die bestehenden Abstimmungsprozesse im Rahmen der Strukturplanung sind daher näher zu untersuchen.

§ 57 Abs. 1 S. 2 HHG normiert, dass zur Vorbereitung von Strukturentscheidungen der Medizinischen Fachbereiche in Gießen und Marburg mit dem Universitätsklinikum im Bereich der klinischen Medizin eine gemeinsame Strukturkommission zu bilden ist[1120]. In der Strukturkommission sind sowohl die Dekanate als auch die Universitätspräsidien vertreten[1121]. Nach Vorbereitung durch die Strukturkommission wird die Strukturplanung im Dekanat, Fachbereich, Universitätspräsidium und Senat fortgesetzt[1122]. Sobald die zuständigen Hochschulgremien Beschlüsse gefasst haben, wird das Universitätsklinikum um seine Zustimmung gebeten[1123]. Der Wissenschaftsrat kritisiert zu Recht, dass die Absicht des Gesetzgebers, die Zustimmungspflicht des Klinikums auf solche Strukturent-

---

im Privatisierungsfalle primär vertraglich abzusichern seien. Eine Rechtsaufsicht über medizinische Einrichtungen außerhalb der Universität sei nicht erforderlich.

1119 Wissenschaftsrat, Stellungnahme zur geplanten Privatisierung des Universitätsklinikums Gießen und Marburg, 2005, S. 27.

1120 Falls es um andere Teilbereiche abseits der klinischen Medizin geht, ist zunächst kein Vertreter des Universitätsklinikums an der Arbeit der Strukturkommission beteiligt.

1121 § 57 Abs. 1 S. 4 HHG.

1122 Regelungen hierzu finden sich bezüglich des Dekanats in § 59 Abs. 2 und 51 Abs. 1 HHG, des Fachbereichs in § 58 Nr. 1 und 50 Abs. 1 Nr. 4 HHG, des Präsidiums in § 42 Abs. 4 3. Alt und des Senats in § 39 Abs. 1 HHG.

1123 § 57 Abs. 1 S. 5 HHG.

scheidungen zu beschränken, welche das Klinikum überhaupt berühren, deutlich im Gesetzestext zum Ausdruck kommen müsse[1124]. Falls kein Einvernehmen mit dem Universitätsklinikum zustande kommt, muss eine Entscheidung der Schlichtungskommission nach § 25 a Abs. 4 UniKlinG Hess eingeholt werden[1125]. Das Ergebnis der Strukturplanung des Fachbereichs wird in der Struktur- und Entwicklungsplanung berücksichtigt – in der Zielvereinbarung zwischen Ministerium und Universität nach § 88 Abs. 2 und 5 HHG – wenn soweit die Finanzierung gesichert ist[1126].

Die Strukturkommission stellt zwar ein weiteres Gremium dar, in welchem Klinikum und Medizinische Fachbereiche zusammen arbeiten. Diese Zusammenarbeit dient jedoch an sich nicht dem Schutz der freien Forschung und Lehre von Fachbereich und Hochschullehrern. Sie dient vielmehr dazu, dem Universitätsklinikum an Schnittstellen einen Einfluss auf die Arbeit der Fachbereiche in der klinischen Medizin zu verschaffen. Eine zusätzliche Abstimmung zwischen Fachbereich und Universitätsklinikum ist zwar deshalb wünschenswert, weil das Universitätsklinikum nach Beteiligung und Erteilung seiner Zustimmung auch an seine Zustimmung gebunden ist. Die Strukturkommission war zuvor jedoch eine autonome öffentlich-rechtliche Einrichtung, welche durch das jetzige Einfließen privater Interessen in ihrer freien Entscheidungsfindung negativ beeinflusst werden kann.

(6.) Schlichtungskommission

Der Wissenschaftsrat fordert als Voraussetzung von Privatisierungen in der Hochschulmedizin die Einrichtung einer unabhängigen Vermittlerinstanz. Diese Vermittlerinstanz muss klare Entscheidungskompetenzen besitzen und bei einem fehlenden Einvernehmen sowohl von Universitätsklinikum als auch von der universitären Seite angerufen werden können[1127].

Falls eine Einigung zwischen dem privaten Universitätsklinikum und einem der Medizinischen Fachbereiche nicht zu Stande kommt, wird in Gießen und Marburg ein Schlichtungsverfahren nach § 25 a Abs. 4 UniKlinG Hess angewandt. Im Rahmen des Verfahrens entscheidet eine paritätisch besetzte Schlichtungskommission, bestehend aus Vertretern der Universität, des Fachbereichs und des Landes auf der einen Seite sowie Vertretern des privaten Universitäts-

1124 Wissenschaftsrat, Stellungnahme zur geplanten Privatisierung des Universitätsklinikums Gießen und Marburg, 2005, S. 31.

1125 Vgl. zur Schlichtungskommission unter C. IV. 2. cc. (6.).

1126 § 57 Abs. 1 S. 6 HHG.

1127 Wissenschaftsrat, Empfehlungen zu Public Private Partnerships (PPP) und Privatisierungen in der universitätsmedizinischen Krankenversorgung, 2006, S. 4.

klinikums auf der anderen Seite in gleicher Anzahl[1128]. Bei Stimmengleichheit gibt die Stimme des Vorsitzenden der Schlichtungskommission den Ausschlag, welcher vom Ministerium für Wissenschaft und Kunst im Einvernehmen des Mehrheitsgesellschafters des Universitätsklinikums bestellt wird[1129].

Die Schlichtungskommission stellt in Konfliktfällen die letzte Vermittlerinstanz dar[1130]. Die Schlichtungskommission soll einen Ausgleich der Interessen von Universitätsklinikum und Fachbereich in sachlicher, organisatorischer und finanzieller Hinsicht herstellen[1131]. Die Schlichtungskommission stellt kein Organ der Universität, des Fachbereichs oder Klinikums dar, sondern ein weisungsunabhängiges Gremium[1132]. Sie gibt sich selbst eine Geschäftsordnung[1133].

Inhaltlich hat die Schlichtungskommission dann zu entscheiden, wenn die Belange von Forschung und Lehre berührt werden oder über das Zustandekommen bzw. Anpassungen von Vereinbarungen im Rahmen des Kooperationsvertrages keine Einigkeit erzielt werden kann[1134]. Weitere Spezialzuständigkeiten der Schlichtungskommission ergeben sich aus dem hessischen Hochschulgesetz. So entscheidet die Schlichtungskommission nach § 57 Abs. 1 S. 7 HHG, wenn das Klinikum die Zustimmung zu Strukturentscheidungen des Fachbereichs verweigert, nach § 57 Abs. 2, 3 HHG, falls es einem Berufungsvorschlag bei der Besetzung einer klinischen Professur widerspricht[1135], oder falls keine einstimmige Entscheidung der ständigen Kommission für Forschung und Lehre zustande kommt[1136]. Der Antrag zur Einberufung der Schlichtungskommission kann

---

1128 Vgl. § 25 a Abs. 4 S. 6 UniKlinG Hess.

1129 Vgl. § 25 a Abs. 4 S. 7 UniKlinG Hess sowie § 25 a Abs. 4 S. 5 UniKlinG Hess.

1130 Wissenschaftsrat, Stellungnahme zur geplanten Privatisierung des Universitätsklinikums Gießen und Marburg, 2005, S. 9.

1131 Ebd.

1132 Ebd., S. 15.

1133 § 25 a Abs. 4 S. 8 UniKlinG Hess.

1134 § 25 a Abs. 4 S. 1 UniKlinG Hess. Falls inhaltlich um das Zustandekommen oder die Anpassung von Vereinbarungen nach § 15 UniKlinG Hess gestritten wird, kann das Ministerium für Wissenschaft und Kunst nach § 25 a Abs. 4 S. 3 UniKlinG Hess für die Zeit bis zur Entscheidung der Schlichtungskommission vorläufige Maßnahmen anordnen.

1135 Das Universitätsklinikum kann nach § 57 Abs. 2, 3 HHG einem solchen Berufungsvorschlag widersprechen, wenn der Bewerber für die Aufgabenwahrnehmung in der Krankenversorgung nicht geeignet ist. Die Letztentscheidungskompetenz in Berufungsverfahren bleibt jedoch immer dem Ministerium für Wissenschaft und Kunst vorbehalten. Das Universitätsklinikum kann bei einer Zurückweisung seines Widerspruches jedoch nicht dazu verpflichtet werden, mit dem berufenen Hochschullehrer einen Chefarztvertrag abzuschließen, vgl. hierzu unter C. IV. 2. cc. (7.).

1136 Eine solche ist vorgesehen in § 9 Abs. 3 Nr. 1 des Gesellschaftvertrages des Universitätsklinikums, vgl. Wissenschaftsrat, Stellungnahme zur geplanten Privatisierung des Universitätsklinikums Gießen und Marburg, 2005, S. 10.

vom Dekanat oder von dem geschäftsführenden Organ des Klinikums gestellt werden[1137]. Die Schlichtungskommission soll einen angemessenen Ausgleich zwischen den grundgesetzlich geschützten Interessen beider Seiten unter Beachtung der bestehenden Vereinbarung nach § 15 UniKlinG Hess herstellen[1138].

Zur Anerkennung der Beschlüsse der Schlichtungskommission sollen sich Land, Universität und Universitätsklinikum im Rahmen des Kooperationsvertrags nach § 15 UniKlinG Hess verpflichten[1139]. Die Beschlüsse der Schlichtungskommission unterliegen wiederum der Rechtsaufsicht des Ministeriums für Wissenschaft und Kunst[1140].

Neben der fehlenden Aufschiebungsfunktion[1141] kritisiert der Wissenschaftsrat, dass die Schlichtungskommission überlastet sein könnte, die Durchsetzbarkeit ihrer Entscheidungen nicht eindeutig und ihr Rechtscharakter nicht klar erkennbar sei[1142]. Neben der gesetzlichen Festlegung einer aufschiebenden Wirkung wird eine mögliche Abhilfe in der Mitgliedschaft der Dekane in der Geschäftsführung erkannt[1143]. Auch die rechtliche Konstruktion der Schlichtungskommission müsse hinsichtlich ihrer zentralen Bedeutung im Rahmen von Konfliktfällen klar geregelt sein, die Entscheidungen der Kommission müssten durchgesetzt werden können[1144].

1137 § 25 a Abs. 4 S. 1 UniKlinG Hess.

1138 § 25 a Abs. 4 S. 2 UniKlinG Hess.

1139 Wissenschaftsrat, Stellungnahme zur geplanten Privatisierung des Universitätsklinikums Gießen und Marburg, 2005, S. 10.

1140 § 25 a Abs. 4 S. 9 UniKlinG Hess, diese Rechtsaufsicht ist notwendig, da der Schlichtungskommission kein Letztentscheidungsrecht zukommen darf, vgl. näher dazu *Sandberger*, WissR-Beiheft 17 Bd. 39 (2006), S. 46.

1141 Der Wissenschaftsrat geht nach wie vor von der „zwingenden Erforderlichkeit" der zeitlich befristeten Aufschiebung bei Anrufung einer Vermittlerinstanz aus. Nur die zeitliche Aufschiebung verhindere, dass nicht mehr rückgängig zu machende Fakten geschaffen würden, welche Forschung und Lehre beeinträchtigten, Wissenschaftsrat, Empfehlungen zu Public Private Partnerships (PPP) und Privatisierungen in der universitätsmedizinischen Krankenversorgung, 2006, S. 4.

1142 Wissenschaftsrat, Stellungnahme zur geplanten Privatisierung des Universitätsklinikums Gießen und Marburg, 2005, S. 36; *Sandberger*, WissR-Beiheft 17 Bd. 39 (2006), S. 45, sieht in der Schlichtungskommission, so wie sie sich in der endgültigen Fassung des UniKlinG Hess darstellt, ein öffentlich-rechtlich verfasstes Kollegialorgan, welchem im Rahmen des Beleihungsverhältnisses rechtsaufsichtliche Maßnahmen des Wissenschaftsministeriums übertragen worden sind.

1143 Wissenschaftsrat, Stellungnahme zur geplanten Privatisierung des Universitätsklinikums Gießen und Marburg, 2005, S. 35.

1144 Gerade die Durchsetzung von Entscheidungen gestaltet sich als schwierig. Nach Angaben des Wissenschaftsrats hat das Land Hessen darauf verwiesen, dass die Entscheidung der Schlichtungskommission einen Schiedsspruch darstellen würde, welchen Universität/Fachbereich und Klinikum hinnehmen müssten. Der Wissenschaftsrat merkt insofern an, dass die Schlich-

Abgesehen von diesen Streitpunkten ist unzweifelhaft, dass die Einführung eines zentralen Überwachungsorgans wie der Schlichtungskommission, welche die Einhaltung der Belange von Forschung und Lehre überwacht, eine Grundvoraussetzung für jede Privatisierung darstellt. Im Fall Gießen-Marburg wird aktuell kritisiert, dass die Schlichtungskommission in Konfliktfällen auch frühzeitig angerufen werden müsse, was in der Praxis bisweilen nicht geschehen sei[1145].

(7.) Personalrechtliche Entscheidungskompetenzen

§ 25 a Abs. 5 UniKlinG Hess schreibt die Zuständigkeiten der Mitarbeiter in Forschung und Lehre sowie in der Krankenversorgung fest. Für die Belange von Forschung und Lehre ist es wichtig, dass das wissenschaftliche Personal weiterhin in einem Beschäftigungsverhältnis zur Universität steht, soweit es Aufgaben in Forschung und Lehre wahrnimmt[1146]. Für die Aufgabenerledigung im Rahmen der Krankenversorgung besteht darüber hinaus auch die Möglichkeit, in direkte Beschäftigungsverhältnisse mit dem Universitätsklinikum einzutreten[1147]. Ansonsten wird das medizinische Personal dem Universitätsklinikum von der Universität gegen Kostenerstattung gestellt, wobei auch Beamte mit ihrer Zustimmung zugewiesen werden können[1148].

Mit den Hochschullehren soll das Universitätsklinikum Chefarztverträge abschließen, wobei die Zuständigkeiten der Ernennung, Ruhestandsvoraussetzungen und Maßnahmen nach der Hessischen Disziplinarordnung unberührt blei-

---

tungskommission eine rechtliche Konstruktion vergleichbar einem Schiedsgericht darstelle. Sie würde ihre Entscheidungen folgerichtig als eine Art „Urteil“ treffen, gegen welches lediglich der Gerichtsweg einschlägig sei, nicht jedoch die vorgesehene Rechtsaufsicht des Landes, vgl. Wissenschaftsrat, Stellungnahme zur geplanten Privatisierung des Universitätsklinikums Gießen und Marburg, 2005, S. 36. Gegen die Annahme des Wissenschaftsrats ließe sich jedoch vorbringen, dass sich der Gesetzgeber etwaige Ähnlichkeiten der Schiedsgerichtsbarkeit nicht zwanghaft zu eigen machen muss. Die Entscheidungen der Schlichtungskommission müssen nicht schon deshalb ein „Urteil“ darstellen, weil man sich an den Regelungen der Schiedsgerichtsbarkeit orientiert hat. Der Gesetzgeber ist vielmehr frei, ein fallbezogenes Gremium einzurichten, welches trotz Ähnlichkeiten mit anderen Gremien in bestimmter Weise von diesen abweicht. Das Land Hessen selbst sieht in der Schlichtungskommission eine „schiedsgutachterliche Kommission“, welche keine verbindliche Entscheidung treffen kann. Eine solche Unverbindlichkeit der Entscheidung erscheint problematisch.

1145 Wissenschaftsrat, Stellungnahme zur Entwicklung der universitätsmedizinischen Standorte Gießen und Marburg nach Fusion und Privatisierung der Universitätsklinika, 2010, S. 53.

1146 § 25 a Abs. 5 S. 1 UniKlinG Hess.

1147 § 25 a Abs. 5 S. 2 UniKlinG Hess.

1148 § 25 a Abs. 5 S. 3, 4 UniKlinG Hess.

ben[1149]. Problematisch ist, dass das Klinikum nicht gezwungen werden kann, einen Hochschullehrer mit einer Chefarztposition auszustatten. Das Universitätsklinikum könnte dies insbesondere dann verweigern, wenn das Land seine Letztentscheidungskompetenz bei der Berufung eines Hochschullehrers gegen das Klinikum durchgesetzt hat[1150]. Dieser Konflikt ist nach Ansicht des Wissenschaftsrats nicht aufzulösen, da er eine Konsequenz aus der Übertragung der Betriebsverantwortung für die Krankenversorgung darstelle[1151]. Insofern liegt faktisch eine bedeutende Einschränkung der Entscheidungsfreiheit von Fachbereich und Universität bei der Berufung ihrer Hochschullehrer vor, da kaum ein qualifizierter Hochschullehrer den Ruf an eine Fakultät annehmen würde, ohne eine lukrative Chefarztposition zu erhalten[1152]. Insofern entscheidet der private Träger des Universitätsklinikums mittelbar über die Berufung der Hochschullehrer mit.

(8.) Heimfall des Universitätsklinikums an das Land Hessen

Bei erheblicher Verletzung der Vertragspflichten durch den privaten Klinikumbetreiber kann der Heimfall des Universitätsklinikums als „ultima ratio" nötig werden. Das an die Aufgabenausübung gekoppelte Heimfallrecht ist im Falle einer Privatisierung für die öffentliche Seite von großer Bedeutung[1153]. Dem Heimfall sind jedoch hohe Grenzen gesetzt. Ein solcher ist nur denkbar, sofern das Universitätsklinikum seine „essenziell für die Forschung und Lehre unabdingbar notwendigen Leistungen" nicht erfüllt[1154]. Dies kann etwa dann der Fall sein, wenn Vertragsverletzungen dadurch auftreten, dass der private Klinikumbetreiber zahlungsunfähig ist oder seinen Investitionsverpflichtungen nicht nachkommt[1155]. Desweiteren ist ein Heimfall denkbar, wenn eine bedeutsame Nicht-

---

1149 § 25 a Abs. 5 S. 5, 6 UniKlinG Hess.

1150 Ein Hochschullehrer sollte jedoch immer auch in der Krankenversorgung seines Fachbereiches aktiv sein. *Von Wichert,* F&L 2001, S. 536 (537), stellte zuvor beispielhaft fest, dass Hochschullehrer in klinischen Fächern zu Recht auch Direktoren der entsprechenden Fachabteilung seien. Er stufte seinerzeit Regelungen als „absolut sinnlos" ein, welche Hochschullehrer zu Beamten auf Lebenszeit ernannten, ihnen den entsprechenden klinischen Verantwortungsbereich jedoch nur für eine bestimmte Zeit zuordneten.

1151 Wissenschaftsrat, Stellungnahme zur geplanten Privatisierung des Universitätsklinikums Gießen und Marburg, 2005, S. 32.

1152 Vgl. zur Problematik der höheren Vergütung in der Krankenversorgung gegenüber Forschung und Lehre in Teil 1 C. III. 3 b.

1153 Wissenschaftsrat, Empfehlungen zu Public Private Partnerships (PPP) und Privatisierungen in der universitätsmedizinischen Krankenversorgung, 2006, S. 3.

1154 Wissenschaftsrat, Stellungnahme zur geplanten Privatisierung des Universitätsklinikums Gießen und Marburg, 2005, S. 12.

1155 Ebd., S. 22, 23.

bzw. Schlechterfüllung der Aufgaben im Rahmen des Unternehmenszwecks als Universitätsklinikum in Bezug auf die Unterstützung des Fachbereichs in Forschung und Lehre vorliegt[1156]. Das Rückholrecht beinhaltet die Rückübertragung aller Gesellschaftsanteile und der Erbbaurechte sowie die Einziehung von Geschäftsanteilen[1157].

(9.) Zusammenfassung und Bewertung der Schutzmechanismen

Zur Sicherung der Freiheit von Forschung und Lehre ist im Privatisierungsfall des Universitätsklinikums Gießen-Marburg eine Reihe von Schutzmechanismen installiert worden. § 25 a UniKlinG Hess enthält verschiedene Maßnahmen, um die Freiheit von Forschung und Lehre auch in privater Rechtsform der Universitätsklinik in der bisher bestehenden Form zu gewährleisten. Über die gesetzlichen Gewährleistungen hinaus besteht ein umfassendes Vertragswerk.

Die Aufgaben des Universitätsklinikums in Forschung und Lehre – die Unterstützungsfunktion des Fachbereichs und seiner Wissenschaftler – sind sowohl im Gesetzestext als auch im Gesellschaftsvertrag festgehalten worden. Neben den gesetzlichen Schutzvorschriften bestehen durch das Vertragswerk umfängliche Regelungen über die Zusammenarbeit, u.a. durch den Kooperationsvertrag, den Vertrag mit dem privaten Mehrheitseigner sowie den Gesellschaftsvertrag. Eine Rechtsaufsicht über das Universitätsklinikum ist aufgrund der Beleihung des Universitätsklinikums mit Aufgaben in Forschung und Lehre möglich. Der Einfluss des Landes wird durch unterschiedliche personelle und organisatorische Beteiligungen innerhalb der Gesellschaftsorgane der Universitätsklinikum GmbH gewährleistet. Auch die Einrichtung einer Ständigen Kommission für Forschung und Lehre als weiteres Organ des Universitätsklinikums dient dem Schutz von Forschung und Lehre. Kritisch zu hinterfragen ist die lediglich beratende Funktion der Dekane im Klinikumsvorstand, ein eigenes Stimmrecht der Dekane wäre vorzugswürdig. Zentrale Bedeutung kommt der Schlichtungskommission nach § 25 a Abs. 4 UniKlinG Hess zu, welche mit Vertretern von Universität, Fachbereich, Land und Universitätsklinikum besetzt ist. Falls Medizinische Fachbereiche und Wissenschaftler eine Beeinträchtigung der Forschung und Lehre befürchten, stellt die Schlichtungskommission das entscheidende Gremium zur Konfliktlösung dar. Letztlich besteht ein Heimfallrecht des Landes als

1156 Ebd.

1157 Diese Maßnahmen sind geregelt in § 42 des Konsortialvertrages, § 13 des Erbbaurechtsvertrages und § 14 Abs. 2 des Gesellschaftsvertrages, vgl. Wissenschaftsrat, Stellungnahme zur geplanten Privatisierung des Universitätsklinikums Gießen und Marburg, 2005, S. 22.

„ultima ratio“, falls das Universitätsklinikum seine Pflichten in Forschung und Lehre schwerwiegend verletzt.

In der Literatur wird bezüglich der hessischen Privatisierungsregelungen eine fehlende hinreichende Garantie eines für Forschung und Lehre benötigten Fächerspektrums bemängelt[1158]. Darüber hinaus werden zu geringe Mitwirkungsgarantien der Professoren im Rahmen der Leitung von Kliniken und Instituten sowie bei der Mittelzuweisung und Personaleinstellungen angemahnt[1159]. Es wird jedoch auch konstatiert, dass die gesetzlichen Vorkehrungen gemeinsam mit dem Vertragswerk mit der Rhön Klinikum AG einen „umfassenden und ausgewogenen Rahmen“ zur Gewährleistung der Freiheit von Forschung und Lehre und der Gestaltungsfreiheit des Betreibers garantieren und die Übertragung des Krankenhausbetriebes auf einen privaten Betreiber verfassungsmäßig nicht zu beanstanden sei[1160]. Der Wissenschaftsrat kam im Jahr 2010 in seiner Evaluation zur Privatisierung des Universitätsklinikums Gießen-Marburg zu dem Ergebnis, dass noch keine abschließende Stellungnahme zu den Auswirkungen der Privatisierung auf Forschung und Lehre möglich sei[1161].

Wenngleich die hessischen Regelungen insgesamt in bestimmten Kritikpunkten noch verbesserungsfähig erscheinen, sind die Schutzfunktionen durchdacht und das Schutzniveau beachtlich. Dennoch ist noch einmal darauf hinzuweisen, dass im Rahmen einer Privatisierung durch das Auftreten nicht kompatibler privater Interessen eine Gefährdungslage für die Freiheit von Forschung und Lehre entsteht. Die drohenden Einschränkungen können durch Vorkehrungen deutlich abgeschwächt, jedoch niemals vollends vermieden werden.

Gerade im Fall des ersten privatisierten Universitätsklinikums Gießen-Marburg ist eine Beeinträchtigung der Freiheit von Forschung und Lehre durch die Vorbildfunktion des Projekts ohnehin nicht in einem solchen Ausmaße zu erwarten, wie es bei einer massenhaften Privatisierungswelle mittel- und langfristig der Fall sein würde. Da man sich seiner Vorreiterstellung bewusst war, ist es im Gesetzgebungsverfahren zu keinen größeren „Unkonzentriertheiten“ ge-

---

1158 So die Einschätzung von *Sandberger*, WissR-Beiheft 17 Bd. 39 (2006), S. 1 (50).

1159 Ebd.

1160 So die positive Einschätzung *Leonhards*, DÖV 2006, S. 1039 und 1042.

1161 Vgl. Wissenschaftsrat, Stellungnahme zur Entwicklung der universitätsmedizinischen Standorte Gießen und Marburg nach Fusion und Privatisierung der Universitätsklinika, 2010, S. 9 und 50; gleichwohl betont der Wissenschaftsrat, dass die privaten Investitionen die baulichen Rahmenbedingungen für die Krankenversorgung und patientenorientierte klinische Forschung auf ein „wettbewerbsfähiges Niveau“ angehoben habe (S. 7). Zur Stellungnahme des Wissenschaftsrats vgl. auch die Pressemitteilung der Universitätsklinikum Gießen und Marburg GmbH vom 10.05.2005; die Pressemitteilung lässt erkennen, dass sowohl die hessische Landesregierung als auch der private Betreiber mit dem bisherigen Erfolg der Privatisierung zufrieden sind.

kommen. Zumindest ein grober Verstoß des privaten Betreibers gegen seine Verpflichtungen wird aufgrund des öffentlichen Interesses am ersten Privatisierungsprojekt vorläufig nicht erfolgen.

V. Rechtmäßigkeit der materiellen Privatisierung von Körperschaften für Universitätsmedizin

Das neue rheinland-pfälzische Universitätsmedizingesetz enthält eine Entwicklungsoption bezüglich einer möglichen formellen und materiellen Privatisierung. Der Übergang der rechtsfähigen Körperschaft „Universitätsmedizin der Johannes Gutenberg-Universität Mainz“ auf einen privaten Träger ist bereits gesetzlich in den §§ 25 bis 28 UMG R-P vorformuliert worden. Neuartig ist, dass im Vergleich zur Privatisierung in Gießen-Marburg eine vollständige, im Integrationsmodell organisierte Körperschaft für Universitätsmedizin privatisiert würde, und nicht nur lediglich ein von der Universität rechtlich getrenntes Universitätsklinikum. Die Frage, ob die Freiheit von Forschung und Lehre bei einer „Mitprivatisierung“ des Medizinischen Fachbereichs überhaupt gewahrt sein kann bzw. welche gesetzlichen und vertraglichen Regelungen notwendig sein werden, um die zu befürchtende Einschränkung weitgehend abzumildern, wurde bis heute nicht erkennbar erörtert. Eine solche Privatisierung einer Körperschaft für Universitätsmedizin ist vorläufig trotz der Entwicklungsoption weder in Rheinland-Pfalz noch an einem anderen Standort zu erwarten[1162].

Die Privatisierung einer im Rahmen des Integrationsmodells organisierten Universitätsmedizin führt zu der Frage, ob man vollständige Fachbereiche privatisieren darf, mithin zur Rechtsproblematik der Hochschulprivatisierung. Den Fall, dass bereits bestehende Landes-Universitäten materiell privatisiert wurden, hat es bundesweit noch nicht gegeben. Eine solche Privatisierung würde nicht

---

1162 Auch in Rheinland-Pfalz bestehen zurzeit keinerlei Anzeichen, dass von der Entwicklungsoption tatsächlich Gebrauch gemacht werden könnte. Dies betonten im Gesetzgebungsverfahren sämtliche politischen Parteien, vgl. Ministerin *Ahnen* bei der 1. Beratung zum UMG am 27.02.2008, Landtag Rheinland-Pfalz, 15. Wahlperiode – 41. Sitzung, Drcks. 15/1913. Die mögliche Umwandlung der Universitätsmedizin in eine GmbH und die „Beteiligung eines strategischen Partners“ – welche Umschreibung im Übrigen das Wort „Privatisierung“ umgeht -, war laut *Ahnen* der meistdiskutierte Teil des Gesetzes. Das Gesetz enthalte hier eine Entwicklungsoption, Entscheidungen des Landtages seien in keiner Art und Weise gefallen und stünden auch aktuell nicht an (ebenso der SPD-Abgeordnete *Krell*). Letzteres wurde auch von der Opposition befürwortet, vor allem mit Hinweis darauf, dass in Rheinland-Pfalz lediglich eine Universitätsklinik besteht und man durch einen Verkauf vorhandene Möglichkeiten, bundesweit in Forschung und Lehre zu glänzen, aus der Hand geben würde, vgl. die Anmerkungen *Schreiners* (CDU), ebenfalls in der 1. Lesung.

nur am politischen und gesellschaftlichen Widerstand sowie an der beschwerlichen Suche nach einem privaten Investor scheitern. Vor allem unterliegt sie starken rechtlichen Bedenken.

Zur Thematik der Privatisierung von Universitäten ist das Schrifttum noch überschaubar[1163]. Falls neue Universitäten entstehen, ist dies zweifellos in einer privaten Rechtsform möglich[1164].

Privatisierungen an staatlichen Hochschulen sind bislang nur in einem geringen Ausmaß erfolgt und beschränken sich zumeist auf bestimmte Einzelmaßnahmen[1165]. Formelle Privatisierungen scheinen auch im Falle der Hochschulen möglich[1166].

Die Auffassung, das für den Staat bestehende Gebot, funktionsfähige Institutionen für den Wissenschaftsbetrieb vorzuhalten, sei nicht gleichbedeutend mit einem Anspruch auf eine bestimmte Organisation, und es gebe weiterhin keine Bestandsgarantie von einzelnen Wissenschaftseinrichtungen[1167], könnte zwar auch für eine mögliche Privatisierung von Einrichtungen der Hochschulen sprechen. Dies ist im Ergebnis jedoch abzulehnen; umfassende materielle Privatisie-

---

1163 Vgl. maßgebend das umfassende Gutachten von *Erichsen,* Zulässigkeit, Grenzen und Folgen der Hochschulprivatisierung, 2000; *Battis/Grigoleit,* ZRP 2002, S. 65 (69), welche zumindest zu dem Ergebnis gelangen, dass die „Umgründung" einer staatlichen Universität in eine privatrechtliche Stiftungsuniversität rechtlich möglich sei. Das damit verfolgte Ziel des Zugriffs auf private Finanzmittel sei jedoch dauerhaft nicht mit der weiteren Gewährleistung der bisherigen universitären Freiheiten zu vereinbaren, darüber hinaus würde das Prinzip der Gleichheit der Hochschulen außer Kraft gesetzt.

1164 In letzter Zeit entstehen vermehrt neue Privathochschulen, vgl. *Pawelek,* Die Wahrnehmung hoheitlicher Hochschulaufgaben durch private Weiterbildungseinrichtungen, 2009, S. 41, m.w.N.; *Erichsen,* Zulässigkeit, Grenzen und Folgen der Hochschulprivatisierung, 2000, S. 41 ff., gibt einen umfassenden Überblick über weitere Privathochschulen.

1165 *Pawelek,* Die Wahrnehmung hoheitlicher Hochschulaufgaben durch private Weiterbildungseinrichtungen, 2009, S. 40 ff., unterteilt die bisherigen Privatisierungen im Hochschulwesen in zwei Gruppen. Unter den Begriff „indirekte Privatisierung" subsumiert er die Übertragung von Prinzipien der Privatwirtschaft auf die Universitäten. Als „direkte Privatisierungen" nennt er die Umwandlung der Hochschulen in eine private Rechtsform bzw. die Einbeziehung Privater in die Aufgabenwahrnehmung der Hochschulen. Als Beispiele hierfür führt er neben der Gründung von Privathochschulen privatfinanzierte „An-Institute" der Hochschulen, die Gründung oder Beteiligung an privatrechtlichen Einrichtungen durch die Hochschulen, Stiftungsprofessuren und Studiengebühren auf. Bisherige komplette materielle Privatisierungen finden hingegen bei *Pawelek* keine Erwähnung.

1166 *Erichsen,* Zulässigkeit, Grenzen und Folgen der Hochschulprivatisierung, 2000, S. 103 ff., erörtert die verfassungsrechtliche Zulässigkeit ausführlich.

1167 BVerfGE 85, 360 ff., worauf *Sandberger*, WissR-Beiheft 17 Bd. 39 (2006), S. 1 (25, 26) verweist. Vgl. auch *Meusel,* in: FS Leuze, 2003, S. 416, welcher feststellt, dass es dem Staat frei stünde, Hochschulen zu gründen und wieder aufzulösen; die abstrakte Bestandsgarantie erstrecke sich allein auf den Typus der wissenschaftlichen Hochschule.

rungen der Hochschulen sind rechtlich ausgeschlossen[1168]. Dies muss insbesondere für den Kernbereich der universitären Forschung und Lehre gelten.

Zwar wird angenommen, dass eine „Deregulierung" der Hochschulen insofern möglich ist, als dass der staatliche Einfluss auf diese beschränkt wird und alternative Organisationsvarianten entstehen, welche den Universitäten größere Freiräume im Rahmen ihrer Selbstbestimmung und Selbstverwaltung belassen[1169]. Das umfassende Verbot von materiellen Privatisierungen ergibt sich jedoch aus dem Grundgesetz und den Landesverfassungen. So wird ein grundgesetzliches Verbot teilweise aus der institutionellen Garantie der Hochschulen aus Art. 5 Abs. 3 S. 1 GG hergeleitet, welchem auch die Garantie einer öffentlich-rechtlichen Struktur der Hochschule entnommen wird[1170]. Andererseits wird vertreten, dass nicht die – teilweise umstrittene – institutionelle Garantie der Hochschulen, dafür jedoch die mit Art. 5 Abs. 3 S. 1 GG getroffene objektive Wertentscheidung die staatliche Trägerschaft der Hochschulen fordere[1171]. Desweiteren erfordert die Berufswahlfreiheit nach Art. 12 GG i.V.m. dem Sozialstaatsprinzip die staatliche Handlungspflicht zur Betreibung staatlicher Hochschulen[1172]. Gerade

1168 *Pawelek,* Die Wahrnehmung hoheitlicher Hochschulaufgaben durch private Weiterbildungseinrichtungen, 2009, S. 46. Diese Rechtsansicht entspricht auch dem Meinungsstand der Bevölkerung. Laut Forsa-Umfrage, *Forsa,* Privatisierung staatlicher Leistungen – Was wollen die Bürger?, 08.01.2008, erachten 70 % der Bürger die Betreibung der Hochschulen als eine Aufgabe, welche vom Staat wahrzunehmen sei.

1169 Vgl. zur „deregulierten" Hochschule ausführlich *Smeddinck,* DÖV 2007, S. 269 ff., welcher jedoch feststellt, dass zumindest eine vollständige Privatisierung der Universitäten ausgeschlossen ist (S. 271); vgl. auch *Ladeur,* DÖV 2005, S. 753 ff.

1170 *Bethge,* in: Sachs (Hrsg.), GG-Kommentar, Art. 5, Rn. 218, der Art. 5 Abs. 3 S. 1 GG als öffentlich-rechtliche Strukturgarantie der Hochschulen erachtet, welche eine vollständige Privatisierung des Hochschulwesens ausschließe; *Pawelek,* Die Wahrnehmung hoheitlicher Hochschulaufgaben durch private Weiterbildungseinrichtungen, 2009, S. 46.

1171 *Erichsen,* Zulässigkeit, Grenzen und Folgen der Hochschulprivatisierung, 2000, S. 86, m.w.N., lehnt im Ergebnis eine institutionelle Garantie der Hochschulen aus Art. 5 Abs. 3 S. 1 GG in ihrer traditionell öffentlich-rechtlichen Erscheinungsform ab, bejaht hingegen eine Verpflichtung zur staatlichen Trägerschaft der Universitäten aufgrund der durch Art. 5 Abs. 3 S. 1 GG getroffenen Wertentscheidung (S. 87 ff.).

1172 Siehe dazu die ausführliche Argumentation von *Erichsen,* Zulässigkeit, Grenzen und Folgen der Hochschulprivatisierung, 2000, S. 79 bis 82. Unter Art. 12 Abs. 1 S. 1 GG falle auch das Recht zur Wahl einer wissenschaftlichen Ausbildung bzw. eines wissenschaftlichen Berufs; dieses Recht setze die Existenz von entsprechenden Ausbildungsgängen und von Hochschulen voraus. *Erichsen* sieht die Pflicht zur staatlichen Trägerschaft im Übrigen auch durch die dem allgemeinen Persönlichkeitsrecht des Art. 2 Abs. 1 i.V.m. Art. 1 Abs. 1 S. 1 GG innewohnende Wertentscheidung begründet (S. 90 ff.); die Entwicklung von Anlagen und Befähigungen des Menschen geschehe durch Bildung, welche nicht nur ein leistungsfähiges Schulsystem bedinge, sondern darüber hinaus für spezielle Bildungsmöglichkeiten auch die Hochschulen

wegen der bislang geringen Dichte an Privathochschulen ist die entsprechende Grundrechtsverwirklichung derzeit nur durch den Betrieb staatlicher Hochschulen zu erreichen[1173]. Die generelle Abhängigkeit von privatrechtlichen Betreibern verhindert die Ausübung einer freien Wissenschaft[1174].

Noch deutlicher ist die staatliche Betriebspflicht von Hochschulen den Landesverfassungen der einzelnen Bundesländer zu entnehmen. Die Landesverfassungen normieren zum Teil ausdrückliche Einrichtungsgarantien der Hochschulen[1175]. Die in den Landesgesetzen enthaltene Selbstverwaltungsgarantie der Hochschulen spricht für eine regelmäßig staatliche Trägerschaft der Hochschulen[1176].

Es sind weiterhin auch kaum Schutzmechanismen denkbar, welche garantieren, dass es bei einer vollständigen Hochschulprivatisierung nicht zu einem deutlichen Einschnitt in die Wissenschaftsfreiheit von Fachbereichen und Hochschullehrern käme. Die bestehenden Freiheiten können nach einer Privatisierung nicht mehr ausreichend gewährleistet werden. Die privatwirtschaftlichen Interessen an einer gewinnbringenden, effizienten Forschung sind mit den klassisch garantierten Freiheitsräumen der universitären Wissenschaftler nicht zu vereinbaren. Eine autonome Bestimmung ihrer Forschungsprojekte, Methoden und Ziele wäre den Wissenschaftlern verwehrt.

---

erfordere. Die Existenz von Hochschulen sei demnach notwendige Voraussetzung für den Erwerb spezialisierten Wissens und Fähigkeiten.

1173 *Pawelek,* Die Wahrnehmung hoheitlicher Hochschulaufgaben durch private Weiterbildungseinrichtungen, 2009, S. 46. Dies wird sich auf unabsehbare Zeit auch nicht ändern, so *Erichsen,* Zulässigkeit, Grenzen und Folgen der Hochschulprivatisierung, 2000, S. 82.

1174 *Erichsen,* Zulässigkeit, Grenzen und Folgen der Hochschulprivatisierung, 2000, S. 81, stellt m.w.N. fest, dass eine generelle Abhängigkeit des Wissenschaftsbetriebes von der Privatwirtschaft im Hinblick auf Art. 5 Abs. 3 S. 1 GG problematisch sei, da die dem einzelnen Unternehmen zu stark verpflichtete Wissenschaft nicht mehr als „frei" bezeichnet werden könne.

1175 Siehe Art. 138 Abs. 1 Bayerische Verfassung: „Die Errichtung und Verwaltung der Hochschulen ist Sache des Staates. Eine Ausnahme bilden die kirchlichen Hochschulen. Weitere Ausnahmen bedürfen staatlicher Genehmigung"; Art. 60 Abs. 1 S. 1 Verfassung des Landes Hessen spricht von „Universitäten und staatlichen Hochschulen", Art. 61 normiert die Genehmigungsbedürftigkeit privater Hochschulen; Art. 31 Abs. 1 Verfassung des Landes Sachsen-Anhalt besagt: „Hochschulen und andere wissenschaftliche Einrichtungen sind vom Land in ausreichendem Maße einzurichten, zu unterhalten und zu fördern. Andere Träger sind zulässig".

1176 *Erichsen,* Zulässigkeit, Grenzen und Folgen der Hochschulprivatisierung, 2000, S. 97, führt aus, dass das Selbstverwaltungsrecht der staatlichen Hochschulen nicht automatisch eine öffentlich-rechtliche Trägerschaft bedeute, jedoch das Modell der öffentlich-rechtlichen Trägerschaft als Regelfall zu Grunde liege.

Es stellt sich die Frage, ob aus der Verfassungswidrigkeit der Überführung einer vollständigen staatlichen Hochschule in eine private Trägerschaft auch das Verbot der Privatisierung einzelner Fachbereiche abgeleitet werden kann.

Bereits PPP benötigen im Bereich der medizinischen Forschung Sicherungsmechanismen, um eine Einschränkung der Forschungsfreiheit so gering wie möglich zu halten[1177]. Auch die materielle Privatisierung der vom Medizinischen Fachbereich losgelösten Universitätsklinika kann nach hier vertretener Ansicht nur im seltenen Ausnahmefall gerechtfertigt werden[1178]. Wesentlich gravierender würden Einschränkungen ausfallen, wenn der vollständige Medizinische Fachbereich mit in die private Trägerschaft übergehen würde. Allein die Privatisierung der universitätsklinischen Krankenversorgung stellt – aufgrund der direkten Verbindung zur medizinischen Forschung und Lehre – eine klar erkennbare Einschränkung der Forschungs- und Lehrfreiheit dar. In der Diskussion um die rechtlichen Voraussetzungen für die Zulässigkeit von Privatisierungen in der Hochschulmedizin wurde als unerlässliche Privatisierungsvorgabe erkannt, dass die Verantwortung für Forschung und Lehre allein beim Fachbereich bleiben muss und dieser vor Beeinträchtigungen durch den privaten Träger des Universitätsklinikums geschützt bleibt[1179]. Da allein schon die Privatisierung der Krankenversorgung eine beträchtliche, nur im ausnahmsweisen Einzelfall zu rechtfertigende Einschränkung der Forschungs- und Lehrfreiheit darstellt, würde eine Privatisierung des Medizinischen Fachbereichs einen darüber deutlich hinausgehenden Eingriff in die Wissenschaftsfreiheit darstellen. Damit verbunden wäre eine Privatisierung der universitären Aufgaben Forschung und Lehre. Die Einhaltung und Kontrolle der Gewährleistung der Wissenschaftsfreiheit würde in die Hände Privater gelegt. Die Frage wäre nicht, ob überhaupt eine Einschränkung der Forschung und Lehre erwartet werden muss, sondern allein, wie stark diese im Einzelfall ausfällt.

Die Schutzmechanismen, welche durch § 26 des UMG R-P vorgesehen sind, könnten lediglich die Privatisierungsfolgen abmildern. Nach § 26 Abs. 1 Nr. 1 UMG würde die Universitätsmedizin mit den öffentlichen Aufgaben in Forschung und Lehre beliehen. Sie unterläge der Rechtsaufsicht des für das Hochschulwesen zuständigen Ministeriums, welches u.a. darüber wachen würde, dass

1177 Vgl. oben C. III.

1178 Vgl. oben C. IV. 2 a.

1179 So etwa der Wissenschaftsrat, Empfehlungen zu Public Private Partnerships (PPP) und Privatisierungen in der universitätsmedizinischen Krankenversorgung, 2006, S. 3, für den es unverzichtbar ist, dass es aufgrund der Privatisierung eines Universitätsklinikums zu keinem Mitspracherecht des privaten Trägers hinsichtlich des Inhalts und Umfangs von Forschung und Lehre kommt.

die Universitätsmedizin GmbH die Freiheiten in Forschung und Lehre wahrt[1180]. Im Rahmen der Rechtsaufsicht wären umfängliche Aufsichtsmaßnahmen vorgesehen[1181].

Dass die materielle Privatisierung einer im Integrationsmodell organisierten Universitätsmedizin aufgrund der „Mitprivatisierung" des Medizinischen Fachbereichs rechtlich noch komplexer ist als die Privatisierung eines im Kooperationsmodells geführten Universitätsklinikums, wurde auch im – bislang wenig umfangreichen – Schrifttum erkannt. So wird angenommen, dass die Option der Privatisierung von Universitätsklinika offenkundig eher auf der Grundlage des Kooperationsmodells zu realisieren sei[1182], da in einem solchen lediglich die Krankenversorgung privatisiert wird. Es wird davon ausgegangen, dass eine materielle Privatisierung sich allein auf den Bereich der Krankenversorgung beziehen könne und die Privatisierung von Forschung und Lehre eine Privathochschule entstehen lasse[1183]. Zuweilen wird gar eine Immunität von im Integrationsmodell organisierten Körperschaften für Universitätsmedizin gegenüber materiellen Privatisierungen angenommen[1184].

Andere Stimmen hingegen stehen auch einer Privatisierung von Forschung und Lehre offen gegenüber[1185], mithin wohl auch der Privatisierung einer im Integrationsmodell organisierten Universitätsmedizin. Auch einige potentielle private Betreiber präferieren eine Privatisierung im Integrationsmodell[1186].

1180 Vgl. § 26 Abs. 3 UMG R-P.

1181 So können nach § 26 Abs. 3 UMG Informationen angefordert und die Herausgabe von Unterlagen verlangt werden, die Geschäftsräume betreten, rechtswidrige Maßnahmen und Beschlüsse beanstandet sowie die Erfüllung der der Universitätsmedizin obliegenden Pflichten in einer angemessenen Zeit verlangt werden.

1182 *Möller,* in: Huster/Kaltenborn (Hrsg.), Handbuch des Krankenhausrechts, 2010, § 16 D, Rn. 30.

1183 *Sandberger*, in: FS Leuze, 2003, S. 462.

1184 Hierin sehen *Siewert/Merk* gerade einen Vorteil des Integrationsmodells gegenüber dem Kooperationsmodell, in welchem die Universitätsklinika weitaus anfälliger für Privatisierungen seien, Bundesgesundheitsblatt 2009, S. 807, 808; an anderer Stelle stellt *Siewert*, Jahresversammlung Medizinischer Fakultätentag 2008, Organisation der Deutschen Hochschulmedizin, S. 9, fest, dass die materielle Privatisierung im Kooperationsmodell eher zu befürchten sei als im Integrationsmodell.

1185 *Dudenhausen*, Jahresversammlung Medizinischer Fakultätentag 2006, Mögliche Rechtsformen von Universitätsklinika, S. 4, verweist darauf, dass Rechtsformen bestehen, bei welchen auch Forschung und Lehre unter privatwirtschaftliche Leitung gestellt werden könnten. Ob dies praktikabel ist, lässt er jedoch mangels Erfahrungen offen; *Stober,* NJW 2008, S. 2301 (2302), zählt die Bildung und Forschung ebenfalls zu den potentiellen Privatisierungsfeldern.

1186 Vgl. die Ausführungen von *Philippi* (Geschäftsführer der Sana-Kliniken), Jahresversammlung Medizinischer Fakultätentag 2007, Voll- oder Teilprivatisierung der Universitätsklinika – Welche Modelle sind zukunftsfähig, S. 6 ff.; Forschung, Lehre und Krankenversorgung sollten demnach immer – somit auch bei einer materiellen Privatisierung – im Rahmen einer Inte-

Im Ergebnis würde die Privatisierung einer im Integrationsmodell organisierten Universitätsmedizin – neben weiteren bereits aufgezählten Rechtsnormen – auch die Freiheit von Forschung und Lehre in einem hohen Maße einschränken. Eine verfassungsrechtliche Rechtfertigung kann daher nicht angenommen werden[1187]. Falls in Notsituationen unüberwindbare Finanzierungsprobleme bestehen, welche die Schließung der betroffenen Universitätsmedizin befürchten lassen, wäre es in jedem Falle noch möglich, den Fachbereich und das Universitätsklinikum wieder voneinander zu trennen. Anschließend könnte dann lediglich das im Kooperationsmodell geführte Universitätsklinikum privatisiert werden, somit allein die Aufgabe der Krankenversorgung.

Insgesamt muss ein generelles Privatisierungsverbot für die universitäre Forschung und Lehre und somit auch für im Integrationsmodell organisierte Körperschaften für Universitätsmedizin bestehen.

---

grationslösung betrieben werden, eine Trennung wäre künstlich. Geeignete Rechtsform für eine materielle Privatisierung ist nach dem Sana-Konzept die rechtsfähige Stiftung des bürgerlichen Rechts.

1187 Etwas zu verhalten wirken daher auch die Bedenken des Verbands der Universitätsklinika Deutschlands, Stellungnahme zum Landesgesetz über die Errichtung der Universitätsmedizin der Johannes Gutenberg-Universität Mainz, Mai 2008, S. 4, der lediglich konstatiert, es sei zu berücksichtigen, dass die Universitätsmedizin dauerhaft die Mittel für den Kapitaldienst bzw. die Renditeinteressen des privaten Partners erwirtschaften müsse und diese dann dem laufenden Betrieb nicht mehr zur Verfügung stünden.

3. Teil: Gesamtzusammenfassung

In Teil 1 der Arbeit wurde der Wandel der Hochschulmedizin und die dadurch bedingten Auswirkungen auf die Wissenschaftsfreiheit der Medizinischen Fachbereiche und Hochschullehrer dargestellt.

An der Aufgabenwahrnehmung der Hochschulmedizin sind hauptsächlich drei Akteure beteiligt, die Universitäten, Medizinischen Fachbereiche mitsamt ihrer Hochschullehrer und Wissenschaftler sowie die Universitätsklinika. Die Einbeziehung eines Universitätsklinikums als zusätzlicher Akteur im Rahmen des Hochschulwesens stellt eine ausschließliche Besonderheit des Hochschulfachs Medizin dar.

Ursprünglich hatte das Universitätsklinikum die Aufgabe, für Universität, Fachbereich und Hochschullehrer den in der medizinischen Forschung und Lehre notwendigen Praxisbezug zu vermitteln. Das Universitätsklinikum war in die Universität bzw. in den Medizinischen Fachbereich integriert. Dieses Aufgabenprofil änderte sich beständig. Neben der Aufgabenwahrnehmung in Forschung und Lehre wurde das Universitätsklinikum zunehmend in die Krankenversorgung eingebunden und seine Bedeutung als spezialisiertes Großkrankenhaus wuchs kontinuierlich an. In der Hochschulmedizin wurden zunehmend Strukturen der Krankenversorgung etabliert, welche die Wahrnehmung der gewährleisteten Freiheit von Forschung und Lehre durch Medizinische Fachbereiche und Hochschullehrer erschwerten. Um sowohl eine freie Forschung und Lehre als auch eine wirtschaftlich effiziente Krankenversorgung auf dem technisch neuesten Stand zu gewährleisten, entstand ein komplexes Organisationssystem.

Die Universitätsklinika sind heute in der Mehrzahl der Fälle als von den Universitäten losgelöste rechtsfähige Körperschaften des öffentlichen Rechts organisiert und arbeiten auf Kooperationsbasis mit den Medizinischen Fachbereichen und Universitäten zusammen. Die Universitätsklinika dienen und unterstützen den universitären Bereich bei der Aufgabenwahrnehmung in Forschung und Lehre, ohne noch selbst originäre Aufgaben in diesem Feld zu erfüllen. In jüngerer Zeit etabliert sich zunehmend das Integrationsmodell als Alternative zum Kooperationsmodell. Im Integrationsmodell ist auch der Medizinische Fachbereich aus der Universität herausgelöst und bildet im Verbund mit dem Universitätsklinikum eine Körperschaft für Universitätsmedizin mit gemeinsamen Leitungsorganen. Die Körperschaft für Universitätsmedizin ist für sämtliche Aufgaben in Forschung, Lehre und Krankenversorgung gesamtverantwortlich zuständig.

Die Ausweitung der Krankenversorgung machte Änderungen im Organisationssystem der Hochschulmedizin erforderlich. Das Organisationssystem der Hochschulmedizin bedingt unterschiedliche unmittelbare und mittelbare Einschränkungen der Freiheit von Forschung und Lehre der Medizinischen Fachbereiche und Hochschullehrer. Der institutionelle Auftrag der Medizinischen Fachbereiche zur Gewährleistung einer freien Forschung und Lehre für seine Wissenschaftler wurde durch die Strukturen der Krankenversorgung erkennbar erschwert, die Selbstbestimmungsrechte deutlich verringert. Die Medizinischen Fachbereiche sind in komplexe Entscheidungsstrukturen eingebunden. Es fällt den Fachbereichen immer schwerer, sich gegenüber den Interessen der zunehmend deregulierten Universitätsklinika zu behaupten. Die Medizinischen Hochschullehrer sind rein zeitlich überwiegend in der Krankenversorgung statt in der Forschung und Lehre tätig. Durch die Eingliederung in hierarchische Entscheidungsstrukturen der Krankenversorgung sind sie in ihrer Wissenschaftsfreiheit eingeschränkt worden.

Trotz ihrer Erheblichkeit sind die festgestellten Einschränkungen aufgrund Erwägungen der praktischen Konkordanz gerechtfertigt. Die Hochschulmedizin ist unverzichtbar für das Schutzgut einer bestmöglichen Krankenversorgung der Bevölkerung. Die in der Hochschulmedizin gewachsenen Strukturen haben für das deutsche Gesundheitswesen und die Krankenhauslandschaft eine überragend wichtige Bedeutung erlangt. Durch die Universitätsklinika stehen hochspezialisierte Kliniken zur Verfügung, welche insgesamt sowohl für die Behandlung seltener Krankheitsbilder als auch für eine flächendeckende Krankenversorgung unersetzlich sind. Die erlangte Sonderstellung der Universitätsklinika resultiert gerade auch aus der Symbiose der Krankenversorgung mit der universitären Forschung und Lehre. Die Einschränkungen der Wissenschaftsfreiheit führen weiterhin nicht dazu, dass die medizinische Forschung und Lehre in Deutschland insgesamt eine qualitative Verschlechterung erfährt. Im Gegenteil garantiert die Hochschulmedizin faktisch eine hochwertige Forschung und Lehre. Eine herausragende medizinische Wissenschaft hilft, das menschliche Leben zu schützen und die Lebensqualität der Bevölkerung zu verbessern. Sie sorgt für eine Belebung der Volkswirtschaft und für die Erhaltung der internationalen Wettbewerbsfähigkeit. Durch grundlegende Reformen der Hochschulmedizin zum verbesserten Schutz der Wissenschaftsfreiheit droht sowohl eine Gefährdung der bestmöglichen Krankenversorgung der Bevölkerung als auch einer erfolgreichen medizinischen Forschung und Lehre. Es ist derzeit keine Alternative zum Organisationssystem der Hochschulmedizin erkennbar, durch welche die Forschungs- und Lehrfreiheit besser geschützt wäre und gleichzeitig eine qualitativ hochwertige Gesundheitsversorgung sowie Forschung und Lehre garantiert ist. Eine Beibehaltung der generellen Organisationsstrukturen der Hochschulmedizin mitsamt der Universitätsklinika ist daher zwingend notwendig.

Die vollständige Herauslösung der Universitätsklinika aus dem Verbund der Hochschulmedizin sowie die vollständige Wiedereingliederung der Universitätsklinika in die Universität zum Schutz der Freiheit von Forschung und Lehre stellen keine gangbaren Alternativen zu den bestehenden Organisationsmodellen der Hochschulmedizin dar. Lehrkrankenhäuser und Forschungszentren können die Universitätsklinika derzeit nicht ersetzen. Forschung und Lehre sollten nicht gänzlich voneinander getrennt werden.

Im Hinblick auf den Schutz der Freiheit von Forschung und Lehre besitzt das Kooperationsmodell Vorteile gegenüber dem Integrationsmodell. Da im Kooperationsmodell Medizinischer Fachbereich und Universitätsklinikum rechtlich voneinander getrennt sind, kann das Universitätsklinikum nur begrenzt Einfluss auf die wissenschaftlichen Aufgaben des Medizinischen Fachbereichs ausüben. Im Integrationsmodell steht eine Einflussnahme durch die gemeinsamen Leitungsorgane der Körperschaft für Universitätsmedizin eher zu befürchten. Der Medizinische Fachbereich droht, sich mitsamt dem Universitätsklinikum von der Universität zu entfernen. Die Aufgabe der Krankenversorgung könnte dauerhaft eine noch größere Dominanz entwickeln.

Beurteilt man die Organisationsmodelle hingegen über den alleinigen Schutz der Freiheit von Forschung und Lehre hinaus anhand ihrer Eignung bezüglich der Erfüllung der Gesamtziele der Hochschulmedizin, erscheint das Integrationsmodell insgesamt als das „modernere“ Modell.

Aufgrund der Einschränkungen der Freiheit von Forschung und Lehre bedarf es punktueller Verbesserungen der Schutzmechanismen. Derartige Verbesserungen können sowohl im Kooperations- als auch im Integrationsmodell verwirklicht werden.

Grundvoraussetzung für eine freie Forschung und Lehre ist eine dauerhaft ausreichende Ausstattung der Hochschulmedizin mit staatlichen Finanzmitteln. Die Zuführungsbeträge für Forschung und Lehre müssen konstant beibehalten werden. Auch die Finanzierung der Krankenversorgung muss dauerhaft gesichert sein.

Weiterhin könnte durch den Gesetzgeber festgelegt werden, dass Primäraufgabe der Universitätsklinika die Unterstützung der universitären Seite in Forschung und Lehre ist.

Das Ausmaß der Krankenversorgung darf nicht weiter zu Lasten der Forschung und Lehre gesteigert werden. Die zeitlichen Freiräume der Hochschullehrer in Forschung und Lehre sollten erhöht werden. Die vorgesehenen Arbeitszeiten müssen in jedem Falle eingehalten und kontrolliert werden.

Darüber hinaus muss der Beamtenstatus der medizinischen Hochschullehrer erhalten bleiben, da gerade dieser hochqualifizierte Mediziner zu einer Tätigkeit in der Hochschulmedizin veranlasst.

Der Weisungsumfang in der Krankenversorgung gegenüber den Hochschullehrern muss gesetzlich transparent gemacht werden. Es sollte ein geeignetes Verfahren installiert werden, durch das Weisungen überprüft werden können Die Hochschullehrer müssen die Möglichkeit erhalten, den Weisungen des Universitätsklinikums unmittelbar widersprechen zu können. Der „Umweg" der Geltendmachung von Grundrechtsverletzungen des Hochschullehrers über Fachbereichsgremien kann hinderlich sein.

In den Führungsorganen des Universitätsklinikums wäre eine größere Repräsentanz der Universitäts- und vor allem Fachbereichsmitglieder wünschenswert. Dies gilt insbesondere für die Besetzung des Aufsichtsrates.

Die Widerspruchsrechte des Dekans bei Vorstandsentscheidungen des Universitätsklinikums müssen gestärkt werden. Dem Dekan sollte ein Vetorecht zustehen, soweit die Belange von Forschung und Lehre betroffen sind. Der Dekan sollte sich primär als Interessenvertreter des Medizinischen Fachbereichs und nicht des Universitätsklinikums verstehen. Er muss an Entscheidungen des Medizinischen Fachbereiches gebunden sein.

Bei grundlegenden Entscheidungen des Vorstands bezüglich Forschung und Lehre muss der Medizinische Fachbereich sein Einvernehmen erklären. Andererseits darf der Einfluss des Universitätsklinikums auf Entscheidungen des Fachbereichs nicht ausgeweitet werden. Sollte ausnahmsweise das Einvernehmen des Universitätsklinikums bei Entscheidungen des Fachbereichs eingeholt werden müssen, so darf dieses nur in sachlich begründeten Fällen verweigert werden.

Bei auftretenden Konflikten zwischen Universitätsklinikum und Medizinischem Fachbereich ist bestenfalls ein Schlichtungsverfahren ohne den universitätsklinischen Aufsichtsrat als zentralem Schlichtungsorgan einzuführen. Insofern bedarf es einer neutralen Schlichtungskommission, welche weder ein Organ des Fachbereichs noch des Universitätsklinikums darstellt. Solange das Schlichtungsverfahren betrieben wird, darf die umstrittene Maßnahme nicht umgesetzt werden. Die weiterhin zunehmende staatliche Deregulierung in der Hochschulmedizin mag für den wirtschaftlichen Erfolg der Universitätsklinika förderlich sein, muss jedoch zum Schutz der Freiheit von Forschung und Lehre auf ein bestimmtes Maß begrenzt bleiben.

Die insgesamt festgestellte verfassungsrechtliche Rechtfertigung der kumulativen Einschränkungen der Freiheit von Forschung und Lehre bedeutet keine Bindungsfreiheit des Gesetzgebers im Rechtsgebiet Hochschulmedizin. Die bestmögliche Gewährleistung der Wissenschaftsfreiheit muss bei Gesetzgebungsverfahren immer berücksichtigt werden. Es ist sicherzustellen, dass die Hochschullehrer im Kernbereich ihrer Forschungs- und Lehrfreiheit nicht beschränkt werden. Die Hochschullehrer können bei der zeitlichen Ausgestaltung sowie der Wahl ihrer Forschungsprojekte in gewissem Umfang eingeschränkt werden bzw. auf Abstimmungen angewiesen sein. Falls sie jedoch ein Projekt übernommen haben, müssen sie insbesondere bezüglich der Methodenwahl als auch der Bewertung der Forschungsergebnisse immer gänzlich frei sein.

Auf Dauer zeichnet sich der Trend ab, dass die klassisch gewährleistete Freiheit von Forschung und Lehre im Hochschulfach Medizin durch eine weiter zunehmende Dominanz der Krankenversorgung in den Universitätsklinika weiter eingeschränkt wird.

In Teil 2 der Arbeit wurden die speziellen Gefahren dargestellt, welche die Beteiligungen Privater in der Universitätsmedizin für die Wissenschaftsfreiheit bedingen.

Privatisierungen in der Hochschulmedizin stellen eine zunehmende Alternative zur Generierung neuer Finanzquellen dar. Dauerhaft ist von einer steigenden Anzahl an Privatisierungen auszugehen, wenngleich diese derzeit noch gescheut werden. Gerade das Personal der Universitätsklinika fürchtet Privatisierungen.

Hauptgrund für Privatisierungen sind Finanzierungsprobleme der Universitätsklinika, gerade in der Krankenversorgung. Zur Verhinderung von Privatisierungen ist eine Stärkung der öffentlich-rechtlichen Organisationsstrukturen der Hochschulmedizin erforderlich. Die Finanzierung der Universitätsklinika muss dauerhaft gesichert sein. Finanzierungsprobleme müssen frühzeitig erkannt werden.

Bislang wurden vor allem PPP-Projekte in der universitären Krankenversorgung durchgeführt. Formelle Privatisierungen der Universitätsklinika sind bereits in mehreren Bundesländern gesetzlich ermöglicht worden. Die bundesweit erste formelle und auch materielle Privatisierung hat im Falle des Universitätsklinikums Gießen-Marburg stattgefunden. In Rheinland-Pfalz ist die materielle Privatisierung einer im Integrationsmodell geführten Körperschaft für Universitätsmedizin als gesetzliche Entwicklungsoption festgehalten.

Formelle Privatisierungen sind verfassungsrechtlich weitgehend unbedenklich. Auch die bisher aufgetretenen funktionalen Privatisierungen, welche sich zumeist auf Formen bestimmter Vertrags-PPP beschränken, sind bei Einhaltung bestimmter Schutzmechanismen nicht zu beanstanden. Gerade im Bereich der Forschung sind PPP in Bezug auf die Wissenschaftsfreiheit deutlich strenger abzusichern als im Bereich der Krankenversorgung.

Hauptuntersuchungspunkt des 2. Teils der Arbeit war die Vereinbarkeit der materiellen Privatisierung von im Kooperationsmodell geführten Universitätsklinika mit der Forschungs- und Lehrfreiheit. Anderen verfassungsrechtlichen Schranken, welche eine materielle Privatisierung letztlich verhindern könnten, kann durch die Etablierung entsprechender Schutzmechanismen entgegengetreten werden. Materielle Privatisierungen bergen die Gefahr, dass durch die Interessen des privaten Betreibers an einer effizienten und wirtschaftlichen Krankenversorgung – sowie dem potentiellen Desinteresse an wissenschaftlichen Tätigkeiten – mittel- bzw. langfristig eine übermäßige Einschränkung der Freiheit von Forschung und Lehre erfolgt. Die Frage ist nicht, ob es überhaupt zu Einschränkungen kommt, sondern lediglich wann diese auftreten und als wie stark sie sich im Einzelfall erweisen.

Wie das dargestellte Beispiel Gießen-Marburg zeigt, bestehen Schutzmechanismen, welche die negativen Privatisierungsfolgen für die Freiheit von Forschung und Lehre durchaus abmildern können. Diese Schutzmechanismen sind jedoch nicht dazu geeignet, die Freiheit von Forschung und Lehre in dem Maße zu gewährleisten, wie es mit öffentlich-rechtlichen Universitätsklinika immer noch gelingt.

Materielle Privatisierungen von Universitätsklinika können daher nur ausnahmsweise verfassungsrechtlich gerechtfertigt sein. Eine solche Rechtfertigung kann angenommen werden, falls die Privatisierung aufgrund der Finanzlage des Universitätsklinikums als „ultima ratio“ die letzte Alternative zur Schließung des Universitätsklinikums darstellt. Falls sich ein geeigneter privater Investor findet und die Rahmenbedingungen stimmen, ist in einem solchen Fall eine Privatisierung möglich und kann sogar geboten sein. Die Privatisierung dient dann gar den eigentlich von der Privatisierung beeinträchtigten Schutzgütern einer funktionalen Krankenversorgung, aber auch der Wissenschaftsfreiheit der Medizinischen Fachbereiche und ihrer Hochschullehrer. Die Wissenschaftsfreiheit mag durch die Privatisierung zwar weiter eingeschränkt werden, durch den Wegfall des Universitätsklinikums – oder gar des vollständigen hochschulmedizinischen Standortes – wären die Hochschullehrer jedoch noch erheblicher in der Ausübung ihrer freien Wissenschaft beschränkt. Es ist daher im Einzelfall umfassend zu prüfen, ob eine Schließung der Universitätsklinik bei Beibehaltung der öffentlich-rechtlichen Organisationsform unumgänglich wäre und dadurch eine Privatisierung gerechtfertigt werden kann.

Die materielle Privatisierung einer im Integrationsmodell organisierten vollständigen Universitätsmedizin ist aufgrund einer zwangsläufigen „Mitprivatisierung“ des Medizinischen Fachbereichs und somit der universitären Forschung und Lehre nicht möglich. Wie u.a. die Selbstverwaltungsgarantie der Hochschulen verbietet auch Art. 5 Abs. 3 S. 1 GG die materielle Privatisierung von Universitäten bzw. Fachbereichen. Falls für die im Integrationsmodell organisierte Körperschaften für Universitätsmedizin unüberwindbare Finanzierungslücken entstehen, wäre es immer noch denkbar, den Medizinischen Fachbereich und das Universitätsklinikum rechtlich wieder voneinander loszulösen. Anschließend könnte dann lediglich das Universitätsklinikum privatisiert werden.

Literaturverzeichnis

Achenbach, Nicklars/Wowra, Nina, Investitionen im Krankenhaus mit privaten Partnern – 2. Fachkongress zu PPP im Krankenhauswesen am 12.11.2009 in Bonn, GesR 2010, S. 111.

Adler, Guido, Probleme und Perspektiven der Hochschulmedizin, Reden und Aufsätze der Uni Ulm Heft 7, 2001.

Adler, Guido, Kränkelnd oder kaum noch therapierbar? Perspektiven der Hochschulmedizin, F&L 2005, S. 586.

Adler, G./von dem Knesebeck, J., Inhaltliche Perspektiven der Forschungsförderung von hochschulmedizinischer Forschung auf der Ebene von BMBF, DFG und EU, Bundesgesundheitsblatt 2009, S. 917.

Aldenhoff, Josef, Heilt Privatisierung? Visionen und Realitäten im Umgang mit Universitäten und ihren Kliniken, F&L 2008, S. 170.

Amann, I./Heyder, R./Strehl R., Investitionstätigkeit und Investitionsrückstand als Risikofaktoren für die Hochschulmedizin?, Bundesgesundheitsblatt 2009, S. 811.

Anderbrügge, Klaus, Zum Verhältnis von Universität, Medizinischer Fakultät und Universitätsklinikum nach nordrhein-westfälischem Hochschulrecht, in: ders./Epping, Volker/Löwer, Wolfgang (Hrsg.), Dienst an der Hochschule, Festschrift für Dieter Leuze zum 70. Geburtstag, 2003, S. 1.

Arbeitsgemeinschaft Hochschulmedizin, Attraktivitätsverlust – Arbeitsgemeinschaft Hochschulmedizin fürchtet um die Zukunft der Hochschulmedizin, Resolution vom 19.04.2004. Abrufbar unter: http://www.hochschulverband.de/cms1/fileadmin/redaktion/download/pdf/resolutionen/atraktivitaet.pdf, zuletzt besucht am 02.03.2011.

Arbeitsgemeinschaft Hochschulmedizin, Zur Zukunft der deutschen Hochschulmedizin, Resolution vom 03.07.2007. Abrufbar unter: http://www.hochschul verband.de/cms1/fileadmin/redaktion/download/pdf/resolutionen/Resolution %20Zukunft%20Universitaetsklinika.pdf, zuletzt besucht am 02.03.2011.

Autenrieth, Ingo B., Jahresversammlung Medizinischer Fakultätentag 2009, Sicht der Fakultäten.

Autenrieth, Ingo B., Anmerkungen zum Gesetzentwurf. Kummer mit der KUM, Anhörung im Landtag Baden-Württemberg, 18.01.2011.

Arbeitsgemeinschaft der Wissenschaftlichen Medizinischen Fachgesellschaften, Stellungnahme zur Neugestaltung von Struktur und Finanzierung der Hochschulmedizin vom 06.05.1995. Abrufbar unter: http://www.awmf.org/forschung-lehre/stellungnahmen/forschung-lehre/struktur-und-finanzierung-der-hochschulmedizin.html, zuletzt besucht am 04.03.2011.

Arbeitsgemeinschaft der Wissenschaftlichen Medizinischen Fachgesellschaften, Thesen der Arbeitsgemeinschaft der Wissenschaftlichen Medizinischen Fachgesellschaften zu Aufgaben von Universitätsklinika, 02.06.2005. Abrufbar unter: http://www.awmf.org/uploads/media/thesen-uk.pdf, zuletzt besucht am 02.03.2011.

Arbeitsgemeinschaft der Wissenschaftlichen Medizinischen Fachgesellschaften, Offener Brief der Wissenschaftlichen Medizinischen Fachgesellschaften in der Bundesrepublik Deutschland an die verantwortlichen Politiker, 20.09.2007. Abrufbar unter: http://www.awmf.org/forschung-lehre/stellung nahmen/forschung-lehre/universitaere-medizin-zw-exzellenzinitiative-und-brain-drain.html, zuletzt besucht am 02.03.2011.

Balders, Sven-Frederik, Zur Organisationsreform der Hochschulmedizin: Effizienz nur ohne Universität?, Wissenschaftsrecht Bd. 31 (1998), S. 91.

Barthel, Vera/Drews, Ernesto/Schulze, Hans-Jörg/Theusinger, Ingo, Rechtliche Aspekte der Privatisierung von Krankenhäusern, GesR 2008, S. 461.

Battis, Ulrich/Grigoleit, Klaus Joachim, Die Universität als privatrechtliche Stiftung – Modell einer glaubwürdigen staatsfernen Hochschule, ZRP 2002, S. 65

Bauer, T., Jahresversammlung Medizinischer Fakultätentag 2009, Innere Wissenschaftsfreiheit.

Becker, Stefan, Rechtsfragen zu Gründung und Betrieb privater Universitäten, DVBl. 2002, S. 92.

Becker, Stefan, Das Recht der Hochschulmedizin, Dissertation, 2005.

Becker, Stefan, 1. Deutscher Hochschulrechtstag – „Die Privatisierung der Hochschulmedizin“, NVwZ 2005, S. 555.

Becker, Stefan, Privatisierung des Universitätsklinikums Gießen und Marburg – verfassungsgemäß?, MedR 2006, S. 472.

Beisiegel, Ulrike, Motivation des Nachwuchses für die medizinische Forschung, Bundesgesundheitsblatt 2009, S. 850.

Benda, Ernst/Maihofer, Werner/Vogel, Hans-Jochen, Handbuch des Verfassungsrechts der Bundesrepublik Deutschland, 2. Aufl. 1995.

Bergsdorf, Wolfgang, Die Universität in der Wissensgesellschaft, APuZ 2002, Heft 26, S. 20.

Bergter, Wolfgang, Privates Kapital für Hochschulen und Universitätsklinika, Geschlossene Hochschulfonds als alternative Finanzierung von Forschungsprojekten und Kliniken, F&L 2006, S. 149.

Biersack, Hans-Jürgen, Der Horror Oeconomicus. Wie die klinische Hochschulmedizin langsam stirbt, F&L 2008, S. 386.

Bitter-Suermann, Dieter, Ärzteschwund/Ärztemangel? Wo liegen die Probleme?, F&L 2011, S. 42 ff.

Bitter-Suermann, Dieter, Jahresversammlung Medizinischer Fakultätentag 2010, Eröffnung des Ordentlichen Medizinischen Fakultätentages, S. 7.

Bitter-Suermann, Dieter, Die Perspektiven der Medizinischen Fakultät: Zentral, dezentral oder eine klare Zuständigkeitsverteilung, Vortrag auf dem Expertenforum zum Entwurf des Universitätsmedizingesetzes BW in Stuttgart, 14.01.2011.

Bleyl, Uwe, Erzwungene Quersubventionierung in der universitären Krankenversorgung, MedR 2004, S. 415.

Böhmann, Dirk, Vergütungsdefizite an Universitätsklinika. Wie sich der Tarifvertrag für Ärzte auf die deutsche Hochschulmedizin auswirkt, F&L 2008, S. 22.

Bonk, Heinz Joachim, Rechtliche Rahmenbedingungen einer Privatisierung im Strafvollzug, JZ 2009, S. 435.

Brähler, E./Strauß, B., Leistungsorientierte Mittelvergabe an Medizinischen Fakultäten, Bundesgesundheitsblatt 2009, S. 910 ff.

Breitbach, Michael, Dramatischer Investitionsstau. Zur prekären Finanzlage der deutschen Hochschulmedizin, F&L 2008, S. 746.

Breitbach, Michael, Integrations- oder Kooperationsmodell? Zu Kriterien der Organisation der Universitätsmedizin, F&L 2009, S. 750.

Broermann, B., Jahresversammlung Medizinischer Fakultätentag 2006, Chancen der Privatisierung von Universitätsklinika.

Bundesministeriums für Bildung und Forschung, Gesundheitsforschungsprogramm – Gesundheit für alle!, vom 09.02.2011. Abrufbar unter http://www.bmbf.de/de/gesundheitsforschung.php, zuletzt besucht am 21.03.2011.

Burgi, Martin, Funktionale Privatisierung und Verwaltungshilfe, Habilitation, 1999.

Burgi, Martin, Der Wirtschaftlichkeitsbegriff im Vergaberecht, Monographie, 2008.

Burgi, Martin, Privatisierung öffentlicher Aufgaben – Gestaltungsmöglichkeiten, Grenzen, Regelungsbedarf. Gutachten D zum 67. Deutschen Juristentag Erfurt 2008, 2008.

Burgi, Martin, Verwaltungsorganisationsrecht, in: *Erichsen, Hans-Uwe/Ehlers, Dirk,* Allgemeines Verwaltungsrecht, Handbuch, 14. Auflage 2010.

Burgi, Martin/Gräf, Ilse-Dore, Das (Verwaltungs-)organisationsrecht der Hochschulen im Spiegel der neueren Gesetzgebung und Verfassungsrechtsprechung, DVBl. 2010, S. 1125.

Byok, Jan, Kommentar zum Vergaberecht, 3. Aufl. 2010.

Däubler, Wolfgang, Grundrecht auf Leben und medizinische Versorgung, NJW 1972, S. 1105.

Debatin J. F./Rehr, J., Die Rollen der Vorstandsmitglieder in einem Universitätsklinikum, Bundesgesundheitsblatt 2009, S. 891.

Degener-Hencke,Udo, Krankenversorgung und –finanzierung, in: Huster, Stefan/Kaltenborn, Markus (Hrsg.), Handbuch des Krankenhausrechts, 2010, § 5.

Determann, Lothar, Müssen Professoren von Verfassung wegen Beamte sein?, NVwZ 2000, S. 1346.

De Wall, Heinrich, Die Einrichtungsgarantien des Grundgesetzes als Grundlagen subjektiver Rechte, Der Staat 38 (1999), S. 377.

DHV, Zur Zukunft der staatlich geförderten Forschung, Resolution des 56. Hochschulverbandstages in Weimar, 21.03.2006. Abrufbar unter: http://www. hochschulver-
band.de/cms1/fileadmin/redaktion/download/pdf/resolutionen/zukunft_forsch ung.pdf, zuletzt besucht am 02.03.2011.

Dichgans, Johannes, Der Zielkonflikt und seine Lösung, in: Waller, Hans Dierck/Rössler, Dietrich/Sandberger, Georg (Hrsg.), Die Universitätsklinika im Spannungsfeld zwischen Gesundheitspolitik und Forschungsauftrag/ 6. Blaubeurer Symposion vom 29. – 31. März 1990, 1991, S. 102.

Dicke, Klaus, Jahresversammlung Medizinischer Fakultätentag 2010, Deutsche Zentren der Gesundheitsforschung aus Perspektive der HRK, S. 48.

Diehm, Alexander/Wunder, Annett, Rechtliche Probleme der Privatisierung eines Universitätsklinikums am Beispiel des Universitätsklinikums Gießen und Marburg, DÖV 2006, S. 139.

Di Fabio, Udo, Privatisierung und Staatsvorbehalt, JZ 1999, S. 585.

Dietel, Manfred/Steinhagen-Thiessen, E., DRGs – Der Riesen-Graus, F&L 2001, S. 368 f.

Dilger, Alexander, Privathochschulen als Nischenanbieter. Anpassungsstrategien an die Dominanz staatlicher Hochschulen, F&L 2009, S. 732.

Dreier, Horst (Hrsg.), Grundgesetz Kommentar, Band I Präambel, Artikel 1-19, 2. Auflage 2004.

Dudenausen, J. W., Jahresversammlung Medizinischer Fakultätentag 2006, Mögliche Rechtsformen von Universitätsklinika.

Engin, Tülin/Krüger, Thomas/Rudinger, Georg, Fundraising an Hochschulen und Medizinischen Fakultäten, F&L 2010, S. 104.

Epping, Volker/Lenz, Sebastian, Weisungsbefugnisse in verselbständigten Universitätsklinika, DÖV 2004, S. 1.

Erhardt, Manfred, Die Verantwortung der Politik für die medizinische Wissenschaft, in: Waller, Hans Dierck/Rössler, Dietrich/Sandberger, Georg (Hrsg.), Die Universitätsklinika im Spannungsfeld zwischen Gesundheitspolitik und Forschungsauftrag / 6. Blaubeurer Symposion vom 29. – 31. März 1990, 1991, S. 51.

Erichsen, Hans-Uwe, Zulässigkeit, Grenzen und Folgen der Hochschulprivatisierung, Monographie, 2000.

Fink, Udo, Verfassungsrechtliche Vorgaben für das Dienstrecht der Hochschullehrer, DÖV 1999, S. 980.

Fleckenstein, B., Das Konzept der Exzellenzuniversität. Auswirkungen auf die Medizinischen Fakultäten, Bundesgesundheitsblatt 2009, S. 940.

Forsa, Privatisierung staatlicher Leistungen – Was wollen die Bürger?, 8.01.2008. Abrufbar unter: www.dbb.de/dbb-beamtenbund-2006/dbb-pdf/guellner_koeln.ppt, zuletzt besucht am 02.03.2011.

Frank, Beate, Universitätsmedizin im strukturellen Wandel: Vom Kooperationsmodell zum Integrationsmodell am Beispiel des rheinland-pfälzischen Entwurfs eines Universitätsmedizingesetzes, DÖV 2004, S. 441 ff.

Franke-Ullmann, Gabriela/Heinen, Hans-Josef/Mitreiter, Richard, Strukturen und Finanzierung der Hochschulmedizin, Handbuch, 1999.

Frömmel, C., Jahresversammlung Medizinischer Fakultätentag 2007, Das Stiftungsmodell (Göttingen).

Fülgraff, Georges, Die Universitätsklinik als „Großgerät" für Forschung und Lehre, in: Waller, Hans Dierck/Rössler, Dietrich/Sandberger, Georg (Hrsg.), Die Universitätsklinika im Spannungsfeld zwischen Gesundheitspolitik und Forschungsauftrag / 6. Blaubeurer Symposion vom 29. – 31. März 1990, 1991, S. 96.

Funke, Daniela, Realisierbarkeit von Public Private Partnership Modellen im deutschen Krankenhaussektor, Monographie, 2005.

Gärditz, Klaus Ferdinand, Die Lehrfreiheit – Wiederentdeckung oder Rückbau?, WissR Bd. 40 (2007), S. 67.

Gärditz, Klaus Ferdinand, Hochschulorganisation und verwaltungsrechtliche Systembildung, Habilitation, 2009.

Gärditz, Klaus Ferdinand, Privatisierung der Hochschulmedizin: Bilanz des 1.Deutschen Hochschulrechtstags, DÖV 2006, S. 1042.

Geis, Max-Emanuel, Das Selbstbestimmungsrecht der Universitäten, WissR Bd. 37 (2004), S. 2.

Geis, Max-Emanuel, Entsprechen die Zusammensetzung des KUM-Fakultätsrates und die Aufsichtsgremien (Aufsichtsrat, Gewährträgerversammlung) den hochschul- und verfassungsrechtlichen Anforderungen, Vortragspräsentation auf dem Expertenforum zum Entwurf des Universitätsmedizingesetzes BW in Stuttgart, 14.01.2011.

Genzel, Herbert, Die Auswirkungen des Gesundheits-Strukturgesetzes 1993 auf die Krankenhäuser, MedR 1994, S. 83.

Göben, Jens, Mit einem Bein im Gefängnis? Industriell gesponserte Forschung in Universitätsklinika, F&L 1999, S. 22.

Goll, Dietmar, Sprunghaft gewachsen. Privathochschulen in Deutschland: Bestandsaufnahme und Perspektiven, F&L 2009, S. 724.

Gramm, Christof, Privatisierung und notwendige Staatsaufgaben, Habilitationsschrift, 2000.

Grifka, Joachim, Strukturen auf dem Prüfstand – Perspektiven der Hochschulmedizin, in: Leucorea (Hrsg.), Neugestaltung von Struktur und Finanzierung der Hochschulmedizin in Sachsen-Anhalt, 1996, S. 147.

Grifka, Joachim, Strukturen auf dem Prüfstand. Perspektiven der Hochschulmedizin, F&L 1996, S. 202.

Grifka, Joachim, Wunsch und Wirklichkeit. Warum junge Mediziner deutschen (Universitäts-) Krankenhäusern den Rücken kehren, F&L 2010, S. 232.

Gross, M./Pelz, J., Veränderung des Berufsbildes des Arztes. Konsequenzen für die ärztliche Ausbildung, Bundesgesundheitsblatt 2009, S. 831.

Groß, Thomas, Was bedeutet Fachaufsicht?, DVBl. 2002, S. 793.

Gürkan, Irmtraut, Zur gegenwärtigen Situation der Hochschulmedizin, in: Leucorea (Hrsg.), Neugestaltung von Struktur und Finanzierung der Hochschulmedizin in Sachsen-Anhalt, 1996, S. 23.

Häde, Ulrich, Zur Föderalismusreform in Deutschland, JZ 2006, S. 930.

Hahn, Eckhardt G., Bessere Zeiten für Lehre und Forschung an den Hochschulen – die Hochschulmedizin muss ihre Chancen nutzen!, GMS Zeitschrift für medizinische Ausbildung 2009.

Hansalek, Erik, Die neuen Kompetenzen des Bundes im Hochschulrecht, NVwZ 2006, S. 668.

Harendza, S./Guse, A. H., Das Medizinstudium als Bachelor- und Master-Studiengang, Bundesgesundheitsblatt 2009, S. 929.

Hailbronner, Kay, Rechtsfragen der staatlichen Aufsicht über die Hochschulen, JZ 1985, S. 864.

Heintzen, Markus, Verfassungsrechtliche Eckdaten und Probleme bei der Privatisierung von Universitätsklinika, in: Leucorea (Hrsg.), Neugestaltung von Struktur und Finanzierung der Hochschulmedizin in Sachsen-Anhalt, 1996, S. 131.

Heintzen, Markus, Neuere Entwicklung im Organisationsrecht der Hochschulmedizin, DÖV 1997, S. 530.

Heintzen, Markus, Was ist eine Gliedkörperschaft?, LKV 2005, S. 438.
Hendler, Reinhard, Die Universität im Zeichen von Ökonomisierung und Internationalisierung, VVDStRL 65 (2006), S. 238.
Hesse, Konrad, Grundzüge des Verfassungsrechts der Bundesrepublik Deutschland, Lehrbuch, 20. Aufl. 1995.
Heusch, Andreas/Schönenbroicher, Klaus, Die Landesverfassung Nordrhein-Westfalen, Kommentar, 2010.
Hömig, Dieter/Seifert, Karl-Heinz/Antoni, Michael, Grundgesetz für die Bundesrepublik Deutschland, Kommentar, 9. Auflage 2010.
Hormuth, Stefan, Die strategische Bedeutung der Hochschulmedizin. Medizinische Fakultäten und Universitäten sind gemeinsam am stärksten, F&L 2008, S. 740.
Hormuth, Stefan, Zum Verhältnis zwischen Medizinischer Fakultät und Universität, Bundesgesundheitsblatt 2009, S. 899.
Huster, Stefan/Kaltenborn, Markus (Hrsg.), Handbuch des Krankenhausrechts, 2010.
Ipsen, Jörn, Staatsrecht II. Grundrechte, Lehrbuch, 13. Aufl. 2010.
Jarass, Hans D./Pieroth, Bodo (Hrsg.), Grundgesetz für die Republik Deutschland, Kommentar, 12. Aufl. 2012.
Jordan, Jörg, Public-Private-Partnership: Wahrnehmung öffentlicher Aufgaben durch Privatisierung öffentlicher Dienstleistungen, in: Leucorea (Hrsg.), Neugestaltung von Struktur und Finanzierung der Hochschulmedizin in Sachsen-Anhalt, 1996, S. 28.
Kämmerer, Axel, Privatisierung von Staatsaufgaben: Versuch einer Zwischenbilanz, DVBl. 2008, S. 1005.
Kahl, Wolfgang, Die Privatisierung der Wasserversorgung, GewArch 2007, S. 441.
Kahl, Wolfgang, Hochschule und Staat, Monographie, 2004.
Kahl, Wolfgang/Weißenberger, Christian, Kommunales Selbstverwaltungsrecht und Verbot materieller Privatisierung kraft Richterrecht?, LKRZ 2010, S. 81.
Kampe, Dieter M./Bächstädt, Karl-Heinz, Die Zukunft der Krankenhausfinanzierung, Monographie, 2007.
Kanzlerarbeitskreis Hochschulmedizin, Leistungsaustausch zwischen Universität/Medizinischer Fakultät und Universitätsklinikum, 2011. Abrufbar unter http://www.uni-kanzler.de/fileadmin/Dateien/Broschuere_Leistungsaustausch.pdf, zuletzt besucht am 08.03.2011.
Karthaus, Arnim/Schmehl, Arndt, Umsetzungsprobleme der Strukturreform der Hochschulklinika – eine Zwischenbilanz, MedR 2000, S. 299.

Katz, Alfred, Verantwortlichkeit und Grenzen bei „Privatisierung“ kommunaler Aufgaben, NVwZ 2010, S. 405.

Kaufhold, Ann-Katrin, Die Lehrfreiheit – ein verlorenes Grundrecht? Zu Eigenständigkeit und Gehalt der Gewährleistung freier Lehre in Art. 5 Abs. 3 S. 1 GG, Dissertation, 2006.

Keller, Rolf, Das Recht und die medizinische Forschung, in: Waller, Hans Dierck/Rössler, Dietrich/Sandberger, Georg (Hrsg.), Die Universitätsklinika im Spannungsfeld zwischen Gesundheitspolitik und Forschungsauftrag / 6. Blaubeurer Symposion vom 29. – 31. März 1990, 1991, S. 61.

Kem, Matthias, Marathonlauf mit Handikap. Leistungsorientierte Mittelvergabe in der Hochschulmedizin, F&L 2008, S. 750.

Kempen, Bernhard, Universität – Zentrum der Forschung? Über Forschungsqualität, Rankings und die Einheit von Forschung und Lehre, F&L 2010, S. 334.

Kiess, Wieland, Reguliert und verregelt. Die deutsche Hochschulmedizin im Räderwerk der Verordnungen, F&L 2004, S. 437.

Kilian, Leiter und Leiterinnen von staatlichen Universitätsklinika in Sachsen-Anhalt als privatrechtliche Angestellte, LKV 2007, S. 145.

Kingreen, Thorsten/Banafsche, Minou/Szabados, Tibor, Das Recht der Hochschulmedizin im hochschul-, gesundheits- und verfassungsrechtlichen Reformprozess – Zum neuen Bayerischen Universitätsmedizingesetz, Wissenschaftsrecht, Bd. 40 (2007), S. 283.

Kirchhof, Gregor, Kumulative Belastung durch unterschiedliche staatliche Maßnahmen, NJW 2006, S. 732 ff.

Kirchhof, Gregor, Rechtsfolgen der Privatisierung, AöR 132 (2007), S. 215.

Klempt, Brigitte, Jahresversammlung Medizinischer Fakultätentag 2010, Chancen und Herausforderungen einrichtungsübergreifender Kooperationen, S. 78.

Klose, Klaus Jochen/Heidecke, Claus-Dieter/Meinhardt, Petra/Haller, Hermann, Regel-, Reform oder Modellstudiengang? Alternative Modelle des Medizin-Studiums in Deutschland, F&L 2010, S. 244.

Koch, U./Hengel, H., Hochschulmedizin im Wandel, Bundesgesundheitsblatt 2009, S. 799 sowie S. 887.

Koch-Gromus, U., Jahresversammlung Medizinischer Fakultätentag 2009, Das Hamburger Modell der Gliedkörperschaft.

Kochsiek, Kurt, Krankenversorgung. Ärztliche Wirklichkeit, in: Waller, Hans Dierck/Rössler, Dietrich/Sandberger, Georg (Hrsg.), Die Universitätsklinika im Spannungsfeld zwischen Gesundheitspolitik und Forschungsauftrag / 6. Blaubeurer Symposion vom 29. – 31. März 1990, 1991, S. 25.

Krausch, Georg, Einige Gedanken zu den geplanten rechtlichen Rahmenbedingungen universitärer Medizin im neuen LHG Baden-Württemberg aus der Perspektive eines Universitätspräsidenten, Vortragspräsentation auf dem Expertenforum zum Entwurf des Universitätsmedizingesetzes BW in Stuttgart vom 14.01.2011.

Krausnick, Daniel, Staat und Hochschule im Gewährleistungsstaat, Habilitation, 2012.

Kreckel, Reinhard, Zur Kooperation verpflichtet. Daten und Fakten zur universitären und außeruniversitären Forschung, F&L 2010, S. 328.

Krenz, Heiko Peter, Privatisierung öffentlicher Einrichtungen, Handbuch, 2009.

Kübler, Klaus, Zum „Kliniken-Urteil". Anmerkungen zum Urteil des StGH Baden-Württemberg vom 24.11.1973, DÖV 1974, S. 624.

Ladeur, Karl-Heinz, Die Wissenschaftsfreiheit der „entfesselten Hochschule", DÖV 2005, S. 753.

Lambrecht, Bernhard/Vollmöller, Thomas, Rechtsfragen der Krankenhausprivatisierung, in: Huster, Stefan/Kaltenborn, Markus (Hrsg.), Handbuch des Krankenhausrechts, 2010, § 14.

Landkarte Hochschulmedizin, Kriterien der Leistungsorientierten Mittelvergabe (LOM-Lehre), vom 20.10.2009. Abrufbar unter http://www.landkarte-hochschulmedizin.de/pdf/Kriterien%20der%20Leistungsorientierten%20Mittelvergabe.pdf, zuletzt besucht am 22.03.2011.

Landkarte Hochschulmedizin, Anzahl Publikationen in Zeitschriften mit peer review, Stand 08.02.2011. Abrufbar unter http://www.landkarte-hochschul medizin.de/TruthTableView_evaluationsheet.aspx?page=3&id=71, zuletzt besucht am 22.03.2011.

Landkarte Hochschulmedizin, Auswertungsbogen Kategorie: Forschung, Drittmittel, Stand 08.02.2011. Abrufbar unter http://www.landkarte-hochschul medizin.de/access_via_evaluationsheet.aspx?categoryid=18, zuletzt besucht am 22.03.2011.

Landkarte Hochschulmedizin, Anzahl vollstationärer Planbetten, Stand 08.02.2011. Abrufbar unter http://www.landkarte-hochschulmedizin.de/Truth TableView_evaluationsheet.aspx?page=3&id=87, zuletzt besucht am 22.03. 2011.

Landkarte Hochschulmedizin, Anzahl vollstationärer Fälle für bewertete DRG, Stand 08.02.2011. Abrufbar unter http://www.landkarte-hochschulmedizin.de/ TruthTableView_evaluationsheet.aspx?page=3&id=89, zuletzt besucht am 22.03.2011.

Landkarte Hochschulmedizin, Landeszuführungsbetrag, Stand 08.02.2011. Abrufbar unter http://www.landkarte-hochschulmedizin.de/TruthTableView_ evaluationsheet.aspx?page=3&id=161, zuletzt besucht am 22.03.2011.

Landkarte Hochschulmedizin, Art der Kostenrechnung von Forschung und Lehre bzw. Krankenversorgung (Trennungsrechnung), Stand 08.02.2011. Abrufbar unter http://www.landkarte-hochschulmedizin.de/TextEvaluationEvaluationsheet_ValidForAllYears.aspx?id=162, zuletzt besucht am 22.03.2011.

Lange, Anna Lena, Die Beteiligung Privater an rechtsfähigen Anstalten des öffentlichen Rechts, Dissertation, 2008.

Leinemann, Ralf, Das neue Vergaberecht, Handbuch, 2. Aufl. 2010.

Leonhard, Joachim-Felix, Die Privatisierung der Hochschulmedizin nach dem hessischen Modell, DÖV 2006, S. 1035.

Leuze, Dieter, Die derzeitigen und künftigen Leitungsstrukturen in der Hochschulmedizin unter besonderer Berücksichtigung der Stellung des Verwaltungsdirektors, MedR 1996, S. 493.

Limbach, Jutta, Vortrag auf der Jahresversammlung der Hochschulrektorenkonferenz am 3./4.05.2001. Abrufbar unter: http://www.hrk.de/de/hrk_auf_einen_blick/103_1401.php, zuletzt besucht am 02.03.2011.

Lohölter, R./Saß, H./von Jagow, G., Landkarte Hochschulmedizin, Bundesgesundheitsblatt 2009, 802.

Lorenz, Dieter, Wissenschaft zwischen Hochschulautonomie und Staatsintervention, JZ 1981, S. 113.

Lücke, Jörg, Der additive Grundrechtseingriff sowie das Verbot der übermäßigen Gesamtbelastung des Bürgers, DVBl. 2001, S. 1469.

Mager, Ute, Die Universität im Zeichen von Ökonomisierung und Internationalisierung, VVDStRL 65 (2006), S. 274.

Mager, Ute, Freiheit von Forschung und Lehre, in: Isensee, Josef/Kirchhof, Paul (Hrsg.), Handbuch des Staatsrechts Band VII, 3. Aufl. 2009, § 166.

Maisch, Bernhard, Fusion und Privatisierung. Chancen und Risiken am Beispiel der Universitätsklinika Marburg und Gießen, F&L 2005, S. 594.

Maisch, Bernhard, Jahresversammlung Medizinischer Fakultätentag 2007, Das Universitätsklinikum in privater Trägerschaft – eine Zwischenbilanz.

Marschall, Bernhard, Vergabekriterien erweitern? Über die echten und vermeintlichen Probleme der medizinischen Ausbildung in Deutschland, F&L 2010, S. 238.

Maunz, Theodor/Dürig, Günter, Grundgesetz-Kommentar, 64. Ergänzungslieferung 2012.

Medizin Aspekte (Online Journal), Das deutsche Gesundheitssystem im internationalen Vergleich, Ausgabe Juli 2012. Abrufbar unter http://www.medizin-aspekte.de/2008/12/vergleich_gesundheitssysteme_5243.html, zuletzt besucht am 08.07.2012.

Medizinischer Fakultätentag, Resolution zum Erhalt des Medizinstudiums in Lübeck, 04.06.2010.

Meusel, Ernst-Joachim, Hochschule und außeruniversitäre Forschungseinrichtung – zwei Seiten einer Medaille. Zum Verhältnis von Universität, Medizinischer Fakultät und Universitätsklinikum nach nordrhein-westfälischem Hochschulrecht, in: Anderbrügge, Klaus/Epping, Volker/Löwer, Wolfgang (Hrsg.), Dienst an der Hochschule, Festschrift für Dieter Leuze zum 70. Geburtstag, 2003, S. 409.

Meyer, Hans Joachim, Worum geht es im Exzellenzwettbewerb? Eine Kritik, F&L 2010, S. 566.

Meyer-Hofmann, Bettina/Riemenschneider, Frank/Weihrauch, Oliver, Public Private Partnership, Handbuch, 2. Aufl. 2007.

Medizinischer Fakultät Magdeburg/Universitätsklinikum Magdeburg, Gegen Privatisierungsdiskussion (Homepagemitteilung), 15.06.2011. Abrufbar unter http://www.med.uni-magdeburg.de/News/Privatisierung-highlight-Privatisierung.html, zuletzt besucht am 10.07.2011.

Medizinischer Fakultätentag, Resolution zum Erhalt des Medizinstudiums in Lübeck, 04.06.2010. Abrufbar unter: http://www.mft-online.de/dokument/2010_06_07_Resolution_Lübeck.pdf, zuletzt besucht am 07.03.2011.

Medizinischer Fakultätentag, Pressemittelung vom 14.10.2010. Abrufbar unter: http://www.mft-online.de/dokument/2010_10_14_Medizinischer Fakultätentag_PM_Drittmittelerfolg.pdf, zuletzt besucht am 07.03.2011.

Ministerium für Wissenschaft, Forschung und Kunst Baden-Württemberg, Das neue Universitätsmedizingesetz (UniMedG) Baden-Württemberg – Fakten und Hintergründe, Januar 2011.

Mißlbeck, Angelika, Uniklinika auf der Suche nach neuen Finanzquellen, das Krankenhaus 2009, S. 374.

Mlynek, Jürgen, (Interview) Für Kooperationen und neue Strukturen. Über das Verhältnis von universitärer und außeruniversitärer Forschung, F&L 2010, S. 336.

Möller, Gerd, Universitätsklinika, in: Huster, Stefan/Kaltenborn, Markus (Hrsg.), Handbuch des Krankenhausrechts, 2010, § 16 d.

Morlok, Michael, Grundrechte, 2. Aufl. 2010.

Münch, Eugen, Universitätsklinika in privater Trägerschaft, in: Leucorea (Hrsg.), Neugestaltung von Struktur und Finanzierung der Hochschulmedizin in Sachsen-Anhalt, 1996, S. 33.

Nettesheim, Martin, Rationierung in der Gesundheitsversorgung – verfassungsrechtliche Möglichkeiten und Grenzen, VerwArch Bd. 93 (2002), S. 315.

Nettesheim, Martin, Grund und Grenzen der Wissenschaftsfreiheit, DVBl. 2005, S. 1072 ff.

Neuser, J., Die ärztliche Ausbildung im Spannungsfeld von Theorie und Praxis, Bundesgesundheitsblatt 2009, S. 841.

Nickelsen, Kerstin, Ist eine wissenschaftliche Forschung ohne eigene Lehre möglich?, F&L 2010, S. 411.

Niethammer, D., Jahresversammlung Medizinischer Fakultätentag 2004, Einführung in die Empfehlungen des Wissenschaftsrates zu forschungs- und lehrförderlichen Strukturen in der Universitätsmedizin.

Nolden, Frank, Integrations- oder Kooperationsmodell? Die Stellung der Hochschulmedizin in der Universität, F&L 2008, S. 745.

Noth, Johannes, Das modulare Universitätsklinikum. Kritische Betrachtung eines neuen Strukturmodells, F&L 2004, S. 326.

Oppermann, Thomas, Freiheit von Forschung und Lehre, in: Isensee, Josef/ Kirchhof, Paul (Hrsg.), Handbuch des Staatsrecht Band VI Freiheitsrechte, 1989, § 145.

Oppermann, Thomas, Praktische Konsequenzen der Entscheidung des Bundesverfassungsgerichts zur Wissenschaftsfreiheit, JZ 1973, S. 433 ff.

Pabst, Reinhard, Aktuelle Herausforderungen in der Hochschulmedizin. Die Humanmedizin im Portrait, F&L 2001, S. 309.

Pallme König, Ulf, Die rechtliche Einordnung der Kooperationsvereinbarung zwischen Universität und Universitätsklinikum nach nordrhein-westfälischem Recht, Wissenschaftsrecht Beiheft 17 Bd. 39 (2006), S. 63.

Paul, M., Jahresversammlung Medizinischer Fakultätentag 2006, Fusionierung von Universitätsklinika aus der Sicht der Medizinischen Fakultäten.

Pawelek, Till, Die Wahrnehmung hoheitlicher Hochschulaufgaben durch private Weiterbildungseinrichtungen, Dissertation, 2009.

Peine, Franz-Joseph, Grenzen der Privatisierung – verwaltungsrechtliche Aspekte, DÖV 1997, S. 353.

Pfeilschifter, Josef, Das Rätsel des Jungbrunnens ist noch nicht gelöst. Die „Gesundheitsforschungsinitiative“ der Helmholtz-Gemeinschaft, F&L 2010, S. 22.

Pfeilschifter, Josef/Lohölter, Reinhard, Leistungsorientieret Mittelvergabe – nach welchen Kriterien?, F&L 2005, S. 598.

Pföhler, Wolfgang, Nordrhein-Westfalen baut die Hochschulmedizin um, aber privatisiert sie nicht (Interview), f&W 2007, S. 124.

Philippi, M., Jahresversammlung Medizinischer Fakultätentag 2007, Voll- oder Teilprivatisierung der Universitätsklinika – Welche Modelle sind zukunftsfähig.

Pospisil, Carmen, Privatisierung von Universitätsklinika, Dissertation, 2003.

Putz, Reinhard, In Einklang bringen. Wandel des Arztbildes in der Hochschulmedizin, F&L 2010, S. 236.

Quaas, Michael/Zuck, Rüdiger, Medizinrecht, Handbuch, 1. Aufl. 2005, 2. Aufl. 2008.

Quaas, Michael, Die Einbeziehung der Hochschulklinik in die staatliche Krankenhausplanung, MedR 2010, S. 149.

Rübsamen, Katrin, Verfassungsrechtliche Aspekte des Fallpauschalensystems im Krankenhauswesen (DRG-Vergütungssystem), Dissertation, 2008.

Ruffert, Matthias, Grund und Grenzen der Wissenschaftsfreiheit, VVDStRL 65 (2006), S. 146.

Ruthig, Josef/Storr, Stefan, Öffentliches Wirtschaftsrecht, Lehrbuch, 3. Auflage 2011.

Sachs, Michael (Hrsg.), Anmerkung zu BVerfG, Beschluss vom 11.11.2002, NVWBl. 2003, S. 137.

Sachs, Michael, Grundgesetz Kommentar, 6. Auflage 2011.

Sandberger, Georg, Zielkonflikte bei Universitätsklinika und ihre Lösung, in: Waller, Hans Dierck/Rössler, Dietrich/ders. (Hrsg.), Die Universitätsklinika im Spannungsfeld zwischen Gesundheitspolitik und Forschungsauftrag / 6. Blaubeurer Symposion vom 29. – 31. März 1990, 1991, S. 111.

Sandberger, Georg, Das Recht der Hochschulmedizin, in: Flämig, Christian u.a. (Hrsg.), Handbuch des Wissenschaftsrechts 2. Aufl. 1996, S. 929.

Sandberger, Georg, Hochschulmedizin in der Rechtsform der öffentlich-rechtlichen Anstalt oder Kapitalgesellschaft, in: Anderbrügge, Klaus/Epping, Volker/Löwer, Wolfgang (Hrsg.), Dienst an der Hochschule, Festschrift für Dieter Leuze zum 70. Geburtstag, 2003, S. 449.

Sandberger, Georg, Das Recht der Hochschulmedizin, Kapitel VI, in: Hartmer, Michael/Detmer, Hubert (Hrsg.), Hochschulrecht, 2004.

Sandberger, Georg, Rechtsfragen der Privatisierung von Universitätsklinika, Wissenschaftsrecht Beiheft 17 Bd. 39 (2006), S. 1.

Sandberger, Georg, Hochschulmedizin in B-W. Mehr Staat und mehr Rektor?, Vortragspräsentation auf dem Expertenforum zum Entwurf des Universitätsmedizingesetzes BW in Stuttgart, 14.01.2011. Abrufbar unter: http://www.uniklinika.de/media/file/3076.Vortrag_SANDBERGER.pdf, zuletzt besucht am 12.07.2012.

Sauer, H., Jahresversammlung Medizinischer Fakultätentag 2007, Universitätsklinikum als Teilkörperschaft der Universität Jena.

Schilling, Karl-Jürgen, Rechtsfragen einer Reform der inneren Struktur der Krankenhäuser, in: Halblitzel, Hans (Hrsg.), Recht und Staat. Festschrift für Günther Küchenhoff zum 65. Geburtstag, 1972, S. 389.

Schlink, Bernhard, Die Wissenschaftsfreiheit des Bundesverfassungsgerichts, DÖV 1973, S. 541 ff.

Schmidt-Assmann, Eberhard, Die Wissenschaftsfreiheit nach Art. 5 Abs. 3 GG als Organisationsrecht, in: Bull, Hans Peter (Hrsg.), Festschrift für Werner Thieme zum 70. Geburtstag, 1993, S. 697.

Schmidt-Bleibtreu, Bruno/Klein, Franz/Hofmann, Hans/Hopfauf, Axel, Kommentar zum Grundgesetz, 11. Auflage 2008.

Schoch, Friedrich, Privatisierung von Verwaltungsaufgaben, DVBl. 1994, S. 962.
Schoch, Friedrich, Rechtliche Steuerung der Privatisierung staatlicher Aufgaben, JURA 2008, S. 672.
Schölmerich, Jürgen, (Interview), Keine Annexion. Die Kooperation zwischen Hochschulmedizin und Helmholtz-Gemeinschaften, F&L 2010, S. 24.
Schröder, M., Die Hochschulmedizin im Spannungsfeld von akademischer Selbstverwaltung und staatlicher Bestimmung, MedR 1986, S. 59.
Schulte, Martin, Grund und Grenzen der Wissenschaftsfreiheit, VVDStRL 65 (2006), S. 110.
Schwabe, Jürgen, Umwelt und Recht. Krankenversorgung und Verfassungsrecht, NJW 1969, S. 2274.
Schwabe, Jürgen, Ist eine wissenschaftliche Forschung ohne eigene Lehre möglich?, F&L 2010, S. 410.
Seeger, Werner, Vortragspräsentation zur Anhörung vor dem Landtag BW, 18.01.2011.
Seewald, Otfried, Zum Verfassungsrecht auf Gesundheit, Habilitationsschrift, 1981.
Siburg, Friedrich-Wilhelm, Universitätsklinikum oder Medical School? Eine Analyse des Organisationsrechts eines Klinikums, in: Arbeitsgruppe Hochschule im Sprecherkreis der Hochschulkanzler (Hrsg.), Organisations- und Rechtsfragen der Medizinischen Einrichtungen unter Berücksichtigung der neuen Landeshochschulgesetze, 1984, S. 9.
Siess, Martin, Universitätsklinika im Wettbewerb, in: Deutsche Krankenhausgesellschaft (Hrsg.), Teil I des Krankenhaus-Report 2002, Universitätsklinika im Wettbewerb.
Siewert, Jörg Rüdiger, Organisation der Deutschen Hochschulmedizin, Jahresversammlung Medizinischer Fakultätentag 2008.
Siewert, Jörg Rüdiger, Integrations- oder Kooperationsmodell? Die Stellung der Hochschulmedizin in der Universität, F&L 2008, S. 744.
Siewert, Jörg Rüdiger, Jahresversammlung Medizinischer Fakultätentag 2010, Die Veränderungen aus Sicht von Universitätsklinika, S. 58.
Siewert, Jörg Rüdiger/Merk, S., Das Verhältnis von Klinikum und Fakultät, Bundesgesundheitsblatt 2009, S. 807.
Siewert, Jörg Rüdiger/Niethammer, D., Klinische Forschung in Deutschland, Der Chirurg 2003, S. 1.
Simon, Rolf-Michael, „Lübeck kann bald überall sein“. Wie Schleswig-Holstein eine Universität austrocknen lassen will, F&L 2010, S. 492 f.
Smeddinck, Ulrich, Die deregulierte Hochschule, DÖV 2007, S. 269.
Sodan, Helge, Grundgesetz. Beck’scher Kompakt-Kommentar, 2009.

Smend, Rudolf, Das Recht der freien Meinungsäußerung, VVDStRL 4 (1928), S. 44.
Starck, Christian, Kommentar zum Grundgesetz Band 1, 2005.
Statistisches Bundesamtes, Gesundheitswesen- Kostennachweise der Krankenhäuser 2006, Fachserie 12 Reihe 6.3, 2008.
Statistisches Bundesamt, Bildung und Kultur – Finanzen der Hochschulen 2008, Fachserie 11 Reihe 4.5, 2010.
Statistisches Bundesamt, Gesundheit – Grunddaten der Krankenhäuser 2009, Fachserie 12 Reihe 6.1.1, 2011.
Statistisches Bundesamt, Finanzen und Steuern – Ausgaben, Einnahmen und Personal der öffentlichen und öffentlich geförderten Einrichtungen für Wissenschaft, Forschung und Entwicklung 2009, Fachserie 14 Reihe 3.6, 2011.
Steffen, Antje, Universitätskrankenhäuser im reformierten Gesundheitswesen, Dissertation, 2001.
Strehl, R., Jahresversammlung Medizinischer Fakultätentag 2004, Wirtschaftliche Verflechtungen.
Stober, Rolf, Privatisierung öffentlicher Aufgaben – Phantomdiskussion oder Gestaltungsoption in einer verantwortungsgeteilten, offenen Wirtschafts-, Sozial- und Sicherheitsverfassung?, NJW 2008, S. 2301 ff.
Tecklenburg, A., Jahresversammlung Medizinischer Fakultätentag 2007, Führungsstrukturen im Dreieck: Klinikum – Fakultät – Universität.
Trute, Hans-Heinrich, Die Forschung zwischen grundrechtlicher Freiheit und staatlicher Institutionalisierung, Habilitation, 1994.
Trute, Hans-Heinrich/Wahl, Andreas, Organisationsreform der Hochschulmedizin und ihre Folgen für die Hochschulbauförderung, Wissenschaftsrecht 32 (1999), S. 38.
Turner, George, Was kann Baden-Württemberg von Berlin lernen? Was sollte es besser vermeiden?, Vortrag auf dem Expertenforum zum Entwurf des Universitätsmedizingesetzes BW in Stuttgart, 14.01.2011
Uhle, Arnd, Abschied vom universitären Kollegialitätsprinzip?, NVwZ 1996, S. 661.
Universitätsklinikum Gießen und Marburg GmbH, Pressemitteilung vom 10.05.2010, Landesregierung sieht sich durch Wissenschaftsrat bestätigt. Abrufbar unter: http://www.rhoen-klinikum-ag.com/rka/cms/rka_2/deu/presse/83576.html, zuletzt besucht am 02.03.2011.
Von Arnim, Rechtsfragen der Privatisierung, Grenzen staatlicher Wirtschaftstätigkeit und Privatisierungsgebote, Monographie, 1995.
Von Brünneck, Alexander, Die Freiheit der Wissenschaft und Forschung, JA 1989, S. 165.

Von Coelln, Christian, Die „Entbeamtung" des Hochschullehrers als Teilprivatisierung der deutschen Universität? Aktuelle Probleme des Art. 5 Abs. 3 und des Art. 33 Abs. 4 GG, Wissenschaftsrecht Bd. 40 (2007), S. 351.

Von der Hardt, H., Jahresversammlung Medizinischer Fakultätentag 2004, Konflikt zwischen Hochspezialisierung und Versorgungsbreite.

Von Eiff, Wilfried, Privatisierung von Universitätsklinika kein Königsweg (Interview), ku 2005, S. 474.

Von Engelhardt, Dietrich, Zur Geschichte der Universitätsklinika. Mit einem besonderen Blick auf die Veränderungen seit dem Zweiten Weltkrieg, in: Waller, Hans Dierck/Rössler, Dietrich/Sandberger, Georg (Hrsg.), Die Universitätsklinika im Spannungsfeld zwischen Gesundheitspolitik und Forschungsauftrag / 6. Blaubeurer Symposion vom 29. – 31. März 1990, 1991, S. 1.

Von Gaertner, H.-O., Jahresversammlung Medizinischer Fakultätentag 2007, Neue Rechtsform von Universitätsklinikum und Medizinischer Fakultät der Universität Mainz.

Von Jagow, Gebhard, Synergien schaffen, aber wie? Die Deutschen Zentren der Gesundheitsforschung, F&L 2010, S. 246.

Von Jagow, Gebhard/Kirchner, Thomas, Die Zukunft der Hochschulmedizin, F&L 2003, S. 604.

Von Wichert, Peter, Gefahren für die akademische Medizin, Gefahren für die akademische Medizin. Ein Plädoyer für Deregulierung, Entbürokratisierung und akademische Freiheiten, F&L 2001, S. 536.

Verband der Universitätsklinika Deutschlands, Pressemitteilung (Siewert), V. Innovationskongress der deutschen Hochschulmedizin, 02.07.2009. Alle Pressemitteilungen des Verband der Universitätsklinika Deutschlands sind abrufbar unter http://www.uniklinika.de/vud.php/cat/11/title/Pressemitteilungen, zuletzt besucht am 02.03.2011.

Verband der Universitätsklinika Deutschlands, Pressemitteilung (Strehl), V. Innovationskongress der deutschen Hochschulmedizin, 02.07.2009.

Verband der Universitätsklinika Deutschlands, Pressemitteilung, Der Universitätsmedizin in Baden-Württemberg droht das Abgleiten ins Mittelmaß, 17.01.2011.

Verband der Universitätsklinika Deutschlands, Pressemitteilung, Experten und Betroffene protestieren gegen baden-württembergisches Universitätsmedizingesetz, 20.01.2011.

Verband der Universitätsklinika Deutschlands, Pressemitteilung, Internet-Seite sammelt Stimmen gegen Universitätsmedizingesetz, 21.01.2011.

Verband der Universitätsklinika Deutschlands, Pressemitteilung, Baden-Württemberg muss aus der Charité-Misere lernen und das Universitätsmedizingesetz zurückziehen, 21.01.2011.

Verband der Universitätsklinika Deutschlands, Pressemitteilung, Gesetzentwurf für Universitätsmedizin Baden-Württemberg rechtlich bedenklich, 25.01. 2011.

Verband der Universitätsklinika Deutschlands, Stellungnahme zum Referententenentwurf für ein Hochschulmedizingesetz (NRW), 5.07.2007.

Verband der Universitätsklinika Deutschlands, Stellungnahme zum Landesgesetz über die Errichtung der Universitätsmedizin der Johannes Gutenberg-Universität Mainz, Mai 2008.

Verband der Universitätsklinika Deutschlands/Medizinischer Fakultätentag, Gemeinsame Stellungnahme zum Gesetzentwurf der Landesregierung für ein viertes Gesetz zur Änderung des Hessischen Hochschulgesetzes, 17.07.2007.

Voßkuhle, Andreas/Kaiser, Andreas, Grundwissen – Öffentliches Recht: Der Grundrechtseingriff, JuS 2009, S. 313.

Wahlers, Wilhelm, Das nordrhein-westfälische Hochschulmedizingesetz- Wegbereiter für eine nationale und internationale Spitzenposition?, MedR 2008, S. 249.

Waller, Hans Dierck, Aufgaben und Voraussetzungen medizinischer Forschung, in: ders./Rössler, Dietrich/Sandberger, Georg (Hrsg.), Die Universitätsklinika im Spannungsfeld zwischen Gesundheitspolitik und Forschungsauftrag/ 6. Blaubeurer Symposion vom 29. – 31. März 1990, 1991, S. 37.

Weber, Martin/Schäfer, Michael/Hausmann, Friedrich Ludwig, Praxishandbuch Public Private Partnership, 2006.

Weidner, W./Steinmann, I., Privatisierung der Universitätsklinika. Eine Erfolg versprechende Option?, Bundesgesundheitsblatt 2009, S. 904.

Westerburg, Sandra, Auswirkungen der Föderalismusreform auf die rechtlichen Rahmenbedingungen von Wissenschaft und Forschung, WissR Bd. 39 (2006), S. 338.

Wissenschaftsrat, Empfehlungen zu Aufgaben, Organisation und Ausbau der medizinischen Ausbildungsstätten, 1976.

Wissenschaftsrat, Empfehlungen zu forschungs- und lehrförderlichen Strukturen in der Universitätsmedizin, 2004. Alle Veröffentlichungen des Wissenschaftsrates ab dem Jahr 1980 sind abrufbar unter http://www.wissenschaftsrat.de/veroeffentlichungen/veroeffentlichungen-ab-1980/, zuletzt besucht am 02.03. 2011.

Wissenschaftsrat, Stellungnahme zu Leistungsfähigkeit, Ressourcen und Größe universitätsmedizinischer Einrichtungen, 2005.

Wissenschaftsrat, Stellungnahme zur geplanten Privatisierung des Universitätsklinikums Gießen und Marburg, 2005.

Wissenschaftsrat, Empfehlungen zur Aufnahme der Universitätsklinikum Gießen und Marburg GmbH in das Hochschulverzeichnis des Hochschulbauförderungsgesetzes, 2006.

Wissenschaftsrat, Standortübergreifende Stellungnahme zur Weiterentwicklung der Universitätsmedizin in Bayern, 2006.

Wissenschaftsrat, Empfehlungen zu Public Private Partnerships (PPP) und Privatisierungen in der universitätsmedizinischen Krankenversorgung, 2006.

Wissenschaftsrat, Empfehlungen zur Public Private Partnerships (PPP) in der universitätsmedizinischen Forschung, 2007.

Wissenschaftsrat, Allgemeine Empfehlungen zur Hochschulmedizin 2007.

Wissenschaftsrat, Stellungnahme zur Entwicklung der universitätsmedizinischen Standorte Gießen und Marburg nach Fusion und Privatisierung der Universitätsklinika, 2010.

Wissenschaftsrat, Stellungnahme zur Gründung einer Universitätsmedizin an der Carl von Ossietzky Universität Oldenburg nach dem Konzept einer „European Medical School Oldenburg-Groningen, 2010.

Zeller, Wolfgang, Zum „Kliniken-Urteil". Anmerkungen zum Urteil des StGH Baden-Württemberg vom 24.11.1973, DÖV 1974, S. 626.

Ziekow, Jan, Öffentliches Wirtschaftsrecht, Lehrbuch, München 2007.

Ziekow, Jan/Windoffer, Alexander, Public Private Partnership, Monographie, 2008.

Zwirner, *Henning*, Zum Grundrecht der Wissenschaftsfreiheit, AöR 98 (1973), S. 313.

www.ingramcontent.com/pod-product-compliance
Ingram Content Group UK Ltd.
Pitfield, Milton Keynes, MK11 3LW, UK
UKHW021911290926
8980IPUK00015B/1190

9 783631 628355